再訂版

日本史

日本史問題集

日本史教育研究会　編

山川出版社

まえがき

　日本史教育研究会は,「生徒とともに楽しく学ぶ日本史教育」のあり方を求めて,全国の会員の緊密な協力のもとに,これまで60年余り,日本史教育の前進のために努力してきた。

　私たちの経験では,教師が歴史を講義して,生徒に歴史を覚えさせることは容易だが,問題を意識させて,歴史を考えさせることは難しい。歴史は,過去を素材に,なぜ・いかにと考え,それを現在,そして未来に役立てる科目である。にもかかわらず,教科内容が難しいせいもあって,日本史を暗記科目と考え,教科書は読んで覚えるものと思っている高校生が多い。

　それゆえ,私たちは,学ぶ生徒に興味をもたせつつ日本史を考えさせる手がかりとして,問題を提示して解答させながら学習をすすめることも試みてきた。それらの問題は,これから学ぼうとする各時代の政治,外交,社会,経済,文化の諸事象のなかに,どのような問題点があり,それがどのような形で提出され,どのように解決を求められているかを知らせるためのものである。

　この問題集は,高等学校の日本史教育の立場から,それぞれの各時代の実像をとらえ,歴史の具体的な流れをまとめていく上で適当であると考えられる入試問題を取りあげて,それに加筆補充して内容を整えたもので編集・構成されている。

　私たちのこの問題集が,山川出版社から刊行されたのは1954年のことであったが,その後の経験と入学試験の傾向に応じて8度にわたり改訂を加えてきた。

　今回,版を改めるにあたり,これまでに寄せられた多くの御意見・御教示をふまえ,内容をさらに充実させ,より一層使い易いものにしたと自負している。問題文中の用語に可能な限り「ふりがな」を付したのも,そうし

た観点からである。

　私たちは，これをもって高等学校の日本史教育の立場からみた入試標準問題集と考えているが，高等学校という同じ職場にある経験ゆたかな諸先生の叱正を得て，将来さらに充実した内容へと補訂していければと考えている。

　生徒諸君は，この問題集にとりあげた問題をマスターすることにより，日本史の基礎的な知識を身につけ，さらに問題解法の要領を会得(えとく)するであろう。その実力をもってすれば，大学の入試に自信をもって立ち向うことができると信ずる。なお，比較的短期間に日本史入試問題に必要とされる知識の整理を行おうとする人は，まず目次に＊印が付された各問題90問にとり組むことをおすすめする。1日3問のペースでオーソドックスな問題を解いていくことにより，1カ月ほどで受験知識の体系化を図ることができるであろう。また，冬休み前後にすでに身につけた知識を再確認・再整理することも可能であろう。その上で他の問題にもとり組んで行ってもらいたい。

　今回の再訂版作成にあたっては，岐阜県立華陽フロンティア高校の国枝哲夫，東京都立墨田川高校の久保しのぶ，灘高校の田畑敏之，元東京都立北園高校の松本馨，東京都立豊島高校の吉田洋子の諸氏に当たっていただいた。厚く御礼申し上げる。

　2016年2月　　　　　　　　　　　　　　　日本史教育研究会

凡　例

1. 授業と併用し易いように，問題に見出しのテーマをつけてある。
2. **ポイント!!** には，テーマを大きくつかむエッセンスや授業でさらに発展・展開させるための視点などが含まれている。参考にしてもらいたい。
3. 出題校の大学名をあげてあるが，まえがきに述べたように，原文のままのものよりも加筆補充したものが多い。大学名は参考のためにあげたが，出題文そのものでないことが多いので，その点は注意してほしい。

目　次

| Ⅰ | 原始・古代 |

* 1．先土器・縄文・弥生文化　7
* 2．国家の成立　9
* 3．古墳文化　11
* 4．氏姓制度と推古朝の政治　13
* 5．飛鳥文化　15
* 6．改新後の歩み　16
  7．律令制度　17
* 8．白鳳・天平・弘仁貞観文化　18
  9．女帝　19
* 10．奈良・平安前期の政治　21
  11．平安初期の仏教　24
* 12．摂関政治　26
* 13．荘園制の展開　27
  14．土地制度に関する史料　28
* 15．藤原文化　31
* 16．院政と武士の台頭　32
* 17．古代政治史　34
* 18．古代外交史　35
  19．都城の変遷　38
  20．古代の仏教　39
  21．原始・古代の祭祀と神道　40
  22．古代の寺院　42
  23．古代美術史　43
  24．古代の遺跡　44
* 25．古代史に関する史料　47

| Ⅱ | 中　世 |

* 1．鎌倉幕府の成立　49
* 2．承久の乱と執権政治　51
* 3．御成敗式目　52
* 4．鎌倉時代の仏教　54
* 5．鎌倉時代の文化　56
* 6．鎌倉時代の産業と経済　57
* 7．蒙古襲来と御家人社会の変質　58
* 8．建武の新政と南北朝の対立　60
* 9．室町幕府の成立と推移　62
* 10．日明貿易と周辺との交流　64
* 11．郷村制の成立と都市の発達　67
* 12．室町時代の文化　68
  13．中世の一揆　70
  14．中世の戦闘　72
* 15．戦国大名　74
  16．中世経済史　77
  17．中世文化史　80
* 18．中世宗教史　81
* 19．中世対外関係史　83
  20．中世史総合　84

Ⅲ 近世	Ⅳ 近・現代史
＊1．ヨーロッパ人の来航 *87*	＊1．開国とその影響 *145*
＊2．織田・豊臣政権 *89*	＊2．幕末の政局 *147*
＊3．桃山文化 *94*	＊3．明治前期の官制・軍制改革 *149*
＊4．近世の日朝関係 *96*	＊4．地租改正 *152*
＊5．江戸幕府の成立 *97*	＊5．近代産業の育成 *153*
＊6．初期外交と鎖国 *99*	＊6．明治初期の金融制度 *154*
＊7．農村と農民統制 *101*	＊7．自由民権運動 *156*
＊8．幕藩体制と産業の発達 *103*	＊8．大日本帝国憲法 *158*
9．交通の発達 *105*	＊9．諸法典の編纂 *160*
10．商品・貨幣経済の発達 *106*	＊10．条約改正 *161*
＊11．文治政治の展開 *108*	＊11．日清・日露戦争 *163*
＊12．元禄文化 *111*	＊12．資本主義の発展 *164*
13．幕藩体制の動揺と幕政改革 *113*	＊13．近代の労働問題 *167*
＊14．享保の改革 *115*	＊14．明治のジャーナリズムと教育 *169*
＊15．田沼の政治と寛政の改革 *116*	＊15．近代の文化 *171*
＊16．文化・文政時代 *118*	16．近代の文学 *174*
＊17．天保の改革と諸藩の改革 *119*	＊17．大正期の政治 *175*
＊18．幕政改革 *121*	＊18．第一次世界大戦 *176*
＊19．琉球と蝦夷地 *122*	＊19．大正デモクラシー *178*
＊20．化政文化 *124*	20．選挙法の変遷 *180*
21．近世の学問・思想 *128*	＊21．恐慌と軍部の台頭 *181*
22．蘭学・洋学の発達 *130*	＊22．ファシズム *186*
23．江戸後期の新しい思想 *131*	＊23．近代の対東アジア外交 *187*
24．民間信仰と庶民教育 *132*	＊24．十五年戦争 *190*
＊25．飢饉と一揆 *134*	＊25．太平洋戦争 *192*
＊26．列強の接近と対応策 *138*	＊26．近代日本の支配領域 *193*
＊27．江戸時代経済史 *139*	＊27．戦後の占領政策 *196*
28．近世史の地名 *141*	＊28．日本国憲法への改正過程 *199*
29．近世史総合 *142*	＊29．戦後の教育改革 *200*

＊30. 再軍備と沖縄返還　201
＊31. 高度経済成長　203
＊32. 戦後政治史Ⅰ　205
＊33. 戦後政治史Ⅱ　209
＊34. 戦後の外交　212
＊35. 戦後経済史　216
　36. 戦後の社会運動　220
＊37. 現代の文化　223
＊38. 戦後史総合　226
＊39. 近・現代女性史　229
＊40. 近・現代軍事史　231
　41. 近・現代史上の人物　233
　42. 近・現代史総合　235

Ⅴ　テーマ史

　1. 史書と史学史　237
　2. 古文書　238
　3. 日本の領域　239
　4. 元号　242
　5. 法制史　243
　6. 天皇親政の時代　245
　7. 戸籍の歴史　246
＊8. 貨幣史　247
　9. 鉱業史　249
　10. 馬の歴史　250
＊11. 沖縄の歴史　253
＊12. 日中・日朝関係　255
　13. 京都の歴史　256
　14. 大阪の歴史　259
　15. 葬送の歴史　261
　16. 宗教史　263
　17. 教育史　264
　18. 味覚の歴史　265
　19. 衣料の歴史　268
　20. 木材の歴史　269

I 原始・古代

＊❶ 先土器・縄文・弥生文化

次の文を読み，下記の設問A〜Dに答えよ。

日本列島に人類が居住を開始したのは，地質学的に更新世（洪積世）と呼ばれる時期である。それらの遺跡は（イ）と言われる地層の中から発見されるが，彼らは（ロ）などによるナウマン象やオオツノジカなどの(1)大型哺乳動物の狩猟に生活の中心を置き，移動性の高い生活をしていた。およそ1万2000年ほど前から始まる〔あ〕世（沖積世）になると，しだいに気候も温暖化し，それにともなって動植物も豊かになり，定住的な生活へと向かう。それを端的に示すものが竪穴式住居の採用であり，さらには長崎県泉福寺洞穴の（ハ）年代測定法の結果によれば，縄文式土器の使用も〔あ〕世の開始とともに始まる。そして縄文時代早期から中期にかけて，最も大きな（ニ）が見られ，今日よりも多少海水面が上昇し，海水温も若干高かったことが確認されている。さらには，日本海にも（ホ）が流入し，海水温の上昇が見られた。こうして魚介類などの海産物を積極的に利用するところとなり，(2)貝塚が各地の海岸部に残されるようになる。日本列島各地において，各時期ごとの遺跡数の増減が知られるが，大きく見ると，井戸尻遺跡・尖石遺跡などがある〔い〕県以東の東日本に大型の遺跡が多く，(3)これは貯蔵用食料としての魚・木の実などが豊富であったためである。

紀元前数世紀頃，日本列島に水稲耕作技術が伝播する。中国〔う〕流域では，既に紀元前4千年紀から稲作が開始されており，そうした地域から伝わったと考えられる。近年の福岡県板付遺跡・〔え〕県菜畑遺跡での発掘調査によれば，当初から完成した形での(4)稲作技術が日本列島に出現したことが判明し，かなりの数の稲作農耕民が移住してきたと考えられるようになった。さらに，受容された水稲技術は，以前考えられていたよりも早く東北地方まで広がったことが，〔お〕県砂沢遺跡・垂柳遺跡の調査によって確認された。水稲技術とともに，青銅器・鉄器・（ヘ）の製作技術も知られるようになる。稲作農耕民としての弥生人は，しだいにそれぞれの地域ごとに，水田の開発と維持のため，集落間で連合と対立を深め，さらには支配と服属をくり返し，やがて「漢書」地理志・(5)「後漢書」東夷伝でも知られるような，多数の小国家に分立する状況となる。集落内には米などの保存のため〔か〕が建てられ，村を外敵から防衛するための溝をもつ(6)環濠集落や，瀬戸内海から大阪湾にかけては〔き〕性集落と呼ばれるものも出現する。当然，それぞれの集落あるいはその連合体の首長は，支配権を強めたわけであり，例えば九州地方では（ト）が多数調査されているが，それらのうちには，集中的に多数の副葬品をもつものが見られる。さらにその末期になると，（チ）が西日本各地で検出されるようになり，それらは(7)古墳の前段階と理解されている。

A 文中の空所（イ）〜（チ）にあてはまる適当な語句または数字を，それぞれ対応する次のa〜dあるいはa〜eから1つずつ選び，その符号を答えよ。

(イ) a. シラス　　b. 黒土　　c. ローム　　d. 凍土
(ロ) a. 石鏃　　b. 石槍　　c. 石銛　　d. 石剣
(ハ) a. 古地磁気　b. 放射性炭素　c. 年輪　d. カリウム・アルゴン
(ニ) a. 浸食　　b. 海退　　c. 海進　　d. 隆起
(ホ) a. 対馬海流　b. 親潮　　c. 黒潮　　d. リマン海流
(ヘ) a. 陶器　　b. 漆器　　c. 編物　　d. ガラス器
(ト) a. 地下式土壙墓　b. 支石墓　c. 墳丘墓　d. やぐら　e. 甕棺墓
(チ) a. 地下式土壙墓　b. 支石墓　c. 墳丘墓　d. やぐら　e. 甕棺墓

B　文中の空所〔あ〕〜〔き〕のそれぞれにあてはまる適当な語句を記せ。
C　文中の下線部(1)〜(7)にそれぞれ対応する次の問1〜7に答えよ。

問1．(1) 下線部(1)に関連して、1948年に湖底からナウマン象の骨が発見されたことをきっかけに発掘調査が行われ、大型動物の狩猟の場であったことが判明した湖として、正しいものを下記から1つ選びなさい。
　　　1. 琵琶湖　2. 諏訪湖　3. 摩周湖　4. 野尻湖
(2) 沖縄県島尻郡具志頭村の採石場から1968年に(1)の時代の化石人骨が発見された。この化石人骨の名称として、正しいものを下記から1つ選びなさい。
　　　1. 明石人骨　2. 牛川人骨　3. 浜北人骨　4. 港川人骨

問2．土器・石器などの人工遺物、獣骨などの食料残滓や、竪穴式住居以外のもので、貝塚の中から発見されることの多いものを1つ記せ。

問3．次の文について、a〜iに最も適当な語を記せ。
　縄文時代は、ムラを中心とする自給自足の生活だといわれている。しかし必要な生活物資は遠隔地から入手しており、活発な交易が行われていたと推定されている。〔い〕県の和田峠遺跡で採取された(a)や、大阪府と奈良県の境にある(b)山に産するサヌカイトは、それぞれ数百キロに及ぶ範囲で盛んに使われた。また新潟県の(c)川流域に産する硬玉ヒスイは装身具の材料として貴ばれ、日本列島の各地に運ばれている。また、青森市の(d)遺跡からは、1992年に始まる発掘調査で、大型の掘立柱建物をともなう縄文時代の集落の遺跡が発見された。東西に延びる道路の存在や居住地域と墓域とが分かれていたりするなど、計画的な村づくりが行われていたことが知られ、それまでの縄文時代観を大きく変える発見となった。
　縄文時代の人々の家は、(e)と呼ばれているつくりである。ひとつの家には5人ほどが住んでいたと考えられている。主として植物質の資源を食料としたが、動物質の資源を獲るための道具も豊富で、海岸線の近くには(f)が残されている。そこから発見されることがある人骨には、成人儀礼など人生の節目に行ったと考えられる(g)や、死者の霊をしずめることを目的としたとされる(h)という埋葬方式が認められる。
　この時代には呪術によって災いを避けたり、豊かな収穫を祈ったりする習俗があり、女性をかたどることが多い(i)などがつくられた。

問4．当時使用された，稲刈りのための道具の名を記せ。
問5．「後漢書」東夷伝にいう，倭国王帥升等の献じたものを，その用語を用いて記せ。
問6．見張り用の櫓をもつ環濠集落として著名な，九州地方の遺跡名を1つ記せ。
問7．各地の初期古墳には，同一の鋳型から作られた銅鏡が各地で多数発見されている。その代表的な銅鏡名を記せ。

D 次の文章(ア～ウ)を読み，最も関連する語句を語群から1つ選んで番号を記入せよ。さらに最も関連する写真・図を1つ選んで記号を記入せよ。

ア．弥生時代に本格的に作られはじめた水稲は，穂つみで収穫された。
イ．弥生時代には戦いのための防御施設をそなえた大規模な拠点的集落が出現する。
ウ．弥生時代の日本列島には，中国の歴史書に「国」と記された政治的なまとまりができ，その頂点に立つ人々の墓は，一般の人々よりも広い範囲を占めた。

〔語群〕
①環濠集落　②土壙墓　③終末期古墳　④装飾古墳　⑤群集墳　⑥前方後円墳
⑦墳丘墓　⑧環状集落　⑨木棺墓　⑩石包(庖)丁　⑪八角形墳　⑫石鎌

a

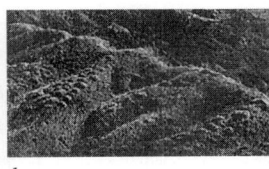

b

c

d

e

(立教大・都立大・中央大・同志社大・福岡大・東海大)

ポイント‼ 先土器・縄文・弥生の各文化については，それぞれの特色をよく整理するとともに，教科書等に載っている地図(遺跡とその位置)・写真(遺物とその出土地)などにも注意したい。

＊ 2　国家の成立

次の文章を読み，〔　〕の中から正しいものを選び，その記号を答えよ。

「夫れ楽浪海中に倭人あり。分かれて百余国と為る」これは日本のことを記した中国最古の史書(1)〔イ．史記　ロ．漢書　ハ．後漢書　ニ．魏志〕地理志燕地の条の一文である。文中の楽浪とは(2)〔イ．周の武王　ロ．漢の武帝　ハ．北魏の孝武帝　ニ．唐の武宗〕が朝鮮半島の(3)〔イ．北部　ロ．中部　ハ．南部　ニ．南東部〕に(4)〔イ．紀元前108　ロ．

紀元57　ロ．107　ニ．239〕年に設けた直轄植民地4郡の一つ楽浪郡のことで，その中心は現在の(5)〔イ．ソウル　ロ．仁川　ハ．平壌　ニ．釜山〕の付近にあった。これにより(6)〔イ．紀元前1　ロ．紀元1　ハ．2　ニ．3〕世紀のころ，日本列島に多数の小国家が分立していたことが知られる。

「建武中元二年，倭の奴国，奉貢朝賀す。光武，賜うに印綬を以てす」という(7)〔イ．史記　ロ．漢書　ハ．後漢書　ニ．魏志〕東夷伝の一節は，そのような小国の一つが，中国に使者を送り，中国皇帝の承認を得ることによって王権の強化をはかろうとしたことを示している。文中の奴国とは現在の(8)〔イ．北九州市　ロ．福岡市　ハ．唐津市　ニ．佐賀市〕付近にあった一小国と推定されている。

「倭人は帯方の東南大海の中にあり。漢の時に朝見する者あり，今，使訳通ずる所三十国」これは(9)〔イ．史記　ロ．漢書　ハ．後漢書　ニ．魏志〕倭人伝の冒頭部分である。文中の帯方とは後漢末期，遼東の公孫氏が楽浪郡の南部を割いて新設した郡で，その中心は今の(10)〔イ．ソウル　ロ．仁川　ハ．平壌　ニ．釜山〕付近にあった。同書によると(11)〔イ．1　ロ．2　ハ．3　ニ．4〕世紀の後半，倭国は大乱に陥り，長期にわたって収拾がつかなかった。そこで巫女王(12)〔イ．天照大神　ロ．倭迹迹日百襲姫命　ハ．卑弥呼　ニ．神功皇后〕を共立し，内乱はようやくおさまったという。彼女の没後，男王を立てると再び混乱が起こったので，宗女すなわち(13)〔イ．娘　ロ．姪　ハ．従妹　ニ．血縁のつながった女性〕を立てて，これをおさめたという。この女王は(14)〔イ．188　ロ．239　ハ．266　ニ．362〕年中国に使者を派遣したが，その後しばらくの間，日本のことは中国の史書に見えない。その間は日本における統一政権誕生の陣痛期で，中国に使者を派遣する余裕などなかったのであろう。日本のことが再び中国史書に登場するのは(15)〔イ．4　ロ．5　ハ．6　ニ．7〕世紀のはじめである。この世紀には倭の五王が次々と中国南朝に朝貢した。五王の最後の武は(16)〔イ．神武　ロ．天武　ハ．文武　ニ．雄略〕天皇のことと考えられている。倭王武の実名ワカタケルは(17)〔イ．群馬　ロ．栃木　ハ．埼玉　ニ．茨城〕県稲荷山古墳出土の鉄剣の銘や(18)〔イ．熊本　ロ．福岡　ハ．佐賀　ニ．大分〕県江田船山古墳出土の大刀銘にも見え，天皇の祖先である大和の大王による国土統一はこの頃迄にはほぼ完了していたとみられる。(19)〔イ．宋書　ロ．南斉書　ハ．梁書　ニ．隋書〕夷蛮伝に載せる倭王武の上表文に東は(20)〔イ．匈奴　ロ．毛人　ハ．隼人　ニ．熊襲〕を征すること五十五国，西は衆夷を服すること六十六国，渡りて海北を平ぐること九十五国と言っているのはあながち誇張とばかりは言えないだろう。

(学習院大)

> **ポイント!!**　国家の成立状況についての中国の史料は，その〈史書名・著者・鍵になる地名(朝鮮半島および日本の)・何世紀の日本についての記述か〉の事項別に整理しておこう。

＊❸ 古墳文化

次の文章を読み，A～Eにもっとも適当な語句を入れ，また(a)～(j)の問いに答えよ。

古墳時代は通常，前期・中期・後期の三期に区分される。3世紀後半から4世紀にかけて築かれた，前期に属する古墳では，a 鏡や玉といった祭祀用具や鍬形石・車輪石・石釧等の装身具が副葬されることが多く，b 被葬者が司祭者的性格を色濃く帯びた存在であったことをうかがわせる。前方後円墳は畿内を中心に発展したのに対し，東国では前方後方墳，c 出雲では方墳が数多く見受けられる。この時期の古墳によく見られる埋葬施設として，次ページの図④のような竪穴式石室が多く作られたが，そこには被葬者を納めた木棺が置かれた。図④に見える，一つの大木を二つに割って，それぞれの中をくりぬき，合わせて用いる木棺を，A という。

中期になると，古墳の規模が大型化する一方で，副葬品には，武具・武器といった戦いの道具の占める割合が大きくなり，また B の副葬も始まることから，かつて大陸から渡来した異民族が畿内を制圧して新たに政権を樹立したのではないかという説も出された。最大の規模をもつ前方後円墳は大阪府の大仙陵古墳（大山古墳）で，その全長は C 百メートル近くにまで及んでいる。この古墳の所在する百舌鳥古墳群をはじめ，大和政権の中枢であった大和や河内の地域に，d 大型の前方後円墳を含む古墳群が数多く見受けられる。一方，地方でも各地で大規模な前方後円墳が築かれることになるが，その形態や規模の共通点などから，大和政権との政治的な関係に基づいて，地方の豪族が築造したものと考えられる。e ある地域には，造山古墳や作山古墳のような全国有数の巨大な前方後円墳があり，この地域の豪族と大和政権との密接な関係を示唆している。一方，f 別の地域では「ワカタケル大王の寺（時）」に奉仕したという内容の銘文を有する鉄剣が出土しているが，この古墳も規模の大きい前方後円墳の一つである。『 D 』に，倭王武の上表文が見られるが，大型前方後円墳の分布は，その内容が全くの虚構ではないことをうかがわせている。

古墳時代後期の古墳には，g 横穴式石室が多く築造されるようになる。その構造を見て分かるように，追葬が可能となり，家族墓的な性格を有する古墳も増加した。一方，古墳時代中期頃にh 大陸から新たな技術や道具が渡来し，耕地の拡大と収穫の大幅な増加が見られたことで，農民にも余剰生産物が蓄積されることとなり，その社会的地位が次第に向上した。これに伴い，古墳は一部支配者層の権力を象徴する専有的な建造物といった性格を失い，大型の前方後円墳は減少し，代わって有力農民によって築造された古墳が現れ，i 一箇所に多数の中小古墳が集中して構築される形態が各地で見受けられるようになる。

7世紀には前方後円墳は姿を消し，小規模な八角墳・方墳・円墳が築かれた。この時期をj 終末期と称する場合があるが，かつて支配者の権力を象徴する建造物として機能した大型古墳に代わり，豪族の権威をあらわす施設として E が，建造されることになる。

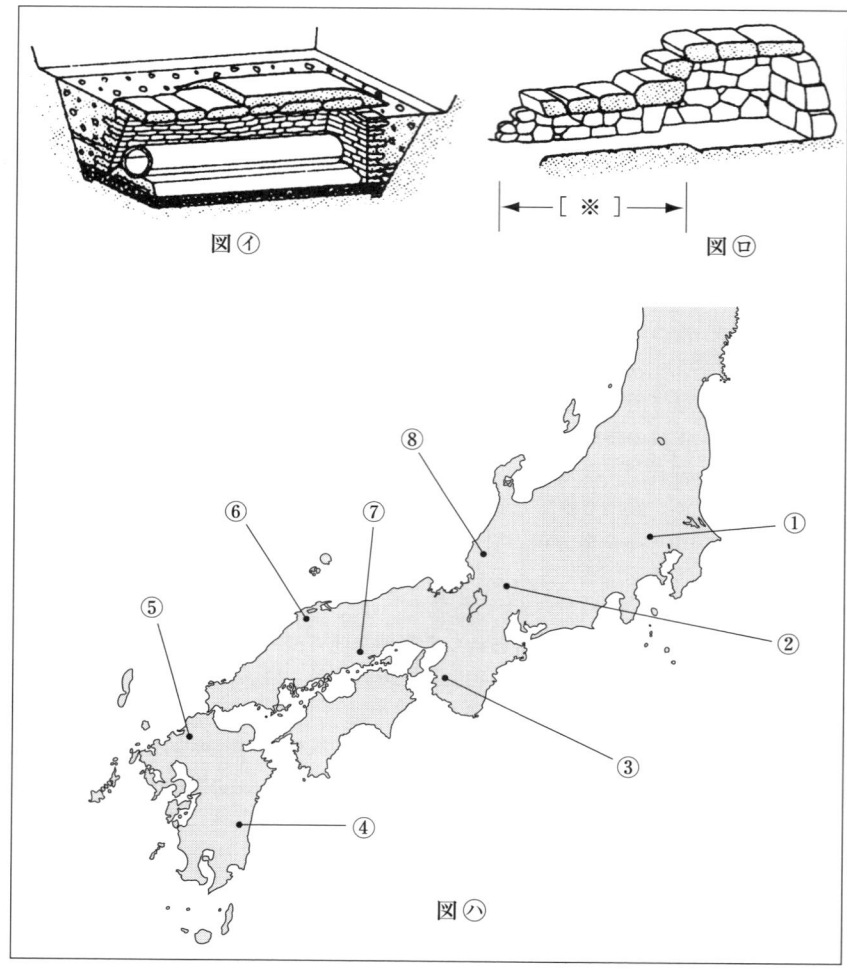

図㋑　図㋺　図㋩

(a) 下線部aについて，前期の古墳の副葬品として，邪馬台国の所在地論争でしばしば取り上げられる銅鏡の名称を答えよ。
(b) 下線部bに関連して，大和を代表する前期の大型前方後円墳で，三輪山(大神神社)の祭神の妻であった女性を葬ったという伝承を有する古墳の名称を記せ。
(c) 下線部cの出雲で弥生時代後期に盛んに造られる墳丘墓を何というか。
(d) 下線部dについて，古市古墳群で最大の規模を有する誉田御廟山古墳は，現在どの天皇の陵墓として扱われているか。
(e) 下線部eに該当する地域を地図(図㋩)から選び，番号で答えよ。
(f) 下線部fに該当する地域を地図(図㋩)から選び，番号で答えよ。
(g) 下線部gに関連して，図㋺に示された[※]の部分を何というか。

(h) 下線部hに関連して、この時期に出現し、乾田や畠の開発を進展させ耕地面積拡大に貢献した鉄製の鍬・鋤先は、その形態から何形鍬・鋤先と呼ばれているか。
(i) 下線部iの代表例である岩橋千塚古墳群の所在する地域を地図(図(六))から選び、番号で答えよ。
(j) 下線部jの代表的な存在である、①四神・男女群像等が描かれた奈良県の壁画古墳の名称を記せ。また、②四神図や、獣頭人身像、星宿図(天文図)などが描かれている壁画古墳は何か。

(立命館大)

ポイント!! 古墳文化については、①弥生→古墳の発生の経過、②前・中・後各期の墳形・副葬品・石室の特徴とその有名な古墳の実例、③古墳の衰退→氏寺の造営、の流れをしっかり把握しておくこと。

＊❹ 氏姓制度と推古朝の政治

A 次の文中の空欄(1)～(18)に適当な語句を、また下記の設問19・20の答えを、下の語群より選びなさい。

ヤマト政権の支配を受けるようになった各地の豪族は、(1)□□□という同族集団をひきいる(2)□□□として政治に参加し、臣・連・君・直・造などの姓を、尊卑を示す称号として与えられた。有力な中央豪族は大臣・大連となってヤマト政権の政治を動かし、地方の有力な豪族は国造・(3)□□□となって、それぞれの地方を支配した。(1)□□□の生活を支えるものは、(4)□□□と呼ばれる私有地、(5)□□□と呼ばれる私有民であった。また、政権には特殊な技術集団があって、(6)□□□にひきいられて手工業に従事した。以上のような支配体制を(7)□□□と呼ぶが、聖徳太子(厩戸王)が摂政であった推古朝は、それまで続いた(7)□□□と、やがて到来した(8)□□□との過渡期であったと見なすことができる。

ところで、(7)□□□の動揺を今日の我々が判断する重要な材料として、6世紀を中心に発生した(9)□□□を取り上げることができよう。(9)□□□とは小型の古墳が一地域に何十・何百と集まったもので、(10)□□□県の岩橋千塚や(11)□□□県の吉見百穴などは有名である。この種の古墳に埋葬された人々は、かつての(12)□□□に埋葬されていた豪族層ではなく、その支配下にいた中層の家長層であったと判断されている。こうした社会構造の変化や527年の(13)□□□の国造磐井氏の反乱などに対して、天皇中心の(14)□□□な支配を目指すものとして聖徳太子の冠位十二階や憲法十七条の制定が位置づけられる。憲法十七条の第十二に「国に二君なく、民に両主なし」とうたわれた両主とは(15)□□□と(16)□□□を指し、(15)□□□の絶対的な支配を主張するものであった。このような内政改革が、当時の外交政策において、軍事外交を取っている時期であったことは、外交と内政の連動性を示していると言えよう。

さて、(14)□□□な体制を成立させた最も画期的な事件は大化の改新であった。このクーデターを準備計画したのは、中臣鎌足らであったが、唐から帰国した留学生の(17)□□□や留学僧の(18)□□□らの助言が大いに役立っていたことは、よく知られているところである。

設問19　文章中，論理的に明らかに誤った用い方をされた語句が一箇所ある。それを訂正する語句を語群より選びその記号を記入せよ。

設問20　(17)□・(18)□とともに隋・唐に留学し，帰国後改新政府樹立に大きな影響を与えた人物は誰か，語群より選びその記号を記入せよ。

　イ．氏姓制度　　ロ．出雲　　　ハ．平和外交　　ニ．上円下方墳
　ホ．中央集権的　へ．埼玉　　　ト．屯倉　　　　チ．氏　　　　リ．高向玄理
　ヌ．氏上　　　　ル．旻　　　　ヲ．集合墳　　　ワ．八色の姓　カ．群集墳
　ヨ．田荘　　　　タ．奴隷制社会　レ．筑紫　　　ソ．長門　　　ツ．律令制国家
　ネ．南淵請安　　ナ．氏神　　　ラ．福井　　　　ム．豪族　　　ウ．吉備真備
　ヰ．前方後円墳　ノ．天皇　　　オ．和歌山　　　ク．部曲　　　ヤ．県主
　マ．伴造
　　　　　　　　　　　　　　　　　　　　　　　　　　　　　（学習院大）

B　次の文の（ 1 ）〜（ 15 ）に入れるのに最も適当な語句を下記の語群から選び，その記号で答えなさい。

(A)　592年，欽明天皇と堅塩媛の皇女である炊屋媛は女帝（ 1 ）天皇として即位した。翌年，この天皇は甥の（ 2 ）皇子を摂政とし，国政を担当させた。彼は大臣の（ 3 ）と協力し，内外の動きに対応して国政の改革にあたった。この大臣は，587年に（ 4 ）を滅ぼして政権を独占していたが，さらに対立していた（ 5 ）天皇をも暗殺した。現在，奈良県高市郡明日香村島之庄にある（ 6 ）古墳は，嶋大臣とも称された彼の桃原墓と推定されている。

(B)　ヤマト政権は，『宋書』倭国伝に讃・珍・済・興・武と表記された倭の五王時代以降，中国との交渉を行わなかったらしいが，外交方針を転換して隋と国交を開いた。607年には（ 7 ）が遣隋使として中国に渡ったが，これに対し隋の皇帝（ 8 ）は翌年，国使（ 9 ）を遣した。遣隋使には，のちに国博士となった留学生の（ 10 ）や，学問僧の（ 11 ）・僧旻など，多くの者が随行した。

(C)　618年，中国では隋がほろび唐がおこった。（ 12 ）天皇の630年，最初の遣唐使として（ 13 ）が派遣され，632年に帰国した。この時，遣隋使に従って中国に渡っていた学問僧の旻が帰国した。また，留学生の（ 10 ）と学問僧の（ 11 ）は，640年に帰国したが，彼らのように長期間の滞在を終えて帰国した留学生・学問僧の新知識は，（ 14 ）天皇のもとで（ 15 ）皇子・中臣鎌足らにより推進された，大化の改新にはじまる国政改革に大きな役割をはたした。

〔語群〕
(ア)宣化　(イ)欽明　(ウ)敏達　(エ)用明　(オ)崇峻　(カ)推古　(キ)舒明
(ク)皇極　(ケ)孝徳　(コ)大兄　(サ)厩戸　(シ)有間　(ス)中大兄　(セ)大友
(ソ)蘇我稲目　(タ)蘇我馬子　(チ)物部尾輿　(ツ)物部守屋　(テ)犬上御田鍬
(ト)吉士長丹　(ナ)南淵請安　(ニ)南淵弘貞　(ヌ)小野毛人　(ネ)小野妹子
(ノ)高向国押　(ハ)高向玄理　(ヒ)高表仁　(フ)裴世清　(ヘ)文帝(楊堅)
(ホ)煬帝(楊広)　(マ)岩屋山　(ミ)石舞台
　　　　　　　　　　　　　　　　　　　　　　　　　　　　　（関西大）

ポイント!!　氏姓制度下のヤマト政権の動揺→聖徳太子の中央集権化の試み→大化の

改新→律令国家の確立，の流れを忘れないこと。また，聖徳太子は，新羅遠征の断念後に，中央集権化の一連の改革に着手する。

＊ ❺ 飛鳥文化

次の文を読み，下記の問いに答えなさい。

　飛鳥文化は，わが国の最初の仏教文化である。仏教公伝の年代については，『日本書紀』の伝える552年と『上宮聖徳法王帝説』などの伝える　Ａ　年の2説がある。6世紀の日本は，中国との直接交渉の道を絶っていたために，百済を介して中国文化を輸入せざるをえなかった。6世紀前半には五経博士，暦博士などの技術者も百済から日本に派遣されているが，仏教もこうした(イ)日本と百済との政治的関係を背景にして伝えられたものであった。

　仏教公伝の当時，朝廷は必ずしもこの新来の宗教に対して好意的ではなかったが，仏教受容をめぐる争いで　Ｂ　が滅び，蘇我馬子が実権を握ると，朝廷も仏教を保護するようになり，豪族もきそって氏寺を建てるようになった。蘇我氏の発願による飛鳥寺（法興寺），聖徳太子の発願によるといわれる(ロ)斑鳩寺（法隆寺）などが当時の代表的な寺院である。法隆寺の建築には，柱の中央部分にふくらみがもたせてあり，ギリシアの　Ｃ　様式が認められる。

　寺院建築にともなって，仏像や工芸品が多数つくられた。(ハ)仏像では　Ｄ　の作といわれる法隆寺金堂の釈迦三尊像のほか，　Ｅ　寺や広隆寺の半跏思惟像（弥勒菩薩像）などが有名である。工芸では　Ｅ　寺の天寿国繡帳や法隆寺の(ニ)玉虫厨子などのすぐれたものがある。また，高句麗の僧　Ｆ　によって絵具・紙・墨の製法が伝えられた。

問1．文中の空欄Ａ～Ｆにもっとも適当と思われる語を記しなさい。
問2．下線部(イ)～(ニ)について，それぞれ下記の問に答えなさい。
　(イ) このような公式のルートを通じての仏教の伝来のほか，朝鮮からの渡来人によって仏教だけではなく，中国でおこった別の宗教も伝えられ，日本人の信仰に影響を与えた。別の宗教とは何か。
　(ロ) 『日本書紀』に670年法隆寺焼失の記事があるため，法隆寺の再建・非再建をめぐってはげしい論争がおこった。1939（昭和14）年に四天王寺式の伽藍配置をもつ　　　　伽藍跡が発見されたことなどから，現存の金堂・五重塔などは焼失後に再建されたものと考えられている。空欄に，最も適当と思われる語句を記しなさい。
　(ハ) 仏像彫刻には，厳しい表情の北魏様式と柔らかい表情の　　　　様式がある。空欄に，最も適当と思われる語句を記しなさい。
　　また，次の仏像彫刻のうちから北魏様式のものを選びなさい。
　　1．法隆寺百済観音像　　2．飛鳥寺釈迦如来像　　3．中宮寺半跏思惟像
　　4．広隆寺半跏思惟像
　(ニ) 玉虫厨子の下段の須弥座には釈迦本生譚（ジャータカ）などの　　　　が描かれ，なかでも捨身飼虎図は有名である。空欄に，最も適当と思われる語句を記しなさい。

(明治大)

ポイント!! 飛鳥文化は、朝鮮半島を媒介にして伝えられた中国南北朝時代の文化の影響の中で成立したわが国最初の仏教文化である。世界史の教科書等をも参考にして、写真等でそうした雰囲気を感じとってみよう。

＊ 6 改新後の歩み

次の文章を読み、下記の設問に答えよ。

686年9月9日、天武天皇は (1) 宮に病没した。その死に接して、皇后鸕野は来し方のさまざまを思い起こしたにちがいない。

天武は、かつての大海人皇子である。大海人は、天智天皇もしくは中大兄皇子の弟である。鸕野は中大兄の娘である。その鸕野が、大海人のもとに嫁したのは十三歳の時であった。

645年6月の乙巳の政変にはじまる中大兄の政治は、革新につぐ革新であった。朝廷の直轄地ともいうべき (2) 、豪族の領有地である (3) を廃止し、公地そして公民の方針を明らかにし、律令国家への基礎づくりを進めた。外に対しては、膨張政策をとった。(4)勢力圏を遠く津軽の地までに及ぼそうとした。だが、(5)百済救援を目的とした朝鮮への出兵は失敗し、唐・新羅との緊張は一挙に高まった。

665年9月、唐の使節が日本にやって来た。朝廷は遣唐使を派遣してこれに応えた。緊張は緩和されたのである。667年、都が近江に移された。「天にみつ　大和を置いて　あおによし　奈良山を越え　いかさまに　思ほしめせか　天離る夷にはあれど　石走る　淡海の国の　楽浪の　大津の宮に……」と、ある(6)宮廷歌人がうたったように、遷都の理由は判然としない。

ともあれ、中大兄は遷都を断行した。翌年、即位して天皇の位についた。天智天皇である。改めて、国家構築の作業がはじまる。(7)戸籍が作成された。冠位の制が改められ、法典が編纂されたという。

こうしたなか、天智と大海人との間に不和が生じ深まっていった。皇位の継承をめぐる不和が生じたのである。大海人は皇太子で、次期の皇位を約束されているかのようだった。天智は、自分の子の大友皇子に望みを託そうとしていた。大海人は僧形となって吉野に赴いた。鸕野もこれに従った。671年のこと、その12月に天智が没した。翌年、672年は壬申の年である。近江朝と大海人との間に戦闘があった。これに勝利を収めた大海人は (1) 宮を造営し、そして即位した。天武天皇である。

(8) は神にしませば赤駒の腹ばふ田井を都となしつ

壬申の乱に大海人の側に参軍した大伴御行は、こう歌ったものだった。天武天皇は巨大な天皇だった。大臣をおかず、鸕野皇后をはじめ皇族だけで政治を運営した。しばしば (9) 政治とよばれる統治の形態である。天武天皇と鸕野皇后は、律令国家の構築を進めた。そして、686年9月9日、天武が世を去った。

越し方の思い出にひたって、そして、鸕野皇后は天武の遺志をうけつごうと決意した。まず、皇位継承者の確定である。皇太子は草壁、天武と鸕野の間に生まれた皇子である。だが強力な対立者がいた。「(10)幼年より学を好み、博覧にしてよく文を属る。壮に及び

て武を愛し，多力にしてよく剣を撃つ。」と，このように評された大津皇子である。大津皇子は，謀反の疑をかけられて死に処せられた。だが，鸕野が望みをかけた草壁皇子は，大津の事件があった三年後に病没する。鸕野は，自ら政権を担わなければならなかった。□(1)□令を布達した。今はなき天武が作成した法典である。そして自ら，即位した。持統天皇である。そして，草壁の子の軽皇子が即位するのをみとどけて，退位して，そして没した。702年12月，58歳であった。

設問　(1)・(2)・(3)の□に適当な歴史名辞を入れよ。
(4) 軍勢をひきいてこの地に赴いた将軍の名を記せ。
(5) 遠征の日本の水軍が，唐の水軍に敗北した事件が決定的だった。この戦闘を一般に何の戦いと呼んでいるか。
(6) だれか。のち歌神といわれたほどの歌人，ちなみに，この歌人の一首をあげる。
　　東の野に　炎の立つ見えて　かへり見すれば月傾きぬ
(7) 完備した戸籍で，永久保存とされた。ただし現存はしていない。□年籍とよばれている。何か。
(8)・(9)の□に入るべき語句は何か。
(10) この文章が載せられているのは□，最古の漢詩集である。何か。（学習院大）

ポイント!! 改新の詔の方針の実現には長い時間が必要であった。その過程を，（孝徳朝）・（近江朝）・（天武・持統・文武朝）の各段階に分け，具体的な動きを整理しておこう。

❼ 律令制度

次の文章（1〜5）について，下記の設問に答えなさい。解答はすべて，漢字を用いるべきところは正確な漢字で，数字は算用数字を用いて，記入しなさい。

1. 日本の律令は701年の大宝律令によって完成したといわれているが，その後まもなく718年ごろ若干の字句を修正した（ A ）律令がつくられた。現在，ほぼ概容を知ることができる令はこの時のもので，その本文は，平安時代に入って833年に清原夏野らによって編纂された(イ)令の公定注釈書である（ B ）などによって今日まで伝えられている。

2. 同令によると，中央の官職制度は（ C ）と太政官の2官，太政官のもとで政務を分担する中務省などの(ロ)8省，および省に付属する職・寮・司などからなり，それらの官司には，用字は異なるが，原則として長官・次官・（ D ）・主典の四等官がおかれていた。

3. 全国の行政区画は，都を中心とする周囲の国を特別な行政区として（ E ）とし，その他の諸国を主要幹線道路を軸に七道に大きく分けた。その下に国・(ハ)郡・里の行政区を設け，それぞれ国司・郡司・（ F ）を任命して行政にあたらせた。また，とくに国防上重要な九州には（ G ）をおき，管内諸国を統轄させた。

4. 律令制度では，人民には戸籍の記載にもとづき，（ H ）歳以上の男女にそれぞれ(ニ)一定面積の口分田が支給された。そして班田の便宜のため田地は6町（いまの約

648メートル）四方に大きく区画され，その中がさらに細かく区分された。この土地の区画制度を（ Ⅰ ）という。
5．いっぽう，農民が負担する租税・労役には，租・(ホ)庸・調のほかに，国司の指揮のもとに，原則として60日を限度として，国内の土木工事など公共事業に従事する（ J ）があり，農民にとって大きな負担であった。

設問い　文中の空欄（A〜J）に入れるのに，もっとも適切な語を考えて記しなさい。
設問ろ　文中の下線を施した語句（イ〜ホ）について，それぞれの問いに答えなさい。

イ．9世紀の後半ごろ，惟宗直本が，明法家の説を集成して著した私撰の令の注釈書を何というか。その書名を書きなさい。

ロ．戸籍の管理や租税（租・庸・調など）・財政のことをつかさどる省はどこか。その名称を書きなさい。

ハ．大宝令の施行される前には，令制の「郡」にあたる行政区をどのような文字で表記していたか。その文字を書きなさい。

ニ．令の規定によれば，班給される口分田の面積は，男に2段（反）とされているが，女には何段（反）何歩の口分田が班給されたか。その面積（段・歩）を書きなさい。

ホ．諸国からの調・庸などの貢納物には納入者を示す荷札のようなものが付けられることがあったが，その文字を墨書きした木の札をふつう何というか。その名称を書きなさい。

ヘ．律令官人制度で特筆すべきことは，官職と位階が対応していたことである。すなわちある官職にはある位階を帯びる者を任命するという一般原則があった。これを何の制と呼んでいるか。

ト．このため高い位階をもつ者が有力な官職につきやすく，この高い位階をもつ皇族や貴族の子や孫は，父や祖父の地位に応じてはじめから高い位階を叙位されるという特権をもっていた。何と呼ぶか。
（中央大・東京女子大）

ポイント!!　律令制度については，①浄御原令→大宝律令→養老律令の流れ，②2官8省1台5衛府の中央政府組織と地方行政組織，③租・庸・調・雑徭中心の税制，班田収授の法（1段＝360歩）と条里制，などに分けて知識を整理しておこう。

＊ ❽　白鳳・天平・弘仁貞観文化

次の寺院の彫刻(A)〜(O)について，下記の問いに答えよ。
(A)興福寺天燈鬼・竜燈鬼　(B)興福寺阿修羅像　(C)広隆寺半跏思惟像
(D)東大寺南大門金剛力士像　(E)東大寺三月堂不空羂索観音像
(F)法隆寺金堂釈迦三尊像　(G)室生寺金堂釈迦如来像
(H)平等院鳳凰堂阿弥陀如来像　(I)山田寺仏頭　(J)法興寺釈迦如来像
(K)法界寺阿弥陀像　(L)神護寺金堂薬師如来像　(M)薬師寺金堂薬師三尊像
(N)中宮寺半跏思惟像　(O)観心寺如意輪観音像

〔問Ⅰ〕　上の彫刻(A)〜(O)のなかより，下の文化（1〜3）に該当するものを選べ。

(1)白鳳文化　(2)天平文化　(3)弘仁・貞観文化
〔問Ⅱ〕　上の彫刻(A)～(O)のなかより，下の文章(a)～(e)とかかわるものを選べ。
　(a)　聖徳太子の死後，623年に妃や王子が止利仏師につくらせた，左右対称形式の，表現が力強い仏像。
　(b)　藤原氏の氏寺として栄えた寺に遺存される，高さ1.53mの乾漆像で，三面六臂，そして若々しい姿態や，繊細で真剣な顔付，さらに六本の手の構成が素晴らしい八部衆の一つ。
　(c)　聖徳太子が母穴穂部間人后の宮址を寺にし，そこに遺存される像で，寺伝では，如意輪観音と言われる，片足を他の足の股の上に組み，手を頬に当てているかに見える像。
　(d)　750年頃に建立され，毎年3月に法華会が行われるところに遺存される，頭上に華麗な宝冠を着けた，高さ3.6m余の乾漆像で，手に漁猟の具を持ち，大悲心で衆生を済度する三目八臂像。
　(e)　弥勒菩薩像と考えられるもので，603年に聖徳太子が秦河勝に賜った朝鮮伝来のものと伝えられる像。
〔問Ⅲ〕　下の文章(1)～(3)に該当するものを，下記の寺(a)～(o)のなかより選べ。
　(1)　鞍作鳥の作と言われ，後世に補修されてはいるが，現存する，日本最古の釈迦如来像を遺存する。
　(2)　幾多の困難を乗り越えて，遣唐使船で来朝し，仏教思想等の発展に大きく寄与した鑑真の肖像乾漆像を遺存する。
　(3)　光明皇后の母橘夫人の念持仏と伝えられ，丸顔の柔らかな表情に特徴がある阿弥陀三尊像を遺存する。
〔寺名〕
(a)東大寺　(b)西大寺　(c)法界寺　(d)法起寺　(e)観心寺　(f)唐招提寺
(g)中宮寺　(h)飛鳥寺　(i)室生寺　(j)法隆寺　(k)広隆寺　(l)神護寺
(m)教王護国寺　(n)薬師寺　(o)興福寺
(上智大)

ポイント!!　教科書の写真とその説明文はよく頭に入れておきたい。各時代ごとに仏像彫刻の特徴をつかんでおこう。

❾　女　帝

次の文章を読み，下記の設問に答えなさい。
　7・8世紀には六人の女帝が出現している。6世紀に蘇我稲目はその娘二人を欽明天皇の妃とし，蘇我氏はそれらの妃の生んだ皇子をつぎつぎと即位させて，外戚の地位を確立したが，大臣　A　は政敵の　B　を滅し，また崇峻天皇をも暗殺してしまった。このような政情不安なときに　C　が日本ではじめての女帝として即位した。このときには甥の①聖徳太子(厩戸王)が摂政となり，　A　とともに実際の政治にあたった。2人目の女帝は皇極天皇である。天皇は②舒明天皇の皇后であり，中大兄皇子と大海人皇子の母であった。643年11月蘇我蝦夷の子入鹿が聖徳太子の子　D　を攻めほ

ろぼし，政権の独占をはかったが，かえって皇族や他の豪族たちの強い反発をかい，蘇我氏滅亡の原因となった。③蝦夷・入鹿が討たれた後，天皇は弟孝徳天皇に譲位し，中大兄皇子を皇太子とした。654年に孝徳天皇が難波で亡くなると，翌年皇極上皇が重祚して斉明天皇となったが，宮廷造営の大規模な土木工事や　E　による蝦夷征討などを行ったため，政情は安定しなかった。一方，朝鮮半島では，新羅が統一をすすめ，唐とむすんで百済を滅ぼした。老女帝は救援の兵を送ったが，北九州で没した。3人目の女帝は　F　である。天武天皇の皇后であったが，686年に天皇が亡くなると政をとり，皇太子草壁皇子が没すると即位した。天皇は689年に　G　を施行するとともに，④これにもとづく戸籍の作成を命じ，翌年にかけて作成が行われた。また⑤本格的な都城の造営がすすめられ，694年に遷都が行われた。707年，文武天皇が若くして没すると，その母が即位して，4人目の女帝である元明天皇となった。708年に皇朝十二銭の最初の⑥貨幣を鋳造し，710年には平城京に遷都した。この前後から政府は支配領域の拡大につとめ，712年に越後国と⑦陸奥国とをさいて　H　国をおき，翌年には九州南部でも日向国をさいて大隅国をたてた。また，諸国に⑧風土記の撰進を命じた。太安万侶が　I　を撰上したのもこの天皇のときである。元明天皇は皇太子である文武天皇の嫡子首皇子(のちの聖武天皇)が幼少であったため，天皇の娘，氷高内親王に譲位した。5人目の女帝は元正天皇で，聖武天皇への中つぎの女帝である。元正天皇の治世下では⑨『日本書紀』が撰上され，律令国家による事業が推進されたが，一方では土地の不足に苦しみ，三世一身の法が出された。また720年に大隅国守が殺害されたことから，万葉歌人でもある　J　を征隼人持節大将軍に任じ，大規模な征討が行われた。6人目の女帝は聖武天皇と光明皇后の娘，孝謙天皇であるが，その施策は母とその甥藤原仲麻呂に負うものであった。

問1．空欄A～Jに適当な語句・人名を記入しなさい。
問2．下線部①の宮殿はどれですか，下記の中から選んでその記号を記しなさい。
　　イ．岡本宮　　ロ．斑鳩宮　　ハ．朝倉宮　　ニ．板蓋宮
問3．下線部②の時に派遣された最初の遣唐使は誰ですか。
問4．下線部③の事件後に成立した政権の中で，中臣鎌足は何という官職につきましたか。
問5．下線部④の名を記しなさい。
問6．下線部⑤の名を記しなさい。
問7．下線部⑥の名を記しなさい。
問8．下線部⑦は，七道のうちの何道に属していますか。
問9．下線部⑧のうち現存するもので最も完備しているのはどこの国のものですか。
問10．下線部⑨の編纂を主宰した人は誰ですか。下記の中から選び，記号で記しなさい。
　　イ．刑部親王　　ロ．大津皇子　　ハ．高市皇子　　ニ．舎人親王
問11．下線部⑨から『日本三代実録』までの史書を総称して何といいますか。

(共立女子大)

> **ポイント!!** （推古）・（皇極・斉明）・（持統）・（元明）・（元正）・（孝謙・称徳）にくくれば，女帝登場のそれぞれの背後の事情がどうであったのかについて理解しやすい。また，その結果，古代史の理解に色どりを与えてもくれよう。なお，江戸時代の明正・後桜町天皇の存在にも注意。

*❿ 奈良・平安前期の政治

次の2つの文章を読み，設問1〜14に答えよ。

(I) 藤原氏は，律令制度の確立に力を尽くすとともに，皇室に接近してその発展の基礎を固めた。養老5年(721)皇族の長屋王が右大臣となったが，神亀元年(724)には藤原氏のおす首皇子が即位して聖武天皇になると，その皇后冊立をめぐる対立を利用した藤原氏は，長屋王を策謀によって自殺に追い込み，天平元年(729)には（ ア ）の娘の光明子を聖武天皇の皇后に立てることに成功した。かわって政権を握ったのは(1)藤原武智麻呂・房前・宇合・麻呂の4兄弟であった。しかし，このころ流行した疫病のため，4人はあいついで世を去った。藤原氏4兄弟の死後は，皇族出身の（ イ ）が政権をにぎり，唐から帰国した吉備真備らが，聖武天皇の信任を得て勢いをふるった。

しかし，飢饉や疫病による社会の動揺が激しくなり，天平12年(740)には，（ ウ ）が真備らの追放を求めて九州で反乱をおこした。乱が平定された後も朝廷の動揺はおさまらず，聖武天皇はそれから数年のあいだ，(2)恭仁京・難波京・紫香楽と都を移した。

こうした情勢のもとで，聖武天皇は仏教の鎮護国家の思想によって政治や社会の不安をしずめようと考え，天平13年(741)には国分寺建立の詔を出し，国ごとに国分寺・国分尼寺を建てて金光明経など護国の経典を読ませた。『続日本紀』はこれを「(前略)宜しく天下の諸国をして各敬んで（ A ）重塔一区を造り，幷て金光明最勝王経，妙法蓮華経各一部を写さしむべし。朕又別に金字の金光明最勝王経を写して，塔毎に各一部を置かしめんと擬す。(中略)僧寺には必ず（ B ）僧有ら令め，其の寺の名を金光明四天王護国之寺と為し，尼寺には（ C ）尼ありて，其の寺の名を(3)（ D ）之寺と為し，(以下略)」(漢文を書き下した)と記している。

さらに，天平15年(743)に大仏造立の詔を発して，近江の紫香楽で金銅の(a)ルシャナブツの造立を始めた。この事業は再び都となった平城京で継続され，天平勝宝4年(752)に完成し，盛大な開眼供養の儀式が行われた。しかし，度重なる遷都の費用は民衆の負担となり，疫病の流行とあいまって，社会不安をつのらせた。

聖武天皇が退位したのちは，娘の阿倍内親王が即位して孝謙天皇となったが，この後，光明皇后(光明子)の甥にあたる（ エ ）が権勢をふるった。（ エ ）の反対派は大仏建立などが民衆を苦しめているとして反乱を企てたが，事前に発覚し倒された。天平宝字2年(758)には大炊王が譲位をうけて淳仁天皇として即位した。こののち（ エ ）は淳仁天皇から恵美押勝の名を賜って専制的な政治を行った。しかし孝謙上皇に信任された僧道鏡が進出してくると，（ エ ）はこれと対立し，天平宝字8年

(764)，兵をあげたが敗死し，淳仁天皇は淡路に配流された。

そののち，(4)孝謙上皇は再び皇位について称徳天皇となり，道鏡はそのもとで太政大臣禅師となり，ついで法王の称号を得て権勢を振るった。この間，皇位の継承をめぐって皇族や貴族の争いが続いた。神護景雲3年(769)には，道鏡が宇佐八幡の神託と称して皇位につこうとしたが和気清麻呂らによって阻止された。また宮殿や寺院の造営によって国家の財政も大きく乱れた。このため，藤原百川などの貴族は称徳天皇が死去すると(5)道鏡を追放し，あらたに（オ）天皇の孫にあたる光仁天皇をたて，律令政治の再建をはかった。光仁天皇のもとでは，財政の緊縮など政治改革が行われた。

(Ⅱ)　桓武天皇は，（E）年に長岡京に遷都したが，翌年その造営責任者（カ）が暗殺されるなどの事件があり，延暦13年(794)に平安京に遷都した。桓武天皇は蝦夷地域の経営にも力を入れた。また，地方の政治の取り締まりの強化のため(b)カゲユシをおいたり，低下していた兵士の質を向上させるため，平安京遷都に先立つ（F）年には東北や九州などの地域を除いて軍団と兵士を廃止した。あらたにこれに替わって国府の守備などの中心的役割には郡司をはじめとする地方豪族の子弟らから健児として選び充てることとした。延暦20年(801)には坂上田村麻呂が蝦夷地域に派遣され，翌年には(6)胆沢城が築かれた。

次いで，平城天皇は，官司の整理・統合，官人の削減による財政負担の軽減をはかった。弘仁元年(810)嵯峨天皇は，即位後，対立した平城上皇の寵愛した（キ）を自殺に追い込んだ。嵯峨天皇は，天皇の秘書官を務める蔵人頭や，京内の警察や裁判の業務をつかさどる(c)ケビイシなど，令に規定されていない新しい官職を設けた。これを令外の官という。また，嵯峨天皇のもとでは法制の整備もすすめられ，律令の規定を改正するものとしての格と，施行細則としての式とに法令を分類・編集して弘仁格式が編成された。また，(7)令の条文の解釈を公式に統一するものとして『令義解』が編纂された。

この間，藤原氏がしだいに勢力を伸ばした。藤原冬嗣は嵯峨天皇のもとで，蔵人頭になり，皇室と婚姻関係を結んだ。(8)承和9年(842)には伴健岑らが皇太子恒貞親王とともに東国で反乱を企てたという疑いで逮捕され，伴健岑らは流罪になり，恒貞親王は皇太子の地位を奪われた。平安2年(858)に清和天皇が幼少で即位し，良房は貞観8年(866)に天皇の外祖父として臣下で初めて摂政に任じられた。同年には，大納言伴善男が朝堂院の正門である応天門に放火し，その罪を(9)彼の政敵に負わせようとして発覚，流罪に処せられた。さらに，(10)藤原基経は宇多天皇が即位に際して出した勅書を撤回させ，この事件を通じて，その関白としての地位を確固としたものにした。しかし，これにたいして宇多天皇は，基経の死後，摂政や関白をおかず，菅原道真を重用して藤原氏をおさえようとした。藤原氏は，つづく（ク）天皇の代になって，藤原時平らが謀って道真を(d)ダザイゴンノソチに左遷した。政権を掌握した時平は（G）年，延喜の荘園整理令を出したがあまり効果はなかった。そこで，時平のあとを受けた藤原忠平は人に課税する方式を改めて土地に課税をすることにし

た。
　この忠平は朱雀天皇の摂政及び関白を務めた。次の村上天皇は摂政・関白を置かなかったが，藤原氏は，康保4年(967)に（ケ）が関白となって以後，摂政・関白が常置されるようになった。また，安和2年(969)には左大臣源高明を失脚させた。

設問1　藤原4兄弟のうち，下線部(1)の武智麻呂にはじまる家系を何というか。漢字で答えよ。

設問2　下線部(2)の恭仁京がおかれた区域は令制による地方行政の区画ではどの国に含まれるか。漢字で答えよ。

設問3　史料中の下線部(3)の空欄（D）にあてはまる語句は何か。漢字で答えよ。

設問4　下線部(4)のように，かつて天皇であった人物がもう一度天皇の位につくことを何というか。漢字で答えよ。

設問5　下線部(5)の道鏡が追放された寺院は，どこの国にあったか。漢字で答えよ。

設問6　陸奥国の中で下線部(6)の胆沢城より北に，803年に設置された城を何というか。漢字で答えよ。

設問7　下線部(7)の『令義解』の編纂の中心になった人物はだれか。姓名を漢字で答えよ。

設問8　下線部(8)のこの事件に連座した人物で，三筆の一人としても知られる人物はだれか。姓名を漢字で答えよ。

設問9　下線部(9)の政敵であった人物とはだれか。姓名を漢字で答えよ。

設問10　下線部(10)の事件は「○○の紛議」とよばれるものである。○○にあてはまる語句を漢字で答えよ。

設問11　下線を付した(a)から(d)の片仮名の語句を漢字で答えよ。

設問12　空欄（ア）～（ケ）にあてはまる人名を次の語群から選択して番号で答えよ。

〔語群〕
1．藤原懐子　　2．天武　　　3．藤原実頼　　4．白河
5．藤原種継　　6．橘諸兄　　7．藤原実資　　8．藤原緒嗣
9．藤原広嗣　　10．藤原隆家　11．醍醐　　　12．藤原薬子
13．橘奈良麻呂　14．朱雀　　　15．天智　　　16．藤原頼通
17．藤原不比等　18．藤原仲麻呂

設問13　史料中の（A）（B）（C）にあてはまる数字の組み合わせで正しいものはどれか。その番号を答えよ。（ただし原史料中では漢数字である。）
19．〔A　7　　B　10　　C　5〕
20．〔A　5　　B　20　　C　10〕
21．〔A　7　　B　20　　C　10〕

設問14　文中の（E）（F）（G）にあてはまる西暦の年の組み合わせで正しいものはどれか。その番号を答えよ。
22．〔E　786　　F　792　　G　900〕
23．〔E　784　　F　792　　G　902〕

24. 〔E 782　F 790　G 904〕　　　　　　　　　　（同志社大）

ポイント!! 奈良時代の政治は，不比等→長屋王→藤原4子→橘諸兄→仲麻呂→道鏡の流れの中でどのような政策がそれぞれの時期にとられたかを肉付けすれば理解しやすい。平安初期は，桓武朝（長岡・平安遷都）→薬子の変・嵯峨朝の中で，律令政治の修正・改革が具体的にどう行われたかに注目したい。

⑪ 平安初期の仏教

次の文を読み，空欄については語群より選び記号で答えなさい。また，設問に答えなさい。

平安時代には，唐文化の影響がいっそう強まった。仏教では当時中国で流行していた密教が本格的にもたらされ，後世の日本文化の発展に大きな影響を与えた。密教は6・7世紀にインドでおこり，中国を経て日本へ伝えられた。釈迦が言葉で説いた教え，すなわち経典を読んで理解していく立場を（ア）というのに対し，大日如来が説いたという教えを密教といい，口に真言（短い呪文）を唱え，両手の指を組み（印契），心を統一して仏の悟りの境地におけば，生きたまま仏となることができるという。経典の読解だけでは到達できない，師から弟子に秘密に伝授されていく神秘の教えである。

奈良時代，仏教は政治と結びつき，道鏡のように公然と政治に介入する僧侶も出現して，宗教としての堕落を招いた。そういったなかで，山林に入り真摯な修行に励む僧侶も現れた。奈良の仏教勢力を抑え込もうとした光仁・桓武両天皇は，仏教界の綱紀粛正をはかり，学問修行に優れた僧侶を顕彰して，清浄な仏教の樹立をめざした。このようななか平安時代初期に，最澄と空海により新しい仏教がもたらされた。

近江国（滋賀県）出身のa最澄は，比叡山に（イ）を開き，天台宗を開いた。天台の教えは中国で隋の時代に開かれたもので，法華経をもっとも優れた教えとし，すべての衆生に平等な仏性を認める立場をとる。最澄は，「（ウ）」を著して，天台僧の教育方針を明確にするとともに，奈良の東大寺の戒壇とは別に比叡山に戒壇を設立することを主張した。

しかし，奈良の教団がこれに強く反対し，最澄は法相宗の徳一と激しい論争を展開した。朝廷の許可がおりなかったため，最澄は『（エ）』を著して自己の戒律思想を明らかにした。そして最澄が没した直後に，大乗戒壇設立の勅許がおり，天台宗の自立がはたされた。

讃岐国（香川県）出身の空海は，唐に留学して密教を伝えて，紀伊国（和歌山県）の高野山に（オ）を開く一方，京都のb東寺を賜った。従来の南都六宗が都市に寺院を構えて学問を重視していたのに対し，天台宗・真言宗ともに，山岳に寺院を開いて山林での厳しい修行を重視する点に特徴があった。また空海により本格的にもたらされた密教は，（カ）により鎮護国家と個人の息災延命を祈ることを特徴とし，（キ）を求める天皇や貴族は密教の呪力に期待し，密教は貴族社会に広く浸透していった。

最澄の死後，天台宗でも円仁と円珍が唐に渡って本格的な密教の導入がなされた。最澄の弟子であった円仁により記されたc在唐記録は，貴重な旅行記である。また円仁の

後輩である円珍は，帰国後，近江国の園城寺(三井寺)を再興するが，やがて円仁・円珍の弟子たちはたがいに激しく対立しあうようになり，d円珍派は比叡山を追われ，園城寺を拠点とするようになる。

　この天台宗の密教を台密とよぶのに対して，真言宗の密教は東密(東寺の密教の意)とよばれる。密教の影響から修行道場としての寺院が山中に建てられたため，従来の平地に建設された寺院の整然とした伽藍配置は崩れ，e地形に応じた自由な伽藍配置が増加した。

　また密教の広がりにより，その中心的な尊像である大日如来など密教仏の造像が流行した。とくに，右手に剣を左手に捕縛の索をもって忿怒の姿をしている不動明王は，大日如来が悪魔を降伏させるために忿怒の姿となって現れたものとされ，（ク）不動ともよばれる園城寺(三井寺)不動明王画像など優れた作品が残されている。

　平安初期の仏像彫刻をとくに貞観彫刻とよぶが，密教の影響から神秘的で威厳に満ちた表情が一般的になり，木彫の（ケ）造が多くなり，衣紋をリズミカルに表現する（コ）式とよばれる技法も発達した。

　また密教は仏像以外の法具などにも影響を与えた。密教では，入門時や修業の完了時に師が弟子の頭上に水を灌ぐ儀礼をおこなった。とくにこの灌頂などの密教における重要な諸行事で用いられる（サ）は，密教の仏の世界を図示したもので，みごとな作例が残っている。

〔語群〕
1．薬師寺　2．延暦寺　3．現世利益　4．来迎図　5．赤
6．日本霊異記　7．儒教　8．加持祈禱　9．文鏡秘府論　10．青
11．西大寺　12．経国集　13．阿弥陀浄土図　14．顕教　15．顕戒論
16．金剛峰寺　17．翻波　18．曼荼羅　19．山家学生式　20．三教指帰
21．一木　22．黄　23．薬師三尊像　24．阿弥陀三尊像　25．興福寺
26．道教　27．釈迦三尊像　28．東大寺

(同志社大)

設問a　下線部aの最澄におくられた諡号は何というか。漢字で記せ。
設問b　下線部bの空海が京都に賜った東寺の正式名称は何か。漢字で記せ。
設問c　下線部cの円仁の在唐記録の書名は何か。漢字で記せ。
設問d　下線部dの園城寺を拠点とした円珍派を，比叡山を拠点とする派を山門というのに対して何というか。漢字で記せ。
設問e　下線部eの代表的なもので，江戸時代に女人高野として信仰を集めた奈良県にある寺は何か。漢字で記せ。

ポイント!! 奈良後期には仏教が政治に介入する弊害があったことから，平安京には奈良の大寺院の移転を認めず，唐から学んできた最澄と空海らの新仏教を支持した。その後この新仏教が発達していった。天台・真言宗の特徴とその主な寺院とを整理しておきたい。

*⑫ 摂関政治

次の文章の空欄（1〜20）に適当な語句・人名を，下記の語群の中から選び，記入しなさい。

　平安時代のうち，10世紀半ばから11世紀の半ばまでを摂関時代と呼ぶ。奈良時代以来，徐々に成熟してきた貴族社会，とりわけ後に　1　と呼ばれた藤原道長の時期はその頂点であった。

　藤原氏は，大化改新で功のあった中臣鎌足から始まったものである。その子供の　2　の4子のうち，宇合の式家の系統がまず歴史の舞台に躍り出た。宇合の孫の乙牟漏は，桓武天皇との間に，平城・嵯峨の両天皇を生んだ。しかし，同じく孫の造長岡宮使となった　3　は暗殺され，その子供の藤原薬子は寵愛を受けた平城上皇の復位を，兄の　4　と計画し失敗して死んだ。これで式家の系統は終わる。

　北家の興隆は嵯峨天皇に仕え，蔵人頭になった　5　から始まる。その娘順子の生んだ道康親王を皇太子にするために，伴健岑・橘逸勢らを流刑にし，順子の兄である藤原良房は大納言に進んだ。この政変は　6　の変と呼ばれ，以後良房は政界の第一人者となった。逆に，名門の伴・橘氏は没落した。850年，道康親王が即位して文徳天皇になる。その皇太子には良房の娘が生んだ惟仁親王がつき，やがて9歳で即位して清和天皇となる。良房は天皇の外祖父となり，摂政となった。

　866年には　7　の変によって大納言の伴善男が追放された。伴善男は左大臣源信をおとしいれようとして，逆に追放され流された。藤原氏の対抗勢力はまた没落したのである。良房の養子　8　も　9　事件によって宇多天皇の信任の厚かった橘広相を失脚させた。この宇多天皇は藤原氏との外戚関係はなく，そこで学者の菅原道真を登用した。宇多天皇は　8　の息子　10　を左大臣に，道真を右大臣に任用して政治を託し，醍醐天皇に譲位した。その際，天皇の政治の心得を醍醐天皇に与えた。この心得が　11　御遺誡である。藤原氏は菅原道真を大宰府に左遷して政権を独占した。不遇の道真はその地で亡くなったが，その魂が怨霊となって京都へ戻ったと噂された。この怨霊を鎮めるために造られたのが　12　神社である。醍醐天皇と続く村上天皇の治世は，摂関を置かず，天皇親政を実行した。この両天皇の治世を　13　・　14　の治と呼ぶ。

　969年，　15　の変によって醍醐天皇の皇子で実力者の左大臣　16　が大宰府に流された。これは藤原実頼らの陰謀で，以後摂関は常置され，再び藤原氏の摂関政治が展開していった。他氏に有力なライバルが無くなると，藤原北家内部での主導権争いが始まった。誰が氏長者になるかの争いは，藤原道長から見て伯父の藤原兼通と父の　17　との間で起こった。父が関白になったあとでは，道長の長兄　18　と次兄道兼とが関白をめぐり争った。年齢順で二人が関白になったあとは，今度は道長本人と長兄の息子，つまり甥の伊周とが争った。伊周が左遷された後は，摂政・関白の地位は道長の子孫によって独占された。すなわち，子息の　19　・教通，そして孫の師実と続く。藤原道長の栄華は，幼少の天皇の外戚としての地位にもとづいていたから，道長の娘たちの果たした役割は大であった。娘の一人で一条天皇の后である　20　は，後一条・後朱雀天

皇の母となったが，また彼女には紫式部が仕えたこともよく知られている。

〔語群〕イ．阿衡　ロ．宇治関白　ハ．藤原定家　ニ．弘仁　ホ．賀茂
ヘ．法成寺殿　ト．藤原仲成　チ．貞観　リ．北野　ヌ．御堂関白
ル．藤原基経　ヲ．延喜　ワ．平野　カ．源高明　ヨ．藤原種継
タ．寛平　レ．定子　ソ．長屋王　ツ．藤原道隆　ネ．安和　ナ．威子
ラ．藤原時平　ム．藤原冬嗣　ウ．承和　ヰ．彰子　ノ．藤原兼家
オ．藤原不比等　ク．天暦　ヤ．応天門　マ．藤原頼通
（学習院大）

ポイント!! 摂関政治は，まず藤原氏の一連の他氏排斥事件，次いで藤原氏北家内部の氏長者の地位をめぐる争いをへて，道長・頼通の全盛時代に至る。

＊ ⑬　荘園制の展開

次のA〜Dの文を読み，下記の問いに答えよ。

A. 律令国家のもとでは，唐の［　1　］にならった班田収授法が施行され，人民は一定面積の［　2　］を与えられてそれを耕作するとともに，戸籍・［　3　］に登録され，租・庸・調などの税や［　4　］とよばれる労役を国家に対して負担した。

B. 農民にとって租・庸・調などの税や労役の負担は重く，8世紀の半ば近くにもなると，班給された土地の耕作権を捨てて，他に浮浪する農民が多くなっていった。このような状況のもと，政府が耕作地の増加をはかるため，722年に［　5　］を発表した。そしてさらに翌723年，政府はつづいて［　6　］を出した。この法令は民間での開墾による耕作地の増加を期待したものであるが，期限つきであったので，期限が近づくと土地が荒れてしまうという理由で，743年に，［　7　］をだした。この法令は自分で開墾したものは永久に私有してもよいというものであった。このように政府はいくつかの法令を出し，耕作地の増大をはかったが，しかしこれらのことがらは，律令制における土地政策の原則を破壊することを意味していた。その結果，貴族や寺院・地方豪族は，［　8　］とよばれる大規模な私有地を得ることになった。

C. 国司は有力農民に一定の期間をかぎって田地の耕作を請け負わせ，かつての租・庸・調にみあう年貢・臨時雑役などの租税を徴収するようになった。租税徴収の対象となる田地は請け負った人物との関連で［　9　］とよばれ，請負人は［　10　］とよばれた。［　10　］のなかには，国司とむすんで勢力を拡大して，ますます大規模な経営を行い，［　11　］とよばれるものも多くあらわれた。

D. ［　11　］は，各地で勢力を強めて盛んに開発を行い，［　12　］とよばれ，田地と農民とを強力に支配するようになった。［　12　］は，自分の所領を中央の有力な貴族や寺社に寄進し，権力者を領主とあおぐようになった。寄進を受けた領主は［　13　］とよばれ，この荘園がさらに上級の大貴族や皇室などの有力者にかさねて寄進された時，上級の領主は［　14　］とよばれた。こうした荘園は［　15　］とよばれ，11世紀半ばには各地に広まった。［　15　］の広がりとともに荘園領主たちは中央での権力を背景に，不輸租の特権を公然と国に要求するようになり，［　16　］となるものがふえた。さらに国司の地方支配の権力がのびると，国司によって官物の不輸を認められる［　17　］も生まれた。や

がて荘園内での開発の進展にともなって不輸の範囲や対象も広がり，(a)国司が田租などの徴収のため派遣した役人の立ち入りも認めない　18　の特権をえる荘園も多くなってきた。

問1．文中の1～18の□□□に下の語群から適切な語句を選び，記号で答えよ。
(1)墾田永年私財法　(2)検地帳　(3)下人　(4)百姓一揆　(5)均田制　(6)国司　(7)地頭
(8)作人　(9)計帳　(10)農民　(11)開墾　(12)初期荘園　(13)口分田　(14)名　(15)寄進地系荘園
(16)田堵　(17)大名田堵　(18)三世一身法　(19)百万町歩の開墾計画　(20)領家　(21)開発領主
(22)隷属性　(23)雑徭　(24)武士団　(25)独立性　(26)守護　(27)名寄帳　(28)検非違使　(29)本家
(30)官田　(31)下司　(32)官省符荘　(33)国免荘　(34)寄子　(35)不入　(36)所従　(37)郎党　(38)不輸

問2．下線部分(a)について，この役人名は何というか。
（札幌大）

ポイント!!　荘園については，①初期荘園の成立→10世紀の寄進地系荘園の成立の流れと，②律令体制下の租・庸・調・雑徭の人（労働力）中心の収税体制から，年貢・公事・夫役の土地中心の収税体制への移行に留意したい。

⑭　土地制度に関する史料

次の史料を読み，設問に答えなさい。

(A)　其の一に曰く，昔在の天皇等の立つる所の(1)子代の民，処々の屯倉，及び別には臣・連・伴造・国造・村首の所有る部曲の民，処々の□□□を罷めよ。仍りて食封を大夫より以上に賜ふこと，各差有らむ。降りて布帛を以て官人・百姓に賜ふこと，差有らむ。

(B)　詔して曰く，聞くならく，墾田は養老七年の格に依りて，限満つるの後，(2)例に依りて収授す。是に由りて農夫怠惰して，開ける地復た荒ると。今より以後は，任に□□□と為し，三世一身を論ずること無く，咸悉くに永年取る莫れ。

(C)　鹿子木の事
一，当時の相承は，□□□沙弥寿妙，嫡々相伝の次第なり。
一，寿妙末流高方の時，権威を借らむがために，実政卿を以て領家と号し，年貢四百石を以て割き分ち，高方は庄家領掌進退の預所職となる。
一，実政の末流願西微力の間，国衙の乱妨を防がず。この故に，願西，領家の得分二百石を以て，高陽院内親王に寄進す。件の宮薨去の後，御菩提のため(中略)勝功徳院を立てられ，かの二百石を寄せらる。其の後，美福門院の御計いとして，御室に進付せらる。これ則ち本家の始めなり。

(D)　後三条位ノ御時①，…(中略)…延久ノ記録所②トテハジメテオカレタリケルハ，諸国七道ノ宣旨・官符③モナクテ公田④ヲカスムル事，一天四海ノ巨害ナリトキコシメシツメテアリケルハ，スナワチ宇治殿⑤ノ時，一ノ所⑥ノ御領々々トノミ云テ，□□□諸国ニミチテ受領ノツトメ⑦タヘガタシナド云ヲ，キコシメシモチタリケルニコソ。サテ宣旨ヲ下サレテ⑧諸人領知ノ庄園ノ文書ヲメサレケルニ，宇治殿ヘ仰ラレタリケル御返事ニ，『皆，サ心エラレタリケルニヤ，五十余年君ノ御ウシロミヲツカウマツリテ候シ間，所領モチテ候者ノ強縁ニセンナド思ツツヨセタビ候シカバ⑨，

サニコソナンド申タルバカリニテマカリスギ候キ。ナンデウ文書カハ候ベキ。

(愚管抄⑩)

問1．史料(A)～(D)の空欄に入る適当な語句を，次のなかから選び，それぞれの番号を記入しなさい。
(1)領主職　(2)開発領主　(3)地頭職　(4)公田　(5)美濃　(6)預所職
(7)相模　(8)田荘　(9)在地領主　(10)越後　(11)公営田　(12)荘園領主
(13)奴婢　(14)私財　(15)庄田　(16)荘園

問2．史料(A)は，国家の施策を示すために，　a　年に発布されたもので，　b　と呼ばれる。おのおのに入る数字と語句を次のなかから選び，それぞれの番号を記入しなさい。
(1)604　(2)646　(3)668　(4)684　(5)近江令　(6)八色の姓　(7)十七条憲法
(8)改新の詔

問3．史料(A)の下線(1)「子代の民」とは，どのような意味か。次のなかから最も適切な説明を選び，その番号を記入しなさい。
(1) 天皇が皇子のために，国造の民を割きとり設けた皇室の隷属民。
(2) 国造の民を割きとり，天皇・皇后・皇子の名を付けた皇室の隷属民。
(3) 技術により奉仕する皇室の隷属民。

問4．史料(B)は，　a　年に発布された，　b　と呼ばれる法令である。おのおのに入る数字と語句を次のなかから選び，それぞれの番号を記入しなさい。
(1)723　(2)743　(3)765　(4)902　(5)三世一身の法　(6)墾田永世私財法
(7)新墾田私有の禁　(8)荘園整理令

問5．史料(B)の下線(2)「例に依りて収授す」とは，どのような意味か。次のなかから最も適切な解釈を選び，その番号を記入しなさい。
(1) 施行の先例にしたがい，班田収授を励行した。
(2) 施行の先例にしたがい，田地を収公した。
(3) 律令の規定に基づき，班田農民の怠慢をただした。
(4) 律令の規定に基づき，「永年」に収授を行った。

問6．史料(C)から，鹿子木荘をめぐる権利関係は，以下の様に図示することができる。図中の空欄　a　・　b　・　c　・　d　に入る最も適当な語句を，下の語群から選び，それぞれの番号を記入しなさい。

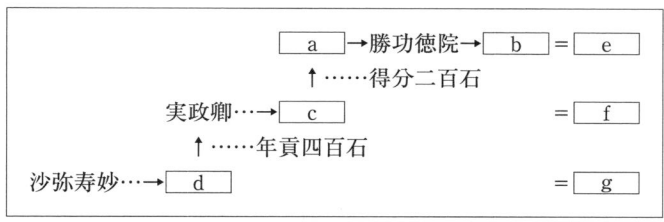

(1)高陽院内親王　(2)御室　(3)実政　(4)美福門院　(5)勝功徳院　(6)高方

(7)寿妙　(8)願西

問7．史料(C)を図示した上の図で，　a　・　c　・　d　の人物は，鹿子木荘をめぐり，　e　・　f　・　g　という名称の職をもっていた。おのおのの職名を，次のなかから選び，それぞれの番号を記入しなさい。
(1)庄家　(2)本家　(3)領家　(4)国衙　(5)預所

問8．史料(D)の下線①～⑩に関する下記の設問と⑪に答えよ。
① 下線部(2)の「後三条位ノ御時」の事柄を説明した文章として正しいものをつぎから一つ選び，その記号を答えよ。
　イ．後三条天皇は大江匡房らの近臣を登用し，政治の刷新を図った。
　ロ．後三条天皇は今様を好み，『梁塵秘抄』を編んだ。
　ハ．後三条天皇の治世は前九年の役と重なり，東北地方の政治状況は不安定であった。
　ニ．後三条天皇は仏教信仰が篤く六勝寺の一つに数えられる円勝寺を建立した。
② 記録所の置かれた年代を西暦で答えよ。
③ 官符の説明として適当な文を次より選び，その記号を答えよ。
　イ．官，つまり中央政府より発せられた文書。
　ロ．太政官より発せられた文書。
　ハ．太政官宛に上申された文書。
　ニ．官，つまり国衙から発せられた文書。
④ 公田とは何か。簡単に説明しなさい。
⑤ 宇治殿とは誰か。
⑥ 一ノ所とは，具体的には次のどれに当たるか。
　イ．天皇　ロ．上皇　ハ．太政大臣　ニ．摂政・関白
⑦ 下線部の「受領ノツトメ」に関して，11・12世紀の国司や地方政治について説明した文章として誤っているものを次から一つ選び，その記号を答えよ。
　イ．国司の遙任が進み，在庁官人と呼ばれる地方有力者が各地の国衙行政を担うようになった。
　ロ．従来の郡を郷・保などの領域に分割し，開発領主を郷司・保司に任命することがあった。
　ハ．国司が子弟を知行国主として，一国の行政・支配の実権を委せることがあった。
　ニ．院の近臣のなかには上皇の推薦によって豊かな国の受領に任命される者があった。
⑧ 「宣旨ヲ下サレ」たのは誰か。
⑨ このような行為を一般に何と呼ぶか。
⑩ 著者は誰か。
⑪ 1072年に統一された公定枡を何と呼ぶか。（日本女子大・立教大・関西学院大・甲南大）

> **ポイント!!** 土地制度に関する主な史料をこの他にもピックアップして，該当する教科書の記述部分と具体的に比較・検討しておこう。

＊⑮ 藤原文化

次の文のa～mの所に，最も適当と思う語句を記入しなさい。また問1～5に答えなさい。

藤原時代に貴族たちは，宮廷を中心として独自の優雅で日本的な文化を展開した。平安初期には漢文学が隆盛であったが，9世紀半ば過ぎには和歌に対する関心が高まり，六歌仙とよばれる名手が出現した。10世紀になると，和歌の重要性が増し，宮廷では（ a ）が行なわれ，和歌が社交の手段として用いられるようになった。この頃における文化の国風化をよくあらわしているのは，かなの発達である。万葉がなの草書体を簡略にして（ b ）が，漢字の字形の一部分をとって（ c ）が表音文字として生まれてきた。

10世紀には社会の変動を背景として，阿弥陀如来に帰依し，弥陀の浄土に往生しようとする浄土教の信仰が発展してきた。（ d ）によって代表される，民間の布教者は，各地をめぐり熱心に念仏をすすめた。天台の学僧源信は（ e ）を著わして，念仏の方法や救済の根拠を明らかにした。中下流の貴族にまず浄土教がうけいれられ，さらに上流貴族の間にも伝えられた。慶滋保胤は聖徳太子以下45人の念仏者の伝記を集めた（ f ）という書物を著わし，三善為康は「拾遺往生伝」・「後拾遺往生伝」を著した。藤原道長は京都に（ g ）という寺をつくり，浄土教の信仰に入った。

当時の貴族の住宅は（ h ）とよばれる様式の建築で，広い部屋が屏風や几帳でしきられていた。その襖や屏風には（ i ）がえがかれた。それは四季の移りゆきをあらわす自然の景物を，花見などの年中行事のうちにえがき出したものである。室内の調度品にも，このころ日本独特の発達をとげた漆器の技法である（ j ）の手法が多く用いられて，はなやかさを添えた。男子貴族の正装は（ k ）と呼ばれ，冠をつけ，笏を持つなどした。平常服は（ l ）と呼ばれた。また，貴族の女性は大がかりで優雅な（ m ）（十二単とも呼ばれる）を身にまとった。

問1．かな文字の発達に関する次の文の（　）内にもっとも適当な語を書きなさい。

文学の面では，日本独自のかな文字の定着により，かな文字を用いた作品が盛んに作られるようになった。その中でも，和歌は早くから公式の場でよまれるようになった。905年には紀貫之らによって勅撰和歌集である『（ ア ）』が編纂された。もっとも，貴族男性の間では，漢詩文の才能は「漢才（からざえ）」として前代から引きつづき重視されていた。漢詩文の名句を朗吟する朗詠が貴族の間で流行し，（ イ ）は朗詠向きの漢詩文と和歌を集めた『和漢朗詠集』を編んだ。

かな物語としては，伝説を題材にした『竹取物語』や在原業平を主人公とした歌物語である『（ ウ ）』といった初期の作品が10世紀までに成立した。11世紀初めに紫式部が著した『源氏物語』は，貴族社会で広く人気を博し，以降のかな物語に大きな影響を与えた。

当時の貴族男性は和様漢文体の日記を盛んに書いたが，かな文字による日記も10世

紀頃から主に女性によって書かれるようになり，随想・回顧録的な文学作品として評価されている。女性によるかな日記としては，藤原道綱の母による『（エ）』，『源氏物語』の著者による『紫式部日記』，女流歌人と親王の恋愛関係を扱った『（オ）』などが代表的な作品としてあげられる。また，『源氏物語』と並ぶ国文学の最高傑作とされる清少納言の随筆集『（カ）』にも，著者周辺の日常を記した部分がある。

問2．六歌仙にはどのような人がいたか。次の三人のうちから一人を選んで答えなさい。
　ア．紀貫之　　イ．壬生忠岑　　ウ．僧正遍昭
問3．藤原時代における浄土教信仰の実態は，どのようなものであったか。次の三つのうちから，正しいと思うものを選んで答えなさい。
　ア．加持祈禱により，浄土に往生しようとした。
　イ．ひたすら仏の名を称えることだけで，浄土に往生しようとした。
　ウ．仏の姿を心の中に思い浮べ，また念仏を称えて，浄土に往生しようとした。
問4．源氏物語の作者紫式部は，どのような階層に属する人か。次の三つのうちから選んで答えなさい。
　ア．藤原道長などと同じく，藤原氏出身の上流貴族に属する人であった。
　イ．受領層の人であった。
　ウ．京都に住む庶民であった。
問5．次の文について，空所のそれぞれに適当な語を記しなさい。
　平安時代の終わりころには，中央の文化が地方に普及していった。岩手県の中尊寺金色堂や大分県国東半島の〔ア〕寺阿弥陀堂がその例である。絵画の分野では絵巻物が現れ，常盤光長の筆による応天門の変の推移を生き生きと描いた〔イ〕や，命蓮という聖の物語である〔ウ〕絵巻や，動物を擬人化して描いた鳥獣戯画が知られる。大阪府の四天王寺に伝わる〔エ〕古写経は，彩色した絵の上に経文を写しており，その絵には貴族以外にも，庶民の様子などが描かれている。また，平清盛らが一門の繁栄を願って優美で華麗な装飾経である〔オ〕を1167年に広島県厳島神社に奉納した。
(名城大・青山学院大・同志社大)

ポイント!! 藤原文化が国風文化といわれることになる諸現象と，貴族の心をとらえた浄土教の実態，および貴族の生活の実態について具体的にまとめておこう。

＊ ⓰ 院政と武士の台頭

A　次の文章の空欄A～Oに当てはまる語句を語群（1～38）から選びなさい。
　摂関政治は天皇の外戚の地位をえることが条件であったが，　A　の娘に皇子が生まれなかったので，皇族を母とする　B　が即位すると，藤原氏には大きな打撃となった。すでに壮年に達していた天皇は自由な立場で政治の改革に着手し，即位の翌年の1069（延久元）年，　C　を設けて，年代の新しい荘園や書類が不備である荘園の停止にのりだすなど，つぎつぎに新しい政策をうちだした。あとをついだ　D　もまたこの方針をうけついで親政を行い，1086（応徳3）年，幼少の堀河天皇に譲位した後もひきつづき政治をとった。上皇の命令を伝える　E　は詔勅・宣旨に準ずるものとされ，政治

の実権は摂関家から上皇の御所にある　F　に移った。その職員である　G　としてつかえたのは，摂関家のもとでめぐまれなかった中・下級の貴族たちで，なかでも　H　として巨富をたくわえた貴族たちが　I　として政治の実権をにぎった。かれらは土地を上皇のもとに寄進して，その権力のもとでみずからの地位を確保しようとしたため，政治の刷新はなかなか実現せず，上皇もみずから荘園の獲得につとめるありさまで，この政権の性格をあいまいなものにした。さらに上皇のたびかさなる寺社への参詣は莫大な国費を必要としたため，その費用を捻出するために荘園の拡大がはかられ，国司の任命に際しても一国の支配権を与えられた　J　主が子弟や近親者を国守に任じ，現地に　K　を派遣して国の支配を行うようになると，公領はあたかも貴族たちの私領のようになった。荘園では　L　の権利が一般化してその独立性はいっそう強まり，社会は所領支配を軸とする次の時代へたしかな一歩を踏みだした。このころ大寺院は貴族と対抗するために　M　を組織して実力で主張をとおそうとしたため，上皇は防衛のために　N　をおき，朝廷は　O　をおいてこれを防いだが，これらの武士こそ源平両氏にひきいられた新興の武士団であった。

(1)安徳天皇　(2)後三条天皇　(3)鳥羽天皇　(4)後鳥羽天皇　(5)白河天皇
(6)後白河天皇　(7)菅原道真　(8)醍醐天皇　(9)藤原冬嗣　(10)藤原道長
(11)藤原良房　(12)藤原頼通　(13)院司　(14)院宣　(15)院近臣　(16)院庁
(17)院庁下文　(18)記録荘園券契所　(19)蔵人所　(20)蔵人頭　(21)検非違使
(22)郡衙　(23)検田　(24)講　(25)国衙　(26)御家人　(27)健児　(28)荘園
(29)受領　(30)僧兵　(31)太政官符　(32)滝口の武士　(33)知行国　(34)売官
(35)不輸・不入　(36)北面の武士　(37)目代　(38)留守所

B　次の文章の空欄に適当な語句を記入しなさい。

　律令国家の支配がゆるみ，地方政治がみだれてくると，国衙につとめる役人や荘園の荘官たちはしだいに自力で治安を維持し，支配を確保するために武装していった。かれらは（　1　）と呼ばれる従者や（　2　）と呼ばれる同族のものなどを率い，有力な豪族を中心として連合体を結成し，大きな武士団を形成していった。かれらの中には（　3　）のように宮中の警備にもちいられたり，諸国の（　4　）や（　5　）に任命されて，治安維持にあたるものも多くなった。

　大武士団の統率者は（　6　）と呼ばれた。とくに東国は武士の勃興が著しかったが，ここにはやくから大きな勢力をきずいていたのは桓武平氏であった。下総国の猿島を根拠とする（　7　）は，一族間の争いに端を発してさらに国司に反抗していた豪族たちと手を結んで反乱をおこし，939年には下野・上野の国府を攻略して関東の大半をその勢力下におさめ，みずから新皇と称した。同じころ伊予の前国司藤原純友が瀬戸内海の海賊をひきいて讃岐の国府や大宰府を攻撃した（承平・天慶の乱）。

　清和源氏は，はじめ畿内におこり，摂関家に接近して政界に登場したが，源頼信以降は平氏にかわって東国に進出し，前九年の役で（　8　）氏，後三年の役で（　9　）氏など，東北の大豪族を討ち，頼信の孫（　10　）の時に，最初の全盛期をむかえた。一方，東国で勢力を失った平氏は，伊賀・伊勢を中心とする一派が，摂関家と対立する（　11　）政権に

接近することにより，勢力を回復し，ことに（ 12 ）が，鳥羽上皇の信任を得て，瀬戸内海の海賊を討ってからは，源氏をしのぐまでになった。やがて皇室と摂関家の内紛である（ 13 ）の乱，ついでおこった（ 14 ）の乱で，平氏は源氏を圧倒し，（ 15 ）は，太政大臣に昇進し政権をにぎった。

(上智大・東海大)

> **ポイント!!** A 院政とはどのような政治形態であり，どのような人々がその支持層であり，何を経済的基礎としたか。律令政治や摂関政治とどのように異なっていたか，また仏教との関わりはどうだったのか，具体的に整理しておこう。 B 地方政治の変化の中から各地に武士団が形成されていったが，やがて清和源氏・桓武平氏の二大武士団が出現した。前者は摂関家と，後者は院との結びつきを強めその勢力を伸ばしていくが，その提携ステップを摂関家・院の系譜と照合しておきたい。

＊ ⓱ 古代政治史

下記のA～Fまでの文章を読み，設問に答えなさい。

A．藤原氏は，橘逸勢らを排斥した（ 1 ）年の（ 2 ），伴・紀両氏を没落させた応天門の変を通じ，勢力を伸ばした。宇多・醍醐・村上の各天皇による親政の時期があったが，藤原氏は着々と他氏の排斥を行い，安和の変では（ 3 ）天皇の子である（ 4 ）を左遷させ，以降，摂政・関白の地位を独占するようになった。このように成立したいわゆる摂関政治を経済的に支えたのは，（ 5 ）と呼ばれた有力農民によって営まれた農業事業であった。彼等の多くは自らの所領を中央の権力者に寄進し，その権力者を領主と仰ぐ荘園とした。これらの荘園は更に上級の（ 6 ）と呼ばれる有力者に寄進されることも多く，そのためにこれらのものに対する権益は，複雑なものとなっていった。

B．政界の動揺を和らげるため，時の天皇は山背の（ 7 ）において国分寺建立の詔を発し，更に近江の（ 8 ）において大仏造立の詔を発し，（ 9 ）の説く蓮華蔵世界を実現することを望んだのである。しかしこの後も皇位継承をめぐる対立が激化し，次々と皇室と結んで権力をふるう貴族があらわれた。（ 10 ）は後の淳仁天皇を立て橘奈良麻呂を倒したが，その彼も（ 11 ）が孝謙上皇の信任を得て台頭すると，彼と対立し，敗れた。この時期以前に注目されることとしては長屋王による（ 12 ）の発令がある。それは従来の土地制度の修正の嚆矢となったのである。

C．（ 13 ）天皇は幼少の堀河天皇に位を譲り，上皇として政治の実権を握り（ 14 ）を開始した。そこで登用された貴族達は（ 15 ）と呼ばれていたが，彼等の殆どは国司を経験して富を貯えた（ 16 ）であった。それに先立つ（ 17 ）年に後三条天皇は（ 18 ）を出し，荘領・公領の混在もしくは両属という状況を整理しようとした。この政策は（ 16 ）の強い要望の結果であったが，同時にこれは皇室の経済的基盤の拡大をもたらした。

D．（ 19 ）で即位した時の天皇は，以前には認められていた諸氏の所有民である（ 20 ）を廃止し，また豪族に与えられていた食封の改正をして天皇中心の政治を一層推進した。また八色の姓を制定し新しい体制のもとでの各氏の地位を明確化しようとした。

斎宮を定め神々の祭祀権をも天皇に集中させた。

E．この時期には，令には規定されていない（ 21 ）という官職の1つの（ 22 ）が置かれ，国司に対する監督が厳しくなった。また嵯峨天皇の時には（ 23 ）が（ 21 ）の1つとして機密文書を扱うために置かれ，その長官には藤原冬嗣や（ 24 ）が命ぜられた。しかしこの時期には律令制の根幹となる土地支配体制の崩壊は如何ともし難く，中央政府の財政は次第に苦しくなっていった。そのため大宰府管内の（ 25 ）や畿内の（ 26 ）が財政の確保のために設けられたが，この状況を救うことはできなかった。

F．以前の豪族が伴造として（ 27 ）を率いて朝廷の職務を世襲するという制度が改められ，彼らは官人として政権の中に組織化されることが，宣せられた。そして（ 28 ）を行うための最初の全国的戸籍が早速作られた。それが（ 29 ）であり，一般の戸籍が五比といって（ 30 ）年間のみ保存されるのに対し，それは永久保存されることになった。その上で統一的な税制の施行が図られた。

設問1　文中の空欄の（ 1 ）から（ 30 ）にあてはまる適切な語句または数字を選び，その番号を記入しなさい。

〔語群〕
1．30　　2．50　　3．757　　4．764　　5．842　　6．969　　7．1069
8．藤原仲麻呂　　9．菅原道真　　10．道鏡　　11．藤原武智麻呂
12．源高明　　13．巨勢野足　　14．朱雀　　15．醍醐　　16．嵯峨　　17．白河
18．長岡　　19．恭仁　　20．飛鳥浄御原宮　　21．近江大津宮　　22．領家
23．本家　　24．紫香楽　　25．長屋王の変　　26．治承の乱　　27．承和の変
28．田堵　　29．名代　　30．舎人部　　31．品部　　32．部曲　　33．蔵人所
34．北面の武士　　35．院近臣　　36．家人　　37．令外官　　38．検非違使
39．勘解由使　　40．庚午年籍　　41．公営田　　42．院宮王臣家　　43．院政
44．三世一身の法　　45．延喜の荘園整理令　　46．開墾禁止令
47．延久の荘園整理令　　48．班田収授　　49．官田　　50．法華経
51．華厳経　　52．受領層

設問2　上記AからFの文章を古い順に並べる場合，どの組合せが適切か。その番号を記入しなさい。

1．DFEABC　　2．DFBECA　　3．FBDEAC　　4．FBEDCA
5．FDBEAC　　6．FDBAEC

(慶応大)

ポイント!! A～Fが何世紀の何について述べたものかを，（　　）内の語に答えながら検討し，メモをとっておくとよい。

＊ ⓲ 古代外交史

次に掲げた古代の外交に関する年表（〔　〕内は典拠名）をよく読み，下記の設問に答えよ。

　　57年　「倭奴国」が後漢に使者を派遣し，[ア]帝より印(1)綬を授けられる。〔後漢書〕

107年　倭国王帥升ら，後漢に使者を派遣し，「［　イ　］百六十人」を献上する。〔後漢書〕

239年　倭の(2)女王卑弥呼，大夫難升米らを，朝鮮半島の［　ウ　］郡から分置された［　エ　］郡に派遣。やがて彼らは都に至り，皇帝より，女王に対する親魏倭王の称号と金印紫綬とを与えられる。〔魏志〕

313年頃　高句麗，［　ウ　］郡を滅ぼす。のち朝鮮半島では，4世紀半ば頃に百済が(3)（　　）韓，新羅が(4)（　　）韓の地をそれぞれ統一して建国された。
　　　　　　　⋮

538（欽明7）年　百済の［　オ　］王，天皇に仏像・経論などを贈る〔(5)上宮聖徳法王帝説〕。ただし正史の『日本書紀』は，これを欽明13年，西暦では(6)（　　）年のこととしている。

602（推古10）年　百済僧［　カ　］が来日し，暦本・天文地理書などをもたらす。〔日本書紀〕

607（推古15）年　遣隋使として小野妹子を派遣する。〔日本書紀〕

608（推古16）年　隋の［　キ　］の答礼使として裴世清が来日する。この帰国に際し，小野妹子ならびに(7)留学生・留学僧計8人が同行する。〔日本書紀〕

630（舒明2）年　犬上御田鍬を(8)唐に派遣する。〔日本書紀〕

663（天智2）年　百済救援のため朝鮮半島に赴いた日本の水軍が，白村江で唐・(9)（　　）の連合軍と戦い，大敗を喫する。百済の復興はならず。〔日本書紀〕

668（天智7）年　(10)新羅使来日。日本からも新羅に使者を派遣する。同じ頃高句麗滅亡。〔日本書紀〕

669（天智8）年　遣唐使を派遣。以後中断。

702（文武6〈大宝2〉）年　粟田真人を遣唐大使として派遣。この頃から「日本」の国号を使用。

遣唐使の復活。律令制の整備を基本的姿勢とし，以後文物の移入に重点を置く。

727（神亀4）年　(11)渤海王使，出羽国に来着する。〔続日本紀〕
　　　　　　　⋮

853（仁寿3）年　僧［　ク　］，唐より帰国する〔続日本後紀〕。その在唐中の記録が『入唐求法巡礼行記』である。

894（寛平6）年　菅原道真の建議により，(12)遣唐使の派遣を停止する。〔日本紀略〕　この後も外国商船の来航は続いており，これに対し政府は，院宮王臣家が私的な貿易を行うことを禁止し，大宰府に貿易の管理を委任。

907（延喜7）年　唐王朝，滅亡する。五代十国時代に。　渤海滅亡（926）。　新羅滅亡（935）。　高麗，朝鮮統一（936）。

983（天元6）年　奝然入宋。

985（寛和元）年　僧源信者の『［　ケ　］』成る。のち，この書は宋商人に託されて，中国にももたらされる。〔同書跋文及付録書簡〕

997（長徳3）年　南蛮人，九州の壱岐・対馬などに乱入する。〔日本紀略〕

1003(長保5)年　寂昭入宋。
1019(寛仁3)年　賊船50余艘が対馬・壱岐・博多湾などに侵入。大宰権帥藤原隆家らによって撃退されるが，のちに　コ　族(朝鮮語の音訳では　サ　)の活動と判明する。⒀〔朝野群載〕この後，　サ　が略奪した捕虜を高麗が奪回して日本へ送還。
1020(寛仁4)年　南蛮賊徒，薩摩に襲来する。〔左経紀〕
1072(延久4)年　成尋入宋。
　　　　　　　　　　　　　　⋮
1168(仁安3)年　僧　シ　，宋に渡る。〔元亨釈書〕
1173(承安3)年　平清盛，摂津兵庫に　ス　の泊を修築して宋船の招致をはかる。
1187(文治3)年　僧　シ　，再び入宋する。〔興禅護国論〕

設問1　空欄　ア　～　ス　に最適の語句を入れよ(同一記号は同一語句である)。解答は漢字で記入せよ。

設問2　下線部(1)～⒀に関する以下の設問に答えよ。
(1)　綬とは何か。平仮名4文字で記せ。
(2)　卑弥呼の没後，この国では男王が立ったが国中乱れ，13歳の宗女が王となって安定したという。その宗女の名を漢字で記せ。
(3)(4)　空欄(3)，(4)にそれぞれの最適の語句を，下記より選べ。
　　①弁　②辰　③任　④馬　⑤羅
(5)　いわゆる仏教公伝年次について，この書と同じ年次を記している史料に『(　　)寺伽藍縁起幷流記資財帳』がある。(　　)に最適の漢字を記せ。
(6)　空欄(6)に最適の数字を下記より選べ。
　　⑥522　⑦540　⑧548　⑨552　⑩558
(7)　彼らのうち，後年帰国した高向玄理・僧旻が，大化の改新直後に成立した新政府の一員として任ぜられた職名を漢字で記せ。
(8)　これを第一回とする遣唐使は，以後，派遣の時期によって経路に変動があった。最も後の時期の経路は普通何と称するか。下記より選べ。
　　⑪新羅道　⑫南路　⑬対馬路　⑭北路　⑮南島路
(9)　空欄(9)に最適の語句を下記より選べ。
　　⑯任那　⑰高句麗　⑱新羅　⑲高麗　⑳加羅
(10)　日本と新羅との交渉についての次の文章のうち，正しいものを2つ選べ。
　㉑　日本からの，これ以後の新羅への使節の派遣は数回ほどにとどまった。
　㉒　日本からの新羅への使節派遣は，この一回きりであった。
　㉓　新羅からの使節派遣はこれ以前からあり，結局，その派遣回数は計47回にのぼった。
　㉔　新羅からの使節派遣はこれ以前からあったが，結局，その派遣回数は数回にとどまった。
　㉕　日本からの，これ以後の新羅への使節派遣は28回に及んだ。

⑾　これ以後の、渤海と日本との交渉についての次の文章のうち、正しいものを2つ選べ。
　㉖　渤海からの使節派遣は、以後、数回ほどにとどまった。
　㉗　日本からも渤海に13回の使節を派遣した。
　㉘　渤海からは、以後、50回以上も使節を派遣してきた。
　㉙　渤海からは、以後、34回の使節の派遣があった。
　㉚　日本からは、渤海に対して使節を派遣しなかった。
⑿　A　この派遣停止決定により、結果的に実際に派遣された最後となった遣唐使は、この年より約何年前のことになるか。下記より選べ。
　㉛約25年前　㉜約75年前　㉝約100年前　㉞約15年前　㉟約55年前
　　B　この派遣停止をめぐる下記の文章のうち正しいものを1つ選べ。
　　㊱　派遣停止決定以後、日本は実質的に中国との交渉がなくなり、鎖国状態となった。
　　㊲　派遣停止決定前後も、中国からはたびたび商人が来日しており、多くの文物がもたらされていた。
　　㊳　派遣停止を建議したとき、道真は遣唐使に任命されていなかったが、その友人紀長谷雄が任命されていた。
⒀　この事件に関する同時代史料としては、他に藤原実資の日記がある。その名を漢字で記せ。

（同志社大）

ポイント‼　古代の外交史の動きは、その時代時代に関する東アジアの地図の中で改めて見直しておくことも必要。

❶❾　都城の変遷

次の文章の空欄に、最も適当な語句を記入せよ。

　1993年8月の新聞に「大阪・難波宮跡　最古の朱雀門　柱穴跡出土、複廊式回廊」などという記事が掲載されていた。わが国古代における大きな政治改革　1　の際に遷都した難波長柄豊碕宮が、本格的な都城であったことが明らかになりつつある。
　考えてみると、都城の造営ということは、人間の歴史の中で最も大きな創造行為であったと思う。そこには政庁も市も、寺院も建てられており、文学や美術の華もその中で咲き競っていた。
　難波宮のあと、大津京などを経たのち、持統天皇8年、西暦　2　年に、大和三山すなわち畝傍・　3　・天香久山に囲まれた地に造営された　4　に遷都した。古くから使われていた道などを利用した、より本格的な都城であった。そこは持統・文武・元明天皇3代の都であったが、のちに『万葉集』に収められる和歌や、初唐の影響を受けた美術など、文化面におけるめざましい成果も忘れてはなるまい。
　710年、北方の地に　5　が造営された。これは唐の　6　にならった大規模な都であった。都城の全体は東西南北に直交する道路によって方形に区画された整然たる規格を持っており、これは　7　制とよばれている。都城中央部を南北に走る大路の北端

に朱雀門，南端に 8 が配され，この大路を南に向って右(西)側を右京，左(東)側を左京とよび，それぞれ左右の 9 が管轄した。左京に東市が，右京に西市がそれぞれ置かれ， 10 によって管理されたが，市は正午に開かれ日没に閉じられた。特徴的なことは東に外京が設定されたことであろう。その外京の中には藤原氏の氏寺であった 11 や元興寺などが建てられ，外京の東北に接して東大寺が建てられた。この都における文華の興隆はあらためて言うまでもないと思う。

ただし聖武天皇はこの都を離れて難波宮や恭仁京や，現在の 12 県にあった紫香楽宮などを転々としたことがあった。

ついで 13 京遷都の中絶後，794(延暦13)年，都は山背(山城)の地に造営された新都に遷された。平安京であった。平安京は水清き鴨(賀茂，加茂)川の流れと，東に連なる東山連峰，東北にそびえる 14 山など，山紫水明の都として有名であった。

以上のような都城にあっては，大内裏は都の中央北にある。これは「天子は 15 面す」という考え方にのっとっているのだが，京都ではいまでも北から南へ行くのを「下ル」，逆を「上ル」と言っているのである。

(成城大・慶応大)

> **ポイント!!** 主な都城の変遷を年代順に従って，地図上に実際に矢印を書き入れてみよう。

❷⓪ 古代の仏教

次の(Ⅰ)～(Ⅳ)の文章を読み，下記の問いに答えなさい。

(Ⅰ) あ の救いによって極楽浄土にいけるという考えは，すでに仏教の伝来とともに伝えられていたが，栄華をきわめるようになった貴族たちが，この世の幸福を来世までもち続けたいと願うようになると，僧侶たちを行事や儀式に招いて加持祈禱によって自分たちの要望にこたえてもらいたいと願うようになった。一方，政争にやぶれた者や不満をもつ下級貴族，生活苦にあえぐ民衆は，現世をけがれた所と考え来世に幸せを期待するようになっていたが， A が京都の市中でこの考えをやさしく説き，少しおくれて B がそれを著書にあらわすと，貴族をはじめ庶民の間に急速にひろまっていった。上級貴族である C が浄土をこの世にあらわそうとして建立した い は，この時代の代表的な現存する仏教建築である。

(Ⅱ) D はみずからを「三宝の奴」と称して熱心に仏教を信仰し，仏教の力によって天災をなくし，政治の動揺をとりのぞいて，国家の安泰を願うことを志した。この思想にもとづいて，国ごとに う をおくことを命じ，その建立と維持は国司の責任とした。当時の仏教は，このように政治性の強いものであったから，僧侶のなかには E や吉備真備と組んで政治を動かした F や，孝謙天皇に接近して皇位をねらった G のように，政治的野心をたくましくする者もあらわれた。

(Ⅲ) H は儒教思想によって政治をおこなう一方，経典の注釈書をあらわして仏教の保護奨励につとめ，寺院の建立に力をそそいで，大和の斑鳩寺や摂津の え などを建立した。このため仏教がさかんとなり，私寺を建てる豪族も少なくなかった。蘇我氏の お ，秦氏の か は，その代表的なものである。

(Ⅳ) [き]の創始者である[I]と，[く]の創始者である[J]は，政治を離れた信仰だけによる教団を樹立しようとした。かれらは学問を主とする旧仏教に対して，俗塵をはなれた山中の道場で修行を重んじることを主張したが，とくに前者は教理の面でも鋭く[け]を批判して激しく対立した。後者は旧仏教に対して妥協的な態度をとったことから衝突も少なく，はじめは前者よりもはやく発展した。新しくひらかれたこれらの新仏教はともに鎮護国家の思想を捨てておらず，また後者に続いて前者も[こ]による現世利益を約束する[さ]を取りいれたので，天皇や貴族からあつい保護をうけ，とくに前者は勅によって公認されてから，王城鎮護の道場として皇室や貴族の信仰を獲得し，後者とともに仏教界の主流を占めるようになった。

問1．文中の空欄[A]～[J]に当てはまる人物を下記の(イ)～(ク)から，空欄[あ]～[さ]にあてはまる語句を下記の(1)～(28)から選びなさい。

[A]～[J]
(イ)一遍 (ロ)叡尊 (ハ)円仁 (ニ)円珍 (ホ)空海 (ヘ)空也 (ト)源信 (チ)玄昉 (リ)持統天皇 (ヌ)最澄 (ル)慈円 (ヲ)聖武天皇 (ワ)天智天皇 (カ)聖徳太子(厩戸王) (ヨ)蘇我馬子 (タ)橘諸兄 (レ)長屋王 (ソ)重源 (ツ)道鏡 (ネ)道元 (ナ)藤原頼通 (ラ)藤原道長 (ム)藤原仲麻呂 (ウ)藤原広嗣 (ヰ)法然 (ノ)旻 (オ)物部守屋 (ク)良源

[あ]～[さ]
(1)阿弥陀仏 (2)踊念仏 (3)観世音菩薩 (4)加持祈禱 (5)国庁 (6)正倉院 (7)大日如来 (8)南都仏教 (9)念仏 (10)密教 (11)浄土宗 (12)真言宗 (13)曹洞宗 (14)天台宗 (15)平等院鳳凰堂 (16)法華宗 (17)飛鳥寺 (18)安国寺 (19)興福寺 (20)広隆寺 (21)国分寺 (22)護国寺 (23)四天王寺 (24)神護寺 (25)大安寺 (26)法華寺 (27)法成寺 (28)薬師寺

問2．(Ⅰ)～(Ⅳ)は，それぞれ主としてつぎのどの時代のことを述べているか答えなさい。
(a)弥生時代 (b)古墳時代 (c)飛鳥時代 (d)白鳳時代 (e)天平時代 (f)平安初期 (g)平安中期 (h)平安末期 (i)鎌倉時代 (j)室町時代 (上智大)

ポイント!! 飛鳥・白鳳・天平・弘仁貞観・藤原・院政の各期の仏教の変遷の様子を，主要な寺院・宗派・僧侶・美術品等具体的にまとめてみよう。

㉑ 原始・古代の祭祀と神道

次の問題文について，下記の問いに答えよ。

一般的に，原始・未開の人々は身の回りの岩石や樹木など，さまざまな自然物に精霊が宿ると考え，これを畏れ，うやまい，「まつり」の対象とした。このような信仰を[(1)]とよんでいる。わが国の縄文時代人も例外ではない。しかし同時に，この時代には子孫の繁栄を願う呪術的な用具として，(問1)性的な特徴を強調した土製品や石製品が存在し，この時代の宗教的な状況をわれわれに示してくれる。

ところが弥生時代になると，このような土製品や石製品はみられなくなり，これにかわって，金属製の，新しい「まつり」の道具が出現する。これは弥生時代の「まつり」が縄

文時代のそれとは異なった性格のものであることを示している。それは弥生時代の生活が [(2)] 農業を基盤としていることと密接な関係があるであろう。この新しい「まつり」に使われた道具の代表的なものが [(3)] や(問2)武器形祭器である。しかし同時に、この時代には別の形態の「まつり」も行われていた。それは首長墓や共同墓地における「まつり」である。この現象は、(問3)北部九州の甕棺墓が盛んに作られた地域でよくみることができる。

古墳時代になると、(問4)古墳そのものが「まつり」の主要な対象となるが、それ以外にも、豊穣や子孫の繁栄を神々に祈ったことはいうまでもなく、(問5)各地からこのような「まつり」に使われたと考えられる道具が出土する場所が発見され、祭祀遺跡と呼ばれている。そのような祭祀遺跡の代表的なものは、奈良盆地の一角にそびえる [(4)] で、ここは大神神社のご神体として、この地方を根拠地としたヤマト政権から重視された。この時代の特殊な「まつり」の場として挙げられるのは、玄海灘に浮かぶ絶海の孤島 [(5)] である。ここでは4世紀後半頃の遺物が発見されるのをはじめ、さまざまな時代の遺物が発見された。ここはヤマト政権を中心とする諸豪族が大陸に渡航するさい、航海の安全を祈った場所であろうといわれている。

上に述べてきたような土着の信仰形態は次第に具象的な「社」に変容してゆき、やがて擬人化して祖先神や守護神と結びつき、さまざまな氏が氏神をまつるようになった。たとえば、藤原氏の氏神は [(6)] 大社であった。

いっぽう、6世紀になってわが国に伝えられた仏教は、さまざまな曲折を経て広く浸透していったが、やがて神仏が習合して、仏を根本とする [(7)] 説が生まれた。この思想は永くわが国の宗教界を支配し、僧侶が神官よりも高位にあった。江戸時代になり、本居宣長らの国学者によって復古思想が主張され、やがて排仏が唱えられるようになった。これを決定的にしたのが、王政復古後に出された明治政府の政策であった。

問1．この土製品と石製品の名称を下記の語群から選んで、記号で記入せよ。

問2．この時代に、主に瀬戸内海地方で使用された武器形祭器の名称を下記の語群から選んで、記号で記入せよ。

問3．この地方で、首長墓が発見された代表的な遺跡の名前を下記の語群から選んで、記号で記入せよ。

問4．前期古墳から発見される副葬品のうち、宝器的・呪術的な性格を帯びた石製腕飾の名称を下記の語群から選んで、記号で記入せよ。

問5．このような「まつり」に使用された遺物を下記の語群から選んで、記号で記入せよ。

〔語群〕
イ．平形銅剣　ロ．石棒　ハ．独鈷石　ニ．石鍬　ホ．土面
ヘ．吉野ケ里遺跡　ト．菜畑遺跡　チ．鍬形石　リ．土偶　ヌ．広形銅矛
ル．子持勾玉

問6．瀬戸内海航路の始発点にあり、やはり航海安全の神をまつった著名な神社の名前を答えよ。

問7．問題文中の空欄(1)から(7)に該当する適切な語句を答えよ。

(青山学院大)

ポイント!! 縄文・弥生・古墳期の呪術・祭祀の傾向を検討しておこう。その後, 仏教の影響等をも受けながら, 次第に「神道」となっていくことに注意。

㉒ 古代の寺院

次の寺院(A)～(J)について, 下記の問いに答えよ。
(A)西大寺 (B)四天王寺 (C)薬師寺 (D)斑鳩寺(法隆寺) (E)唐招提寺
(F)平等院鳳凰堂 (G)飛鳥寺(法興寺) (H)広隆寺 (I)延暦寺
(J)法成寺(御堂)

〔問Ⅰ〕 上の寺院(A)～(J)と関係の深い人物名(または氏名)を下の語群のなかより選べ。
(1)聖武天皇 (2)物部氏 (3)円珍(智証大師) (4)蘇我氏
(5)聖徳太子(厩戸王) (6)天武天皇 (7)秦河勝 (8)最澄(伝教大師)
(9)空海(弘法大師) (10)藤原道長 (11)鑑真 (12)藤原頼通 (13)称徳天皇
(14)円仁(慈覚大師)

〔問Ⅱ〕 下の文章(a)～(f)と最も関係の深い人物名(または氏名)を〔問Ⅰ〕の語群のなかより選べ。
 (a) 804～806年の間入唐して密教を学び, 金剛峯寺を開いた。
 (b) 聖武天皇と光明皇后の皇女で, 二度即位し, のちには道鏡を寵愛した。
 (c) 用明天皇の皇子で, 厩戸皇子と呼ばれ, 推古天皇の摂政となった。
 (d) 文武天皇の皇子で, 仏教を深く信じ, 即位して国分寺を建てるなどして天平文化を推進した。
 (e) 舒明天皇の皇子で, 壬申の乱後即位して八色の姓や飛鳥浄御原令を制定した。
 (f) 聖武天皇の命を受けた栄叡と普照の願いをいれ, 幾多の困難を乗り越えて遣唐使船で来朝し, 仏教思想等の発展に大きく寄与した。

〔問Ⅲ〕 下の説明文(1)～(4)と最も関係の深い寺院を上記の寺院名(A)～(J)のなかより選べ。

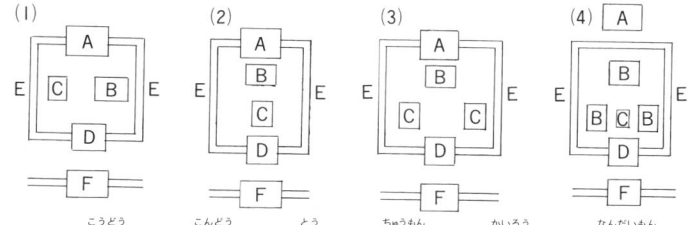

(A－講堂, B－金堂, C－塔, D－中門, E－回廊, F－南大門)

(1) 図(1)のように中門から見ると塔と金堂が左右に並ぶ伽藍配置。
(2) 図(2)のように塔と金堂が南北一直線になった伽藍配置。
(3) 図(3)のように金堂が中心となり, 中門から見ると塔が左右対称に並ぶ伽藍配置。
(4) 図(4)のように塔を中心にした伽藍配置。

(上智大)

ポイント!! 古代の各文化を代表する寺院とその創建者, 地図上の位置・伽藍配置はよく整理しておきたい。

I 原始・古代　43

㉓　古代美術史

次に掲げる写真を見て，下記の設問に答えよ。
設問1　以下の5つの短文は，それぞれあとの写真のどれと関係があるか。
設問2　各短文中の A ～ O の中に当てはまる語をあとの語群の中から選べ。

1．これは A に所蔵されている B の部分図である。 C の作と伝えられ，その風刺とユーモアに富んだ作風で有名である。

2．これは D に所蔵されている E の像で，彼の死後まもなく作られたものらしく，わが国の肖像彫刻の中で最古のものである。彼はわが国にはじめて正しい戒律を伝え， F の祖と仰がれている。

3．これは G に所蔵されている H で， I の力強い作風と翻波式衣文の発展した仏像として有名である。なお， G の金堂は檜皮葺の屋根の簡素な建物で，平安初期の数少ない遺構の一つであり，山岳寺院の金堂として現存する最古のものである。

4．これは J に所蔵されている K の像である。彼はつねに阿弥陀仏の名号を唱えながら洛中をまわり，人々に念仏をすすめたので，阿弥陀聖とか L と呼ばれた。

5．これは M に所蔵されている N で，9世紀ごろの作と考えられている。この時代， O の思想がすすみ，日本の神が仏の姿であらわれるという信仰が広まって，こうした像が作られた。

〔i〕　〔ii〕　〔iii〕

〔iv〕　〔v〕

〔語群〕あ. 六波羅蜜寺　い. 薬師如来像　う. 室生寺　え. 不動明王像
　　　お. 鑑真　か. 法相宗　き. 源信　く. 空也　け. 鳥獣戯画
　　　こ. 神護寺　さ. 鳥羽僧正覚猷　し. 律宗　す. 薬師寺　せ. 高野聖
　　　そ. 空海　た. 一木造　ち. 高山寺　つ. 寄木造　て. 僧形八幡神像
　　　と. 釈迦如来像　な. 法隆寺　に. 神仏習合　ぬ. 唐招提寺　ね. 市聖
　　　の. 金剛峰寺

(甲南大)

ポイント!! 教科書中の写真とその説明には注意を怠らないこと。

24　古代の遺跡

A　下の文(ア)～(コ)は，日本地図上のA～Qの場所についての説明文である。これらを読み，下記の問1～3に答えよ。(破線は旧国界を示す。)

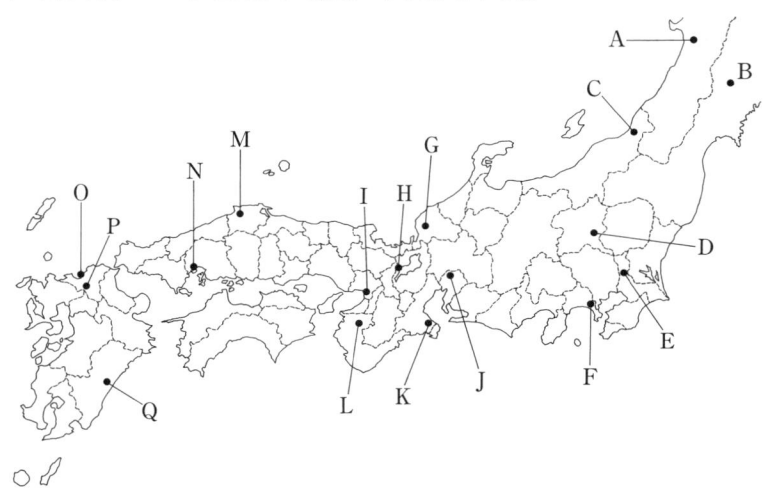

(ア) 後三年の役後，陸奥国での地位を確立した（ a ）は，この地に中尊寺を建立した。
(イ) 空海は，嵯峨天皇の勅許を得て，この山岳の地に真言密教の道場を開き，そこで没した。
(ウ) 中大兄皇子(天智天皇)は，（ b ）の戦いで敗れたのち，ここに都を移して中央集権体制の整備を急いだ。
(エ) 平将門は，ここを拠点に反乱を起こし，（ c ）と称して京都の朝廷から独立した政権を樹立しようとした。
(オ) 藤原広嗣は，ここにあった「遠の朝廷」と呼ばれる役所の次官であった時に反乱を起こし，僧（ d ）などの排斥を企てた。
(カ) 平清盛は，この神社に一門の繁栄を祈って，華麗な装飾を施した経巻を奉納した。
(キ) 菅原道真は，右大臣の地位にあったが，讒言によりこの地に左遷された。

(ク) 国守藤原元命が郡司・百姓らによって悪政を糾弾されたときの国衙（国庁）はここにあったと考えられている。
(ケ) （・e ）の皇帝光武帝から贈られたとみられる金印がここで出土した。
(コ) この遺跡で発見された石器は、先土器時代のものとして最初に認められたものである。

問1．(ア)～(コ)の各文について、下の問いに答えよ。
① (ア)の（ a ）に入る人名を答えよ。
② (ア)の後三年の役で中心になって活躍した源氏の武将の人名を答えよ。
③ (イ)の寺の正確な名称を記せ。
④ (ウ)の（ b ）に入る朝鮮半島の当時の地名を答えよ。
⑤ (エ)の（ c ）に入る名称を答えよ。
⑥ (オ)の（ d ）に入る僧侶の人名を答えよ。
⑦ (カ)にみえる平清盛が平治の乱で敵対した源氏の棟梁の人名を答えよ。
⑧ (キ)の菅原道真は漢詩文に優れていたが、当時の大学でこのような学問分野（学科）を何道と呼んでいたか答えよ。
⑨ (ク)の前後の時期、荘園・公領を請作する農民の呼称で、名主が一般化するころにはみられなくなる名称を記せ。
⑩ (ケ)の（ e ）に入る中国の王朝の名称を答えよ。
⑪ (ケ)の時代の北九州に多くみられる墓制で、大型の石を地上に用い、朝鮮半島にも類似のものが多数みられるものを何と呼んでいるか記せ。
⑫ (コ)の遺跡名を記せ。

問2．(ア)～(コ)の文に対応する場所を、地図上のA～Qから選んで記号で答えよ。（同じものを複数選んでもよい。）
問3．(ア)～(ク)の文に記されている事柄の中から、蘇我氏本家滅亡以後、平安遷都以前のものを選んで記号で答えよ。
(京都府立大)

B 次の文章（A～G）を読み、設問（1～11）の答えとして最も適当な語句を語群の中からひとつ選び、その番号を記入せよ。また、設問12の答えは、正確な漢字で記入しなさい。

A．弥生時代の日本列島では、石棺墓、方形周溝墓、墳丘墓などの様々な葬墓制が展開した。これらは強い地域色を示すという特徴がある。

設問1 関東や東北地方にみられる縄文時代以来の特徴的な墓制で、遺体を白骨化させたあと、土器の壺に収めて葬った墓を何というか。
〔語群〕
1．火葬墓　2．支石墓　3．再葬墓　4．甕棺墓

設問2 弥生時代の吉備（岡山県）地方では、倉敷市楯築墳丘墓のような大規模な墳丘墓の上に、円筒埴輪の原型となる土製品が並べられた。装飾文様で飾られたこの葬送儀礼用の土製品を何というか。
〔語群〕

1．特殊器台　　2．朝顔形埴輪　　3．形象埴輪　　4．土偶

B．日本列島で巨大古墳の築造が始まるのは，従来4世紀のヤマト政権の確立以降と考えられていた。しかし近年の研究で，3世紀後半代には古墳の築造が始まっている可能性が高くなった。247年頃に没した卑弥呼の墓について，『三国志』にみえる「卑弥呼以て死す。大いに冢を作る。径百歩余，殉葬する者，奴婢百余人。」の記事についても，初期の古墳を示す可能性が考えられる。

設問3　奈良県桜井市に現存する，全長約280mの初期の前方後円墳は何か。
〔語群〕
1．箸墓古墳　　2．石塚山古墳　　3．造山古墳　　4．高松塚古墳

設問4　設問3の古墳に隣接し，古墳時代初めの大規模な水路や建物跡，南関東から九州に至る各地の土器がみつかっている，邪馬台国畿内説の重要な根拠となっている巨大遺跡は何か。
〔語群〕
1．纏向遺跡　　2．唐古・鍵遺跡　　3．池上曽根遺跡　　4．吉野ヶ里遺跡

C．従来，邪馬台国は，弥生時代のクニのひとつであると考えられてきたが，最近は邪馬台国やこれに敵対した国のグループは，すでに広域なクニの連合体をかたちづくっていると考えられている。このうち邪馬台国を盟主とするクニの連合は，対外交渉の窓口である北部九州に「一大率」という機関を置いた。

設問5　「一大率」が置かれていた国はどこか。
〔語群〕
1．一支国　　2．伊都国　　3．奴国　　4．末廬国

設問6　邪馬台国に敵対した国はどこか。
〔語群〕
1．狗邪韓国　　2．投馬国　　3．狗奴国　　4．対馬国

D．卑弥呼の没後に王となった壹与（臺与）は，266年以降，西晋に遣使したが，それ以後倭と晋の交渉は413年の東晋遣使まで100年間以上途絶える。

設問7　日本の古墳から500面以上出土している銅鏡で，中国や朝鮮半島では全く見つからないことから，中国製か倭製かで論争が続いているものは何か。
〔語群〕
1．画文帯神獣鏡　　2．人物画像鏡　　3．三角縁神獣鏡　　4．八咫鏡

E．3世紀の朝鮮半島南部には，馬韓・弁韓・辰韓など韓族が居住する地域があり，豊富な鉄鉱石から「弁辰の鉄」が生産され，朝鮮半島北部や倭に供給された。このため朝鮮半島南部への海上航路は，鉄を運ぶルートとして，6世紀後半に日本列島で鉄の自給が可能になるまで，最も重視されていた。

設問8　弁韓の地域には，4世紀頃から小国家群が成立し，倭国と密接な関係にあった。これらの諸国の総称は何か。
〔語群〕
1．渤海　　2．衛氏朝鮮　　3．耽羅　　4．伽耶

F．馬韓の統一後，旧楽浪・帯方郡の領有をめぐって北方の高句麗と戦争を繰り返していたこの国は，戦いを有利に進めるため，設問8の諸国の仲介で倭と外交関係を締結し，軍事援助を得ようとした。こうした関係を足掛かりに，倭国は朝鮮半島諸国の政治や戦争に積極的に介入し，鉄資源や財宝，あらたな技術や人材を獲得しようとした。

設問9 この国の名称は何か。

〔語群〕
　1．百済　　2．新羅　　3．加羅　　4．慕韓

G．この島は，絶海の孤島で多数の祭祀遺跡があり，金の指輪やガラス器，唐草紋を透彫にした金銅製の馬具など国際色豊かな遺物の出土から，「海の正倉院」とも呼ばれる。また銅鏡や碧玉製の腕飾，勾玉や管玉，鉄の剣や刀など，古墳の副葬品と同じ遺物が大量に出土することから，朝鮮半島諸国との海上交通の安全を祈願するため，国家規模の祭祀が行われたと考えられている。この島の祭祀遺跡からは遣唐使が持ち込んだと推定される唐三彩も出土している。しかし遣唐使が廃止された9世紀頃以降は，大規模な遺跡は見られなくなる。

設問10 祭祀遺跡で有名なこの島の名称は何か。

〔語群〕
　1．隠岐島　　2．志賀島　　3．壱岐島　　4．沖ノ島

設問11 平安京のほか現在の福岡市平和台付近にも設置された，唐や新羅の外交使節や商人の迎賓施設は何か。

〔語群〕
　1．鴻臚館　　2．那津官家　　3．摂津職　　4．大宰府

設問12 369年頃に設問9の国の王子から倭王に贈られ，今日も奈良県天理市に現存する遺品は何か。漢字7文字で答えよ。

(福岡大)

ポイント!! 1．重要な遺跡や古代史の舞台となった主要な史跡は，その地理上の位置をしっかりと頭に入れておきたい。
2．新聞・テレビなどで大きく報じられるニュースは，日頃から十分注意しておきたい。また，教科書のそれらと関連する部分を読み直しておく習慣を身につけておこう。

＊ 25　古代史に関する史料

次の史料の〔1〕～〔10〕について，(a)～(l)の問いに答えよ。なお，史料はすべて読み下し文に改めてある。

〔1〕　　A　　海中に倭人有り，分れて百余国を為す。歳時を以て来り献見すと云ふ。
（『漢書』地理志）

〔2〕　安帝の永初元年，倭国王帥升等，　　B　　百六十人を献じ，請見を願ふ。
（『後漢書』倭伝）

〔3〕　乃ち共に一女子を立てて王と為し，名づけて卑弥呼と曰ふ。　　C　　を事とし能く衆を惑はす。
（『魏志』倭人伝）

〔4〕　興死して弟の武立ち，自ら使持節都督倭・百済・新羅・任那・加羅・秦韓・慕韓

七国諸軍事，　D　大将軍，倭国王と称す。　　　　　　　　　　（『宋書』倭国伝）
〔5〕　大業三年，其の王　E　，使いを遣はして朝貢す。使者曰はく，「聞く，海西の菩薩天子，重ねて仏法を興すと。……」と。　　　　　　　　　　（『隋書』倭国伝）
〔6〕　其の一に曰はく，昔在の天皇等の立つる所の子代の民・処々の屯倉，及び別には臣・連・伴造・国造・　F　の所有る部曲の民・処々の田庄を罷めよ。
　　　　　　　　　　　　　　　　　　　　　　　　　　　　　　　　　（『日本書紀』）
〔7〕　凡そ令条の外の　G　は，人毎に均しく使へ。総べて六十日に過ぐることを得ざれ。　　　　　　　　　　　　　　　　　　　　　　　　　　　　　　（『養老令』）
〔8〕　聞くならく，　H　は養老七年の格に依りて，限り満つるの後，例に依りて収授す。是に由りて農夫怠倦し開ける地復た荒る，と。　　　　　　　　　（『続日本紀』）
〔9〕　ここに天平十五年歳は癸未に次る十月十五日を以て，菩薩の大願を発して，　I　仏の金銅像一躯を造り奉る。　　　　　　　　　　　　　　（『続日本紀』）
〔10〕　裁断せられむことを請ふ，当国の守藤原朝臣　J　，三箇年の内に責め取る非法の官物並びに濫行横法三十一箇条の愁状。　　　　　（尾張国郡司百姓等解文）

(a)　空欄　A　～　E　に入るべき語句を次の1～20から選び，その番号を記入せよ。
　　1．倭人　　2．仙術　　3．帯方　　4．鬼神道　　5．奴婢
　　6．多利思比孤　　7．征東　　8．楽浪　　9．鬼道　　10．鎮東　　11．生口
　　12．主明楽美御徳　　13．天王　　14．呪術　　15．阿輩雞彌　　16．遼東
　　17．朝鮮　　18．安東　　19．男女　　20．平東

(b)　空欄　F　～　J　に入るべき語句を次の1～20から選び，その番号を記入せよ。
　　1．彌勒　　2．陳忠　　3．課役　　4．盧舎那　　5．雇役　　6．村主
　　7．文信　　8．治田　　9．雑徭　　10．口分田　　11．稲置　　12．秀郷
　　13．墾田　　14．阿彌陀　　15．開田　　16．村首　　17．歳役　　18．元命
　　19．釈迦　　20．県主

(c)　　A　郡の役所があったのはどこか。現在の都市名で記せ。
(d)　〔2〕の「永初元年」は西暦何年か。
(e)　〔3〕の史料の著者はだれか。
(f)　〔4〕の「武」は一般に何天皇と考えられているか。
(g)　〔5〕の「使者」はだれを指すと考えられているか。
(h)　〔6〕は「改新の詔」の一部分である。「改新の詔」には「郡」と書かれているが，実際に行われていた制度はどのような文字で書かれていたか。
(i)　　G　は奈良時代に一時期半減された。その時の事実上の最高権力者はだれか。
(j)　〔8〕の「養老七年の格」とは何を指すか。
(k)　全世界は　I　仏の顕現であると説く経典の名を記せ。
(l)　〔10〕のような国守は当時何とよばれていたか。
　　　　　　　　　　　　　　　　　　　　　　　　　　　　　　　　　（立命館大）

ポイント!!　出典名と史料文中のキーワードから何世紀の何について記した史料なのかを考えれば，A～Fに該当する語は明らかになろう。史料内容が教科書の記述にどう生かされているか具体的に検討してみよう。

Ⅱ 中世

＊❶ 鎌倉幕府の成立

　下記の年表は，平安末期から鎌倉時代にいたる諸事を年代順に列記したものである。この年表を読み，下記の問いに答えなさい。ただし，この年表には一部語句を伏せた箇所があるので，歴史的に正しい語句を補って読むこと。なお，年号は西暦，月は陰暦である。

〔年表〕

1173年　　　この年，文覚伊豆に配流される。（ イ ）の『山家集』この頃成立か。
1175年　　　この年，源空が専修念仏を唱道する。
1177年　5月　鹿ヶ谷の陰謀事件が発覚，（ ロ ），（ ハ ）ら配流され，（ ハ ）は配流地の備前国で殺された。
1179年　11月　平清盛により後白河法皇が幽閉される。
1180年　2月　安徳天皇が即位する。
　　　　5月　（ ニ ）宇治にて（ ホ ）・以仁王ら挙兵する。
　　　　6月　清盛，（ ヘ ）福原へ遷都する。
　　　　8月　（ ト ），伊豆で挙兵する。（ チ ）石橋山の合戦が起きる。
　　　　9月　（ リ ），信濃で挙兵する。
　　　　10月　頼朝，鎌倉に入る。富士川の合戦が起きる。
　　　　12月　（ ヌ ）により南都が焼打ちされる。
1181年　閏2月　清盛死去する。
　　　　4月　この頃，養和の飢饉が起きる。（『方丈記』）
1183年　5月　(Ⅰ)倶利伽羅峠の戦いが起きる。
　　　　7月　平氏の都落ち。（ ル ）・源行家ら入京する。
　　　　10月　後白河法皇，(Ⅱ)頼朝の東国支配権を事実上認める。
1184年　1月　（ ヲ ）・源義経ら，義仲を討つ。
　　　　2月　（ ワ ）一の谷の合戦が起きる。
　　　　10月　頼朝，(Ⅲ)公文所・(Ⅳ)問注所を設置する。
　　　　この頃，『保元物語』『平治物語』など成立。
1185年　2月　（ カ ）屋島の合戦が起きる。
　　　　3月　（ ヨ ）壇の浦の合戦が起きる。
　　　　11月　頼朝，諸国に守護・地頭を設置する。
1188年　　　この年，興福寺金堂・南円堂など再建される。
1189年　9月　頼朝，奥州藤原氏を討つ。
1190年　　　この年，東大寺再建ひとまずなる。
1191年　　　この年，栄西が帰朝し臨済宗を広める。

1192年　7月　頼朝，征夷大将軍になる。
1199年　1月　頼朝死去する。

〔a群〕①慈円　②鴨長明　③信濃前司行長　④藤原定家　⑤西行
　　　⑥鳥羽僧正　⑦千葉常胤　⑧俊寛　⑨平時忠　⑩源隆国　⑪藤原兼実
　　　⑫平忠正　⑬藤原成親　⑭源義賢　⑮藤原信実　⑯源為朝　⑰源義仲
　　　⑱源為義　⑲源頼義　⑳源頼政　㉑源頼朝　㉒源義経　㉓源範頼
　　　㉔平維盛　㉕平忠盛　㉖平宗盛　㉗平忠盛　㉘平重衡
〔b群〕①丹波　②近江　③摂津　④和泉　⑤大和　⑥伊豆　⑦相模
　　　⑧甲斐　⑨武蔵　⑩駿河　⑪淡路　⑫丹後　⑬播磨　⑭山城　⑮備前
　　　⑯伊予　⑰讃岐　⑱長門　⑲周防　⑳安芸

問1．前掲年表の空欄（イ）～（ヨ）に該当するもっとも適切な語句を，人名はa群から，国名はb群から，それぞれ1つずつ選びなさい。

（イ）～（ハ）にあたる人名
（ニ）にあたる国名
（ホ）にあたる人名
（ヘ）にあたる国名
（ト）にあたる人名
（チ）にあたる国名
（リ）～（ヲ）にあたる人名
（ワ）～（ヨ）にあたる国名

問2．前掲年表の下線部(I)～(IV)に関連した，以下の問いに答えなさい。

(1)　下線部(I)の合戦は，2つの国の国境で起こったとされるがそれはどこか，次から1つ選びなさい。
　　①越中と加賀　②甲斐と武蔵　③相模と甲斐　④伊豆と駿河　⑤丹波と摂津
　　⑥若狭と丹波

(2)　下線部(II)の内容を認めた文書は何か，次から1つ選びなさい。
　　①治承5年の宣旨　②治承6年の宣旨　③治承7年の宣旨
　　④寿永元年の宣旨　⑤寿永2年の宣旨　⑥寿永3年の宣旨

(3)　下線部(III)の役所について，その初代長官は誰か，次から1つ選びなさい。
　　①和田義盛　②比企能員　③三善康信　④三浦義澄　⑤梶原景時
　　⑥大江広元

(4)　下線部(III)の役所の長官の役職名は何か，次から1つ選びなさい。
　　①管領　②頭人　③家令　④執事　⑤所司　⑥別当

(5)　下線部(IV)の役所について，その初代長官は誰か，次から1つ選びなさい。
　　①和田義盛　②比企能員　③三善康信　④三浦義澄　⑤梶原景時
　　⑥大江広元

(6)　下線部(IV)の役所の長官の役職名は何か，次から1つ選びなさい。
　　①管領　②頭人　③家令　④執事　⑤所司　⑥別当

（上智大）

Ⅱ 中世　51

> **ポイント!!** 源平の争乱から頼朝の政権樹立，幕府基盤の確立までの間のそれぞれの政治勢力の動きなどを教科書・年表・地図を利用してしっかりまとめておこう。

＊❷ 承久の乱と執権政治

A　次の文の（ 1 ）～（ 15 ）に入れるのに最も適当な語句を下記の語群から選び，その記号を記入しなさい。

　京都の朝廷では1192年の（ 1 ）の死後，頼朝と親交の厚かった関白（ 2 ）が政治の主導権をにぎったが，1196年，反幕派公卿によって失脚させられ，親幕派勢力は朝廷から一掃された。

　一方鎌倉では1203年，（ 3 ）の敗北によってその後立てを失った2代将軍（ 4 ）は退けられ，3代（ 5 ）に代わったが，幕政の実権は（ 6 ）にあり，その子（ 7 ）は1213年侍所の長官であった（ 8 ）を滅して，政所と侍所の長官を兼ねた。

　かねて討幕の意志を固めていた（ 9 ）は（ 10 ）をおいて軍事力の強化を図っていたが，1221年，西国守護や僧兵，さらに北条氏に反発する東国武士の一部を味方に引き入れて，（ 7 ）追討の兵を挙げた。それに対し幕府では「尼将軍」（ 11 ）が，御家人に対し頼朝以来の恩義を説いて結束を促した。戦いは幕府側の勝利に終わったが，戦後の朝廷側に対する処罰はきびしく，（ 9 ）は（ 12)に，（ 13 ）は佐渡に流された。（ 14 ）は討幕に加わらなかったが，みずから望んで土佐に流された。これが（ 15 ）である。

〔語群〕　(ア)後醍醐天皇　(イ)西面の武士　(ウ)北条泰時　(エ)順徳上皇
(オ)比企氏の乱　(カ)北条時政　(キ)後白河法皇　(ク)土御門上皇　(ケ)薩摩
(コ)元弘の変　(サ)源頼家　(シ)梶原景時　(ス)三浦氏の乱　(セ)隠岐
(ソ)九条兼実　(タ)源頼経　(チ)後鳥羽上皇　(ツ)三浦義村　(テ)北条政子
(ト)伊豆　(ナ)正中の変　(ニ)源実朝　(ヌ)北条義時　(ネ)藤原秀康　(ノ)壱岐
(ハ)和田義盛　(ヒ)承久の乱　(フ)九条道家
　　　　　　　　　　　　　　　　　　　　　　　　　　　　　　（関西大）

B　次の文章について，下記の問いに答えなさい。

　承久の乱後，幕府は，執権　1　の指導のもとに，執権政治の目標ともいうべき（ a ）の定立と実践にむけて，幕府政治の改革に着手した。とくに1225年には，11名の（ b ）を任命し，政所に出仕させて，執権・連署とともに最高の政務の処理や重要な裁判などの評議にあたらせ，合議制にもとづく政治を行った。また承久の乱後の（ c ）の設置は，地頭と荘園領主との紛争を激化させ，御家人相互の間でも所領関係の係争が絶えなかった。これらの土地相論の円滑な問題解決のために公平な精神が要求された。そのために従来の慣例に準拠する方法から，　2　以来の先例や（ a ）とよばれた武家社会での慣習や道徳にもとづいて，裁判の基準となる重要法規を成文化して，裁判の公平を期すべく1232年に（ d ）が制定され，武家の最初の体系的法典となった。　1　の政策は，嫡孫の執権　3　に受け継がれた。　3　は御家人の支持を得るために，その保護に努め，訴訟制度の整備をはかり，1249年に御家人の所領に関する訴訟の処理を専門とする（ e ）を任命し，迅速で公正な裁判をめざした。一方で　3　は，1247年に北条氏と比肩し得る唯一の有力御家人ともいうべき　4　一族を滅亡させ（宝治合

戦），やがて1252年には摂家将軍にかわって　5　の皇子　6　を将軍にむかえて，幕府の宿願であった皇族将軍の実現をみたのである。

その後，時宗の子貞時の時代になると，安達泰盛の勢力を恐れた内管領の　7　は，貞時に讒言して安達一族を1285年に滅亡させたが（霜月騒動），自分もまた貞時に1293年に滅ぼされた。幕府の実権は貞時に集り，得宗家の専制政治となって，北条氏一門が全国の守護の半ば以上をしめることになった。

問1．上の文章中の空欄　1～7　に相当する人物を下の語群の中から選びなさい。
(1)北条時頼　(2)源実朝　(3)後宇多上皇　(4)守邦親王　(5)北条時宗
(6)北条高時　(7)和田義盛　(8)後嵯峨上皇　(9)三浦泰村　(10)久明親王
(11)北条泰時　(12)護良親王　(13)北条義時　(14)宗尊親王　(15)後鳥羽上皇
(16)北条政子　(17)平頼綱　(18)後白河法皇　(19)源頼朝　(20)北条時政

問2．上の文章中の空欄（a～e）に相当する最も適切な事項を漢字で書きなさい。

(上智大)

ポイント!! 北条義時→泰時→時頼のそれぞれの時代にどんな政策が具体的に出されているのか，年表風にまとめておこう。

＊ ❸ 御成敗式目

A　次の文の　　　の中にあてはまる名辞を，下の語群の中から選びなさい。

幕府は承久の乱の後に，北条氏一族の有力者の中から執権を補佐する　1　をおいて指導体制をととのえ，さらに有力な御家人や政務にすぐれた人々11人を選んで　2　衆とした。これらの人々は幕府の政務や裁判にあたるなど，合議制にもとづいて政治を行った。また1232年に泰時は　3　式目を制定して御家人たちに示した。この式目の内容は，頼朝以来の先例や武士社会の慣習や道徳にもとづく　4　によって，紛争を公平にさばく基準を明らかにしたもので，武家の最初の法典といわれるものである。これまでの朝廷の支配下には，なおも律令の系統を引く　5　法や荘園領主の　6　法が効力をもっていたが，幕府勢力の発展につれて武家法の効力範囲が次第に拡大していった。その後は必要に応じて発布された個別の法令は式目　7　とよばれた。また執権政治の隆盛をもたらした泰時の孫の　8　の時代になると，合議制の会議のもとに　9　衆を任命して，御家人たちの所領に関する訴訟を専門に担当させて，公平な裁判制度の確立につとめた。

のちに京都に幕府を開いた尊氏は，1336年に　10　式目を制定して政治に対する当面の施政方針を明らかにしたが，この幕府も泰時の制定した式目を基本法典としていたことは確かのようである。

〔語群〕ア．守護　イ．貞享　ウ．公家　エ．頼嗣　オ．管領　カ．建保
キ．引付　ク．関白　ケ．道家　コ．追加　サ．連署　シ．評議
ス．大名　セ．時頼　ソ．貞治　タ．格式　チ．添加　ツ．道理
テ．建久　ト．評論　ナ．師時　ニ．本所　ヌ．追刑　ネ．将軍
ノ．建武　ハ．貞永　ヒ．所領　フ．庄屋　ヘ．評定　ホ．道義

B 次の文を読み，下記の問1〜10に答えなさい。

　北条政子の死後，幕府政治は従来の独裁型から，急速に合議政治へと移行していく。執権北条泰時は，この合議政治を確立するためにも，また ⬜1 の後，激増してきた訴訟に対応するためにも成文法を必要とした。それが ⬜2 年に制定された貞永式目である。その第3条は次のようになっている。

一．諸国 ⬜3 人奉行の事
　　右，(a)右大将家の御時定め置かるる所は， ⬜4 ・謀叛・殺害人付たり夜討・強盗・山賊・海賊等の事なり。而るに近年，代官を郡郷に分補し公事を庄保に充て課せ，国司に非ずして国務を妨げ，(b)地頭に非ずして地利を貪る。

　このように，きわめて平易に書かれており，古代の律令法や近代の明治憲法が読みづらい難解さをもっていた点にくらべると，全く対照的である。
　この武家法は第6条に「国司，領家の成敗は関東の御口入に及ばざる事」とあるように，貴族や僧侶の法世界に対しては，幕府は干渉しないことが明示されていた。そのことについて，この(c)武家法の制定者は(d)弟に次のように説明している。

　　さて，この式目をつくられ候事は，なにを本説として注し載せらるるの由，人さだめて謗難を加ふる事候か。ま事にさせる本文にすがりたる事候はねども，ただ ⬜5 のおすところを記され候者なり。

　これは，今後のあるべき武士社会の原理がそれまでの公家社会の「本説」や「本文」ではありえず，武士の慣習法こそが原理であるべきことを明示している。法の上でも，武家は公家から独立したのであった。

問1．空欄 ⬜1 に入れる用語として最も適当なものはどれか。次から選びなさい。
　①正中の変　②壇の浦の戦い　③治承・寿永の乱　④元寇　⑤承久の乱

問2．空欄 ⬜2 に入れる西暦年として最も適当なものはどれか。次から選びなさい。
　①1221　②1224　③1232　④1234　⑤1249

問3．空欄 ⬜3 に入れる用語として最も適当なものはどれか。次から選びなさい。
　①地頭　②守護　③御家　④将軍　⑤引付衆

問4．空欄 ⬜4 に入れる用語として最も適当なものはどれか。次から選びなさい。
　①下地中分　②地頭請　③大番催促　④越訴　⑤年紀

問5．空欄 ⬜5 に入れる用語として最も適当なものはどれか。次から選びなさい。
　①道理　②真実　③武力　④善人　⑤先例

問6．下線部(a)は誰のことか。次から選びなさい。
　①時政　②貞時　③義時　④泰時　⑤頼朝

問7．下線部(b)について述べた文として最も適当なものはどれか。次から選びなさい。
　①　平氏は地頭を設置しなかった。
　②　源頼朝は朝廷から1180年にはじめて地頭を補任する権限を得た。
　③　承久の乱後に新補地頭が置かれた。
　④　源頼朝は平家追討を名目に地頭を置くことを要求した。

問8．下線部(c)の人物の，この武家法制定時の地位はどれか。次から選びなさい。
　①六波羅探題　②執権　③公文所別当　④問注所執事　⑤京都守護
問9．下線部(d)は誰か。次から選びなさい。
　①時政　②貞時　③範頼　④泰時　⑤重時
問10．同じく下線部(d)はこの時どこにいたか。次から選びなさい。
　①京都　②鎌倉　③九州　④奥州　⑤奈良
（近畿大）

ポイント!! 御成敗式目（貞永式目）51カ条は鎌倉幕府の基本法であり，最初の武家法であった。また頼朝の先例・武士の道徳・慣習を基準として北条泰時によって制定されたことは周知の事実である。この法がのち長く武士社会の基本法典となり，室町幕府の建武式目や戦国時代の分国法などに大きな影響を与えている。なお，式目制定の意図やその具体的な内容については，実際に史料（「御成敗式目」・泰時の「重時宛消息文」など）にあたって確認しておこう。

＊ ❹ 鎌倉時代の仏教

A　次の文章（1〜5）は，日本中世の仏教について記したものである。これを読み，下記の設問に答えなさい。

1．法然や親鸞は，寺や仏像を造ったり，困難な修行をしないで，南無阿弥陀仏と念仏を唱え，阿弥陀仏の救いをひたすら求めることが，仏の願いにかなうことであると説いた。法然は，特に①(イ．女人救済　ロ．鎮護国家　ハ．自力救済)の道をひらき，親鸞は，仏を信じ自己の罪を自覚した人たちこそが救済されるという（　A　）を説いた。法然は，のちに浄土宗の開祖と仰がれ，親鸞の教えは，武士や農民の間に広まり，この宗派はやがて（　B　）とよばれるようになった。

2．時宗の開祖となる一遍は，仏の信心の有無を問わず，また男女・身分と関係なく，念仏を唱えさえすれば極楽往生できると説いた。そして，しばしば人びとの集まる河原や市場などで（　C　）を開催し，集まった人びとに南無阿弥陀仏と記したお札を配布して教えを広めた。その布教活動の具体的なようすは，（　D　）に描かれている。

3．日蓮は，法華経信仰にもとづき，新旧各宗派の批判を徹底的におこなった。彼は，南無妙法蓮華経と（　E　）を唱えることによって成仏できると主張し，幕府や諸宗派から攻撃されたが，屈することなく鎌倉を中心に布教活動を展開し，主に関東の武士や②(イ．農民　ロ．商工業者　ハ．下人)の帰依を受けていった。また（　F　）を予言して，法華経信仰による人びとの自覚をうながした。

4．栄西は，宋から禅宗の一派である臨済宗を伝え，少しおくれて道元が，同じく宋から曹洞宗を伝えた。栄西は『（　G　）』，道元は『正法眼蔵』を著わして，それぞれ禅宗の本質を述べ，戒律を守り，座禅による自力の修行によって悟りを開くことができると説いた。臨済宗は，北条氏一門の手厚い保護を受け，鎌倉に建長寺・円覚寺などの寺院が創建された。一方，道元は，政治権力との結びつきを避け，越前の（　H　）にこもり，きびしい修行によって多くの弟子を育成した。

5．以上のような鎌倉新仏教の興起にもかかわらず，南都六宗や天台宗・真言宗など

の旧仏教の勢力は必ずしも衰えをみせず，依然として仏教界にその支配的地位を保ち続けた。しかし，新仏教の展開に刺激を受けて，その宗派の改革に取り組むものも現れた。法相宗の③(イ．貞慶　ロ．俊芿　ハ．高弁)，華厳宗の④(イ．貞慶　ロ．俊芿　ハ．高弁)らは，戒律の復興を唱えた。律宗の(I)は，西大寺を中心に，非人に施物を与え，医療を施して，文殊菩薩への信仰を説き，その弟子の(J)は，幕府の援助を受けつつ，鎌倉の⑤(イ．極楽寺　ロ．称名寺　ハ．浄妙寺)を拠点に，非人・病人などの医療施設をつくり，また道路・橋・港湾などの土木工事をおこなうなど，社会事業に奔走して，教えを広めた。

問1．空欄(A～J)に入れるのに，もっとも適切な語を考え，正確な漢字で記しなさい。
問2．下線部①～⑤について，(　)内からもっとも適切な語を選び，その記号を記しなさい。
(中央大)

B　次の史料，およびそれらについての説明文を読み，下記の設問に答えなさい。

「一　善人なをもちて往生をとぐ，いはんや悪人をや。しかるを世のひとつねにはいはく，悪人なを往生す，いかにいはんや善人をやと。この条，一旦そのいはれあるにたれども，本願他力の意趣にそむけり。そのゆへは，自力作善のひとは，ひとへに他力をたのむこゝろかけたるあひだ，弥陀の本願にあらず。しかれども，自力のこゝろをひるがへして，他力をたのみたてまつれば，真実報土の往生をとぐるなり。煩悩具足のわれらは，いづれの行にても生死をはなるゝことあるべからざるをあはれみたまひて，願をこしたまふ本意，悪人成仏のためなれば，他力をたのみたてまつる悪人，もとも往生の正因なり，よりて善人だにこそ往生すれ，まして悪人はと，おほせさふらひき。」

この史料は『 (1) 』と呼ばれ， (a) 宗の開祖 (b) の没後に弟子がその教えの乱れをなげき，開祖の語録や同宗派における当時の異端の様子などをまとめたものである。著者は， (b) の話しを直接聞ける立場にあった (c) と考えられている。なかでも上に掲げた一節は，煩悩の深い人間こそが阿弥陀仏の救済を受けるのにふさわしいとの考えを示しており「 (2) 説」と名づけられる。 (b) はその主著『 (3) 』のなかで，阿弥陀仏への帰依こそが唯一の真の仏法であるとの内容を記し，師の (d) が『 (e) 』などで説いた「 (f) 」(南無阿弥陀仏の念仏を唱えれば，誰もが死後，平等に極楽浄土に往生できるという教え)を一歩進めたといわれている。

問1．(1)～(3)の空欄に該当する適当な語句を，漢字で記入しなさい。
問2．(a)～(f)の空欄に該当する適当な語句を下記の語群からそれぞれ一つ選び，その記号を答えなさい。

〔語群〕イ．叡尊　ロ．法華　ハ．選択本願念仏集　ニ．日蓮　ホ．侘び茶
へ．一遍　ト．水墨　チ．雪舟　リ．親鸞　ヌ．立正安国論　ル．元信　ヲ．周文
ワ．浄土　カ．専修念仏　ヨ．法然　タ．茶寄合　レ．欣求浄土　ソ．山楽
ツ．感身学正記　ネ．浄土真　ナ．金碧　ラ．時宗　ム．唯円　ウ．善鸞
ヒ．極楽往生
(青山学院大)

ポイント!!　鎌倉新仏教の展開は鎌倉期だけでなく，室町期を含めて整理しておこう。

＊❺ 鎌倉時代の文化

A　次の文を読み，下記の問1～6に答えなさい。

　鎌倉時代は公家の支配が根強く残る一方，①武士の力が各地に徐々に浸透して行った時代でもあった。文化の面でもその傾向を反映し，公家が引き続き伝統的な文化を維持する一方で，武士や庶民に支持された新しい傾向の文化が生み出された。
　公家文化の代表とも言うべき和歌の領域では，平安時代の伝統に学びつつ，②技巧的な表現で観念的な境地をうたった歌が多く詠まれた。一方，新たに社会の中心舞台におどりでた武士の活躍ぶりを反映した③軍記物が，この時代の文学の一大特色をなした。13世紀の後半になると，武士たちも④内外の文化や学問に関心を持ちはじめ，和漢の書物を集めて学問に励む動きもあらわれた。こうした中で，幕府によって，⑤日記体の幕府の史書が編さんされた。

問1．下線部①についての説明文として不適切なものを，次から選びなさい。
　1．頼朝は，守護を通して荘園や公領の年貢の半分を軍費に調達し，武士たちに分け与える権限を，後白河法皇より認められた。
　2．頼朝は，後白河法皇より東国支配の実質上の承認を得た。
　3．頼朝は，後白河法皇より諸国に守護を，荘園や公領に地頭を任命する権限を得た。
　4．頼朝は，後白河法皇より荘園，公領から1反あたり5升の兵粮(糧)米を徴収する権利を得た。

問2．下線部②の和歌を集めた歌集として適切なものを，次から選びなさい。
　1．『金槐和歌集』　2．『新古今和歌集』　3．『古今和歌集』
　4．『金葉和歌集』　5．『千載和歌集』

問3．下線部③について，この時代の軍記物として不適切なものを，次から選びなさい。
　1．『保元物語』　2．『源平盛衰記』　3．『平家物語』
　4．『将門記』　5．『平治物語』

問4．下線部④について，鎌倉幕府に対する討幕運動に大義名分を与えた学問として適切なものを，次から選びなさい。
　1．訓古学　2．陽明学　3．薩南学　4．南学　5．朱子学

問5．下線部④に関連して，その当時の文化に最も影響を与えた中国の王朝として適切なものを，次から選びなさい。
　1．南宋　2．元　3．唐　4．明　5．金

問6．下線部⑤の史書として適切なものを，次から選びなさい。
　1．『大鏡』　2．『今鏡』　3．『増鏡』　4．『水鏡』　5．『吾妻鏡』

(龍谷大)

B　次の文を読み，下記の問いに答えよ。

　鎌倉時代の芸術でまっさきに新風が起こったのは彫刻の分野であった。運慶・湛慶父子などが出て仏像や肖像を数多く作った。法相宗の祖とあおがれた　１　の像は，運慶の代表作の1つで奈良の興福寺にあるが，同じ寺にある天灯鬼・竜灯鬼像は，運

慶の三男［ 2 ］の傑作と伝えられる。また東大寺南大門にある金剛力士像は，運慶と［ 3 ］らの協同作業により，わずか70日あまりで作られたといわれる。

この時代，建築物にも新しいものが生まれた。鎌倉時代は日宋貿易が盛んとなり，商船に乗り込んで渡宋する僧が増え，［ 4 ］の開祖となった栄西や，［ 5 ］の開祖道元も入宋した。東大寺の再建に力をつくした［ 6 ］は3回も渡宋したといわれる。彼は信仰ばかりでなく宋の文化の豊かな教養を身につけたが，東大寺再建にあたって，宋の建築様式を伝えたという大陸的な力強い［ 7 ］を採用した。私たちはその代表的遺構として東大寺南大門にこれを見ることができる。この時代の建築様式としては，ほかに鎌倉の［ 8 ］舎利殿にみられる［ 9 ］があり，また従前の伝統的な建築様式である［ 10 ］も発展をみせた。京都蓮華王院(三十三間堂)はその代表的な遺構の1つである。

問1．文中の1〜10の［　　］に適切な語句を記入せよ。

問2．次の(1)〜(5)は鎌倉時代の芸術に関する事柄である。(a)〜(e)には，それぞれ関係深い事柄をならべたが，このうち正しいものには○を，間違っているものには(イ)〜(ヌ)の語群から，適切なものを選び，記号で答えよ。
(1)似絵──(a)鳥獣戯画　　(2)頂相──(b)鑑真像　　(3)書道──(c)小野道風
(4)甲冑──(d)明珍　　　(5)刀剣──(e)加藤景正
〔語群〕(イ)伴大納言絵巻　(ロ)三筆　(ハ)村田珠光　(ニ)長船長光
(ホ)遊行の芸能人　(ヘ)明恵　(ト)藤原隆信　(チ)禅宗の高僧　(リ)尊円法親王
(ヌ)一遍聖絵
(札幌大)

ポイント!! 鎌倉文化の特色は，①京都の公家を中心とした伝統文化の継承と発展，②武士の生活や気質を反映させた新しい文化の発生，③商人や僧・渡来僧がもたらした宋文化の導入などであろう。これらの特色を前提とし，鎌倉仏教(新・旧)，学問・文学，美術・工芸などに分けて整理しよう。最近は絵巻物の絵そのものの解釈が注目されているので，当時の絵に表現されている風景や風俗にも注意しておこう。

＊ ❻ 鎌倉時代の産業と経済

次の文章の空欄（ 1 ）〜（ 15 ）に該当する最も適切な語句を下記の語群から1つずつ選び，その記号を記入しなさい。

承久の乱(1221)を経て，幕府の勢力が伸張すると，荘園内における地頭の地位は強化され，荘園領主の任命した荘官との間に争いが起こってきた。また，荘園に対する支配権を拡大しようとする地頭と領主の間の紛争や（ 1 ）の訴訟も頻発している。地頭や有力な荘官は（ 2 ）を滞納・横領し，荘園の土地まで支配し始めた。この非法をおさえて自己の領分を守ろうとする領主側は，紛争をさけて収入を確実に得るため，地頭に一定額で年貢を請負わせる（ 3 ）を認めたり，土地を分割して別々に支配する（ 4 ）を行うようになった。こうして地頭や有力な荘官は，土地を領有するとともに，農民を支配する排他的な在郷の領主となっていった。これを地頭領主制という。いっぽう，農民の間でも農業の生産力がたかまるにつれ，下人・所従が自立するなどの変化がみられた。各地の武士や名主は，荘園の経営に努力した。このような荘園の変質のなかで，

武士は所領を農民に請作させる在郷の地主となっていった。
　鎌倉時代の中頃から，麦を裏作とした（ 5 ）が行われるようになった。各地の地頭などの在郷の領主は，新田の開発を積極的に進めたので，耕地面積はいちじるしく増加した。また，水車や牛馬の利用，（ 6 ）などの鉄製農具の一般農民への普及，肥料の工夫などの農業技術の進歩によって，生産性が向上した。農民は，染料の原料の（ 7 ），紙の原料の（ 8 ），灯油の原料の荏胡麻なども栽培し，絹布・麻布などの手工業品も手がけるようになった。また，これまで荘園領主に属して農耕もしていた手工業者のなかには，農具の需要が増したことにより，賃仕事で生活をたてる者もあらわれた。番匠・鍛冶・鋳物師・織手・土器作りなど新しい職業が形成されていった。農業生産が増加し，手工業が分化してくると，商業もさかんになり，荘園の中心地，交通の要地，寺社の門前などで定期市が開かれるようになった。月三度の定期市が立てられる所もあり，これを（ 9 ）といった。市が固定してくると，常設の店も現われた。手工業者は製品を売りさばく商人も兼ね，一種の同業集団である（ 10 ）も生まれてきた。（ 10 ）は寺社や公家を本所として，貢納や奉仕をするかわりに，原料の仕入れや販売の独占権，市での販売座席の保障，関銭の免除などの特権を得た。商品取引は遠隔地間でも行われるようになり，陸運業者の（ 11 ）があらわれた。しかし，大量輸送には水運が便利なため，海上交通も活発となり，淀川の淀や瀬戸内海の兵庫・尾道などの港湾では，年貢の運送や保管にあたる問丸が発達した。問丸は，遠方の取引先との代金決済の方法として（ 12 ）を発達させた。商品の取引きがさかんになるにつれて，輸入された（ 13 ）が市場でも使われるようになった。また荘官が中央へ送る年貢を，市場で銭にかえて銭納することも多くなった。こうした貨幣経済の発展は，銭を貸して高利を取る（ 14 ）という金融業者や，（ 15 ）とよばれる質屋を生み出した。かれらの中には，困窮した御家人に融資して荘園の管理権を入手する者も現われた。

〔語群〕（あ）借上　（い）株仲間　（う）三斎市　（え）下地中分　（お）新田開発　（か）養蚕　（き）宋銭　（く）両替商　（け）公出挙　（こ）二毛作　（さ）所領安堵　（し）塩田　（す）油粕　（せ）銀座　（そ）鎌　（た）地頭請　（ち）町年寄　（つ）座　（て）年貢　（と）蔵屋敷　（な）為替　（に）楮　（ぬ）受領　（ね）土倉　（の）条里制　（は）継飛脚　（ひ）藍　（ふ）札差　（へ）馬借　（ほ）六斎市
（福井工大）

ポイント!!　手工業者の座の発生時期は，平安時代末期と考えられている。借上・問丸は鎌倉〜南北朝時代に，土倉や馬借・車借は鎌倉〜室町時代に活躍した。また問屋は問丸から次第に専門の卸売商人となり，室町時代頃から活動しはじめた。

＊ ❼　蒙古襲来と御家人社会の変質

A　次の文章を読み，空欄（1〜17）に入る適語を下記の語群から選び，その番号を記せ。
　13世紀後半，中国ではチンギス＝ハーンの孫の（ 1 ）が周辺諸国への圧力を増すなかで，朝鮮半島の（ 2 ）王朝を服属させ，さらに1268年，朝貢を求める国書を日本にもたらした。鎌倉幕府の執権（ 3 ）はこれを拒否し，その後も送られてくる中国の要求を拒否し続けた。日本の態度が変わらないことをみた（ 1 ）によって派遣された大軍は，

対馬・壱岐を攻め，北九州に上陸した。しかし，九州の武士たちの応戦と，おりからの暴風で軍船に被害があったため，中国の軍は本国に引き返した。（ 4 ）の役である。
　中国は再三にわたって使者を派遣して朝貢を求めた。（ 3 ）はこれを拒否するとともに西日本の武士らに（ 5 ）を課して北九州沿岸を交代で警備させ，また，海沿いに石塁を築かせて中国軍の再来に備えた。1281年，中国の軍は朝鮮半島からの（ 6 ）軍と揚子江からの（ 7 ）軍との二軍に分かれて海岸にせまったが，約2か月にわたる攻防で上陸できないまま，ふたたび大暴風雨に遭遇して敗退した。すなわち，（ 8 ）の役である。この戦いに奮戦した肥後の御家人（ 9 ）が，武功を子孫に伝えるために描かせたといわれるのが「蒙古襲来絵詞」という絵巻物であり，この戦いの貴重な資料である。
　異国の襲来を撃退した後の1283年，（ 3 ）は急死したものの，再度の襲来に備えた幕府は西国支配の強化を図った。幕府内部では，多くの国々の守護を支配する北条氏，とくに惣領家である（ 10 ）の優位はさらに強まった。その結果，北条氏の被官（ 11 ）の権力が強まると一般御家人とが対立しはじめた。1285年，（ 11 ）の筆頭でもある（ 12 ）平頼綱と外様御家人の（ 13 ）は武力衝突し（ 13 ）が敗れると（ 11 ）の力はさらに強まった。いわゆる（ 14 ）である。これ以後，（ 10 ）による専制政治が確立する。
　蒙古襲来は御家人たちに多くの犠牲をはらわせたが，幕府は，没収地のない防衛戦では十分な恩賞を用意できず，御家人たちの信用を失うこととなった。また，依然として（ 15 ）を繰り返していた御家人たちは，所領の細分化を避けることができず，各地で相続をめぐって一族内部の争いが深刻化したうえ，貨幣経済の発展に巻き込まれて窮乏していった。幕府は，窮乏する御家人を救うために1297年に永仁の（ 16 ）を発布し，①御家人所領の売買や質入れを禁止すること，②御家人の間で売買された所領で売却後（ 17 ）年を超えない土地については，無償でもとの持主にとりもどさせ，また非御家人や庶民に売却した所領については，年限に関係なく無償でもとの持主にとりもどさせること，③幕府は御家人が関係する金銭の訴訟をいっさい受けつけないことなどの思い切った手段に訴えた。これによって，御家人は一時的には救われたが，かえって金融の道が閉ざされて困窮を早めることとなり，幕府の意図は必ずしも成功しなかった。

〔語群〕
1．御内人　2．安東蓮聖　3．弘安　4．北条時頼　5．オゴタイ
6．分割相続　7．得宗　8．三浦義村　9．内管領　10．一期支配
11．竹崎季長　12．大番役　13．単独相続　14．東路　15．李氏朝鮮
16．宮騒動　17．霜月騒動　18．北路　19．フビライ　20．新羅
21．平賀朝雅　22．北条貞時　23．異国警固番役　24．文永　25．北条時宗
26．和田合戦　27．長崎高資　28．高麗　29．安達泰盛　30．江南
31．10　32．北条実時　33．徳政令　34．15　35．20　36．鎮西探題
37．長門探題　38．25

（東北福祉大・明治大）

B　次の史料を読み，下記の問いに答えよ。
一，[1]売買地の事
　右，所領を以て或は[1]に入れ流し，或は売買せしむるの条，[2]等侘傺〔困窮

する〕の基なり。向後〔今後〕に於いては，(a)停止〔禁止〕に従ふべし。以前沽却〔売却〕の分に至りては，(b)本主領掌〔領有し支配する〕せしむべし。但し，或(c)は御下文・下知状を成し給ひ，或は知行 3 箇年を過ぐるは，公私の領を論ぜず，今更相違有るべからず。

次に，非 2 ・凡下の輩の 1 買得地の事。年紀を過ぐると雖も，売主知行せしむべし。

(d)永仁五年七月二十二日

(『(e)東寺百合文書』，原文は漢文)

問1．上の史料は，一般に何と呼ばれているか。
問2．文中の 1 ～ 3 に，適切な語句を下から選び，記号で答えよ。
　ア．10　イ．20　ウ．30　エ．御家人　オ．有徳人　カ．債権
　キ．質券
問3．文中の(a)～(e)の下線部分について，次の問いに答えよ。
(a) 「停止」(禁止)されたのは，所領をどのようにすることか。
(b) 「本主」とは誰のことか，下から選び記号で答えよ。
　　ア．所領の買主　イ．所領の売主
(c) これは古文書の一形式であるが，この場合何のことか，下から選び記号で答えよ。
　　ア．幕府が土地の譲渡を認めた公文書
　　イ．当人同士の売買契約書
(d) これは西暦何年のことか，下から選び記号で答えよ。
　　ア．1192年　イ．1221年　ウ．1297年
(e) 当時活動していた金融業者を何というか。
(札幌大)

ポイント!! 鎌倉幕府滅亡の原因と考えられるものは，大きくみて3つある。すなわち①北条得宗家への権力集中，②蒙古襲来による御家人の過度の負担，③御家人社会の変質，である。特に③とからめて，惣領(制)・庶子・分割相続・単独相続など，鎌倉時代の武士一族に関する語や一所懸命・兵の道などの武士道に関する語についてもまとめておこう。

＊ ❽ 建武の新政と南北朝の対立

A 次の文を読み，下記の問いに答えよ。

鎌倉末期，持明院統の花園天皇についで即位した 1 統の後醍醐天皇は，延喜・天暦の治を理想とし，その再現をめざし，院政を廃止し， 2 を再興して，天皇親政を推し進めた。このころ幕府では，第14代執権 3 が遊びにふけり，御家人の反発は強まっていた。そのなかで後醍醐天皇は倒幕をもくろんだが，2度にわたる， 4 ・元弘の変において失敗し，天皇は隠岐に流された。しかし，反幕勢力の挙兵は活発となり，(a)元弘3年，足利尊氏らが幕府をせめ，鎌倉幕府は滅んだ。帰京した後醍醐天皇は公武を統一した新しい政治を始めた。中央機関としては， 2 ，恩賞方， 5 ，(b)雑訴決断所を置いたが，土地所有権の確認には，天皇の(c)綸旨による裁判を

必要としたため，(d)異常な混乱をひきおこした。その上，恩賞の不公平や大内裏造営のための負担などで，天皇の政治に対して武士の不満が増大していった。このような情勢のなかで，足利尊氏は，(e)北条時行が関東で反乱をおこしたのを機会に鎌倉へ下り，反旗をひるがえした。後醍醐天皇は吉野にのがれ，皇位の正統を主張した結果，吉野の朝廷と(f)京都の朝廷が争うことになり，(g)南北朝の動乱が始まった。足利尊氏は　6　を制定し，1338年に征夷大将軍に任ぜられ幕府をひらいた。この動乱はほぼ60年に及び，終息にむかったのは，3代将軍　7　のときであった。

問1．文中の1～7の□□に適切な語句を記入せよ。
問2．下線部分(a)について，これは西暦何年か。
問3．下線部分(b)について，これの主な職掌は鎌倉中期以後の幕府のどの役所（または役人）に類似しているか，その名称を答えよ。
問4．下線部分(c)について，これは何と読むか，ひらがなで答えよ。
問5．下線部分(d)について，この新政の停滞，混乱ぶりを示すものとして，「二条河原の落書」が有名であるが，これを収載している書名を記せ。
問6．下線部分(e)について，これは何とよばれるか。
問7．下線部分(f)について，足利尊氏によって擁立された天皇は誰か。
問8．下線部分(g)について，この動乱のなかですぐれた歴史書が書かれたが，(イ)武家の側にたって足利尊氏の活躍を描いたものと，(ロ)公家の側にたって神武以来の政治を論じ，南朝の正統性を主張したものが有名であるが，それぞれの書名を記せ。（札幌大）

B　次の史料を読み，空欄に入る最も適当な語句を下記の語群から選び，かつ下線部についてそれぞれの設問に答えよ。なお史料は一部省略したり，書き改めたりしたところもある。

(1)保元，　A　，(2)治承より以来，武家の沙汰として政務を恣にせしかども，(3)元弘三年の今は天下一統に成しこそめづらしけれ。君の御聖断は延喜，　B　のむかしに立帰りて，武家安寧に比屋(民)謳哥し，いつしか諸国に国司，　C　を定め，卿相雲客，各其の位階に登りし躰，実に目出度かりし善政なり。――御聖断の趣，(4)五畿七道八番にわけられ，卿相を以て頭人として　D　と号して新たに造らる。是は先代引付の沙汰のたつ所也。大議をいては　E　にをいて裁許あり。――むかしのごとく武者所ををかる。新田の人々を以て頭人にして諸家の輩を番等せらる。（『(5)梅松論』）

〔語群〕ア．承平　イ．天慶　ウ．天暦　エ．平治　オ．寿永
　　カ．評定衆　キ．守護　ク．公文所　ケ．領家　コ．問注所
　　サ．地頭　シ．記録所　ス．決断所　セ．政所　ソ．郡司

設問1　保元の乱に直接関係していない人物は誰か。下記より選べ。
　　ア．平清盛　イ．藤原頼長　ウ．源義朝　エ．藤原通憲　オ．平忠盛
設問2　治承年間のできごとではないものを下記より選べ。
　　ア．平氏の滅亡　イ．源頼政の挙兵　ウ．福原遷都　エ．源義仲の挙兵
　　オ．侍所の設置
設問3　元弘年間のできごとを下記より選べ。

ア．鎌倉幕府滅亡　イ．中先代の乱　ウ．足利尊氏，征夷大将軍になる
エ．湊川の戦い　オ．南北朝の合一

設問4　この五畿には含まれない国を下記より選べ。
ア．大和　イ．山城　ウ．河内　エ．摂津　オ．播磨

設問5　『梅松論』と同時期に成立し，江戸時代に講釈師によって庶民に普及した軍記物を下記より選べ。
ア．増鏡　イ．吾妻鏡　ウ．明徳記　エ．太平記　オ．陸奥話記

(関西学院大)

ポイント!!　後嵯峨上皇の院政の時，後深草天皇（持明院統）と亀山天皇（大覚寺統）とが即位し，以後両統の皇位継承争い（その天皇の時誰が院政を行うかも連動していた）が続いた。なお，前者は長講堂領を，後者は八条院領をそれぞれ相続したことにも注意。

＊ ❾ 室町幕府の成立と推移

A　次の文章を読み，下記の問いに答えよ。

①足利尊氏のときに始まった②南北朝の内乱も，孫の3代将軍足利義満のときには終息をむかえた。また，幕府の機構もこの義満の時期に整備された。将軍を補佐する職として管領がおかれ，三氏が交替でその任に就いた。管領の下に，③政所や④侍所がおかれた。また，地方組織として，関東に⑤鎌倉府をおき，尊氏の子の　⑥　の子孫が代々鎌倉公方の地位を世襲したが，15世紀前半に⑦将軍にそむいて乱をおこして以後衰えた。

問1．下線部①の足利尊氏に関連した文のうち誤っているものを下から選べ。
 (a)　北条時行のおこした中先代の乱を討伐した。
 (b)　持明院統の光明天皇から征夷大将軍に任命された。
 (c)　土地紛争を公平に裁くための法典として建武式目を定めた。
 (d)　弟直義と執事高師直との対立から観応の擾乱がおきた。
 (e)　夢窓疎石の勧めにより天竜寺船を元に派遣した。

問2．下線部②の南北朝の内乱は約何年続いたことになるか下から選べ。
 (a)約20年間　(b)約40年間　(c)約60年間　(d)約80年間　(e)約100年間

問3．下線部③の政所は幕府の財政をつかさどったが，幕府収入の基礎となる直轄地が少なかったため各種の税を設定してこれを補った。室町幕府の税の種類として誤っているものを下から選べ。
 (a)撰銭　(b)段銭　(c)関銭　(d)棟別銭　(e)土倉役

問4．下線部④の侍所の長官である所司の地位につくことができる家柄を四職というが，それに当てはまらないものを下から選べ。
 (a)赤松　(b)一色　(c)京極　(d)畠山　(e)山名

問5．下線部⑤の鎌倉府において関東管領の地位についたのは何氏か，下から選べ。
 (a)長尾氏　(b)上杉氏　(c)伊達氏　(d)北条氏　(e)今川氏

問6．空欄⑥に当てはまる人物を下から選べ。
　(a)持氏　(b)氏満　(c)成氏　(d)政知　(e)基氏
問7．下線部⑦の将軍のときの出来事として正しいものを下から選べ。
　(a)寧波の乱　(b)三浦の乱　(c)応永の外寇　(d)勘合貿易の中断
　(e)勘合貿易の再開

(名古屋学院大)

B　次の文章を読み，下記の問いに答えなさい。
　第2代将軍足利義詮の没後，その子義満が将軍に就任したのは，1368年（応安1）で，時に11歳であった。このころ，ようやく幕府内部の政治的路線の対立が統一され，将軍の権力が確立されようとしていた。すでに南朝側の軍事的抵抗は，幕府権力を脅かすほどではなくなっていた。それ故，この段階での幕府の課題は，かつて，(ア)いち早く鎌倉幕府打倒の旗印をかかげ，最も急進的な反荘園制勢力になっている畿内近国の武士階級の利害を，幕府がどれほどまで代表し，どこまでそれを追求するかにあった。その場合，本所領荘園にたいして，真っ向からその否定政策を推進したのが，尊氏の執事である(1)□□□であり，より穏和な漸進主義の道を歩んだのが，尊氏の弟直義であった。
　この対立が(イ)1352年（観応3）の直義没後，一応解消されると，尊氏はかえって漸進的な政策に傾いていった。初代の尊氏から義詮を経た段階の政治状況は，守護大名連合の上に立って，将軍親裁の独自的な権力を打ちたてるか，或いは又，将軍の権威を虚構化して，自立的な守護大名の地域的権力を樹立していくか，の分岐点にきていた。義満の政局への登場は，まさにこうした時点にあたっていた。
　この時，就任したばかりの管領(2)□□□は，幼少の将軍義満をもりたてて，将軍の権威をたかめる方針をとった。たとえば，幕府内部の規律を引き締めるため，義満の近臣たちに守るべき内法三か条を定め，これを殿中に掲げて戒めとした。政策上では，まず1368年（応安1）に以前の荘園政策を修正し，皇室領・寺社本所一円領・摂関家領などの特定の荘園を除く，その他の一般の荘園所領に対して，(3)□□□を全面的に認めた。つまり，一つの荘園を折半して，荘園領主の一円地と武士の給人一円地を設定した。それは，単に農民からの年貢を，地域的にわけて半分ずつ取り立てる方式であり，幕府は荘園制そのものを改変せずに，当時王朝政権がもっていた土地所有権を，合法的かつ部分的に奪い取ったのである。
　幕府が(4)□□の市政権や，課税権を朝廷から割譲させ，山城国守護職を独占して一国全体を直轄領化するなどは，いずれもこの方式を一層推し進めたものである。「御馬廻」2000騎，3000騎といわれた将軍直轄軍の構成が固定化されてくるのは義満の代とされるが，この直轄軍を経済的に支えたのも，この直轄領であった。同じ頃，これと平行して京都市中の(ウ)土倉，(エ)酒屋にたいして，倉別30貫文，酒壺別200文を課したのは，幕府自身が積極的にその財源を，土地・所領から貨幣流通過程に転換させようとする方向を示していた。
　1378年（永和4），京都北小路(5)□□の地に新第ができあがった。「花の御所」とよばれたこの屋敷に移った頃の義満の権力の背景には，以上のような経済的基礎の転換とその充実があったのである。従って一方では，有力な守護大名たちの反発も根強くおこな

われたが，1390年代はじめのいわゆる(オ)「美濃の乱」・「明徳の乱」を鎮圧した結果，将軍義満の権威は名実ともに確立した。

問1．上の文中の(1)～(5)の空欄に，その枠数の漢字で最も適当な語句を記入しなさい。

問2．上の文中の下線の部分(ア)～(オ)の設問に答えなさい。

(ア)「いち早く鎌倉幕府打倒の旗印をかかげ」て，河内国で挙兵した武将の姓名を，漢字4字で記しなさい。

(イ) この年の7月に，一か年の時限立法として発令された幕府法の追加法がある。その通称を漢字2字で記しなさい。

(ウ) 土倉，(エ) 酒屋に対するこの課税は，後に恒常化された。その名称を(ウ)については漢字2字，(エ)については同じく3字で記しなさい。

(オ) この乱で，義満が討伐した相手は誰か。その姓名を漢字4字で記しなさい。

(中央大)

ポイント!! 将軍足利尊氏・義詮・義満3代の重要事項は年表風にまとめておこう。

＊❿ 日明貿易と周辺との交流

A 次の(1)～(3)は，14世紀から19世紀初頭における日本の周縁地域や外国との交易に関する記述である。下線部および空欄の(a)～(i)に関する設問に答えよ。

(1) 倭寇と呼ばれる集団は，14世紀から15世紀にかけて大規模化し，朝鮮半島や中国大陸の沿岸地域で，食糧や沿岸住民を略奪するなど猛威をふるった。この集団の実態は必ずしも明確ではないが，投降した者の中には(a)対馬や壱岐，松浦地方を出自とする者もいた。高麗や朝鮮では，(b)武力制圧をはかったり，懐柔策をとったりする一方，幕府へその禁圧を要請した。明が，対外政策としての朝貢外交と，対内政策としての海禁を打ち出したのも，倭寇対策の側面をもっていた。(c)足利幕府が明との国交を開いたのは，この朝貢の形をとるものだった。

設問(a) 対馬は朝鮮から倭寇の根拠地とみなされ，宗貞茂没後の1419年に襲撃をうけた。この襲撃をうけた年の和年号を，漢字で記入せよ。

(b) 倭寇の武力制圧で功績をあげた高麗の一武将は，その後1392年に高麗を倒して，朝鮮を建国した。この人物の姓名を，漢字で記入せよ。

(c) 次の1～8の事項のうち，日本と明との通交関係にもっとも関係の深いものを3つ選び，その番号を記入せよ。

1．北条時宗　2．足利義持　3．足利義満　4．足利尊氏
5．寧波の乱　6．三浦の乱　7．建長寺船　8．奉書船

(2) 14世紀の沖縄諸島には (d) つの地域に政治勢力（小国家）が分立していたが，1429年， (e) が統一政権を樹立した。この琉球王国の成立は，それまで小国家が個別に結んでいた明との朝貢関係を一元化した。琉球王国は明へ盛んに朝貢し，海禁政策によって公的に貿易に参加できない明の商人に代わって，中国と日本，朝鮮，東南アジア各地とを結ぶ通商ルートの一翼を担うこととなった。しかし，この(f)琉球貿易の占めた役割は，再び活発化した倭寇の活動や，スペイン，ポルトガルのアジア進出

などによって，16世紀には次第に後退していった。
設問(d) 文中の空欄　(d)　に入る，もっとも適当な数字を，算用数字で記入せよ。
　　(e) 文中の空欄　(e)　に入る，もっとも適当な人物の姓名を，漢字で記入せよ。
　　(f) 次の1～4の貿易形態や貿易呼称のうち，15世紀の琉球貿易を示すものとしてもっとも適当なものを1つ選び，その番号を記入せよ。
　　　1．出会貿易　　2．中継貿易　　3．朱印船貿易　　4．南蛮貿易
(3) 14世紀には若狭の小浜，越前の敦賀と津軽の　(g)　とを結ぶ日本海交易が盛んとなり，鮭や昆布，毛皮などの北海の産物が京都にもたらされるようになった。また，それに伴い津軽海峡を渡り，北海道の南部沿岸に港や館を中心にした居住地を築く人々もあらわれ，その中の有力者たちが，津軽の豪族　(h)　氏の支配のもと館主に成長していった。しかし，こうした和人達の進出は，古来北海道に居住していたアイヌ達との間に軋轢も生んだ。1457年，大首長　(i)　を中心に蜂起したアイヌ達により，和人の館はつぎつぎと攻め落とされた。この蜂起を鎮圧したのが道南十二館（花沢館）の有力館主であった蠣崎氏であり，以来蝦夷地南端の支配権を握ったこの一族は，江戸時代には　(j)　氏と改姓し蝦夷地を支配する大名となった。
設問　文中の空欄　(g)　～　(j)　に入る，もっとも適当な語を，記入せよ。

　　　　　　　　　　　　　　　　　　　　　　　　　　　　　　　（同志社大・慶応大）

B　次の史料を読み，下記の問1～15に答えなさい。
　　①日本准三后某，書を大明皇帝陛下に上る。日本国開闢以来，聘問を上邦に通ぜざること無し。某，幸にも国鈞をとり，海内に虞れ無し。特に②往古の規法に遵ひて，　1　をして　2　に相副へしめ，好を通じて方物を献ず。……③海島に漂寄の者の幾許人を捜尋し，これを還す。某誠惶誠恐，頓首頓首謹言。（『善隣国宝記』原漢文）
　　注　「国鈞」＝国家の枢機　「方物」＝物産
問1．下線部①はだれのことですか。次のなかから適切なものを1つ選びなさい。なければ6を記入しなさい。
　　1．後醍醐天皇　　2．後白河法皇　　3．足利義満　　4．懐良親王
　　5．護良親王
問2．下線部②に関連して，具体的にはどのような外交関係を意味していますか。次のなかから不適切なものを1つ選びなさい。なければ6を記入しなさい。
　　1．日本と中国との関係は，冊封関係といわれるものであった。
　　2．遣唐使の派遣にみられるように，「東の天皇」「西の皇帝」といわれた両国が相互に文化を摂取し，対等の関係であることを意味している。
　　3．中華思想にもとづいて日本が臣下の礼をとる関係を意味している。
　　4．相手国に対して日本が使者を遣わし，貢物を献上することによって，中国の物産が与えられるという関係を意味している。
　　5．入国した日本の使者にかかる滞在費・帰国費などは，中国側がほとんど負担するような関係を意味している。
問3．空欄　1　にはいる商人はだれですか。次のなかから適切なものを1つ選びなさ

い。
 1．島井宗室　2．末吉孫左衛門　3．角倉了以　4．神谷宗湛　5．肥富

問4．空欄　2　にはいる僧侶はだれですか。次のなかから適切なものを1つ選びなさい。
 1．義堂周信　2．瑞溪周鳳　3．祖阿　4．夢窓疎石　5．蘭溪道隆

問5．下線部③は，捕えられ連行された人と考えられていますが，彼らはどんな人ですか。次のなかから適切なものを1つ選びなさい。
 1．宋の人　2．明の人　3．元の人　4．倭寇関係者　5．朝鮮半島の人

問6．この国書が送られたとされているのは西暦何年ですか。次のなかから適切なものを1つ選びなさい。
 1．1185年　2．1274年　3．1333年　4．1401年　5．1411年

問7．この貿易では，中央から折半した2枚の信符が用いられました。その貿易を何といいますか。次のなかから適切なものを1つ選びなさい。
 1．勘合貿易　2．中継貿易　3．朱印船貿易　4．通信符貿易
 5．出会貿易

問8．この2枚の信符の査証が実際におこなわれた場所として，適切なものを次のなかから1つ選びなさい。
 1．寧波　2．上海　3．膠州　4．三浦　5．南京

問9．この貿易の形式を批判して，貿易を中止したのはだれですか。次のなかから適切なものを1つ選びなさい。
 1．足利義視　2．足利義教　3．足利尊氏　4．足利義尚　5．足利義持

問10．中断した貿易を再開したのはだれですか。次のなかから適切なものを1つ選びなさい。
 1．宗貞盛　2．足利義教　3．足利義政　4．足利義持　5．足利持氏

問11．この貿易を再開したときの条約の規定はどのようなものでしたか。次の組み合わせのなかから適切なものを1つ選びなさい。
 1．5年に1回——船3隻——乗組員300人
 2．10年に1回——船3隻——乗組員300人
 3．10年に1回——船3隻——乗組員500人
 4．15年に1回——船5隻——乗組員500人

問12．この貿易によって日本の貨幣経済は著しく進展しました。当時の中国から輸入した貨幣として，不適切なものを次から1つ選びなさい。なければ6を記入しなさい。
 1．開元通宝　2．大中通宝　3．永楽通宝　4．洪武通宝
 5．宣徳通宝

問13．この貿易に関連して，当時の経済について述べたものとして不適切なものを次のなかから1つ選びなさい。なければ5を記入しなさい。
 1．対外貿易が盛んになるにつれて，手工業製品の需要が高まり，また荘園領主のもとに隷属していた専業職人は次第に解放されて，諸国で独自の手工業生産が盛んと

なった。
2．年貢や公事も貨幣で納めることが多くなり，大名は年貢収入額を銭に換算し，その貫高にみあった軍役を負担させた。
3．各種の貨幣が用いられたが，欠銭やびた銭など粗悪な貨幣も増えたため，幕府や大名は撰銭令を出して，公正に通用する貨幣の基準を定めた。その結果，悪銭はえりわけられ，中国からの輸入銭の価値は高められた。
4．この貿易と並行して，朝鮮や琉球王国との交易もおこなわれた。貿易は九州探題をはじめ，対馬や薩摩の諸大名や博多の商人などがたずさわった。

問14．この貿易によって日本に輸入された主なものは何ですか。次のなかから適切なもののすべてを選びなさい。
1．生糸　　2．胡椒　　3．絹織物　　4．書籍　　5．大蔵経　　6．火薬

問15．この貿易によって中国に輸出された主なものは何ですか。次のなかから適切なもののすべてを選びなさい。
1．絹織物　　2．金　　3．陶磁器　　4．扇　　5．硫黄　　6．刀剣

(龍谷大)

ポイント!! 室町時代の対外関係史については，重要な事件とその舞台となった地点を年表と地図でもう一度確認しておこう。

＊⓫ 郷村制の成立と都市の発達

A　次の文の（1）〜（10）に入れるのに最も適当な語句を下記の語群から選びなさい。
　鎌倉時代に入ると農業の技術も進み，畿内や西日本一帯では（1）を裏作とする二毛作が普及し，農民たちの副業もふえ，農民の自立をうながし，それがやがて荘園に変化をもたらすことになった。荘園の名主層は領主化して（2）となったり，あるいは農民でありながら侍身分を獲得した（3）となったりした。南北朝の動乱のなかで荘園内部では，これらの名主層が中心となって荘園領主や，武士などの支配に対抗するため（4）とよばれる自治的な結合体を作り，自分たちで村の運営をはじめた。そのため有力な（3）から（5）とよばれる指導者を選び，（6）とよばれる村人の合議機関によって村の運営を進めた。そして村人の守るべき規約である（7）を定め，農業生産に必要な山や野原にある（8），あるいは用水の管理，また共同作業を行う（9）などのことを自分たちでとりきめていった。そしてのちには領主に納める年貢も（4）が請け負うようになり，それを（10）とよんでいる。かくて荘園制の解体はもう目前のこととなった。

〔語群〕（ア）守護請　（イ）座　（ウ）寄合　（エ）麦　（オ）御家人　（カ）法度　（キ）佃　（ク）問　（ケ）大豆　（コ）地侍　（サ）屯倉　（シ）組頭　（ス）置文　（セ）村首　（ソ）国人　（タ）伴造　（チ）入会地　（ツ）地下掟　（テ）五人組　（ト）百姓請　（ナ）惣　（ニ）沙汰人　（ヌ）奉行人　（ネ）結　（ノ）寄親

(関西大)

B　室町時代の都市についての設問に答えよ。
問1．門前町はどれか。

ア．小浜　イ．宇治・山田　ウ．敦賀　エ．伊丹　オ．桑名

問2．寺内町についての説明で誤っているのはどれか。
ア．寺内町は寺を中心に町をつくり濠などで防御し，なかに居住した商人や職人らはかなり自由であった。後に，このような町は信長・秀吉に屈服させられていった。
イ．山城国の山科本願寺は，堀と土塁で囲まれた本寺・内寺内・外寺内と三区画があり，外寺内には商人・職人らの町衆がいた。
ウ．大和国の今井町は四町四方を土塁と濠で囲み，内に町割りをつくり人びとを集め，牢人なども集めていた。
エ．若狭国の吉崎道場はこの宗派の布教の拠点となるが，本坊を中心にして門内・門外に，坊主や門徒らが集まる多くの家があった。
オ．摂津国の石山本願寺は方八町あり周囲に濠をめぐらし，そのなかに6〜10の町があり，各種の商人・職人も居住し自治的運営をしていた。

問3．京都の町衆には，ある宗派の信者が多く，自衛のために結合して戦うこともあったが，それは何宗か。
ア．浄土真宗　イ．天台宗　ウ．日蓮宗　エ．臨済宗　オ．法相宗

問4．空欄（ a ）〜（ d ）にもっとも適当な語を入れなさい。

　室町時代から戦国時代にかけて農村の経済活動が活発化し，全国各地に特産物がうまれ，遠隔地商業も活発になったことから港町や宿場町が繁栄した。これらの都市のなかには富裕な商工業者たちが自治組織をつくって市政を運営し，平和で自由な都市をつくりあげるものもあった。とくに，和泉国の（ a ）・摂津国の平野・筑前国の（ b ）などは，戦国大名間の対立を利用しながら都市の独立を保ち，会合衆・年寄・年行司などを選出して自治をおこなった。

　他方，京都のような古い政治都市にも，（ c ）による自治的な組織がつくられ，月行事とよばれる代表者が町政を運営した。応仁の乱で荒廃した京都は（ c ）によって復興され，1500年には（ d ）を再興した。

(西南学院大・津田塾大)

ポイント!!　1．惣の支配のしくみや惣の機能，惣の掟や村落の自治，団結の場としての宮座などについて，史料を見ながらまとめておこう。
2．各種の都市については教科書や図録等でその地図上の位置を必ず確認しておこう。

＊ **12** 室町時代の文化

A 次の(a), (b)の文章は，16世紀にポルトガル人宣教師ルイス・フロイスが著した『日本史』(松田毅一・川崎桃太訳)からの抜粋である。これを読み，1〜10の設問に答えよ。

(a)．紫の僧院(大徳寺)から半里，あるいはそれ以上進むと，かつてある(ア)公方様が静養するために設けた場所がある。そこは非常に古い場所なので，今なお大いに一見に価する。同所には特に造られた池の真中に，(イ)三階建の一種の小さい塔のような建物がある。池付近には小さい島々，各種の形に枝を曲げた多くの松，その他快く，はなはだ美しい樹木がある。(中略)廻廊が付いた上階はすべて塗金されていた。

(b). 私（日比屋了珪）はディオゴに，明日出かけたいと申しました。彼は答えて，私がもうそのように決心しているのなら致し方なく，まず自分が所持している幾つかの財宝をお見せしよう，と言いました。身分ある富裕な日本人のもとでは，大いに好意を示そうとする来客がある場合には，別離に際して，親愛の証しとして自ら所蔵する財宝を見せる習慣があるのです。それらは，彼らがある(ウ)粉末にした草を飲むために用いるすべての(エ)茶碗とそれに必要とする道具です。（中略）上記の道具を見せるために，彼らはまず各人の力に応じて饗宴を催します。これが行なわれる場所は，この儀式のためにのみ入る(オ)特定の室で，その清潔さ，造作，秩序整然としていることを見ては驚嘆に価します。（中略）ところで日本人の間では，幾つかの(カ)刀剣は，上記の茶器と同じほどの価格を有しております。

設問
1 (a)の文章は，鹿苑寺金閣に関する記事である。(ア)の公方様とは誰のことか。人物名を答えよ。
2 (ア)の人物の保護をえて，猿楽能を完成させた父子は誰と誰か。二人の人物名を答えよ。
3 前問2の子が著した能楽の理論書とは何か。その名称を答えよ。
4 (ア)の人物は，臨済宗の僧を政治・外交業務に登用し，また南宋の官寺制度にならった制度を整えた。その制度の名称を答えよ。
5 将軍足利義政は，(イ)の金閣にならって銀閣を建てた。その建築様式は，一層目を住宅風の□□□に，二層目を仏堂風の禅宗様式としたものであった。□□□にふさわしい語句を答えよ。
6 将軍足利義政のもとには，善阿弥など□□□と呼ばれる人々が仕え，造園にあたった。□□□にふさわしい語句を答えよ。
7 宋から(ウ)の種を持ち帰って栽培し，その健康増進の効用などについて書物を著した，鎌倉時代の禅僧で，臨済宗の開祖である人物は誰か。その人物名を答えよ。
8 村田珠光の侘び茶以降，(エ)は唐物だけでなく，瀬戸焼や素朴な味わいのある□□□や信楽焼など日本製のものも多く使われるようになった。□□□にふさわしい語句を答えよ。
9 (オ)を何と呼ぶか。その名称を答えよ。
10 (カ)について，鎌倉時代の備前の刀工として名高い人物は誰か。人物名を答えよ。

(成城大)

B 問1．次の文章を読み，空欄（a～d）に適当な語を下記の語群の中から選び記号で答えなさい。
　禅宗では幕府の保護を受けていた五山派にかわり□a□や大徳寺・妙心寺派などの□b□寺院が教勢を拡大，□c□は反発を受けながらも京都などの都市住民に浸透し，浄土真宗（一向宗）では□d□が御文などを利用し北陸・東海・近畿地方へと活発に布教した。
ア．隠元　　イ．林下　　ウ．親鸞　　エ．黄檗宗　　オ．曹洞宗　　カ．一揆

キ．惣村　ク．時宗　ケ．浄土宗　コ．日親　サ．五山　シ．律宗
ス．一休　セ．十刹　ソ．華厳宗　タ．蓮如　チ．諸山　ツ．門徒
テ．日蓮宗（法華宗）　ト．法相宗

問２．次の文章を読み，空欄（a～c）に適当な語を下記の語群の中から記号で答えなさい。

　肥後の菊池氏や薩摩の島津氏は朱子学者　a　を招き，土佐でも　b　が朱子学を講義して南学の祖となった。関東でも関東管領上杉憲実が　c　を再興し，ここに全国から禅僧・武士が集まり教育を受けた。

ア．金沢文庫　イ．林羅山　ウ．一条兼良　エ．玄恵　オ．南村梅軒
カ．万里集九　キ．昌平黌　ク．藤原惺窩　ケ．足利学校　コ．桂庵玄樹
サ．弘道館　シ．僧録司　ス．横川景三　セ．熊沢蕃山　ソ．夢窓疎石

（北海学園大）

ポイント!! 室町文化の具体的な内容については，南北朝時代の文化・北山文化・東山文化に分けた上，学問・文学，芸能，建築・美術の作品などに整理しておこう。特に写真や図に注意したい。また鎌倉新仏教の発展についてもまとめておこう。

⓭ 中世の一揆

A　次の文の（ 1 ）～（ 15 ）に入れるのに最も適当な語句または数字を下記の語群から選びなさい。

　日本の中世は一揆の時代であるといわれるように，さまざまな人々が，それぞれの要求をもって一揆を結び，それらの一揆が重層的に形成され，かつ相互に関係しあいながら独特な世界を作り出していった。南北朝期以来，在地の武士たちの地域的な結合である国人一揆が各地に成立し，畿内などの農村でも，惣の（ 1 ）を中心に，一味神水して，年貢の減免や非法な代官の罷免などを荘園領主に要求する（ 2 ）が行われ，強訴や逃散などの方法がとられた。

　その後，室町期になると，荘園の枠組みを越えて，広範な地域に連動した一揆が生まれ，とくに，1428年の（ 3 ）は，「一，天下土民蜂起」，「日本開白以来土民蜂起是初也」と，大乗院門跡（ 4 ）が記したほど大規模なものであった。この年は，疫病の流行のために死者が続出し，全国的な飢饉も広まっていた。1月には，足利義満の子で，4代将軍であった（ 5 ）が没し，7月には称光天皇が没し，政情不安や社会不安が高まっていたのである。翌月の8月，米などの物資の輸送や販売などに従事していた近江坂本・大津の（ 6 ）が徳政を要求して蜂起すると，たちまちのうちに京都に波及して，方々の借書を焼き捨て，質物を取り返した。そしてこの動きは，さらに畿内を中心に各地に広がっていった。この時幕府は徳政を禁じたが，近江・大和・摂津などの諸国では国別の徳政令が出され，大和では守護の（ 7 ）が，借書や未進年貢の破棄などを定めた徳政令を出すに至った。

　徳政は，元来，仁政・善政を意味し，為政者が，天変地異などの凶事が起こる原因となった自らの不徳を謝して，受刑者の刑をゆるめたり，貧窮者の債務を免除するなど

の善政を行うことであり，日本でも古代以来行われていたが，13世紀後半以降，朝廷や幕府が競って徳政を実施し，1297年の（ 8 ）では，幕府が売却を認めた場合と売却後（ 9 ）年を経過した土地を除いて，御家人売却地の無償取り戻しを認めたのである。以後徳政といえば，売却地取り戻し，債務破棄を意味するものと解されるようになり，高利貸資本の社会への浸透が深まるにつれて，あらゆる階層から徳政を要求する声が強まってきたのである。

　1438年，鎌倉公方の（ 10 ）は，かねて幕府と不和であり，関東管領（ 11 ）を追討する軍をさし向けたため，幕府は出兵して，翌年，これを自殺させた。この（ 12 ）の余燼のさめやらぬ1441年，赤松満祐が6代将軍（ 13 ）を暗殺し，その赤松満祐も討伐軍のため戦死するなど，急速に幕府の力は衰えていった。この機会をとらえて，「土民数万」という大一揆が京都を中心に起こり，その要求に押されて，幕府は一国平均の徳政令を出さざるをえなかった。このため幕府は，その重要な財源であった（ 14 ）役の停止という大きな打撃を被ることになった。以後幕府はたびたび徳政令を出すようになるが，一揆の要求を逆手にとって，契約額の十分の一の（ 15 ）を幕府に納めることを条件に，徳政令を適用することで，財源確保をはかった。しかし，毎年のように蜂起する一揆は，幕府権力を著しく弱体化させた。

〔語群〕（ア）借上　（イ）問丸　（ウ）庄屋　（エ）馬借　（オ）撰銭　（カ）地下請　（キ）土倉　（ク）乙名
（ケ）分一銭　（コ）尋尊　（サ）叡尊　（シ）興福寺　（ス）足利義持　（セ）足利義政　（ソ）筒井順慶
（タ）結城氏朝　（チ）足利持氏　（ツ）上杉憲実　（テ）足利義量　（ト）足利義勝　（ナ）足利義教
（ニ）惣国一揆　（ヌ）結城合戦　（ネ）永享の乱　（ノ）荘家の一揆　（ハ）永仁の徳政令
（ヒ）嘉吉の徳政令　（フ）正長の土一揆　（ヘ）20　（ホ）15　（マ）10

B　次の史料（A〜C）について，下記の問いに答えなさい。
（A）　一天下の（ a ）蜂起す。（ b ）と号し，酒屋・土倉・(1)寺院等を破却せしめ，雑物等恣にこれを取り，借銭等悉くこれを破る。管領これを成敗す。およそ亡国の基これに過ぐべからず。日本開白以来，（ a ）蜂起これ初めなり。
（B）　今日山城（ c ）集会す。上は六十歳，下は十五六歳と云々，同じく一国中の（ d ）等群集す。今度(2)両陣の時宜を申し定めんが為の故と云々。然るべきか。但し又下極上の至也。両陣の返事問答の様如何，未だ聞かず。
（C）　(3)諸国擾乱に依り，寺社の荒廃，本所の牢籠，近年倍増す。而して，たまたま静謐の国々も，武士の濫吹未だ休まずと云々。……次に近江・美濃・尾張三箇国，(4)（ e ）領半分の事，（ f ）として当年一作，軍勢に預置くべき由，（ g ）等に相触れおわんぬ。半分に於ては，宜しく（ e ）に分渡すべし。

問1．上の史料中の空欄（a〜g）に相当する最も適切な事項を下の語群中から選びなさい。
(1)本所　(2)一揆　(3)町衆　(4)守護　(5)為替　(6)国人　(7)庄家　(8)座
(9)土民　(10)兵粮料所　(11)作人　(12)管領　(13)御料所　(14)徳政　(15)地頭

問2．上の史料中の下線部（1〜4）に最も関係深い説明文を下の文章群の中から選びなさい。

(1) 室町幕府の内部分裂によって，大規模な争乱に突入した。
(2) 検地によって，荘園制の基礎であった名が制度的に否定された。
(3) 廃仏毀釈運動のために破却の対象となった。
(4) 両派に分かれて争っていた畠山氏の各々の陣営のこと。
(5) 領国支配を強化する戦国大名の間の熾烈な戦い。
(6) 荘園領主に納入すべき年貢の半分を武家側が取得する。
(7) 細川勝元と山名宗全の各々の陣営のこと。
(8) 南北両朝に各々参陣した地方の武士。
(9) 祠堂銭などを元手に高利貸を行っていた。
(10) 荘園領主と武士との間で下地折半などを条件に各々の領有権を認めた。

問3．上の史料が記している出来事はどの時期のことか，その時期（紀元何世紀のいつ頃）を答えなさい。なお，世紀の前半は「a」，中頃は「b」，後半は「c」とする。例えば，それが「紀元19世紀の前半」の出来事であれば，19aとすればよい。　　（上智大）

ポイント!!） 徳政の意味についてはこの問題文をよく読んでその内容を理解しておこう。また土一揆・徳政一揆・国一揆や一向一揆などの史料の内容や出典についても，代表的な史料にあたってよく把握しておきたい。

⓮ 中世の戦闘

次の文章は，ある絵画資料を見ながら，二人の青年が会話しているところである。その会話を読み，下記の問いに答えなさい。

A．先輩，こんにちは。何を見ておられるのですか。
B．これかい。上の絵は(a)『春日権現験記絵』の一場面だよ。　b　にある　c　の氏神の春日大社の縁起を書いた絵巻物で，この場面は，春日社の神鏡を奪った　d　を興福寺や春日社の軍勢が攻めているところなんだ。
A．　d　というのは，荘園領主に抵抗した武士たちのことを幕府や荘園領主がよんだ名前でしたね。この絵の合戦では，まだ　e　が使われないで，刀やなぎなたが使われていますね。
B．そう，　e　は歩兵戦が盛んになると使われるようになるから，のちの時代の　f　がよく持っているね。
A．　f　といえば，下の絵は，その活躍を描いた絵として，教科書に出ていました。
B．これは，(g)応仁の乱で　h　の　i　が荒らされている絵だ。　f　はこの頃から戦闘の重要な力になって，　j　の戦法を得意とするんだね。
A．やがて日本に　k　の製法が伝来すると，これも　f　の持つ重要な武器になるのでしたね。
B．　l　で武田氏の　m　が敗れたのは，この　k　のためだと，よく言われるね。
A．こういう絵画資料を見ると，時代の変化がよくわかりますね。ぼくも大学にはいったら，博物館をまわって，こういう絵巻物の実物を見て歩きたいです。

上図

下図

問1. 下線部(a)の絵巻物と同じ時代の作品ではない絵巻物を，次のア～オの中から1つ選びなさい。
　ア．信貴山縁起絵巻　イ．蒙古襲来絵詞　ウ．平治物語絵巻
　エ．石山寺縁起絵巻　オ．男衾三郎絵巻

問2. 空欄　b　に当てはまる地名を，下のア～オの中から1つ選びなさい。
　ア．鎌倉　イ．奈良　ウ．大坂　エ．京都　オ．春日井

問3. 空欄　c　に当てはまる氏の名を，下のア～オの中から1つ選びなさい。
　ア．菅原氏　イ．源氏　ウ．橘氏　エ．藤原氏　オ．小野氏

問4. 空欄　d　に当てはまる語句を，下のア～オの中から1つ選びなさい。
　ア．僧兵　イ．悪党　ウ．下人　エ．守護　オ．足軽

問5. 空欄　e　に当てはまる語句を，下のア～オの中から1つ選びなさい。
　ア．槍　イ．弓矢　ウ．馬　エ．楯　オ．甲冑

問6. 空欄　f　に当てはまる語句を，下のア～オの中から1つ選びなさい。
　ア．僧兵　イ．悪党　ウ．下人　エ．守護　オ．足軽

問7. 下線部(g)の戦争は，ある守護大名の家での争いが発端のひとつだった。その大名の家を，下のア～オの中から1つ選びなさい。
　ア．細川氏　イ．上杉氏　ウ．畠山氏　エ．浅井氏　オ．大内氏

問8．空欄 h に当てはまる地名を，下のア～オの中から1つ選びなさい．
　ア．鎌倉　　イ．江戸　　ウ．京都　　エ．奈良　　オ．堺

問9．空欄 i に当てはまる寺院の名を，下のア～オの中から1つ選びなさい．
　ア．延暦寺　　イ．東大寺　　ウ．本能寺　　エ．真如堂　　オ．六角堂

問10．空欄 j に当てはまる語句を，下のア～オの中から1つ選びなさい．
　ア．騎馬戦　　イ．集団戦　　ウ．一騎討ち　　エ．狙撃戦　　オ．矢合わせ

問11．空欄 k に当てはまる語句を，下のア～オの中から1つ選びなさい．
　ア．鬨の声　　イ．楯　　ウ．鉄砲　　エ．槍　　オ．石垣

問12．空欄 l に当てはまる合戦の名を，下のア～オの中から1つ選びなさい．
　ア．長篠の合戦　　イ．三方が原の合戦　　ウ．川中島の合戦
　エ．厳島の合戦　　オ．岩屋城の合戦

問13．空欄 m に当てはまる語句を，下のア～オの中から1つ選びなさい．
　ア．歩兵隊　　イ．傭兵　　ウ．騎馬隊　　エ．戦艦群　　オ．奉公衆
　　　　　　　　　　　　　　　　　　　　　　　　　　　　　（国学院大）

ポイント!! 平安時代以降さまざまな絵巻物が残されている。教科書に絵が載せられているものについては絵画の内容や解説文まで十分観察しておこう。政治・経済・文化などの項目をそれぞれ把握するだけでなく，1つの知識を他の項目と関連づけてより幅広い対応が出来るようにしよう。

＊ ⓯ 戦国大名

A　次の文の(1)～(9)の中に最も適当な語を選び，記号で答えなさい．

　戦国時代は近世社会への過渡期であったため，戦国大名の定めた法制には，中世社会の生み出したさまざまな法観念が流れこんでいる。
　室町時代から戦国前期にかけて中国地方西部から北九州を支配した大名(1)〔イ．細川　ロ．大友　ハ．河野　ニ．大内　ホ．相良〕氏の法令集は，15世紀前期から1529年にかけて出された法令を収めている。幕府法制の国別執行者であった時代から，自立した戦国大名へ移行してゆく過程を窺わせるものである。(1)氏の領国統治は，後続する毛利氏によって継承されている部分が大きいという意味でも重要である。1536年に『塵芥集』を制定した(2)〔イ．三好　ロ．伊達　ハ．今川　ニ．上杉　ホ．北条〕氏は，1522年に幕府から守護職を授けられたあと急速に大名化を遂げた戦国大名で，分国法の編集形式のうえで先行する(3)〔イ．貞永式目　ロ．式目追加　ハ．建武式目　ニ．建武以来追加　ホ．朝倉孝景条々〕を強く意識していることで知られている。
　ただし，守護から発達したとはいっても，これらの大名の法制は室町時代と同じものではない。東海地方の大名が定めた分国法(4)〔イ．甲州法度之次第　ロ．早雲寺殿二十一箇条　ハ．結城氏新法度　ニ．今川仮名目録　ホ．新加制式〕には，「ただ今ハおしなべて，自分の力をもって国の法度を申しつけ，静謐することなれば，しゅご（守護）の手入るまじきこと，かつてあるべからず」という文言がある。この文言は，1526年に初めて制定されたときにはみられなかったもので，戦国の争乱が本格化した1553年に追加された部分に見られる。戦国大名の支配は，争乱の過程でしだいに中央から自立し，進

化していったとみるべきなのである。
　いっぽう14世紀以来発達してきた国人一揆の流れをくむものの一つとして，肥後の大名(5)〔イ．島津　ロ．大友　ハ．菊池　ニ．大内　ホ．相良〕氏の分国法がある。これは16世紀前半に，数度にわたって改訂されながらできあがってきたものだが，立法手続きとして，大名当主の発案による場合と，郡単位で結集した土着武士の合議機関において発案される場合と2種類あったことがうかがわれるものである。また，これに通じるものとして，近江の戦国大名(6)〔イ．細川　ロ．武田　ハ．畠山　ニ．斎藤　ホ．六角〕氏の分国法がある。1567年に制定された最も著名なものは，重臣のひとりが大名の命令で殺害されたことに怒った諸将が大名から離反したという事件を収拾する過程で作成されたものであった。これは，重臣たちが合議の上で制定した内容を大名に認めさせる形式を踏んでいる。大名の専制支配が容易に通用しなかった時代相を物語るものである。
　この近江の戦国大名は，諸国の商人が誰でも自由にやってきて商売に参加できる(7)〔イ．商人司　ロ．惣無事　ハ．三斎市　ニ．楽市　ホ．六斎市〕を最初に定めたことでも知られ，その意味では織豊政権の政策を先取りした面も持っている。もっとも，(7)の場は，ほんらい民衆の中から生み出されたものとしてすでにあったことが知られている。一向宗の寺院の境内にできた寺内町や，「十楽の津」と呼ばれた伊勢の(8)〔イ．桑名　ロ．今井町　ハ．平野　ニ．十三湊　ホ．草戸千軒町〕などは，大名の許認可とは無関係に(7)の状態にあった。
　家臣たちの紛争を裁くために制定した喧嘩両成敗の規定は，多くの戦国大名の分国法に見られる規定で，豊臣政権の発令した(9)〔イ．身分統制令　ロ．惣無事令　ハ．太閤検地　ニ．寄親・寄子制度　ホ．生類憐れみの令〕につながるものとされている。喧嘩両成敗法の源流の一つは，武士同士の私的な戦闘に際して，攻撃した側も応戦した側もどちらも処罰することを定めた室町幕府法にある。しかし，他方では，地域の平和を乱す闘争行為が起きた場合に，地域の名士が「留め男」として仲裁に入るという，原始社会に広く見られる慣習にも根ざしたものだと考えられるようになっている。(7)の場合と考え合わせると，戦国大名は，中世社会の中にはぐくまれてきた慣習・ルールを幅広く取り込むことで専制支配を確立しようと図ったのだとも言えるだろう。　（学習院大）

B　戦国大名は国人や地侍らを家臣に組織し，彼らの(a)所領の年貢高を銭であらわした。そして，その高に応じて軍役を負担させた。この制度を　b　と呼ぶ。また，(c)家臣となった地侍を有力家臣にあずける形で組織化を進めた。さらに，大名の中には分国法と呼ばれる法を制定し，それにもとづいて領国支配を行う者もいた。

問1．下線部(a)の年貢高に関し，正式な数え方では銭1貫文は何文に相当するか。下から選び，記号で答えなさい。
　　ア．10文　　イ．50文　　ウ．100文　　エ．360文　　オ．1000文　　カ．10000文
問2．下線部(a)に関し，大名は所領の年貢高を増やすために，家臣らの自己申告にもとづく検地を行ったが，この検地は何と呼ばれているか答えなさい。
問3．空欄bに入る語を記しなさい。

問4．下線部(c)の制度は一般に何制と呼ばれているか，漢字4文字で答えなさい。
(中央大)

C　分国法について，A〜Hの問いに答えなさい。答はいずれも下記の語群の中から選び，その記号を答えなさい。

A．次の1〜6の文章はいずれも分国法の一部を示したものである。それぞれの文章を含む分国法はどれか。
1．一　逃者郡中ニ留候者三百文，八代・蘆北へ留候者互五百文たるへし，従他方来候するハ一貫文たるへき也
2．就御動座，依去年御上洛，任先例，於赤間関御座船事，被仰付之処，以浦役銭可致進納之由，地下仁申請之間，被任懇望畢
3．一　駿遠両国之輩，或わたくしとして他国よりよめを取，或ハむこに取，むすめをつかハす事，自今以後停止之畢
4．ほんてんたいしゃく，四大天わう，そうして日本国中の大小神祇，別而しほかま(塩釜)の大明神，たう社八幡大菩薩，まりしそん天，天満大自在天神，ふるいけんそく，しんはつ，ミやうはつ，各まかりかうふるへき也，仍きしやうもん(起請文)かくのことし
5．一　於晴信形儀其外之法度以下，有旨趣相違之事は，不選貴賎，以目安可申，依時宜，可成其覚悟者也
6．一　□□館の外，国の中に，城郭を構へさせ間敷候，惣別分限あらん者，一乗谷へ被越，其郷其村には，代官百姓等計可被置候事

B．足利氏の一門で，南北朝以来，代々駿河の国の守護であった者の制定した分国法はどれか。
C．越前の戦国大名が制定したもっとも条文数の少ない，家訓的分国法はどれか。
D．東北の戦国大名が制定したもので御成敗式目(貞永式目)の影響を，もっとも強くうけている分国法はどれか。
E．近江国半国守護の制定であるが，実は，重臣たちが起草して主君に承認させた分国法はどれか。
F．戦国時代の乱世をくぐり抜けたものの，関が原の戦いで西軍についたために滅亡することになる家の分国法はどれか。
G．四国を支配していた大名の分国法を二つ答えなさい。
H．これらの分国法を制定した大名家の子孫で，江戸時代を通じて同じ苗字のまま大名の地位を全うした家が二家ある。その分国法はどれとどれか。

〔語群〕a．長宗我部氏掟書　b．早雲寺殿廿一箇条　c．甲州法度之次第
d．相良氏法度　e．今川仮名目録　f．新加制式　g．大内氏掟書
h．塵芥集　i．六角氏式目　j．朝倉孝景条々
(専修大)

ポイント!!　戦国大名は，①守護の系譜の者，②守護代の系譜の者，③国人・その他の出身の者に区分できる。彼らの勢力拡大の様子を地図上で確認しておこう。また分国法の代表的な条文(教科書や史料集掲載のもの)はよく見ておきたい。また，分国法

の名称と制定者も整理しておこう。なお、史料問題では史料中に解答のヒントになる語（地名・人名ほか）が隠されている場合があるので、読みづらくても注意して読んでみよう。

⓰ 中世経済史

次の2つの文章を読み、下線部ア〜ヌに関するそれぞれの設問に答えよ。

(1) モンゴルが来襲した前後ごろから、日本の社会は大きく変わりはじめた。畿内や西国では、水田の二毛作が増加し、ア山野の草や木を利用した肥料が用いられ、農具も鉄製のものが使用され、耕作に牛馬を使用することも広まっていった。また、畑作も多様化し、農民たちは穀物やイ工芸作物の栽培をおこなうとともに、それらを材料とした商品生産もおこなわれた。これらの作物の中には年貢や公事として領主に徴収される物もあった。また、ウ各種の手工業者の中には、都市に本拠をもつ者のほかに、営業のために農村に住みつく者や各地を巡回して仕事をする者もみられた。

このように各地で産業が発展すると、それぞれの地域の産物が商品として流通するようになり、荘園・公領の交通の要となるところや、河川や海の港、大きな寺社の門前に定期市が開かれるようになった。定期市では、人々の生活の必需品や特産品のほか、中央からの商人がもたらす織物や陶磁器なども販売された。

また、京都、奈良、鎌倉などの都市には高級な品物を扱う商人や、それらを製作する手工業者などが集まり、エ定期市が開かれる日以外にも開店営業する店がみられるようになった。これらの商人や手工業者のなかには、すでに以前よりオ同業者の団体を結成し、有力者の保護のもとで特権を認められているものもいた。

カ各地方と都市、都市と都市とを結ぶ取り引きもさかんに行われ、金融業者もあらわれ、経済活動に従事するようになった。また、各地の河川や海の港にはキ年貢や商品の輸送や保管を業とするものが発展をみせた。

売買の手段として、また、各地の荘園の荘官から領主への年貢の納入に米や絹布などの現物にかわって貨幣が用いられるようになった。もっとも、この貨幣はこれまで日本で鋳造された貨幣ではなく、もっぱらク中国から輸入された貨幣が使用された。

(2) 室町時代には、農業の集約化がすすめられ、多角的な経営も行われるようになった。灌漑設備などの整備がなされ、ケ二毛作が各地で行われるようになり、畿内では三毛作も行われるようになった。稲作では、コ気候に応じて栽培可能な品種改良もなされ、西日本では干害に強い米の栽培も普及した。鎌倉時代に比べ、鉄製の農具や、牛馬を使用した農耕が行われ、サ揚水用の設備の使用も始まり、草や木を利用した肥料に加えシ新たな肥料が普及するようになった。また、ス工芸作物の栽培も盛んになり、それらを加工する技術の発達により、これらのものが商品として流通し、その結果、農民はそれらの生産者であるとともに、消費者となっていった。

この時代、手工業者の同業者の団体は数の上でも、業種の点でも飛躍的に増大した。また、農村でも、農民たちが農産物の加工と商品化を行い、同業者の団体を作ること

も見られた。

　農業や手工業の発展は，商業の発展を招いた。地方の市場でも，セ定期市の日数が増加する所も多くなった。また，この時期，行商人の数も増加し，ソ市から市へと商品や加工具などを担い歩き，独特の名称で呼ばれるものたちも現われた。京都では，近郊からやってくるタ女性商人の姿もみられた。都市には，特定の商品のみを扱う市場も見られるようになった。チ商業の同業者の団体は営業税をおさめることにより独占的営業の特権を得ようとした。

　商品経済が盛んになるにつれ，貨幣の流通量は著しく拡大し，農民も年貢を貨幣で納めるようになった。貨幣としては，ツ中国からの輸入銭が用いられた。しかし，貨幣の需要の急増は，テ粗悪な貨幣をかってに鋳造したものさえ，市中にでまわるような結果を招いた。そしてトそのような貨幣を流通から排除しようとしてとられた行為はかえって流通の円滑さを損なうことになった。

　この時代，ナ地方で産業が盛んになると，遠隔地取り引きの必要性から河川，海上，そしてニ陸上の交通も発達した。海上ではヌ船の往来も多くなった。

設問

ア．(1), (2)の時期を通じて，刈敷とならんで植物を加工して肥料として使用されたものは何か。漢字で答えよ。

イ．(1), (2)の時期を通じて，灯油の原料として栽培された植物は何か。漢字で答えよ。

ウ．これらの手工業者で，とくに藍を用いて染色業を営んだ手工業者を何というか。漢字で答えよ。

エ．(1)の時期，都市に常設されるようになってきた小売店を何というか。漢字で答えよ。

オ．(1), (2)の時期，この種の団体に結集した商工業者は，特権を認めてもらうかわりに，有力者に営業税を納めた。この税を何というか。漢字で答えよ。

カ．(1)の時期，遠隔地の間で現金によらない送金の制度ができてきた。また，この時期金融を専門とする業者も登場した。それぞれ何というか。漢字で答えよ。

キ．(1)の時期に発達したこのような業者は次のどれか。番号で答えよ。
　1．問丸　2．札差　3．本所　4．土倉　5．問屋

ク．(1)の時期を通じて最も多く使用された貨幣は，つぎのどの種類の貨幣か。番号で答えよ。
　1．皇朝十二銭　2．唐銭　3．宋銭　4．明銭　5．元銭

ケ．二毛作または三毛作で稲作と組み合わされて栽培された農産物で，(2)の時期に展開をみせたものは次のどれか。番号で答えよ。
　1．粟　2．稗　3．大根　4．甘薯　5．麦

コ．(2)の時期，品種が改良され，収穫期を早めることが行われるようになった。このイネを何というか。漢字で答えよ。また，(2)の時期，西日本で栽培された赤米に相当するのは，次の内のどれか。番号で答えよ。
　1．南京米　2．大唐米　3．糯米　4．籾米　5．粳米

サ．(2)の時期，水車とならんで揚水用に使用された設備で，多数の小桶を環状につないだものを斜面の上端・下端に据えつけた回転軸によって循環させる装置を何と呼ぶか。漢字で答えよ。

シ．(2)の時期になって厩肥とともに普及した肥料は何か。漢字で答えよ。

ス．(2)の時期になって栽培されたもののうち製紙の原料とされたものは次のどれか。番号で答えよ。
　1．苧　2．桑　3．楮　4．麻　5．杉

セ．(2)の時期には，定期市の開催地やそこで市が開催される回数も増加した。このことは毎月の開催回数によって定期市を分類する名称の中で，(1)の時期に広くみられた開催回数の2倍の頻度を示す名称の定期市がひろまったことにもあらわれている。この2倍になったとみられる定期市の開催回数は，毎月何回と考えられるか。下記の内から番号で答えよ。
　1．2回　2．4回　3．6回　4．8回　5．12回

ソ．(2)の時期の行商人たちのうち，とくにかれらが用いた荷物を背負う運搬具の名前に由来する呼称を与えられた人々がいた。かれらの呼称を漢字で答えよ。

タ．(2)の時期に登場し，京都で鮎などを売り歩いた女性の商人は次のどれか。番号で答えよ。
　1．白拍子　2．桂女　3．大原女　4．早乙女　5．海女

チ．(2)の時期，京都の祇園社がその特権をみとめられていたのは次のどれか。番号で答えよ。
　1．酒麹座　2．油座　3．材木座　4．宮座　5．綿座

ツ．(2)の時期になって使われはじめた輸入銭の代表的なものは何か。2つ選択し，番号で答えよ。
　1．開元通宝　2．皇宋通宝　3．元豊通宝　4．洪武通宝　5．永楽通宝

テ．(2)の時期に流通したこのような貨幣を何といったか。漢字で答えよ。

ト．(2)の時期，そのような貨幣を流通から排除しようとし，結果的に流通のさまたげとなる行動がみられた。その行動を何というか。漢字で答えよ。

ナ．(2)の時期，各地に特産品がうまれて，商品化された。次の商品のうち越前が主な産地であった商品を2つ選択し番号で答えよ。
　1．木綿　2．和紙　3．麻　4．陶磁器　5．酒　6．紅花　7．藺草　8．鰊　9．茜　10．絹

ニ．(2)の時期，近江坂本などを拠点に陸上輸送をしていた業者を何というか。漢字で答えよ。

ヌ．(2)の時期，いくつかの港を比較的定期に運行して荷を輸送する船が見られるようになった。この種の運輸業に就航する船を何というか。漢字で答えよ。（同志社大）

⑰ 中世文化史

次の(1)〜(5)の文章を読み，【設問A】および【設問B】に答えよ。

(1) 鎌倉時代にはいると，武家政権の登場ともあいまって，文学作品にも武士の活躍を主題にあつかったa軍記物が愛好された。戦乱や合戦のようすを弦楽器による曲節をつけて語る（ ア ）があらわれ，公家・武家・庶民にひろくむかえられた。平安時代末の『今昔物語集』にひきつづき，インド・中国・日本などに題材をとった教訓・庶民教化的な説話文学も多くあらわされた。これらは，鎌倉時代になってb仏教説話集と世俗説話集とに分かれた。鎌倉政権の成立にともない，鎌倉や東国への旅行を題材にしたc紀行文学ともいうべき新しい分野も生まれた。

(2) 鎌倉時代の絵画には，軍（戦）記物やd高僧絵伝などの絵巻，大和絵系の肖像画に示される（ イ ），仏教説話画，阿弥陀来迎図などの浄土教絵画，社寺の草創由来・霊験などを描いた（ ウ ）にみるべきものが多い。彫刻の分野では，e平重衡による南都焼打ちで焼失した東大寺・興福寺の復興事業が大きな役割を果たした。奈良仏師から出て造仏界に有力な地位を築いた（ エ ）は，日本の（ オ ）美術などの古典に学び，さらに宋・元美術の作風を摂取するなかで新たな彫刻様式を確立した。

(3) 鎌倉時代に中国から日本に伝来した宗教の影響は，建築や庭園によく示される。寺院建築の分野においては，急勾配の屋根，反りのつよい軒をもち，豪放な力強さを特徴とする（ カ ）が著しい発展をとげた。一方，住宅建築では室町時代中期になって寝殿造から変化・発展した（ キ ）があらわれ，こんにちの和風住宅の原型となった。また，これらの寺院や邸宅に調和した庭園もつくられた。京都龍安寺の石庭はf池泉を用いずに大自然を表現したもので，禅僧好みの幽玄な雰囲気をかもしだしている。

(4) 鎌倉時代に輸入された宋・元の水墨画は，室町時代にいたって隆盛をむかえた。日本の水墨画の基礎をきずいたのが，g足利義満によって開創され京都五山の第二位に列せられる寺院の僧で「瓢鮎図」を描いた（ ク ）である。その画風は弟子の周文にひきつがれ，さらに明に渡って画技をみがき「山水長巻」などの大作をのこした（ ケ ）によって大成された。水墨画におされていた大和絵は朝廷の絵所預になった（ コ ）がその姓を冠した画派を中興した。また室町幕府の御用絵師となって仏画，肖像画，花鳥などの幅広い作品をのこした（ サ ）とその子の（ シ ）は，宋・元風の水墨画に大和絵の手法をとりいれた絢爛豪華な画風を確立し，のちに日本の絵画史上最大の画派となる礎をきずいた。室町時代末期頃から江戸時代中期にかけて，h京都の内外を俯瞰し，年中行事や風俗などをえがいた絵画もさかんに制作された。

(5) 鎌倉時代にi栄西や明恵によってひろめられた喫茶の風習は，南北朝頃には，異なった産地の茶を味別する（ ス ）の会が武家・公家・僧侶の間で催されるようになった。室町後期になると，室内を唐物茶器・唐絵でかざった書院（殿中）茶の湯が（ セ ）を中心にひろまった。やがて唐物茶器にかえてj国産の茶器を用い，禅の精神をくわえながら4畳半の茶室で精神的な深さをもとめた（ ソ ）が村田珠光によってはじめられた。

【設問A】 文中の下線部 a 〜 j について，下記の各設問の解答をそれぞれ指定された字数の漢字で記せ。
  a．盲目の僧によって語られ，仏教的無常観につらぬかれた軍記物を記せ。（4字）
  b．無住によって著された仏教説話集を記せ。（3字）
  c．京都白川に住む人物が鎌倉へ下向したときの旅行記を記せ。（3字）
  d．時宗の開祖の生涯を描いた絵巻は何とよばれるか。（6字）
  e．東大寺復興にともない，造東大寺大勧進職に任じられた僧の名を記せ。（2字）
  f．このような作風の庭園は何とよばれるか。（3字）
  g．この寺院の名を記せ。（3字）
  h．このような絵画は何とよばれるか。（5字）
  i．栄西が茶の製法・効用などを説いた書物の名を記せ。（5字）
  j．西日本の代表的な焼締め陶器で，その産地が瀬戸内海に面し，旧国名にちなんでよばれる焼物の名を記せ。（3字）

【設問B】 文中の（ ア ）〜（ ソ ）に最も適切な語句を下記1〜32の語群からそれぞれ1つずつ選び，その番号を記せ。

〔語群〕
 1．神明造 2．将軍家 3．明兆 4．土佐光信 5．狩野元信
 6．権現造 7．書院造 8．狩野永徳 9．折衷様 10．慶派
11．飛鳥 12．琵琶法師 13．侘び茶 14．和様 15．密教画
16．天平 17．土佐光起 18．縁起絵巻 19．狩野正信 20．小堀遠州
21．禅宗様 22．錦絵 23．雪村 24．如拙 25．阿弥派 26．闘茶
27．雪舟 28．摂関家 29．六道絵 30．町衆 31．似絵
32．狩野探幽

(同志社大)

＊ ⓲ 中世宗教史

中世の文化について述べた次の(1)〜(4)の文章を読み，【設問A】および【設問B】に答えよ。

(1) 鎌倉時代になると，新仏教として（ ア ）を開いた法然や，（ イ ）を開いた(a)親鸞，さらには踊念仏によって（ ウ ）を広めた一遍が出現した。その結果，従来の物語絵巻や，社寺の縁起譚・霊験譚を描いた絵巻と並んで，(b)彼ら祖師の伝記を絵画化した絵巻が多く作られるようになった。彼らの活動に刺激されて，(c)題目を唱えることによって救われることを説き，（ エ ）を開いたのが日蓮である。もちろん，中国から禅宗が伝来したことも忘れることはできない。多くの名僧が中国から来朝し，また，数多くの日本の僧が中国に渡って禅を学んだ。中国僧から学んだ人の中には，(d)我が国最初の日本仏教史を著した虎関師錬がいる。これら新仏教の特色は，旧仏教のように戒律や学問などを重視せず，ただひたすら選び取られた一つの道（念仏・題目・禅）に専心することによってのみ，救いにあずかることができると説き，広く武士や庶民にその宗派の門戸を開いたことである。

(2) 鎌倉時代はまた，旧仏教においても，新たな動きが見られた時代である。解脱上人と称され，（オ）にこもり，戒律を尊重して旧仏教の復興に努めた法相宗の貞慶や，京都の（カ）の学僧で法然の『選択本願念仏集』に反論を唱えた書物を著した華厳宗の高弁を忘れることができない。また，大和の（キ）にあって戒律の復興と民衆化に努めた律宗の叡尊もいる。(e)その弟子である忍性は病人の治療などの慈善事業に尽力し，奈良に病人救済施設を建てた。

(3) 日本固有の神の信仰と仏教信仰とを融合させる神仏習合は，すでに奈良時代から興っていたが，(f)神は仏が姿を変えて現れたものだという思想としてまとめられ，鎌倉時代には，宮曼荼羅と呼ばれる絵画が多く描かれるようになった。これらの画面には神社の境内を中心とした景観と仏とが描かれている。また，この時期には，上述の説とは反対の立場に立つ独自の神道理論が，（ク）の神官度会家行によって形成された。そして，室町時代になると，さらに，吉田神社の神官である吉田兼倶が(g)神道は儒教・仏教の源であるという説を展開した。

(4) 南北朝，そして室町時代になると，鎌倉時代に興った新仏教は大きく発展した。禅宗の中でも（ケ）は武家の信仰を集め，(h)五山派と呼ばれる相国寺などの官寺は将軍を中心とする武家と結びついて，政治・外交・文化に活躍する僧たちを輩出した。また，同じ宗派でも大徳寺など林下と呼ばれる一派や，道元に始まる（コ）は，永平寺とはべつに能登に総持寺を開いた瑩山紹瑾の努力によって地方の武士たちに広まっていった。親鸞の教えは，彼の血脈を引く本願寺8世の(i)蓮如の精力的な布教によって北陸・近畿・東海地方に広がった。そして，日蓮に始まる教えは，幕府の弾圧にも屈せず京都で布教した日親の力によって，(j)京都の町衆の心を捉え，多くの信者を得た。

【設問A】 文中の下線部(a)～(j)に関する下記の各設問の解答を，それぞれ漢字で記せ。
 a．親鸞の弟子唯円が『歎異抄』で述べる親鸞の「煩悩の深い人間であることを自覚した人こそが阿弥陀の救おうとする対象である」という説は何と呼ばれたか。
 b．京都歓喜光寺に伝えられる『一遍聖絵』を描いた画家は誰か。
 c．日蓮が拠り所とした経典は何か。
 d．虎関師錬が著した日本最初の日本仏教史の書名は何か。
 e．忍性が奈良に建てた病人救済施設は何か。
 f．日本の神は仏が姿を変えて現れたものであるという思想は何と呼ばれたか。
 g．吉田兼倶が説いたこの吉田神道は，別に何と呼ばれたか。
 h．肥後の隈部氏の帰依を受けたり，薩摩の島津氏に招かれて薩南学派のもとを開いた五山僧は誰か。
 i．蓮如が阿弥陀仏への帰依と念仏を易しく説いた仮名交じりの文は何と呼ばれたか。
 j．遺品として京都の智積院に『楓図』襖絵が現存している雪舟5代を自称した能登出身の桃山時代の画家は誰か。

【設問B】 文中の（ア）～（コ）に入る最も適切な語句を下記の語群の中からそれぞれ1つずつ選び，その番号を記せ。

1. 真言宗 2. 律宗 3. 浄土宗 4. 天台宗 5. 曹洞宗
6. 成実宗 7. 三論宗 8. 俱舎宗 9. 法相宗 10. 浄土真宗
11. 時宗 12. 臨済宗 13. 華厳宗 14. 法華宗 15. 黄檗宗
16. 伊勢神宮 17. 春日大社 18. 出雲大社 19. 厳島神社
20. 日吉大社 21. 大神神社 22. 北野天満宮 23. 建仁寺 24. 東大寺
25. 西大寺 26. 笠置寺 27. 高山寺 28. 薬師寺 29. 神護寺
30. 室生寺

(同志社大)

＊ ⑲ 中世対外関係史

次の(1)～(5)の文章は、中世における対外関係の要地(国、島、都市など)について述べたものである。この文章について下記の設問に答えよ。

(1) 高麗は10世紀はじめ開城付近の豪族王建によって建国され、936年に朝鮮半島を統一した王朝である。日本との公的な外交関係は成立しなかったが、民間では交易が行なわれた。アジア大陸では契丹・女真・モンゴルなどの北方民族が雄飛した時代であり、高麗はその外圧に苦しめられた。とくにモンゴルの侵入と支配は多大な苦難をもたらし、文永・弘安の役では出兵を強いられ、国力が衰える要因となった。のち(a)朝鮮王朝の創建者（ア）によって滅ぼされた。

(2) 琉球は14世紀に入ると沖縄本島を中心に北山・中山・南山とよばれる3つの小国家が出現し、三山はそれぞれ明に入貢して覇を競った。のち(b)中山王の（イ）が他の二山を倒して統一に成功し琉球王国を樹立した。明の海禁策のため、当時の中国商人は海外貿易を自由に行なうことが困難であった。琉球商人は有利な立場にたち、日本、朝鮮、東南アジアへと出かけて巨利を得た。

(3) 対馬は守護兼地頭の地位を世襲する少弐氏の被官であった（ウ）氏が守護代として支配した。日本と高麗との間に国交はなかったが、1019年（エ）の入寇を契機として、九州や対馬から貿易船が通うようになった。しかしモンゴル襲来後には貿易は途絶し、倭寇が頻発するようになった。高麗は倭寇対策として、室町幕府など有力者に禁圧を要請し、また侵入倭人に通交貿易を許し投降帰化を奨励するなどの懐柔策をとる一方で、根拠地であった対馬を襲撃した。朝鮮になってもこの方策は継承され、また日本人の渡航先を（オ）に限るなどの統制策をとり、(c)応永年間には兵船200余隻、兵員1万7000人の大軍を派して対馬を襲った。

(4) 博多は二度にわたるモンゴル襲来の戦場となった。文永の役の後、モンゴルの再来に備えて石塁が博多湾沿岸に築造されて景観を改めた。また同時に、九州の御家人が博多湾岸の防備に当る（カ）がはじめられた。(d)永仁年間に幕府の出先機関（キ）が設置されると、博多は政治都市としての性格を強く持つようになった。14世紀後半から15世紀前半にかけて東アジア世界が安定し相互の交流が活発になると、博多は海外への窓口として発展する。渋川氏は博多を拠点として朝鮮貿易に乗り出し、渋川氏のあとには（ク）氏が日明貿易の拠点とした。

(5) 九州各地には大陸などとの交易路の要地として賑わった港や中継地がいくつかあっ

た。なかでも室町時代以来，島津氏の中国貿易・琉球貿易の根拠地となり，15世紀以後は遣明船の発航地として繁栄した（ケ）や，鎌倉時代に少弐氏が守護となり，文永・弘安の役では全島が占領され，室町時代には松浦党が支配した（コ），古くは豊後国府の所在地であり，戦国時代には大友氏の城下町となり海外貿易港としても繁栄した（サ），また古くから日本と大陸を結ぶ航路の寄港地として知られ，16世紀半ばからポルトガル船が入港，のちオランダ船やイギリス船も入港し，商館が建てられたりもした（シ）などが有名である。

設問

① 空欄（ア）に入る人物は誰か，姓名とも漢字で記せ。

② 空欄（イ）に入る人物は誰か，姓名とも漢字で記せ。

③ 空欄（ウ）には対馬の島主として支配した豪族名が入る。その姓を漢字で記せ。

④ 空欄（エ）には大陸の沿海州地方に住んでいた女真族の，朝鮮での呼び名が入る。その名称を漢字で記せ。

⑤ 空欄（オ）に入る語は，当時，日本船の接岸通商が公認されていた複数の交易地の総称である。この総称を漢字2字で記せ。

⑥ 空欄（カ）～（ク）に入るもっとも適当な語句を下記の語群から選び，その番号を記せ。

〔語群〕
1．九州探題　2．羽州探題　3．軍夫役
4．国役　　　5．鎮西探題　6．異国警固番役
7．菊池　　　8．武藤　　　9．大内
10．大番役　11．鎮西奉行　12．尼子

⑦ 空欄（ケ）～（シ）に入るもっとも適当な語句を下記の語群から選び，その番号を記せ。

〔語群〕
1．臼杵　　2．鹿児島　3．天草　　4．坊津
5．五島　　6．長崎　　7．壱岐　　8．平戸
9．名護屋　10．府内　11．大村　12．川内

⑧ 下線部(a)～(d)について，それぞれに起こった時代の古いものから順に並べた場合，正しい順序は，次の1～4のうちのどれになるか。1つを選んで，その番号を記せ。

1．〔(a)→(b)→(d)→(c)〕　2．〔(c)→(a)→(d)→(b)〕
3．〔(d)→(a)→(c)→(b)〕　4．〔(b)→(c)→(d)→(a)〕

(同志社大)

⓴ 中世史総合

次の(a)～(e)は，鎌倉時代～室町時代の幕府政治と関わりの深い人物に関する記述である。(b)・(c)・(e)の記述に該当する人物名を，下記の語群からそれぞれ1つずつ選び，その番号を記入せよ。また，文中の下線部ア～シに関する各設問に答えよ。

(a) 源頼朝の正妻であった彼女は，頼朝没後出家したが，2代将軍となった頼家の下

での比企氏の台頭を嫌い，将軍の訴訟親裁を停止してア有力な御家人らの合議によるものとし，頼家の専制政治化を防いだ。父と協力して擁立した3代将軍実朝が暗殺されると，頼朝の遠縁にあたるイ京都の九条家からの後継者を迎え，みずから後見として，実質的な政務を担当した。

(b) 源頼朝を烏帽子親とする彼は，ウ承久の乱を平定し，六波羅探題として乱後の処理にあたった。父の没後執権に就くと，嘉禄元年(1225)執権を補佐する連署や幕政を評議する評定衆を設置し，合議政治体制への転換を明確にするなど，幕政の刷新を図った。また最初の武家法典である御成敗式目を制定し，エ御家人間の相論に対する公平な裁判のための規範などを示した。

(c) 兄とともに北条氏に叛旗を翻した彼は，オ建武新政府成立後，関東10か国を管領して地盤を固めつつ，次第に新政府と戦うこととなった。兄と各地を転戦し，湊川の合戦に勝利して入京，カ光明天皇を立てて，幕府を発足させた。軍事指揮権・恩賞権を掌握する兄に対し，民事裁判・所領安堵など日常政務を執行し，キ二頭政治体制で幕政を運営した。

(d) 15歳で将軍の政務に就いた彼は，細川氏や斯波氏ら管領の補佐をうけながら，ク洛中の土倉らへの課税権の一元化・市政権の確立など，朝廷権限の幕府への吸収を進める一方，統制に服さないケ守護勢力を次々と鎮圧して，将軍権力を確立させた。57年間分裂状態にあった南北朝の合一を果し，応永元年(1394)将軍職を義持に譲ったが，明との国交を開くなど，引き続き政務の実権を握った。

(e) 11歳で13代将軍の職についた彼は，畿内の混迷する覇権争いの中で，細川晴元や三好長慶らと和睦・対立を繰り返し，しばしば京都を追われた。永禄元年(1558)，コ六角義賢の仲介で長慶と和睦して帰京を果たしたが，将軍の勢力範囲はすでに京都周辺に限られていた。以後，織田信長やサ長尾景虎らの謁見を許し，各地の戦国大名間の講和を勧めるなど，権威の回復につとめたが，シ松永久秀らに襲われて30歳で自刃した。

〔語群〕
1．足利尊氏　2．足利義詮　3．足利義満　4．足利直義
5．北条時政　6．北条義時　7．北条泰時　8．北条時頼
9．足利義教　10．足利義政　11．足利義輝　12．足利義昭

設問
ア．この合議には，幕府の主要機関とされた侍所・公文所・問注所の別当・執事など，13人が加わった。次の1～4は，いずれも合議に連なっていた人物である。これらのうち，侍所の初代別当だった人物名を1つ選び，その番号を記せ。
1．和田義盛　2．三善康信　3．梶原景時　4．大江広元

イ．九条家は，藤原良房の摂政就任以来摂政・関白職を独占した家系に属していた。次の1～4の家系のうち，この藤原房前を祖とする家系を1つ選び，その番号を記せ。
1．京家　2．南家　3．式家　4．北家

ウ．乱後没収された後鳥羽上皇方の所領のほとんどには，東国御家人が地頭として新たに任命され，幕府の支配は西国へと拡大した。これらの地頭のうちには新たにその得分の比率を定められる者もいたが，この得分率の呼称を漢字で記せ。

エ．幕府は，あいつぐ御家人らの訴訟に対する処理の迅速化と正確さ・公平さを図るため，建長元年（1249）には執権・連署・評定衆の評定に判決草案を提出する機関を設けた。この訴訟の審理事務を担当する機関名を漢字で記せ。

オ．新政府は，後醍醐天皇の強力なリーダーシップの下に展開された。彼は，醍醐・村上天皇在位期の天皇親政体制への復帰をめざしたが，醍醐天皇の在位期間中最も長期にわたる和年号は何か。のちに醍醐天皇の治世を理想化し讃える際の代表的年号ともなった，この和年号を漢字で記せ。

カ．光明天皇は，その迭立が後醍醐天皇の討幕計画の一因ともなった2つの皇統のうち，後深草天皇に発する皇統の流れをくむ人物だった。光明天皇が属する皇統の呼称を漢字で記せ。

キ．二頭政治体制の矛盾は，次第に兄や将軍を補佐する幕府執事らの一派との対立を生むこととなった。この幕府執事は畿内周辺の新興武士団の軍事力を背景に幕政の一翼を担ったが，その人物の姓名を漢字で記せ。

ク．幕府は明徳4年（1393），土倉とともに，ある業種に対する社寺本所の洛中課税権を否定した。彼らの中には鎌倉時代以降の著しい発展をうけて土倉を兼ねる者も多く，その税収は幕府の重要財源の1つとなった。この業種名を漢字で記せ。

ケ．室町幕府の将軍にとって，幕府の役職を兼ねつつ，領国支配を強化していく守護大名への統制はその権力基盤に関わる重要課題だった。次の1〜3の人物は，dの記述に該当する人物に鎮圧された守護大名であるが，その鎮圧された時期の早いものから順に番号を並べよ。
　　1．大内義弘　　2．山名氏清　　3．土岐康行

コ．六角氏は，永禄10年に領国の支配体制再建のために式目を制定した。この六角氏式目は畿内近国の国人領主層の自立性を反映した特殊な性格をもつが，戦国大名が家臣団統制や領国支配のために制定した基本法は，一般に何と呼ばれるか。その呼称を漢字3文字で記せ。

サ．長尾景虎は，この時将軍から，越後亡命中の上杉氏から名跡とともに譲り受けた，ある職名を継ぐ承認を得たという。本来幕府が東国支配のために設けた統治機関の長官を補佐する要職で，幕府が任免権を有した，その職名を漢字で記せ。

シ．松永久秀は政権争奪をめぐって三好氏らと戦ったが，永禄10年10月三好氏らの陣所を夜襲した際その陣所の寺院が炎上し，大仏殿などの諸堂舎が消失した。次の1〜4の寺院のうち，治承四年（1180）の兵火後，重源らの尽力で復興していた，この寺院名を1つ選び，その番号を記せ。
　　1．延暦寺　　2．興福寺　　3．園城寺　　4．東大寺

（同志社大）

III 近世

* ❶ ヨーロッパ人の来航

A 次の文章を読み，下記の問いに答えよ。

　わが国は，15世紀後半から戦国時代の争乱に明けくれていた。戦国時代とは，一般に応仁の乱(1467年)のはじまりから，織田信長が(a)前々代の将軍の弟足利義昭を奉じて上洛し，彼を15代将軍にたてて全国統一政権を築きはじめた，ほぼ　ア　間をいう。そのころヨーロッパ諸国は，ポルトガルやスペインをはじめとして海外貿易の拡大，キリスト教の布教，植民地の獲得をめぐって世界的な海外活動を開始していた。

　　イ　年，ポルトガル人をのせた中国船が九州南方の種子島に漂着し，わが国にはじめてヨーロッパ人が上陸した。このとき，領主の種子島時尭はポルトガル人のもっていた火縄銃2挺を大金を投じて譲り受け，家臣にその使用法と製作法を学ばせた。その6年後にスペイン人宣教師フランシスコ＝ザビエルが　ウ　に上陸し，キリスト教の布教活動をはじめた。この間，ポルトガル人は毎年のように九州諸港に来航してわが国との貿易をおこない，またスペイン人も1584(天正12)年に肥前の平戸に来航してわが国との貿易を開始した。当時，南蛮人とよばれていた彼らは，鉄砲や火薬，中国産の生糸などをわが国にもたらし，わが国からは主に　エ　をもち帰った。このような南蛮貿易は(b)キリスト教宣教師の布教活動と一体化しておこなわれていたため，ポルトガル船は布教をみとめた大名領に入港した。貿易を望んでいた大名たちは宣教師を保護するとともに布教に協力し，なかには洗礼を受ける大名もあった。彼らは(c)キリシタン大名とよばれる。

　この時代，朝鮮からわが国に灰吹法という金属の精錬法が伝えられていたので，鉱山開発が積極的にすすめられており，わが国は技術革新の時代でもあった。鉄砲が伝来して間もなく，和泉の堺，紀伊の根来・雑賀，　オ　の国友などで多くの鉄砲が生産された。そして，その伝来7年後には鉄砲を使用した戦闘が畿内でおこなわれ，10数年後には大量の鉄砲が全国に普及した。これを可能にしたのは当時の，わが国のすぐれた製鉄技術や鍛造・鋳造技術にあった。もっとも早くから，この武器の威力に注目していた織田信長が鉄砲隊を組織し，無敵といわれた武田騎馬隊を　カ　で撃破したことはよく知られている。鉄砲という新しい武器が，これまでの戦法と築城様式を根本的に変えてしまったのである。

問1．下線部(a)について。前々代の将軍を，次の①〜⑤のうちから1つ選べ。
　① 足利義晴　② 足利義政　③ 足利義栄　④ 足利義尚　⑤ 足利義輝

問2．　ア　に入る適切な年数を，次の①〜⑤のうちから1つ選べ。
　① 60年　② 70年　③ 80年　④ 90年　⑤ 100年

問3．　イ　に入る適切な年号を，次の①〜⑤のうちから1つ選べ。
　① 1534　② 1538　③ 1543　④ 1548　⑤ 1552

問4．　ウ　に入る適切な語句を，次の①〜⑤のうちから1つ選べ。
　①　長崎　　②　鹿児島　　③　平戸　　④　府内　　⑤　博多
問5．　エ　に入る適切な語句を，次の①〜⑤のうちから1つ選べ。
　①　金　　②　銀　　③　銅　　④　鉄　　⑤　鉛
問6．下線部(b)について。わが国にはじめて金属活字印刷機をもちこんだ宣教師はだれか。次の①〜⑤のうちから1つ選べ。
　①　フランシスコ＝ザビエル
　②　ルイス＝フロイス
　③　ガスパル＝ヴィレラ
　④　アレクサンドロ＝ヴァリニャーニ
　⑤　コスメ＝トルレス
問7．下線部(c)について。天正遣欧使節の派遣にかかわったキリシタン大名を，次の①〜⑤のうちから1つ選べ。
　①　大村純忠　　②　高山右近　　③　黒田孝高　　④　細川忠興　　⑤　小西行長
問8．　オ　に入る適切な語句を，次の①〜⑤のうちから1つ選べ。
　①　尾張　　②　美濃　　③　近江　　④　摂津　　⑤　山城
問9．　カ　に入る適切な語句を，次の①〜⑤のうちから1つ選べ。
　①　桶狭間の戦い　　②　賤ヶ岳の戦い　　③　姉川の戦い　　④　天目山の戦い
　⑤　長篠合戦

B　次の文章を読み，問1〜6に答えよ。

　わが国へのキリスト教の伝道は，西暦　ア　年　イ　が鹿児島に来航して，領主の島津貴久の許可を得て布教したことに始まる。かれは日本全国への布教をめざして，天皇・将軍に布教許可を求めて上京したが，目的をはたせずに山口に戻り，その地の領主　ウ　の保護をうけて布教活動を行った。ついで(a)豊後府内に移り，そこでも領主の熱心な保護をうけて布教を行ったが，1551（天文20）年インドへ向けて旅立った。　イ　の来航以後，つぎつぎに多くの宣教師が来日したが，1556（弘治2）年来日した　エ　は，　イ　がはたせなかった将軍の布教許可を，室町幕府13代将軍　オ　から得て，畿内を中心に布教活動を行った。ついで1563（永禄6）年には，(b)わが国の政治状況などを著したことで有名なルイス＝フロイスが来日した。さらに1570（元亀元）年には，織田信長の信任を得たことで有名な(c)オルガンチノも来日している。これらの宣教師の熱心な布教活動の結果，(d)1582（天正10）年ころにはキリスト教信者の数は，全国で15万人ほどになったといわれている。

問1．空欄　ア　〜　オ　に適当な人名または数字を記せ。
問2．空欄　イ　が所属した修道会の名を記せ。
問3．下線部(a)について，当時の領主の姓名を記せ。
問4．下線部(b)について，その書物の名を記せ。
問5．下線部(c)について，かれが織田信長の許可を得て，1576（天正4）年京都に建立した寺院の名を記せ。

問6．下線部(d)について，この年ローマ教皇のもとへ少年使節が派遣されたが，それをすすめた宣教師の名を記せ。

(東海大)

ポイント!! 16世紀に日本へ渡来したヨーロッパ人は鉄砲とキリスト教を伝えた。その伝来ルートと日本に与えた影響，信長はこれにどう対応したのか，具体的に整理しておこう。

* ❷ 織田・豊臣政権

A　信長の台頭

次の文章はキリスト教の宣教師ルイス・フロイスの，ある人物Aについての記述である。文章を読み，下記の問いに答えなさい。問1～8の解答は，➡で指示した《語句欄》のⅠ・Ⅱ・Ⅲの各群から選びなさい。

(1)Aは尾張の国の三分の二の主君なる殿の第二子であった。かれは天下を統一し始めた時には三十七歳くらいであったろう。(中略)かれは勇敢であり，驚嘆すべき軍将であった。彼は十四カ年に日本の約五十カ国を征服し，(2)死ぬまえには，すでに，全日本六十六カ国の絶対君主になる間際であった。(中略)まずAは，都から四里離れたところに位置し，あらゆる神，仏，蔵書，装飾品を有する，きわめて多数の寺院が三里にわたって展開しており，日本宗派の源泉で，主な大学である(3)比叡山を完全に焼却，破壊せしめた。(中略)Aは(4)公方様をふたたび連れ戻し，その絶頂の栄位に復せしめたが，その公方様はその後，Aとひどく不和になり，かれを敵呼ばわりするにいたった。(中略)Aはほとんど五年間も，大坂という大きく堅固な都市を攻囲し続けていた。その地の君主は全日本の僧侶の頭で，(5)一向宗の首長であり，きわめて財宝を豊富に所持していた。彼(一向宗の首長)はこの全期間にわたり，市内に蔵していたと言われる四千ないし五千の(6)鉄砲で防禦したのみならず，自分を包囲していたAの諸城に対して幾度となく攻撃にでたが，ついにその長期にわたる包囲の結果，その仏僧は降伏するにいたった。(中略)Aはまた，かの大坂の宗派である一向宗の僧侶が(7)ある町の市中に建てていた諸寺を破壊し根絶することを命じたが，それは古くから自由を享受してきたその市にとってはおおいなる打撃であった。(中略)Aは，(8)伊勢の国では河内という地方に住んでいた一向宗の仏僧らにたいして執拗で残虐な復讐戦をおこなった。(中略)Aがあらたに建設した安土山の市では，(9)法華宗と，浄土宗と称される他の一宗派との間で宗論(宗派論争)が行われた。そして法華宗が敗れた。(中略)Aは(中略)宗論のゆえに，都にあった法華宗のすべての寺院を破壊し，同宗を絶滅せしめるように命じた。

問1．下線部(1)について，Aとは誰か。➡Ⅱ
問2．下線部(2)について，Aは西暦何年に没したか。➡Ⅰ
問3．下線部(3)について，
　(a)　この宗派の創設者は誰か。➡Ⅱ
　(b)　その宗派名をなんというか。➡Ⅲ
問4．下線部(4)について，公方様とは誰か。➡Ⅱ

問5．下線部(5)について，
　(a) この宗派の当時の長は誰か。→Ⅱ
　(b) 大坂にあったその本山名をなんというか。→Ⅲ

問6．下線部(6)について，ポルトガルからもたらされたといわれる鉄砲伝来の記録として知られる『鉄炮記』の作者は誰か。→Ⅱ

問7．下線部(7)について，
　(a) イエズス会宣教師によって「日本のベニス(ベネチア)」とよばれたこの都市はどこか。→Ⅲ
　(b) この町を支配していたグループの名をなんとよぶか。→Ⅲ

問8．下線部(8)について，この戦いがおわり，伊勢一向一揆が平定されるのは西暦何年か。→Ⅰ

問9．下線部(9)の法華宗について述べた以下の文章のなかの下線部分(1)～(8)で，誤りがあるものを選びなさい。誤りがない場合は(y)と答えなさい。

　法華宗とは鎌倉時代の日蓮を始祖とあおぐ宗派で別名日蓮宗ともいう。日蓮は(1)「南無妙法蓮華経」という題目を一心にとなえればそのまま仏になれるとし主著(2)『立正安国論』で(3)法華経を中心に据えた国づくりを説いた。日蓮の死後六人の高弟がその教えをうけつぎ，教団はこれらの門弟の主宰する門流に分裂した。各派はそれぞれ東国で教線を拡大したが，(4)南北朝のころ京都進出を果たし，新興の商人層との結びつきを強めた。戦国期には自治権拡大を求める京の町の商工人を軸に(5)法華一揆が結成されたが，(6)延暦寺衆徒や(7)近江六角氏などの諸大名の反発を買い，1536年(8)天文法華の乱で京都の法華宗寺院の焼き討ちがおこり，壊滅的な打撃をうけた。さらに安土宗論によってその力を急速に弱めた。

〔語句欄〕
〈Ⅰ群〉
　(1)1571年　(2)1572年　(3)1573年　(4)1574年　(5)1576年　(6)1579年
　(7)1580年　(8)1581年　(9)1582年　(10)1583年

〈Ⅱ群〉
　(1)千利休　(2)毛利元就　(3)明智光秀　(4)小西行長　(5)山崎宗鑑
　(6)太田牛一　(7)足利義昭　(8)明恵　(9)源信　(10)法然　(11)栄西
　(12)道元　(13)足利義政　(14)空海　(15)親鸞　(16)豊臣秀吉　(17)織田信長
　(18)足利義輝　(19)文之玄昌（号は南浦）　(20)教如　(21)覚如　(22)実如
　(23)蓮如　(24)顕如　(25)斎藤道三　(26)徳川家康　(27)一遍　(28)武田信玄
　(29)上杉憲実　(30)最澄

〈Ⅲ群〉
　(1)大坂　(2)堺　(3)長崎　(4)山口　(5)都　(6)江戸　(7)博多
　(8)曹洞宗　(9)浄土真宗　(10)浄土宗　(11)律宗　(12)天台宗　(13)臨済宗
　(14)真言宗　(15)西本願寺　(16)興正寺　(17)東本願寺　(18)石山本願寺
　(19)山科本願寺　(20)吉崎御坊　(21)築地本願寺　(22)老分　(23)組頭　(24)町衆

㉕会合衆　㉖年行司　㉗公界　㉘年寄　㉙宮座　㉚時衆　　（上智大）

B　楽市楽座

次の史料イ・ロを読み，下記の設問に答えなさい。

イ．定　安土山下町中
一，当所中 ┃ １ ┃ として仰せ付けらるるの上は，諸座・諸役・諸 ┃ ２ ┃ 等悉く免許の事。
一，往還の商人，上海道はこれを相留め，上下共当町に至り寄宿すべし。
一， ┃ ３ ┃ 免除の事。
一，伝馬免許の事。
一，分国中 ┃ ４ ┃ ，これを行ふと雖も，当所中免除の事。

問１．空欄１について，正しいものを選びなさい。
　ア．十楽　イ．無座　ウ．楽買楽売　エ．楽市　オ．楽座

問２．空欄２について，正しいものを選びなさい。
　ア．加地子　イ．公事　ウ．段銭　エ．地子　オ．棟別銭

問３．空欄３について，正しいものを選びなさい。
　ア．夫銀　イ．普請　ウ．夫米　エ．夫役　オ．助郷役

問４．空欄４について，正しいものを選びなさい。
　ア．地発　イ．除目　ウ．仁政　エ．善政　オ．徳政

問５．下線部に存在した城以外にも，本令の発令者の居城はいくつもあった。下記の城のうち，本令の発令者が居城としなかったものはどれですか。正しいものを選びなさい。
　ア．清州城　イ．岐阜城　ウ．小牧山城　エ．長浜城　オ．那古野城

ロ．二十六日，(a)当国中寺社・本所・諸寺・諸山・国衆，悉く以て一円に(b)指出出すべきの旨，悉く以相触れられ了んぬ。
　　　　　　　　　　　　　　　　　　　　　　　　　　　（『多聞院日記』）

問６．下線部ａの国名を下記より選びなさい。
　イ．山城　ロ．大和　ハ．摂津　ニ．近江

問７．戦国期以後の下線部ｂの説明として適切なものを下記より選びなさい。
　イ．田地１段（反）当たり何文というように徴収された段銭の賦課台帳を差し出す。
　ロ．大名が徴発する夫役を負担できる家の調査書を差し出す。
　ハ．家屋の棟数別に賦課された棟別銭徴収の基準台帳を差し出す。
　ニ．従来の領主が土地の面積・年貢・耕作者を調査した台帳を差し出す。

（関西学院大）

C　全国統一

イ．次の文の空欄 ┃1, 6┃ には下の語群Ｄから，空欄 ┃２┃ には下の語群Ｅから，空欄 ┃3, 4, 5, 7┃ には下の語群Ｆから，適切なものをそれぞれ１つずつ選びなさい。

明智光秀をやぶった豊臣秀吉は， ┃１┃ 年には柴田勝家を倒し，織田信長の後継者としての地位を確かなものにした。さらに翌年には ┃２┃ で信長の二男である ┃３┃ とこれを助けた ┃４┃ と戦い和睦した。その後，四国の長宗我部元親，九州の大半

を勢力下においていた 5 を相次いで服従させ，6 年には 7 が服属し，また小田原の北条氏政をほろぼしたことで全国統一を達成した。

〔語群D〕　1．1582　　2．1583　　3．1584　　4．1585　　5．1586
　　　　　6．1587　　7．1588　　8．1589　　9．1590　　0．1591
〔語群E〕　1．山崎の合戦　　2．天目山の戦い　　3．小牧・長久手の戦い
　　　　　4．姉川の戦い　　5．賤ヶ岳の戦い
〔語群F〕　1．島津斉彬　　2．島津義久　　3．島津義弘　　4．細川忠興
　　　　　5．織田信孝　　6．織田有楽斎　　7．織田信雄　　8．大友宗麟
　　　　　9．徳川家康　　0．伊達政宗

ロ．豊臣秀吉が築いた伏見城について述べたものとして，適切なものを次の中から1つ選びなさい。
　1．代表的な平山城で，大天守1と小天守3からなる連立式天守閣群を中心とする構造である。
　2．豊臣秀吉，徳川家康が居館としたが，のちに廃城となり，都久夫須麻神社に遺構が残されているともいわれる。
　3．石山本願寺の旧地に築城され，難攻不落の名城といわれた。
　4．濠をめぐらす平城で，桃山風の二の丸御殿とその前庭は芸術的価値が高いといわれている。
　5．1615年に落城し，のちに徳川氏が再築したが幕末に焼失。現天守閣は1931年に復興されたものである。

D　検地と刀狩
　　次の史料と文の 1 ～ 5 にあてはまる語を下の語群から選び，その記号を記せ。また A ～ E にあてはまる語を漢字で記入せよ。

〔史料1〕
一，仰せ出され候趣，国人幷に百姓共に合点行き候様に，能々申し聞くべく候。自然，相届かざる覚悟の輩これ在に於て者，城主にて候はば，其もの城へ追入れ，各相談，一人も残置かず， 1 に申し付くべく候。百姓以下に至るまで相届かざるに付ては，一郷も二郷も，悉く 1 仕るべく候。……たとへ亡所に成候ても苦からず候間，其意を得べく候。……

〔史料2〕
一，諸国百姓，刀，脇指，弓，やり，てつはう，其の外，武具のたぐひ所持候事，堅く御停止候，……
一，右取をかるべき刀，脇指，ついえにさせられるべき儀にあらず候間，今度， 2 御建立の釘，かすがひに仰せ付けらるべし。……

〔文〕
　秀吉が行った代表的な政策といえば，検地と A である。〔史料1〕は検地を強行した際の姿勢を示すものである。検地はすでに一部の戦国大名や信長なども行っていたが，秀吉はそれを全国におよぼし，統一的な基準を設けて実行した。耕地の面積を調査

し，田畑・屋敷ごとに等級を定めて　B　をし，土地の生産力を米の生産量（　3　）で表し，土地の直接の耕作者を検地帳（水帳）に登録し，　C　の原則で耕地の保有者を定めた。秀吉が実行したこの政策を　D　といい，また，貫高制などが　3　制に改められたことから　4　ともいわれる。

〔史料2〕は秀吉が1588年に出した　A　令の一部分である。これにより，農民の武器を没収し，一揆の発生を防ぎ，農民を耕作に専念させるようにした。続けて，1591年には　5　を発し，農民が商人になったり，武士が町人や農民になったりすることを禁止した。さらに1592年には人掃令を出して全国の戸口調査を行っている。これらの政策により　E　が進んだ。それは，江戸時代の士農工商の身分制度の前提となった。

〔語群〕ア．はりつけ　イ．身分統制令　ウ．大仏　エ．安土城　オ．棄捐
カ．帯刀　キ．天正の石直し　ク．足高　ケ．人返し　コ．聚楽第
サ．上知　シ．石高　ス．徳政　セ．切捨御免　ソ．なでぎり　（駒澤大）

E　秀吉の外交

次の史料に関する設問に答えよ。

一，日本は神国たるところ，きりしたん国より邪法を授け候儀，太だ以て然るべからず候事。
（中略）
一，伴天連その知恵の法を以て，心ざし次第に檀那を持ち候と思召され候へば，右の如く日域の仏法を相破る事，曲事に候条，伴天連の儀，日本の地にはおかせられ間敷候間，今日より廿日の間に用意仕り帰国すべく候。
一，黒船の儀は商売の事に候間，格別に候条，年月を経，諸事売買いたすべき事。
　　天正十五年六月十九日

問1．この法令はふつう何と呼ばれているものか答えよ。
問2．この法令が出された都市は自治都市としても著名であった。この町の名を答えよ。
問3．日本には多くの「伴天連」がやってきたが，そのうちキリシタン版の活版印刷機を伝えたのは誰か。
問4．この法令はけっきょく不徹底に終わる。その原因は，この史料の法令のなかにもうかがうことができる。この法令が失敗に終わった理由を説明せよ。（名古屋学院大）

F　朝鮮出兵

次の文を読み，下記の問いに答えよ。

豊臣秀吉は，関白に就任した直後から中国明朝の征服を考えるようになり，朝鮮を服属させ明を征服しようと企てた。秀吉の日本統一を祝うために派遣された朝鮮の使節を服属の使節と受けとめ，肥前に（　1　）城を築いて明朝征服の準備をし，(a)1592年，諸大名に命じて，約16万人の大軍を編成し，朝鮮の侵略を開始した。堺の豪商出身でかつてはキリシタン大名でもあった（　2　）らを先鋒とし，朝鮮半島南端の港町である（　3　）に上陸した日本軍は，朝鮮王朝側の抵抗を受けたが，朝鮮王朝側の国防体制の不備もあって怒涛の勢いで北上し，わずか20日あまりで(b)首都の漢城を陥れた。その後日本軍は朝鮮の全域支配をめざして北進したが，(c)朝鮮各地で地主層を指導者とする農

民が蜂起し、また、（ 4 ）の率いる朝鮮水軍が制海権をにぎって日本軍の補給路を絶ったのに加え、明朝の援軍に遭遇するにいたって窮地に陥った。
　こうしたなかで、日本は明朝との間で講和の交渉を開始した。秀吉は、明の皇帝の皇女を日本の天皇の后とすること、朝鮮半島南部の日本への割譲と日明貿易の復活などを講和条件として提示したが、明朝はこれらの要求を受け入れず、逆に秀吉を（ 5 ）に封じるとの回答をしたため交渉は決裂した。(d)その後、秀吉は、朝鮮南部を実力で奪うため、1597年にふたたび朝鮮を侵略した。しかし、この第二次侵略は、朝鮮軍と明軍の抵抗にあって苦戦を強いられ、翌年の秀吉の病死を契機に撤兵した。この二度にわたる秀吉の朝鮮侵略で、(e)数多くの朝鮮人が捕虜として日本へ連行され、さらに軍功のあかしとするため朝鮮民衆の鼻切りがおこなわれ、秀吉のもとに届けられた。こうしたこともあって、秀吉の朝鮮侵略は今日にいたるまで悪夢として朝鮮民衆の間に伝えられている。

問1．上の文中の（ 1 ）～（ 5 ）に適当な語または人名を番号と結んで答えよ。〔解答例：6―豊臣秀吉〕
問2．下線部分(a)について、この年の秀吉の朝鮮侵略を日本で何と称しているか。また、韓国では何と称しているか。それぞれ、その名称を答えよ。
問3．下線部分(b)について、漢城は現在は何とよばれているか。現在の都市名を答えよ。
問4．下線部分(c)について、この蜂起を行った人々を一般に何というか。
問5．下線部分(d)について、この年の秀吉の朝鮮侵略を日本では何と称しているか。また、韓国では何と称しているか。それぞれ、その名称を答えよ。
問6．下線部分(e)について、この朝鮮人捕虜のもたらした技術によって、西日本各地で発達した産業がある。何を製作する産業か。その製品を答えよ。
問7．また、はじめはこの日本に連行された朝鮮人捕虜の返還などを要求して朝鮮から日本に派遣され、のちには、本来の修好を目的に派遣されるようになった使節を何というか。
問8．さらに、後にこの使節の待遇を簡素化し、朝鮮の国書にあった将軍の呼称を改めるなどの政策を推進した朱子学者がいる。その名前を答えよ。
問9．この二度の朝鮮侵略によって途絶えていた日朝間の貿易は、対馬の宗氏が朝鮮との間で結んだ条約によって再開されるが、その条約を何というか。
（東北学院大）

ポイント!! 太閤検地により荘園制は完全に消滅し、生産高を米で表示する石高制が実施された。この石高制を基礎に軍役を賦課したり、知行地を与えた。信長・秀吉の天下統一のプロセスやバテレン追放令・朝鮮出兵の内容と影響を整理しておこう。

＊❸　桃山文化

A　次の文章の空欄　ア　～　ソ　に最も適当な語句・人名を記入せよ。
　安土桃山時代の文化は、ひとくちにいって、中世的な宗教文化から解放され、現世的な生活文化を開花させたものであって、大名の拠点である　ア　をめぐる文化、

イ に代表される町衆文化，ヨーロッパ人のもたらした ウ 文化の三者がその中核となっているといえる。

大名領国制の発展にともなって， ア はたんに軍事上の要害であるばかりでなく，政治的拠点としての意義を大きくし，それにつれて エ から大規模な平城にかわった。城郭内部には オ 様式の居館が設けられ，中心部の カ には天守閣がつくられた。また襖や屏風には，濃絵とよばれる金碧の彩色をもつ キ がえがかれて豪華さを加えていた。この絵画の分野では ク 派が全盛をきわめていたが，そのほか，大和絵の流れをくむ ケ や海北友松らは，すぐれた水墨画をもえがき，この時代の気風を受けて力強い画風を示した。また工芸の分野では，建造物の欄間彫刻や家具調度品の コ などに，すぐれたものがつくられた。

室町時代に生まれた イ は，京都・堺・博多などの町衆たちに愛好されて発展し，この時代にあらわれた サ は侘び茶といわれる茶道方式を大成した。その独特の美意識は， サ が京都近郊の山崎に建てた茶室 シ に結晶している。

一方，17世紀の初めに ス が京都で念仏踊りをはじめ，さらに簡単なしぐさを加えたかぶき踊りで喝采をあびた。これをもとに琉球から渡来した セ を伴奏楽器として簡単な舞踏をおこなう女歌舞伎が生まれ， ソ とともに流行した。 (早稲田大)

B 次の文章を読み，設問に答えよ。

次の絵は， 1 が描いたものであるが，この絵の描かれた時代は，豪壮な城が 2 に作られることが多くなり，その城の内部には金色の地に青や緑で彩色された障壁画が飾られた。 1 は日本古来の 3 と， 4 からさかんだった水墨画とを融合させて豊かな色彩と雄大な構図の装飾画を大成したことで知られ，そのような装飾画は，この時代の豪壮な城の内部空間を飾るのにぴったりの画風だったといえる。

同じ頃， 5 出身の町衆の一人が， 6 の作法を確立した。 6 も多くの大名たちに受け入れられて広まったが，彼の 6 は侘びを重んじるもので，前述した文化的風潮とは異なる一面を持っており，そのためか彼はやがて(7)時の権力者と対立して自殺させられることになったともいわれている。

問1．空欄 1 にあてはまる人名を，次のア〜オの中から1つ選びなさい．
　ア．狩野芳崖　イ．狩野山楽　ウ．狩野正信　エ．狩野探幽　オ．狩野永徳
問2．空欄 2 に関する文として正しいものを，次のア〜エの中から1つ選びなさい．
　ア．空欄 2 には「平地」がはいる．領国支配の利便も考えられた選択だった．
　イ．空欄 2 には「高い丘」がはいる．高い丘なら天守閣は不要で，二条城がその例である．
　ウ．空欄 2 には「山地」がはいる．防御用に作られ，居館とは別の施設だった．
　エ．空欄 2 には「湖や海に突き出した砂州」がはいる．安土城が代表例である．
問3．空欄 3 にあてはまる語を，次のア〜オの中から1つ選びなさい．
　ア．唐絵　イ．大和絵　ウ．似絵　エ．蘭画　オ．山水画
問4．空欄 4 にあてはまる語を，次のア〜オの中から1つ選びなさい．
　ア．飛鳥時代　イ．平安時代　ウ．江戸時代　エ．室町時代　オ．奈良時代
問5．空欄 5 にあてはまる地名を，次のア〜オの中から1つ選びなさい．
　ア．京都　イ．博多　ウ．小浜　エ．兵庫　オ．堺
問6．空欄 6 にあてはまる語を，次のア〜オの中から1つ選びなさい．
　ア．華道　イ．茶の湯　ウ．歌道　エ．連歌　オ．香道
問7．下線部(7)としてふさわしい人物の名を，次のア〜オの中から1つ選びなさい．
　ア．足利成氏　イ．徳川家康　ウ．豊臣秀吉　エ．織田信長　オ．松永久秀

(国学院大)

ポイント!! 飛鳥時代以来の日本文化の基調だった仏教文化が一掃され，現実主義的な近世文化が開花した．その文化の画期的な変貌の姿を，新興の大名や町衆の気風・動向と結びつけて理解すること．また，教科書掲載の写真や副教材の図録などにより具体的なイメージとして頭に入れるようにしよう．

＊ ❹ 近世の日朝関係

次の文の空欄（ア〜ソ）に最も適当な語句・人名を記入せよ．

　豊臣秀吉は，みずからの領土欲をみたし，海外交易への欲望を持つ（ア）たちや，国内での領地の拡大に限界のあった諸（イ）たちの不満をそらすなどの目的から，（ウ）征服を意図し，天正15年(1587)，対馬の（エ）氏を通じて，朝鮮に対して秀吉への服属と（ウ）への先導を命じた．かねてから朝鮮と密接な交易関係のあった（エ）氏は，秀吉の日本統一を祝う朝鮮使節を日本に派遣させて，秀吉の命令をすり替えたが，これを服属の使節と思い込んだ秀吉は，肥前の（オ）に本陣を築き，（ウ）征服の準備を進めた．
　1592年から7年間にわたる朝鮮への派兵は，朝鮮の水軍や（カ）の抵抗，（ウ）の朝鮮への援軍，補給の困難などから苦戦し，結局戦費と兵力を消耗して撤退することになり，（キ）衰退の一因となった．この間の2度にわたる日本との戦いを朝鮮ではそのときの干支をとって「壬辰・丁酉倭乱」と呼んでいるが，日本ではそのときのそれぞれの年号にちなみ（ク）の役という．この戦争の間に朝鮮から活字印刷術や多くの書籍が伝

わり，また諸大名が多くの朝鮮陶工を連れ帰ったことから，毛利氏の（ケ）や鍋島氏の（コ）などの窯業が各地に起こった。

徳川幕府は（エ）氏を通じて朝鮮との国交回復をすすめた結果，慶長12年(1607)に朝鮮から使節が来日し，以後，将軍の代替わりごとに修好を目的とした使節である（サ）が来日することとなり，文化8年(1811)までに12回派遣された。約500人を数える使節団には，優れた学者・文人が含まれていて，日本の学者・文人との交流が行われた。天和2年(1682)の使節が九州福岡に立ち寄ったさい，当時福岡藩に仕え，のち『和俗童子訓』『養生訓』を著す（シ）も，親しく使節との交流を行った一人であった。

朝鮮との国交回復に功績のあった（エ）氏は，幕府から朝鮮との交易を任され，慶長14年(1609)には朝鮮との通商条約である（ス）を結び，その貿易を独占した。木下順庵門下の朱子学者である（セ）は（エ）氏に仕えて（ソ）に赴任し，朝鮮との対等・協調・相互理解による外交を推進した。

(同志社大)

ポイント!! 秀吉の朝鮮侵略については，日本軍が朝鮮でどのような軍事行動を展開したかを具体的に明らかにするとともに，侵略された朝鮮側の対応・抵抗のようすにも注目すること。また，江戸期の日朝間の外交関係については，文物交流の具体的内容を調べ，あわせてそれに関与した儒学者の言動とその背景を探究するようにしよう。

＊ ❺ 江戸幕府の成立

A 次の文章を読み，設問に答えよ。

豊臣秀吉の死後，その子秀頼が幼少であったので，五大老の筆頭である徳川家康が政治上に大きな勢力をもつようになった。これに対して五奉行の一人石田三成は，小西行長らとはかって，家康を政権から排除するため兵をあげたが，ⓐ関ヶ原の戦いでやぶれた。この戦いで勝利をおさめた家康は，1603(慶長8)年に朝廷から征夷大将軍に任ぜられ，江戸に幕府をひらいた。以後，15代将軍慶喜の大政奉還まで徳川氏の全国支配がつづいた。この時代をⓑ江戸時代という。家康は1605(慶長10)年，子の秀忠に将軍職をゆずり，その後　①　に移って大御所として幕政を指導した。しかし，まだ大坂には徳川氏に服従する姿勢をみせない豊臣秀頼がおり，家康は秀頼の再建した京都　②　の鐘銘問題で戦いをしかけ，1614(慶長19)年と翌1615(元和元)年との©2度の戦いによって豊臣氏をほろぼした。豊臣氏滅亡の年，幕府は　③　をだして大名の居城を一つにかぎり，それ以外の領内にある城を破壊させた。ついで大名統制の基本法となるⓓ武家諸法度を制定した。これは大名としての心がまえを教えるとともに，ⓔ城の新築や無断の修理を禁じ，また，大名間の婚姻は許可を必要とするなど，反乱を防止し，治安を維持するための条項を主としていた。同時に，朝廷の権限を縮小し，天皇や公家の政治的行動をきびしく規制した　④　を制定した。

江戸幕府の政治組織は3代家光のころに骨格ができた。最高職にⓕ大老があったが常置ではなく，通常は老中が幕政を統轄した。老中についで若年寄があり老中を補佐し，あわせて将軍の直臣であるⓖ旗本・御家人の統轄と江戸城中の事務をつかさどった。一般行政では寺社奉行・ⓗ勘定奉行・ⓘ町奉行(江戸)が重職であり，そのほか大目付

や目付があって大名や旗本・御家人の監察にあたった。地方の職制では　⑤　に朝廷および西国大名の動勢を監視させ、重要な直轄都市にはそれぞれ奉行をおき、奉行支配地以外の⒥直轄地（天領）には郡代・　⑥　をおいて支配させた。

設問　1　①から⑥の　　　のなかに、もっとも適切な用語を記入せよ。
　　　2　下線部ⓐに関し、この戦いのあった地の国名または県名を記せ。
　　　3　下線部ⓑに関し、江戸幕府は約何年続いたか、下記から選んで記号で答えよ。
　　　　　ア．250年余　　イ．260年余　　ウ．270年余　　エ．280年余
　　　4　下線部ⓒに関し、2度目の戦いを一般に何と呼ぶか。
　　　5　下線部ⓓに関し、参勤交代の制度が加えられたのはいつか。西暦または和暦年号で答えよ。
　　　6　下線部ⓔに関し、1619（元和5）年に改易された広島藩主は誰か。
　　　7　下線部ⓕに関し、1858年から1860年までこの職にあったのは誰か。
　　　8　下線部ⓖに関し、1722（享保7）年の調査では人数およそ何人ぐらいか。下記から選んで記号で答えよ。
　　　　　ア．2000人　　イ．3000人　　ウ．4000人　　エ．5000人
　　　9　下線部ⓗに関し、1696（元禄9）年から1712（正徳2）年まで在職したのは誰か。
　　　10　下線部ⓘに関し、1717（享保2）年から1736（元文元）年まで在職したのは誰か。
　　　11　下線部ⓙに関し、17世紀末の石高（旗本知行地を除く）はいくらぐらいであったか、下記から選んで記号で答えよ。
　　　　　ア．200万石　　イ．300万石　　ウ．400万石　　エ．500万石
　　　　　　　　　　　　　　　　　　　　　　　　　　　　　　　　　　　（広島修道大）

B　次の㈠・㈢の各ブロックの文中の空欄に、各ブロックの語群から最も適当と思われる語を選びなさい。

㈠　江戸幕府の最初の武家諸法度は、家康が南禅寺の僧　1　に起草させたもので、秀忠の名で1615（元和元）年に制定された。大名を統制するためのもので、その内容は政治・道徳上の規定や藩政・治安維持・儀礼などの条項を含んでいたが、　2　はその築城規定に違反して改易処分になった。以後、武家諸法度は、将軍が代わるたびに必要に応じて少しずつ修正が施されて制定された。1635（寛永12）年将軍　3　のときには参勤交代の制度化がなされ、鎖国へ向けて大船建造の禁止が加わって大名統制が強化された。1651（慶安4）年将軍　4　のときには、末期養子の禁止が緩和され、殉死の禁止が追加された。その後1710（宝永7）年に朱子学者　5　によって改定された法度は、それまでの漢文体に代わって、和文体で書かれ、賄賂の禁止などが追加されている。8代将軍吉宗は天和の法度をそのまま用いたので、13代将軍　6　が大船建造を許可したのをのぞき、以後の将軍はこの法令を踏襲した。

〔語群〕　A．天海　　B．松平忠輝　　C．徳川家継　　D．徳川家斉
　　　　E．加藤清正　F．徳川家定　　G．崇伝　　　　H．新井白石　　I．藤原惺窩
　　　　J．林羅山　　K．徳川家光　　L．徳川慶喜　　M．荻生徂徠　　N．福島正則
　　　　O．徳川家綱

㈢　幕府は、禁中並公家諸法度を制定して天皇や公家の行動をも厳しく規制した。

そのなかでは，天皇には学問を第一とするようにすすめたほか，紫衣・上人号の勅許についても規制していた。幕府は，□7□年朝廷による大徳寺や妙心寺などの僧侶に対する紫衣の勅許の例には濫用がみられるとして，1615(元和元)年以降の紫衣勅許を無効とし，朝廷の権威を真向から否定する態度にでた。その後，これに抗議した大徳寺の僧沢庵らは幕府によって処罰され，これを契機として□8□天皇も退位した。これ以後幕府の朝廷に対する優越的地位が確立したといわれ，禁中並公家諸法度は幕末まで改定されなかった。

　仏教に対する幕府の統制は，初期には各宗派ごとに法令を制定していたが，1665(寛文5)年に各宗派共通の諸宗寺院法度を制定し，寺院を幕府の一元的支配のもとに置こうとした。さらにキリスト教を禁圧するため，人々がいずれかの寺院の檀家になるように強制する寺請制度によって，寺院は幕府の保護を受ける一方で，民衆支配のための末端機関として組み込まれた。このことにより，宗教性が薄れ，葬儀・供養を主としておこなうようになり，17世紀半ばに□9□が□10□を伝えたほかは，教義のうえでも大きな発展はなく低迷した。

〔語群〕　A．1615(元和元)　　B．1624(寛永元)　　C．1627(寛永4)
　　　　D．1649(慶安2)　　E．1651(慶安4)　　F．1673(延宝元)　　G．明正
　　　　H．後水尾　　I．孝明　　J．円空　　K．隠元　　L．中山みき　　M．天理教
　　　　N．黄檗宗　　O．不受不施派
(明治大)

ポイント!!　江戸幕府が関ヶ原の戦い以後，どのようなプロセスをへて成立していったのか。また，幕府は権力を掌握するため大名・朝廷・寺院に，どのような統制策を行ったか，具体的にまとめておこう。

＊ ❻ 初期外交と鎖国

次の文章を読み，文中①〜⑩の｜｜の中の語句イ．ロ．ハ．について考え，正しい語句の記号を答えなさい。正しい語句がない場合には，×を記入しなさい。

　徳川家康は政権を握ると，それまでの豊臣秀吉にみられた強圧的な外交政策を止め，貿易に力点を置く外交政策をその方針とした。家康は1600(慶長5)年，オランダの商船リーフデ号が豊後の海岸に漂着すると，その航海士ヤン＝ヨーステンと水先案内人ウィリアム＝アダムズを江戸に招いて，外交・貿易顧問とした。そしてオランダ・イギリス船の来航を許し，①｛イ．長崎　ロ．鹿児島　ハ．府内｝に商館を開かせた。しかしその後，イギリスはオランダとの貿易戦争に敗れたため，退去した。家康はまたイスパニアとの貿易にも積極的で，当時イスパニア領であったノビスパン(メキシコ)との通商を求め，京都の商人②｛イ．支倉常長　ロ．田中勝介　ハ．角倉了以｝を派遣した。幕府は日本人の海外進出に関しては当初，秀吉の政策を受け継ぎ，渡航許可の③｛イ．黒印状　ロ．朱印状　ハ．勘合符｝を発行しての貿易を奨励した。これにともない東南アジアの各地に移り住んだ日本人も多く，各地に日本町が作られた。

　貿易品のなかでは④｛イ．生糸　ロ．綿糸　ハ．麻糸｝が利益を生んだので，幕府は1604(慶長9)年に糸割符制度を定めて，京都・長崎・堺の豪商を糸割符仲間とし，か

れらに一定の価格でそれを一括購入させた。このため、それまでマカオを根拠地として独占的に巨利を得ていた⑤|イ．ポルトガル　ロ．イスパニア　ハ．オランダ|商人は大きな打撃を受けた。

　幕府は朝鮮とも国交回復をはかり、1609（慶長14）年には朝鮮と宗氏の間に⑥|イ．江華条約　ロ．癸亥約条　ハ．己酉約条|が結ばれ、宗氏が年々20隻の貿易船を出すようになった。また将軍の代がわりごとに慶賀の使節（通信使）が来日するようになった。明は倭寇を恐れて鎖国政策をとっていたため国交は結ばれなかったが、商人の貿易船は来航し、また南方の各地で出会貿易も行なわれた。明と冊封関係にあった琉球王国は、西洋人の渡来などでアジアにおける中継貿易の利益を奪われて衰えていたが、薩摩の⑦|イ．島津家久　ロ．島津義久　ハ．島津久光|が砂糖や明の産物を得ようとして、1609（慶長14）年に琉球を征圧した。しかし島津氏は琉球の明（のち清）との朝貢関係はそのままにし、将軍や琉球国王の代がわりごとに使節を島津氏同行のもと、幕府に送らせた。

　家康は貿易を奨励するためキリスト教の布教を黙認したので、17世紀初頭には信者は⑧|イ．15万人　ロ．40万人　ハ．70万人|にも達したといわれる。しかしキリスト教の教理や信者の団結を恐れた幕府は、布教を通して日本を征服するとのオランダ・イギリス商人の伝言もあって、キリスト教を禁止する政策に転じた。1612（慶長17）年まず天領に、翌年全国に禁教令を出し、教会を破壊して宣教師を追放し、信者には改宗を強制した。また貿易を通して豊かになる西国大名や有力商人を押さえるため、及び貿易が自然経済を基礎とする封建社会を崩壊させるとの認識もあって、貿易を幕府の統制下に置くことにした。そのため1616（元和2）年、ヨーロッパ人の寄港地を限定し、さらに1624（寛永元）年にはイスパニア船の来航を禁止した。1633（寛永10）年にはそれまでの許可証のほか⑨|イ．奉書　ロ．通信符　ハ．寺請証文|をもった船以外の海外渡航を禁止し、その2年後には日本人の海外渡航と在外日本人の帰国を禁止した。こうした状況の中、1637（寛永14）年から翌年にかけて島原・天草地方で大規模な一揆がおこり（島原の乱）、幕府はこれを契機にキリスト教禁圧政策を強化してポルトガル船の来航を禁止し、さらに⑩|イ．1639（寛永16）年　ロ．1641（寛永18）年　ハ．1647（正保4）年|にはオランダ商館を出島に移し、いわゆる鎖国を完成した。その後、オランダ船と清船のみが来航を許可され、幕府は貿易を完全に統制下におくことに成功した。その後の世界情勢については長崎を通して、特にオランダ船が来航するたびごとに商館長が提出するオランダ風説書によって、幕府はその知識を入手することになったが、大多数の日本人には世界情勢は無縁であった。

(甲南大)

ポイント!!) 家康はキリスト教は禁止したが、貿易は大いに振興した。そして家光のときキリスト教禁止と幕府による貿易独占・統制のため鎖国へふみきっていった過程を年表で整理しておこう。

＊❼ 農村と農民統制

A　次の文を読み，文中の空欄（ア～ノ）に最も適当な語句を記入し，下記の設問に答えよ。

　封建社会では，農業が生産の中心であり，農民は（　ア　）の生活を基本としていた。そして，幕府や大名の財政を支える基盤は年貢や労役を負担する農民であったため，農民に対する統制はきびしかった。大名は，村を行政単位とし，村の慣行を利用して支配した。村には，村の長（　イ　），その補佐役（　ウ　），村民の代表（　エ　）の地方三役と呼ばれる村役人をおいて年貢の納入や治安維持の責任を課し，また村民を（　オ　）に組織し，年貢の完納や（　カ　）の防止などについて連帯責任を負わせた。農民は，本百姓と（　キ　），本百姓に隷属している（　ク　）に区別されていた。村の自治に参加できるのは本百姓だけであった。農民の負担は，田畑の生産物に対する本年貢（　ケ　），山林や副業などの収益に対する雑税（　コ　），村高に対する付加税（　サ　），臨時の国役，街道筋やその周辺の村に人馬を出させる（　シ　）などで，これらの負担は，農民にとって重いものであった。幕府は，農民の経営を維持し，年貢の徴収を確実にするために，1643年に（　ス　），1673年に（　セ　），また1643年以降数次にわたって（　ソ　）を発令した。

　幕府・諸大名は，財政基盤の安定と拡大のため，積極的な農業振興策をとった。まず，（　タ　）設備を整備して（　チ　）を推進し，耕地を拡大した。また，農業技術の改良を進め，備中鍬や千歯扱などの農具の普及，（　ツ　）や油粕などの金肥の使用の普及などにより生産量の増大をはかるとともに，防虫法の改善や品種の改良なども進めた。初期には年貢確保のため本田畑に五穀以外の作物の栽培を禁止していた大名も，（　テ　）経済の進展にともない，商品作物の栽培を奨励するようになった。一般的に奨励された四木(1)三草のほか，（　ト　）・煙草・菜類・甘蔗などが主なものであった。こうした農業生産の発達の背後には農学の発達があり，(2)『農業全書』『広益国産考』などの農書が出版された。

　貨幣が農村に流れこみ，商品作物の栽培が進むのにともなって，農民間の（　ナ　）が拡大し，農民層の分解が進んだ。貧しい農民のなかには，土地を手放し日雇い稼ぎや年季奉公に出たり，離村して都市に流入する者も多くなった。年貢の負担に苦しむ農民をさらに苦しめたのは，旱魃・地震・洪水などの天災であり，その結果たびたび飢饉がおこった。なかでも(3)三大飢饉と呼ばれる飢饉の被害は，とくに大きく農村を荒廃させた。このようななかで農民は，年貢の減免や商品作物への統制の緩和と撤廃を要求したが，財政難の大名は農民の要求に応じなかったので，しばしば（　ニ　）がおこった。他方，村には広大な土地を所有し，土地を小作人に貸して小作料をとりながら，同時に商業や手工業をも経営する（　ヌ　）があらわれ，なかには，他の農民に(4)資金や道具・原料を前貸して，製品を買い集めて市場に送り出すことを始める者もあらわれた。このため本百姓を中心とした村の制度もゆるみ，村政の指導権をめぐる対立すなわち（　ネ　）や，小作料の減免を求める小作人と地主の紛争もしばしばおこるようになった。たびかさなる（　ニ　）や打ちこわしによって，封建社会の基礎は大きくゆらいだ。また19世紀には

いって，経営者が作業場を設け，社会の変化のなかで発生した賃労働者を集めて，分業と協業によって労働させる（ノ）を行う者も多くなってきた。

〔A〕 文中の下線部(1)～(4)にそれぞれ対応する次の問1～4に答えよ。
1．三草を次のa～fから3つ選び，記入せよ。順序は問わない。
　a．藍　b．茜　c．麻　d．藺　e．苧　f．紅花
2．(i)『農業全書』と，(ii)『広益国産考』それぞれの著者を，次のa～eから1つずつ選び，記入せよ。
　a．大蔵永常　b．大原幽学　c．佐藤信淵　d．二宮尊徳　e．宮崎安貞
3．三大飢饉は年号を冠して呼ばれている。その年号を次のa～gから3つ選び，年代の古い順に記入せよ。
　a．安政　b．寛政　c．享保　d．元禄　e．天保　f．天明　g．文化
4．このような生産の形態は，何と呼ばれているか。その名称をしるせ。

〔B〕 江戸時代の農村は，機能の上で相反する二つの側面を持っていた。具体的にどのようなことか，30～40字で説明せよ。
(立教大)

B 次の文章を読み，下記の問1～4に答えよ。
　幕藩体制の経済の基盤は，農民の納入する貢租を中心としたので，幕府は「農は国の基」と称し，身分的には農民を武士についで工商の上位に置いた。しかし，幕府・諸藩は農民の支配にはきびしい態度でのぞみ，(1)隣保制度をつくり，貢租の完納や犯罪の取り締まりに連帯責任を負わせた。1641年から翌年にかけて全国的に大飢饉にみまわれ，農村が荒廃するにおよび，幕府は(2)貢租を負担する農民の自給経営を維持し，その没落を防止するため，(3)有力農民への土地集中を防止する法令を出した。ついでその30年後には，(4)農民の零細化を防止する法令を出して貢租の確保をはかった。また本田畑の作物を五穀だけに制限したり，勧農や衣食住の細部に干渉する触書をたびたび出して農民の統制をはかった。幕府法令として広まった(5)32カ条の触書はそれらを集大成したものである。

問1．下線部分(1)・(3)・(4)・(5)のそれぞれに最も関係の深いものを，次の(あ)～(か)の中から一つずつ選び，記号(あ・い・う……)で答えよ。
(あ) 一，名主・百姓，各田畑持ち候大積，名主弐拾石以上，百姓拾石以上，夫より内持ち候ものは，石高猥りに分け申すまじき旨，仰せ渡され畏り奉り候。若し相背き候はば，何様之曲事にも仰せ付けられるべき事。
(い) 一，身上能き百姓は田地を買取り，いよいよ宜しく成り，身体成らざる者は田畑沽却せしめ，猶々身上成るべからざるの間，向後田畠売買停止たるべき事。
(う) 一，百姓ハ天下ノ根本ナリ。是ヲ治ル法アリ。先一人一人ノ田地ノ境目ヲヨク立テ，扨テ一年ノ入用作食ヲ積ラセテ，其余リヲ年貢ニ取ルベシ。百姓ハ財ノ余ラヌヤウニ不足ナキヤウニ治ル事道也。
(え) 一，五人組之内，御年貢ならびに諸役，何角によらず無沙汰仕り候はば，与中のものどもとして，急度相嗜み申すべく候事。
(お) 一，百姓田畑配分定の事。高は拾石，反別は壱町歩より内所持のものは割分く

べからず。前々より拾石の内田地持つものは配分御制禁たりといへども，近来密々猥りに相分け候由相聞え候。自今，拾石・壱町歩の外に余分を配分すべし。此定より少し残すべからず。
(か) 一，家主・子共(供)・下人等迄，ふだんは成程疎飯をくふべし。但し，田畑をおこし，田をうへ，いねを苅り，一入ほねをり申す時分は，ふだんより少し食物を能く仕り，たくさんにくはせ，つかひ申すべく候。其心付あれば，精を出すものに候事。

問2．下線部分(2)に相当する語を，次の(あ)〜(か)の中から選び，記号(あ・い・う……)で答えよ。
　(あ) 名子　(い) 本百姓　(う) 被官　(え) 水呑百姓　(お) 家抱　(か) 間人

問3．下線部分(3)が撤廃されたのは何年か。西暦で答えよ。

問4．下線部分(4)を出した将軍は誰か。次の(あ)〜(か)の中から選び，記号(あ・い・う……)で答えよ。
　(あ) 徳川綱吉　(い) 徳川家光　(う) 徳川家康　(え) 徳川家宣　(お) 徳川秀忠　(か) 徳川家綱
(早稲田大)

> **ポイント!!** 幕藩体制を根底で支えた農村の支配機構や農民の生活状態，本百姓を維持するための各種法令，商品経済の進展に伴う農作物の変化や農民の階層分化，百姓一揆や村方騒動の発生など，江戸時代の農村のはげしい変動のようすを大づかみにとらえたい。また，没落する農民の一方には，工夫をこらして生産力を向上させ富を得てゆく農民もあったことをリアルにとらえたい。

＊ ❽ 幕藩体制と産業の発達

次の文章を読み，設問に答えなさい。

　江戸時代の幕藩体制のもとでは，諸藩に比べ，幕府の経済力・軍事力は強大であった。経済力の面では，17世紀後半には，幕府は(ア)とよばれる直轄地をもっていたほか，旗本知行地が約(A)石であったのに対し，最大の加賀藩でも約100万石であった。天皇・朝廷の領地である(イ)や公家領もきわめて少なく，その政治活動も幕府が1615年に定めた(1)(ウ)という法によって規制されていた。幕府はさらに，主要都市，鉱山，街道の支配権を握るとともに，貨幣鋳造権を独占していた。そして，直属家臣団として約(B)人の(2)直参による軍事動員力をもち，また，諸大名には軍役を課していた。
　幕藩体制の経済的基盤は農業にあった。直轄地の農村には(3)郡代や代官がおかれ，領内の農政にあたった。農民には，本百姓，水呑百姓のほか，その下に，(4)本百姓に隷属する農民がいる場合もあった。幕府・藩の領主は，こうした農民を統制するために村方三役をおいて村政にあたらせ，(5)村の共同体的側面を利用して，年貢納入の際には，名主を納入責任者とする(C)という制度をとり，村民には(D)をつくらせて，連帯責任を負わせた。そして農民には，基本となる(エ)，小物成，高掛物などの年貢があり，その他にも街道沿いの村には宿場に人馬などを供出する(E)という負担がかかることもあった。幕府は，徴税の基盤となる本百姓を維持し，没落を防止するため

に1643年に(F)を発令し，1673年には(G)をだした。こうして財政基盤の安定化をはかった幕府や諸藩はひきつづき治水・灌漑や(6)新田開発を進めた。その結果，江戸時代初めに約(H)町歩だった耕地面積は，18世紀初期には約2倍になった。

同時に，「後家倒し」ともよばれる(I)などのような農具の改良・進歩，干鰯・油粕などの(オ)の利用，さらに，(7)農書の出版をとおした農業知識の普及が，生産力向上に役立った。また，商品作物が栽培されるようになったのもこの時期の特徴である。

漁業では，上方漁法が一般化して，大規模化が進んだ。たとえば，九十九里浜では(カ)漁法を用いた鰯漁が，干鰯の利用の活発化と結びついて盛んになった。製塩業では，瀬戸内海地方を中心に，潮の干満を利用した(キ)式の塩田が普及した。鉱業では，金・銀の産出量が17世紀前半に頂点に達し，その後は，(8)銅の生産が増加した。都市での経済活動の発展もめざましく，(J)とよばれる蔵物の出納をつかさどる商人たち，(K)とよばれる，その売却代金を扱う商人たち，また，江戸には旗本・御家人の禄米を扱う(L)などがいた。商品流通の発展とともに，信用制度も整備され，都市では，江戸の(M)のような三貨の両替・秤量などを業務とする両替商も成長した。また，18世紀にはいると，幕府は商工業者の同業組合を(N)として公認し，かわりに営業税を課した。

産業の発展にともなって，交通・通信制度も整備されるようになった。陸上では，(9)参勤交代などの公用旅行者のために(10)五街道や飛脚制度などが整備された。海上では，菱垣廻船・樽廻船とよばれる定期船が大坂—江戸間で運行され，17世紀半ばには，幕府の命を受けた(O)によって東廻り・西廻りの航路が完成・整備された。西廻りの航路に就航していた船は，(ク)とよばれる。しかし，このような産業発展は，農村に貨幣経済をいっそう浸透させることになり，やがて，年貢収入を基盤とした幕藩体制を動揺させることになった。

設問1 　文中空欄の(ア)〜(ク)にあてはまる最も適切な語句を記入しなさい。
設問2 　下線部(1)から(10)について，次の問の答を記入しなさい。
(1) 　(ウ)という法は，何という寺の誰による起草か。
(2) 　直参に対して，大名の家臣を何と呼ぶか。
(3) 　郡代や代官は，江戸幕府の職制の中の何という職の支配下にあったか。
(4) 　このような隷属農民を何と呼ぶか，1つあげなさい。
(5) 　このような共同体でみられた慣行的作業は何と呼ばれていたか，1つあげなさい。
(6) 　この他に，町人請負新田が見られたが，この時期の代表的な事例を1つあげなさい。
(7) 　後に出版された『広益国産考』という農書の著者は誰か。
(8) 　1690年に発見されて以来，住友家によって経営された銅山の名前は何か。
(9) 　参勤交代を制度化し，さらに大型船の建造を禁止したのは，何年の何という法か。
(10) 　五街道中で最も宿場数の多かった街道を日本橋から出発した場合の，最初の宿

場名は何か。

設問3 文中空欄の（ A ）～（ O ）にあてはまる最も適切な語句，または数字を下記の語群から選び，その番号を記入しなさい。

〔語群〕 ⑾5000　⑿1万7000　⒀2万2000　⒁10万　⒂103万　⒃160万　⒄300万
⒅一地一作人　⒆会合衆　⒇越後屋　㉑掛屋　㉒問丸　㉓株仲間　㉔河村瑞賢
㉕棄捐令　㉖国役　㉗蔵前　㉘蔵元　㉙蔵屋　㉚慶安の触書　㉛鴻池屋
㉜五人組　㉝地下請け　㉞質流し禁令　㉟末次平蔵　㊱助郷役　㊲角倉了以
㊳専売　㊴千歯扱　㊵田畑永代売買の禁止令　㊶知行制度　㊷天王寺屋
㊸問屋　㊹なげつるべ　㊺平野屋　㊻百姓請け　㊼普請役　㊽札差　㊾風呂鍬
㊿分地制限令　㊿村請け　㊿寄場組合　㊿若者組

（慶応大）

> **ポイント!!** 幕藩体制のもとで，農業や諸産業はどのように発達していったのか，その大まかな特色をまとめてみよう。その上で，産業の発達についての地図を見直してみよう。

❾ 交通の発達

次の⑴～⑵の文章を読み，下記の設問に答えよ。

⑴　徳川幕府のもとで，寛永年間には参勤交代が制度化されたこともあって，全国の道路網は江戸を中心に編成され，次第に宿駅制度も整備されていった。幕府が直接に管轄したのは，東海道・中仙道(中山道)などのいわゆる五街道である。街道には一里塚がきずかれ，2～3里ごとに宿駅(宿場)が置かれた。東海道の場合，江戸―京都間には品川から大津まで（ ア ）の宿駅が置かれた。(a)中山道の場合，江戸―草津間には板橋から守山まで（ イ ）の宿駅が置かれた。五街道は，ほかに日光道中・奥州道中・甲州道中があった。五街道のほかには，北国街道・中国街道などの脇街道があった。各宿駅には一定の数の人と馬が用意されたが，(b)不足する場合はあらかじめ指定された村々から人と馬が徴用された。各宿駅常備の人と馬は，17世紀半ばから，東海道では人足（ ウ ）人と馬100疋，中山道では人足（ エ ）人と馬50疋が原則とされた。宿駅には，本陣や脇本陣，旅籠や(c)公営の人馬・貨物の継立場があり，陸上交通の便を提供していた。ただし，幕府は，軍事上の理由から大井川・天龍川などには橋をかけず，また箱根などに関所をもうけ，江戸防衛上特に「入鉄砲に[①]」を厳しく取り締まった。

⑵　江戸期には，商品の大量運送に適しているため，水上交通も発達した。海上交通では，瀬戸内海航路が西日本の物資輸送の動脈であったが，次第に港の整備が進み，航路が開発されていった。(d)大坂・江戸間の航路には，17世紀前半に，木綿や油・酒・醤油などの日常消費物資を江戸に運ぶ[②]が就航し，後には西宮や灘の酒をおもに運ぶ樽廻船も就航した。[②]と樽廻船は積荷その他でしばしば争いがあり，18世紀半ばには両者で積荷協定も行なわれたが，次第に樽廻船が優勢になっていった。
17世紀半ばには，東北地方の日本海沿岸から津軽海峡を経て江戸に至る東廻り航路と東北地方の日本海沿岸から下関を経て大坂に至る(e)西廻り航路が江戸の商人

[③]によって整備されていった。
　河川交通では，慶長19年(1614)に京都の豪商[④]によって高瀬川が開かれたことによって，伏見―大坂間の淀川水運を通じて京都―大坂間の物資の移動はさらに活発化した。淀川水運では，客船としていわゆる三十石船が行き来した。

設問A　上の文章の空欄[①]～[④]にあてはまる語句を漢字で記せ。
設問B　上の文章の下線部(a)～(e)に関する下記の質問に答えよ。
(a) 幕末期の文久元年(1861)，皇族の女性の，前例がないほど大規模な行列が中山道を通行し江戸に向かった。この女性の人物名を漢字で記せ。
(b) この夫役を漢字で記せ。
(c) この施設は何と呼称されたか。漢字で記せ。
(d) この航路は何と呼称されたか。漢字で記せ。
(e) 江戸中期から明治初期にかけて北海道や東北の物資を積んで，松前から日本海沿岸各地に寄港し，下関を廻って大坂などに輸送した船の名称を漢字で記せ。

設問C　上の文章の空欄(ア)～(エ)にもっとも適切と考えられる数字を下記の語群から選び，その番号を記せ。
〔語群〕　1．10　2．33　3．44　4．50　5．53　6．60　7．67　8．80
　　　　　9．100　10．150

(同志社大)

ポイント!!　陸上交通・海上交通ともに主要なルートや地名は，その位置を地図上で確認しておこう。

❿ 商品・貨幣経済の発達

　次の文章を読み，下記の設問に答えなさい。なお，下線部の番号と問の番号は対応している。
　戦国期まで国内で流通する貨幣のほとんどは1明銭などの輸入銭に頼っていた。しかし，近世に入り江戸時代には，商業の発達とともに貨幣の流通も盛んになり，江戸幕府は慶長金銀を発行して以来，貨幣鋳造権を独占し，2金座・銀座・銭座を設けて3金・銀・銭の三貨制とした。このうち，金貨と銭貨は，枚数を計算することによって金額がわかる計数貨幣であったのに対し，銀貨は，主に4目方を計り品位を確かめて取り引きされる貨幣であった。そのため江戸幕府は，全国の5主要な鉱山を直轄地とし流通量の確保を図った。三貨は，全国に普及し，商品流通の飛躍的な発展を支え，東日本では金，西日本及び日本海側では銀での商業決算が中心に行われた。しかし，この三貨の間の交換率は相場によって常に変動するなど，6明治に至るまで統一的な貨幣制度はついに成立しなかった。また，17世紀後半から，各領内では，城下町を中心とする経済発達のもとで7藩札が領内で流通し，また地域によっては商人の発行する私札が流布することもあり，三貨の不足と藩財政の窮乏を補った。
　一方，三都を中心に全国市場が形成されるようになると，8商品経済も活発化し，9豪商といわれる有力商人が中心となり，生活必需品や10特産物が盛んに取り引きされ，その中には両替商を兼ねるものも現れた。

その後，幕府は，時代が経つにつれて財政悪化に陥り，その度ごとに11貨幣改鋳を繰り返し行った。しかし，それらの対策も幕府財政の一時しのぎに過ぎず，しかも経済全体に混乱を与えて，12貨幣経済と密接な関係をもつ人々の生活は，大きな影響を受けることとなった。

幕末期には，13開港の問題が加わり，経済の混乱が一層悪化した。開港時，14わが国と外国との金銀比価が異なったため，多量の金が一時海外に流出した。幕府は，貨幣を改鋳してこれを防いだが，改鋳によって貨幣の実質価値が下がり，物価上昇をまねくことになり，人々の生活が圧迫され，貿易に対する反感，そして攘夷運動へと結びついてゆくこととなる。

問1．輸入明銭の中で，最も多く使用されたものを下記から選び，記号で答えなさい。
　ア．寛永通宝　　イ．洪武通宝　　ウ．宣徳通宝　　エ．永楽通宝　　オ．宝永通宝

問2．これを代々管轄したのは誰か。下記から選び，記号で答えなさい。
　ア．末吉孫左衛門　　イ．末次平蔵　　ウ．後藤庄三郎　　エ．奈良屋茂左衛門
　オ．紀伊国屋文左衛門

問3．最初(1609年)，交換比率は金1両に対してどのように定められていたか。下記から選び，記号で答えなさい。
　ア．銀50匁＝銭4貫文　　イ．銀50匁＝銭5貫文　　ウ．銀60匁＝銭4貫文
　エ．銀60匁＝銭5貫文　　オ．公定相場なし

問4．このような貨幣を何というか。

問5．石見大森銀山を統括し，発展に功績があった奉行は誰か。下記から選び，記号で答えなさい。
　ア．堀田正俊　　イ．間部詮房　　ウ．毛利敬親　　エ．池田光政　　オ．大久保長安

問6．混乱した貨幣制度を刷新し，近代国家体制を確立するため，1871(明治4)年に制定された法律とは何か。

問7．藩札に関する下記の文章から，誤っているものを一つ選び，記号で答えなさい。
　ア．金札・銀札・銭札・米札などの種類があった。
　イ．現存するものでは，1661(寛文元)年に発行された越前藩の銀札が最初である。
　ウ．明治初年までの発行藩は244にも及ぶ。
　エ．幕府は，1707(宝永4)年に藩札遣いを禁止したが，1730(享保15)年に解禁して，藩札発行の先例をもつ藩に限りこれを認めた。
　オ．領内の貨幣不足の緩和や，専売制実施と関連して，藩財政の窮乏化のなかで発行されたが，兌換原則を崩壊させることも，また領内経済を混乱させることもなかった。

問8．幕府は，これを掌握するために株仲間を結成させるようになった。最初にこのような政策をとったのは誰か。下記から選び，記号で答えなさい。
　ア．新井白石　　イ．徳川吉宗　　ウ．田沼意次　　エ．松平定信
　オ．水野忠邦

問9．大坂の酒造業で財をなし，海運業・両替商そして新田開発も行い巨富を築いた

豪商とは何家か。下記から選び，記号で答えなさい。
　ア．住友家　　イ．三井家　　ウ．岩崎家　　エ．鴻池家　　オ．安田家

問10．地域と特産物の組み合わせとして，誤っているものを下記から一つ選び，記号で答えなさい。
　ア．丹後―縮緬　　イ．備前―絹　　ウ．会津―漆器　　エ．伊予―製紙
　オ．伏見―酒

問11．貨幣改鋳に関する下記の文章から，誤っているものを一つ選び，記号で答えなさい。
　ア．1695年の元禄小判から1860年の万延小判まで，計9回の金貨改鋳が行われた。
　イ．貨幣改鋳された中で，金の含有量が比較的多かったのは，正徳小判と享保小判の2種類であった。
　ウ．荻原重秀は，金の割合を増やし改善した元禄小判を鋳造した。
　エ．銭貨は諸藩でも鋳造されたが，その材質は銅に限らず，鉄・真鍮を用いることもあった。
　オ．江戸中期以降，定位銀貨として南鐐二朱銀と明和五匁銀が鋳造された。

問12．この結果，商工業の役割が盛んに論ぜられるようになったわけであるが，その折，海保青陵が著した著書は何か。下記から選び，記号で答えなさい。
　ア．稽古談　　イ．広益国産考　　ウ．自然真営道　　エ．経世秘策　　オ．夢の代

問13．日米修好通商条約により，開港を約束された場所として誤っているものを，下記から一つ選び記号で答えなさい。
　ア．神戸　　イ．横浜　　ウ．新潟　　エ．長崎　　オ．下関

問14．金銀の交換比率は，外国ではほぼ1：15であったが，わが国では，この比率と異なっていた。この頃の日本の金銀（天保小判・一分判と天保一分銀）の交換比率は，ほぼどのくらいであったか。下記から一つ選び，記号で答えなさい。
　ア．1：25　　イ．1：20　　ウ．1：10　　エ．1：5　　オ．1：1　　　　　　（北海学園大）

ポイント!!　江戸時代の貨幣制度については，教科書，図録の写真等でよく確めておこう。金1両＝銀（50～）60匁＝銭4貫（4000）文の換算率，西日本・日本海沿岸が銀本位で東北太平洋岸・江戸が金本位で名古屋辺がその境界であったことも忘ないこと。

＊ ⑪ 文治政治の展開

江戸時代の政治・社会について述べた〔A〕〔B〕の文章を読み，以下の問1～13に答えなさい。

〔A〕　1680年に5代将軍となった綱吉は，就任後まもなく，前代からの実力者たちを幕閣からしりぞけ，自分の将軍擁立に功績のあった人物を大老につかせた。さらに寵臣を側近に集め，側用人の職を創設して，将軍の意志を忠実に末端まで貫徹させうる機構をつくりだそうとした。
　加えて，奢侈の禁止，風俗の取り締まりなどのほか，不正代官の処分など民政にも力を入れた。とくに，1681年には，代官の貢租事務の査察を行い，翌年には貢租・出

納の監査をつかさどる勘定吟味役を新設した。
　また、前代からの財政難のうえに、支出増大と収入減少により、いっそう悪化した幕府財政を立て直すため、貨幣改鋳や貿易統制などさまざまな政策を行った。

問1．このとき綱吉により大老に任ぜられた人物を、次の人名（①～⑤）の中から1人選び、その番号を答えなさい。
　① 酒井忠清　② 堀田正盛　③ 井伊直弼　④ 堀田正俊　⑤ 保科正之

問2．綱吉の小姓から側用人になり、甲府15万石を領し大老格となった人物を、次の人名（①～⑤）の中から1人選び、その番号を答えなさい。
　① 池田光政　② 柳沢吉保　③ 新井白石　④ 前田綱紀　⑤ 牧野成貞

問3．このころ、加賀藩大庄屋土屋又三郎によって書かれた農書を、次の語群（①～⑤）の中から1つ選び、その番号を答えなさい。
　① 耕稼春秋　② 老農夜話　③ 清良記　④ 百姓伝記　⑤ 農業全書

問4．幕府財政難の原因の一つに大寺院の建立・改築があるが、1681年、綱吉が母桂昌院の願いにより江戸に建てた寺院を、次の語群（①～⑤）の中から1つ選び、その番号を答えなさい。
　① 寛永寺　② 回向院　③ 護国寺　④ 本妙寺　⑤ 増上寺

問5．綱吉治世下で、貞門俳諧・和歌を学び、幕府の歌学方に登用された北村季吟が著した注釈書を、次の語群（①～⑤）の中から1つ選び、その番号を答えなさい。
　① 源氏物語湖月抄　② 本朝通鑑　③ 和字正濫鈔　④ 古史通
　⑤ 万葉代匠記

問6．1684年、渋川春海が貞享暦をつくって以来、幕府に置かれ、暦の編纂にあたった役所を、次の語群（①～⑤）の中から1つ選び、その番号を答えなさい。
　① 公事方　② 番方　③ 役方　④ 勝手方　⑤ 天文方

問7．綱吉治世下の動向に関する次の文（①～⑤）のうち、誤っているものを1つ選び、その番号を答えなさい。
　① 綱吉は過失のあった大名・旗本の改易・減封を強行したが、その中でも譜代大名が多く処分された。
　② 1687年、朝廷儀式である大嘗祭が、220年ぶりに再興された。
　③ 1685年、動物愛護令である生類憐みの令が公布されたが、綱吉の治世中一度だけ出されたこの法令によって庶民は大いに迷惑した。
　④ 1701年、赤穂藩主浅野長矩が吉良義央を江戸城中で傷つけ、翌年、遺臣たちが吉良を討った赤穂事件がおきた。
　⑤ 1684年、近親者が死んだ際に喪に服したり、忌引きする日数を定めた服忌令が幕府から出されたため、以後、公武二様の服忌が行われることになった。

問8．綱吉は儒学を重んじた政治を行ったが、この儒学に関する次の文（①～⑤）のうち、誤っているものを1つ選び、その番号を答えなさい。
　① 林羅山が上野忍ケ岡にひらいた家塾を湯島に移し、大成殿をもうけて孔子を祀り、その家塾も聖堂学問所として整備した。

②　綱吉は，南村梅軒がおこした南学の門から出た木下順庵を侍講として登用した。
③　儒学のうちで朱子学は，君臣・父子の別や上下の秩序，礼節を重んじたので，封建秩序を維持するのに適した教学として，幕府や藩の保護をうけた。
④　綱吉は，林信篤（鳳岡）を大学頭に任じ，正式に儒者として待遇するとともに，幕府の文教政策にあたらせた。
⑤　綱吉により大学頭にとり立てられた林家は，そののち代々大学頭として幕府の教学に関与することになり，朱子学は幕府の官学となった。

〔B〕　1709年，綱吉が死去して家宣が6代将軍となり，さらに家宣なきあと家継が7代将軍となったが，いずれも綱吉時代以来の側用人政治の形は変わらなかった。それでも政策の内容は大いに変化した。この時の幕政は新井白石と側用人を中心に推進されたが，白石はまず生類憐みの令を廃止した。また，公正で迅速な裁判を心がけたり，民衆に巡検使直訴の道を開いたりして，儒学の理想を政治の上に実現しようとした。さらに，貨幣政策を中心とした財政改革をおし進めた。

　この時代の政治には，綱吉時代の政策をうけ継ぎ発展させた面もあった。長崎貿易に対する統制もその一つである。1715年の海舶互市新例は，前代からの政策を発展させたもので，以後ながく長崎貿易の基本法となった。

問9．この時期，家宣・家継の側用人をつとめた人物を，次の人名（①〜⑤）の中から1人選び，その番号を答えなさい。
　①　田中丘隅　②　荻原重秀　③　大岡忠相　④　間部詮房　⑤　神尾春央

問10．1710年，幕府による費用の献上によって創立された宮家を，次の語群（①〜⑤）の中から1つ選び，その記号を答えなさい。
　①　有栖川宮家　②　伏見宮家　③　高松宮家　④　閑院宮家　⑤　京極宮家

問11．江戸時代に貨幣改鋳はしばしば行われたが，慶長小判と質量とも同じ小判を，次の語群（①〜⑤）の中から1つ選び，その番号を答えなさい。
　①　享保小判　②　天保小判　③　元文小判　④　文政小判　⑤　宝永小判

問12．1708年，キリスト教布教のため屋久島に潜入して捕えられ，江戸に監禁されて5年後に病死した宣教師で，白石が尋問した人物を，次の人名（①〜⑤）の中から1人選び，その番号を答えなさい。
　①　ツンベルグ　②　ヤン＝ヨーステン　③　シドッチ　④　シーボルト
　⑤　ケンペル

問13．このころ，稲生若水が編集した出版物を，次の語群（①〜⑤）の中から1つ選び，その番号を答えなさい。
　①　大和本草　②　庶物類纂　③　華夷通商考　④　発微算法　⑤　塵劫記

（神奈川大）

ポイント!!　元禄・正徳時代は文治政治が展開され，幕政の安定期にあたる。しかしその一方，幕藩体制の矛盾や問題点もあらわれてきた時期でもある。文治政治の時代を①家綱，②綱吉，③家宣・家継の時期に分け，それぞれの時代の幕政の担当者・政策などを表にしてまとめてみよう。

＊ ⓬ 元禄文化

次の文章を読み，文中の下線部および空欄に付したa～tに関する下記の【設問a】～【設問t】に答えよ。解答は，設問に指示のあるものを除いて，すべて漢字で記入せよ。

17世紀の終りごろから18世紀初頭にかけて，おもに上方，すなわち京都・大坂を中心に発展した文化を，元禄文化とよんでいる。近世国家の成立から約100年の間に，目ざましい経済発展があり，米の生産高は16世紀の終りに約1800万石であったが，18世紀初頭にはおよそ2500万石となった。a 各種の産業も発達し，その経済力を背景に，新しい文化が花開いた。しかし，元禄文化を，単に経済力をもった都市の町人の文化であると考えるのは単純すぎる。b 桃山文化が政治的な支配者・権力者の世界を中心としていたのに対し，元禄文化に庶民的色彩が強いのは事実ではあるが，庶民といっても，必ずしも町人の出身ではなく，元禄文化の中で活動した人々には，近松門左衛門など武士の出身者もかなり多かった。全体として，華やかな現世的な文化である点は，桃山文化と共通している。たとえば，c 尾形光琳の（ d ）や，浮世絵の創始者として有名な（ e ）の「見返り美人図」などが，f この時代の絵画を代表するが，桃山時代と比べると，元禄時代のものには，いくらか落ち着いた，内面性とでもいうべき特色がでていると感じられる。単に権力者の文化から町人の文化になったというのではなく，むしろ公的な会合の場と結びついた文化から，私的な個人の内面性を表現する文化に変っていった，といえるのではないであろうか。

まず，元禄文化の流れを概観すると，延宝8年（1680）g 徳川綱吉が五代将軍に就任した年に，松尾芭蕉が深川の芭蕉庵に入る。このころからh 芭蕉の独自の俳諧師としての活動が始まった。また，2年後の天和2年にi 井原西鶴の『好色一代男』が刊行された。これが西鶴の（ j ）の最初の作品であり，近世の本格的な小説の出発点をなしたものである。その2年後の貞享元年，竹本義太夫が大坂に竹本座を作り，近松門左衛門が前年に作った『世継曽我』という浄瑠璃を上演した。これから義太夫と近松との提携によって次々と新しい作品が上演されていくことになる。

元禄元年（1688）には，西鶴が『日本永代蔵』を刊行した。町人の生活をリアルに描いたもので，この後の『世間胸算用』とともに，西鶴が最後に到達した段階を示す作品である。元禄2年には，芭蕉が『奥の細道』の旅に出ている。4年には，幕府は江戸のk 湯島に聖堂を作り，l 儒学を尊重する方針を示した。

元禄9年刊の（ m ）の『農業全書』は，近世の農書を代表する。ほかにn 和算の分野での関孝和の活動など，o 自然科学の発展も，この時代の特色をなしている。

元禄16年，p 近松門左衛門が『曽根崎心中』を上演した。これは実際の心中を題材として，それを脚色したものであるが，以後，近松は「世話物」とよばれる町人の生活を描いた作品を次々に作っていく。

宝永6年（1709）に綱吉が亡くなり，家宣が六代将軍になると，（ q ）が補佐した。正徳2年（1712）に家宣が没し，その子の（ r ）がまだ幼い5歳で将軍になるが，3年後に亡くなった。これにより二代将軍秀忠以来続いた徳川宗家が絶え，分家である紀州家，

すなわち和歌山藩主であったs徳川吉宗が八代将軍として幕府に入って（享保元＝1716年），いわゆるt享保改革を行うことになるが，享保年間に入ってもなお近松の活動は続いている。元禄文化といっても，元禄年間だけではなく，前後に幅を広げて考えるのが普通である。

(尾藤正英『日本文化の歴史』より引用。なお一部表記を改めたところがある。)

【設問a】 朝鮮から伝わった登窯や染付などの技術の普及によって焼き物がさかんとなったころ，藩の保護のもとで磁器を生産し，長崎貿易の主要な輸出品となった焼き物の生産地は次のうちのどれか。その番号を記入せよ。
 1．有田　　2．瀬戸　　3．萩　　4．信楽

【設問b】 桃山美術の特色を語るとき最も多く使用されている語句は次のうちのどれか。その番号を記入せよ。
 1．枯淡　　2．優雅　　3．豪壮　　4．瀟洒

【設問c】 尾形光琳は，装飾性に富む絵画を大成した。彼が学び傾倒した人物として最も適切なのは誰か。次の中から選び，その番号を記入せよ。
 1．池大雅　　2．狩野徳永　　3．俵屋宗達　　4．酒井抱一

【設問d】 空欄（ d ）に入るべき作品はなにか。次の中から選び，その番号を記入せよ。
 1．燕子花図屛風　　2．富嶽三十六景　　3．十便十宜図　　4．雪松図屛風

【設問e】 空欄（ e ）に入るべき人名は何か。

【設問f】 土佐派から分かれ，住吉派として幕府の御用絵師となり活躍した住吉如慶の子で，その後をついだ画家は誰か。

【設問g】 徳川綱吉によって湯島聖堂の大学頭に任じられ，儒教の官学的傾向を強めたのは誰か。

【設問h】 芭蕉が「わび」と「かるみ」を特色とする俳諧を確立する以前，奇抜な趣向をねらう談林俳諧を始めて，世間でもてはやされていた俳諧師は誰か。

【設問i】 井原西鶴には，『好色一代男』などの好色物，『世間胸算用』などの町人物の他に武家物がある。西鶴の武家物として適当なものは何か。次の中から選び，その番号を記入せよ。
 1．武道伝来記　　2．国性爺合戦　　3．白浪五人男　　4．仮名手本忠臣蔵

【設問j】 空欄（ j ）に入るべき語句を，次の中から選び，その番号を記入せよ。
 1．滑稽本　　2．浮世草子　　3．洒落本　　4．仮名草子

【設問k】 民間でも，武士・学者・町人によって私塾がひらかれ，儒学や国学などが講義された。大坂の懐徳堂は，18世紀初めに大坂町人の出資で設立されたものであるが，父鷟庵の跡を継いで学主として朱子学や陽明学を町人にさずけたのは誰か。

【設問l】 18世紀の初め，京都で心学をおこし，儒教道徳に仏教や神道の教えを加味した生活倫理をやさしく説いた人物で，『都鄙問答』を著し，手島堵庵らの師となったのは誰か。

【設問m】 空欄（ m ）に入るべき人名は何か。

【設問n】 江戸時代前期に和算書『塵劫記』を著した人物は誰か。

【設問 o】 渋川春海(安井算哲)が中国の暦をもとに当時用いられていた暦の誤差を修正して作った暦は何か。次の中から選び，その番号を記入せよ。
　1．宣明暦　　2．貞享暦　　3．授時暦　　4．寛政暦

【設問 p】 近松は人形浄瑠璃のほか，歌舞伎の作品も数多く残している。元禄時代の上方の歌舞伎界を代表する立役で，和事を得意とした役者は誰か。

【設問 q】 空欄(q)に入るべき徳川家宣の補佐役は誰か。次の中から選び，その番号を記入せよ。
　1．新井白石　　2．大岡忠相　　3．田沼意次　　4．松平定信

【設問 r】 空欄(r)に入るべき人名は何か。次の中から選び，その番号を記入せよ。
　1．徳川家継　　2．徳川家慶　　3．徳川家斉　　4．徳川家重

【設問 s】 徳川吉宗が，漢訳洋書の輸入制限をゆるめ，洋学は蘭学として発達した。蘭学者大槻玄沢の門人で，後に蘭日辞書である『ハルマ和解』をつくった人物は誰か。

【設問 t】 享保の改革のおり，政治顧問となった古文辞学派の荻生徂徠は武士の土着を説く経世論のさきがけとなった。その弟子で，荻生徂徠の説を発展させ，武士の商業活動の必要性を主張したのは誰か。次の中から選び，その番号を記入せよ。
　1．本多利明　　2．太宰春台　　3．中江藤樹　　4．伊藤仁斎　　　（同志社大）

ポイント!! 元禄文化の特色を理解し，図録などで実際に作品を確認しておこう。特に文化の内容や，その時代背景や文化を取りまく政治・経済・社会の状況にも注意しよう。

⓭ 幕藩体制の動揺と幕政改革

次の文を読み，下記の設問A～Cに答えよ。

18世紀に入ると，幕藩体制は揺らぎ始めた。商品経済の発展に伴って(1)本百姓体制の維持が困難となり，幕府は深刻な財政危機に見舞われるようになったのである。1716年に(イ)藩主から将軍に迎えられた〔 あ 〕は，幕政建て直しのための諸改革に努めた。まず，(2)財政再建に着手し年貢徴収方法を改正したり，町人の財力に期待して(ロ)を奨励したりして，年貢の増徴をはかった。彼の改革は一時的には成功したものの，(3)「諸色高の米価安」という物価問題を根本的に解決するにはいたらなかったし，また飢饉の頻発，百姓一揆の増加などの諸問題に直面することになった。(4)1772年に側用人から老中になった〔 い 〕は，年貢の増徴が限界に達するなかで，商品経済の進展に積極的に対処し，商人に(ハ)を組織させ，流通面での統制をはかることで，幕府財政を建て直そうとした。また，彼は対外貿易にも積極的な姿勢を示し，(5)蝦夷地の開発や(6)ロシア貿易の構想をたてた。しかし，1783年の(ニ)の大爆発を原因とする，連年の飢饉のため百姓一揆が起こり，〔 い 〕は失脚するにいたった。〔 い 〕の失脚後，幕政改革に着手したのは〔 う 〕であった。〔 う 〕は，荒廃した農村の復興をめざして緊縮財政を実行したが，それがあまりにも徹底していたため，人々の反感を買うことになった。

19世紀になると，百姓一揆の件数が著しく増加するが，これは，1831年から数年にわたって続いた天候不順によって飢饉が頻発したからであった。そうしたなかで，老中の

〔え〕が幕政改革に着手し，農村の復興，物価の引下げ政策を行なった。こうして，天変地異は単なる自然災害にとどまらず，しばしば(7)支配体制を動揺させる一揆や打ちこわしの原因にもなったが，その前提として，農民的商品生産の発展に伴って，農民層の分解がいちじるしく進行し，農村内部で地主・小作の対立が激化していたこと，また農民が商品経済に巻き込まれ，地域的分業が進んだ結果，(8)農民の間に領主支配の地域を超えた結びつきが生じていたことなどをあげなければならない。

A 文中の空所（イ）〜（ニ）にそれぞれにあてはまる適当な語句を記せ。

B 文中の空所〔あ〕〜〔え〕にあてはまる人物が行なった施策ではないものを，それぞれ対応する次のa〜eから1つずつ選び，その符号を記入せよ。

〔あ〕 a．甘藷栽培の奨励　b．公事方御定書の制定　c．棄捐令
　　　d．文字金銀の鋳造　e．足高の制

〔い〕 a．印旛沼・手賀沼の干拓　b．貿易の拡大　c．金による貨幣の統一
　　　d．専売制の拡充　e．相対済し令

〔う〕 a．人返しの法　b．義倉・社倉の設立　c．七分積金
　　　d．朱子学の振興　e．石川島人足寄場の設置

〔え〕 a．倹約令　b．専売制の廃止　c．上知令　d．異国船打払令
　　　e．株仲間の解散

C 文中の下線部(1)〜(8)にそれぞれに対応する次の問1〜8に答えよ。

1．本百姓とは何か。20字以上30字以内で記せ。
2．この時，新たに採用された年貢徴収方法の名を記せ。
3．幕府は米価の引上げをはかるために米市場を公認した。その米市場の所在地を記せ。
4．この時の将軍の名を記せ。
5．〔い〕の蝦夷地の開発に影響を与えた(i)書物の名と，(ii)その著者の名を記せ。
6．(i) 1792年に通商を求めて根室に来航したロシア使節の船で帰着した，日本人漂流民の名を記せ。
　(ii) 1811年に国後島に上陸して日本の警備兵にとらえられた，ロシア軍艦の艦長の名を記せ。
7．(i) 1837年に大坂で起こった乱は幕府に大きな衝撃を与えた。この乱を引き起こすことになった直接の原因と考えられる幕府の政策の概要を15字以内で記せ。
　(ii) 上記(i)の乱の指導者に共鳴して越後の柏崎でも乱が起こった。その乱の指導者が師と仰いでいた国学者の名を記せ。
8．こうしたなかで天領・藩領の領域を超える大規模な一揆が起こるようになった。1836年に甲斐国一円に波及した一揆の名を記せ。

（立教大）

ポイント!! 幕藩体制動揺の原因は，本百姓体制の維持が困難となり，財政が赤字になったことである。この観点から享保・（田沼時代）・寛政・（大御所時代）・天保の改革における政策を見直してみよう。

*⑭ 享保の改革

次の文の(1)～(10)に入れるのに最も適当な語句を下記の語群から選び，その記号を答えなさい。

　七代将軍の(1)が八歳で夭折すると，それまで幼少の将軍を補佐し，幕府の実権を掌握していた側用人(2)や，木門の儒者(3)に対する反発が譜代門閥層の間で表面化し，熾烈な後継者争いが行われたが，結局のところ，紀州藩主で，藩政改革を成功させたとの評価の高い徳川吉宗が，次の八代将軍を襲職することになった。

　吉宗が将軍となった当時，幕府の財政赤字はもはや放置できない状況にあり，旗本・御家人への俸禄支給にも事欠くありさまであったと言われている。幕臣の困窮ぶりははなはだしく，綱紀の乱れや役人の不正も目立つようになっていた。行財政改革を早急に実現して，山積する諸問題に対処していくことが，吉宗に与えられた最大の課題であり，また，幕政改革のなかでは，最も成功したのが吉宗の改革であった。

　多数の紀州藩士を引き連れ，並々ならぬ決意で江戸城に乗り込んだ吉宗は，幕府草創時の政治を理想として掲げ，徹底した倹約策や綱紀粛正を柱に，自ら率先して改革を断行した。吉宗の信任の厚かった(4)を町奉行に抜擢して改革スタッフの中心に据え，自らの体験などから民政改革の必要を訴えて『民間省要』を著した農家出身の農政家(5)など有用な人物を数多く登用して，思い切った政策の転換を行った。

　財政再建を行うため，年貢増徴策や新田開発，物価統制策などを実施したが，1722年には，江戸城大広間に諸大名を集め，「御恥辱」を顧みず，自ら幕府の窮状を訴えて，高一万石につき百石の割合で提出を命じた(6)は，一時的であったにせよ，従来の幕府の基本政策であった参勤交代制度を緩和することを条件にしたものであり，吉宗の改革への熱意を諸大名に伝えるに充分なものであったといえよう。

　翌年に実施された(7)も，役職ごとに基準家禄を定め，就任者の家禄の不足分を在職中に限って支給し，少禄の者からも有能な人材を取り立てようと試みた改革であったが，世襲制を基本とする幕府の役職体系に変更を加えるものであり，その意義は決して小さいとはいえない。

　こうした改革を実施するにあたって，吉宗自身が指示することも多く見られたが，それには独自の情報源をもっていたことも，吉宗が指導的な役割を果たすことを可能にした条件であったと考えられる。下意上達のために評定所に設置された(8)は，吉宗自身が取り上げ，必要な事項を老中以下に指示したが，とりわけ，諸役人の「私曲非分」などの不正行為が明るみにされるなど，役人の綱紀粛正の上で有用であったといわれている。

　吉宗の行財政改革のなかで，吉宗が熱心に取り組んだのは法制の整備であり，その意味でも歴代将軍のなかでは異彩をはなっている。三奉行を中心に編纂が進められた(9)は，司法・警察事務や裁判手続，刑罰規定などを盛り込んだものであり，過去の例も採用されてはいるが，吉宗自身が細かく指示したものも多く，縁坐制の制限や拷問の制限など，吉宗の意向が働いた規定も見られ，その後の幕府法の基本法典となった。

もっとも，こうした法制の整備は，本来ならば裁判制度の合理化と密接に関係すべきものであるが，1719年には，（　10　）を発布して，金銀貸借に関わる訴訟の不受理を決めたため経済界が混乱したように，裁判への消極主義と結びついたことに，江戸時代の特色を見ることができよう。

〔語群〕　(ア)上知令　(イ)足高の制　(ウ)徳川家継　(エ)荻原重秀　(オ)役料制
(カ)目安箱　(キ)間部詮房　(ク)加納久通　(ケ)上げ米の令　(コ)棄捐令
(サ)室鳩巣　(シ)田中丘隅　(ス)御庭番　(セ)徳川家宣　(ソ)大岡忠相
(タ)二宮尊徳　(チ)新井白石　(ツ)相対済し令　(テ)武家諸法度　(ト)公事方御定書

(関西大)

ポイント!! 享保の改革の各政策を，その史料に実際に当ることによってもう一度検討してみよう。

＊15　田沼の政治と寛政の改革

次の文章を読み，文中の空欄（ア～テ）に最も適当な語句を記入して，下記の設問に答えよ。

　18世紀も後半に入ると，幕藩体制は動揺し，解体の過程に入った。この時期に政権を担ったのは，1767（明和4）年（　ア　）となり，1772（安永元）年遠江相良の城主となって老中に出世した田沼意次であった。意次の（　ア　）任命から老中罷免までを田沼時代という。意次は（　イ　）が限界に達し，幕府の財政が困窮に向かうなかで，（　ウ　）の発展に着目し，流通過程に財源を求めた。すなわち商工業者の問屋・（　エ　）を広く公認し，販売や製造の特権を与える代わりに（　オ　）を課して，かれらを統制し物価調節に利用しようとした。また幕府みずから（　カ　）を設けて特定の商人に専売の特権を認めた。このように商業資本と結託をはかったことから役人と商人との間に（　キ　）が横行し，役人の地位も（　キ　）に左右されるようになった。長崎貿易も今までの政策を転換し，銅・俵物を輸出して金銀の輸入をはかった。そのため俵物の産地である（　ク　）を直轄し，（　ケ　）との貿易を計画した。また新田開発を奨励し，江戸・大坂の町人資本を導入して印旛沼・（　コ　）の干拓に着手した。このような（　ウ　）の進展は，武士や農民の困窮に拍車をかけた。1784（天明4）年長男で若年寄となった意知が江戸城中で佐野善左衛門に切られ，これがもとでまもなく死亡した。この事件を契機に，折りしも激しい（　サ　）のなか，意次は世人の恨みを買い1786（天明6）年失脚した。

　江戸・大坂をはじめとする全国的な（　サ　）の激化のなかで，田沼に代わって老中となったのが松平定信である。彼は田沼の政治を排し，農村の荒廃と農民の窮乏，領主経済の破綻，幕政の腐敗に対して，幕政の改革に着手した。まず倹約を奨励し，農村の復興と飢饉対策のために（　シ　）の制を設けて大名に貯穀を命じ，農村に対しても社倉・（　ス　）を各地に設けて貯穀させた。江戸市中には（　セ　）の節約分の七分を積み立てる七分積金を実施し，江戸石川島に（　ソ　）を設けた。また旗本・御家人の救済のために，1789（寛政元）年（　タ　）を発布し，思想統制のために（　チ　）での朱子学以外の講義を禁じる異学の禁を行い，のち林家の私塾であった（　チ　）を官立の（　ツ　）と改めた。風俗の刷

新にも力を入れ，出版を取り締まり，風俗を乱すということで（テ）本などを禁止した。また（ケ）が南下し（ク）に至るに及んで，海防問題が浮かび上がった。しかし改革は失敗し，定信は1793（寛政5）年老中を退いたのである。

問1．田沼意次が側用人となって補佐した将軍は次のうち誰か。その番号を選べ。
　1．家綱　　2．家重　　3．家治　　4．家斉　　5．家慶

問2．次の人名のうち側用人でないものの番号を選べ。
　1．松平信綱　2．牧野成貞　3．柳沢吉保　4．間部詮房　5．水野忠成

問3．田沼時代に幕府が初めて設けた座は次のうちどれか。
　1．金座　　2．銀座　　3．銅座　　4．鉄座　　5．銭座（鋳銭座）

問4．田沼時代に幕府は中国から金銀を輸入し，新しい通貨を鋳造した。それは次のうちどれか。
　1．乾字金　2．永字銀　3．三宝字銀　4．文字銀　5．南鐐二朱銀

問5．松平定信はどこの藩主か。次のうちから選べ。
　1．出羽山形　2．陸奥白河　3．武蔵川越　4．信濃松本　5．遠江浜松

問6．寛政改革の出版取り締まりによって処罰されたものを次の人名から選べ。
　1．山崎闇斎　2．山鹿素行　3．山東京伝　4．高野長英　5．為永春水

問7．次の人名のうち朱子学者でないものを1人選べ。
　1．柴野栗山　2．尾藤二洲　3．古賀精里　4．石田梅岩　5．岡田寒泉

問8．18世紀後半，諸藩でも藩政改革が行われた。以下の諸藩はその例であるが，そのうち上杉鷹山が藩政改革を行った藩を番号で選べ。
　1．米沢藩　2．水戸藩　3．秋田藩　4．会津藩　5．熊本（肥後）藩

問9．田沼時代から寛政改革に至る次の文章のうち，誤りのあるものが一つある。その番号を選べ。
　1．工藤平助は『赤蝦夷風説考』を著わし，ロシアの南下を警告した。幕府はその建言を採用し，最上徳内に択捉・得撫を探検させた。
　2．田沼意知が佐野善左衛門に刺されたとき，一時的に米価が下落したので佐野は江戸町人から「世直し大明神」と呼ばれた。
　3．石川島人足寄場では浮浪人や無宿人を収容して技術を指導し，賃金を与えて正業につかせた。
　4．棄捐令の発布で，幕府は旗本・御家人の札差に対する借金をすべて帳消しにし，代わりに札差に低利で融資を行った。
　5．この時期，特産物を中心に商品作物栽培が盛んになり，商品流通の進展は農民層の分解を進めた。小作人が増加する一方，各地に地主・商品生産者・商人の性格を兼ね備えた豪農が成立した。

問10．次の文章のうち田沼時代に起こった出来事以外のものを一つ選べ。
　1．幕府，農民の強訴徒党逃散を禁止する高札を建てる。
　2．信濃浅間山が大噴火し，諸国が大飢饉となる。
　3．幕府，武蔵・上野に生糸貫目改所を設置，上野で反対一揆が起きる。

4．幕府，尼崎藩から兵庫・西宮を公収し幕領とする。
5．竹内式部が尊王論を唱え処罰される。

問11．次の文章のうち定信の寛政改革期に行われたもの以外の事実を一つ選べ。
1．幕府，『三国通覧図説』『海国兵談』を著わした林子平を処罰する。
2．ラクスマンが大黒屋光太夫を根室に護送し通商を求める。
3．幕府，蝦夷地を直轄とする。
4．定信，海防のために沿岸諸国を視察する。
(東洋大)

ポイント!! 商工業者と結託した田沼の殖産興業政策と，商工業者を抑圧した定信の緊縮政策とを比較検討し，それぞれのプラス面とマイナス面を明らかにしたい。問1～11については，教科書や副教材の「年表」を参照し，その年代的な位置づけを確認したい。また，寛政の幕府改革に少し遅れて，有力諸藩で藩政改革が始まったことに注目したい。

＊ ⑯ 文化・文政時代

次の文を読み，1～10の設問に答えよ。

　寛政の改革をおこなった(1)老中が引退したあと，(2)第11代将軍はみずから政治の実権をにぎり，将軍職を徳川家慶に譲ったあとも，死ぬまで大御所として実権をにぎりつづけた。この□(3)□を中心として，その前後を含むおよそ50年を(4)大御所時代と呼んでいる。寛政の改革への反動もあって綱紀はゆるみ，放漫な政治は享楽的・営利的な風潮を強めた。とくに畿内では，農民の商品生産や商人の経済活動が盛んとなり，村に基盤をもつ豪農や在郷商人が大都市の特権的な株仲間商人に対抗して，(5)自由な経済活動を要求する動きも強まった。

　関東農村では，商品経済の波にまきこまれ困窮した農民は村を捨て，在郷町や都市へ出稼ぎに出る者，村を無断で離れて無宿人となる者，さらには博徒になる者などが現れて(6)治安が悪化していった。

　他方この時期に，江戸を中心に都市的・大衆的な文化が開花した。とりわけ小説では(7)滑稽本・読本・(8)人情本がひろく民衆に愛読され，絵画では(9)浮世絵の黄金時代を迎え，文人画が流行し，写生画に(10)四条派がおこった。

設問1　下線部(1)に該当するものを選べ。
　　ア．松平定信　イ．松平信明　ウ．田沼意次　エ．水野忠邦

　2　下線部(2)に該当するものを選べ。
　　ア．徳川家茂　イ．徳川家重　ウ．徳川家治　エ．徳川家斉

　3　空欄(3)に該当する時期を選べ。
　　ア．安永・天明期　イ．宝永・正徳期　ウ．文化・文政期
　　エ．宝暦・明和期

　4　下線部(4)の時代にとられた幕府の財政難対策を選べ。
　　ア．大奥の経費を削減した。
　　イ．江戸・大坂周辺の大名・旗本領を幕府直轄領とした。

ウ．二朱金，一朱銀などを中心とする貨幣改鋳により益金を生んだ。
エ．全国的に酒運上を課した。

5　下線部(5)に該当する大規模な訴願運動を選べ。
　　ア．愁訴　　イ．強訴　　ウ．越訴　　エ．国訴

6　下線部(6)の対策として幕府が設置した役職を選べ。
　　ア．関東郡代　　イ．関東取締出役　　ウ．関東管領　　エ．関東都督

7　下線部(7)の作者でないものを選べ。
　　ア．竹田出雲　　イ．式亭三馬　　ウ．滝沢馬琴　　エ．十返舎一九

8　下線部(8)の作品を選べ。
　　ア．椿説弓張月　　イ．江戸生艶気樺焼　　ウ．春色梅児誉美
　　エ．金々先生栄花夢

9　下線部(9)の時代の作者でないものを選べ。
　　ア．喜多川歌麿　　イ．葛飾北斎　　ウ．歌川(安藤)広重　　エ．菱川師宣

10　下線部(10)をおこした画家を選べ。
　　ア．谷文晁　　イ．呉春(松村月溪)　　ウ．渡辺崋山　　エ．田能村竹田

（関西学院大）

ポイント!!　文化・文政時代に表面化した幕藩体制の矛盾や文化の特色をまとめて表にしてみよう。それらが，天保の改革とどんな関係にあるか検討してみよう。

＊ ⓱ 天保の改革と諸藩の改革

A　次の文中の空欄に最も適当な語句を下記の語群から選び，記号で答えなさい。また，下記の問いにも答えなさい。

　1841年，幕府は内外の危機に対処して，老中　a　を中心に，政治改革に着手した。綱紀粛正・倹約励行・風俗匡正に力を注ぎ，物価引き下げをめざした　b　，農村の労働力確保と江戸市中の貧民増大防止のための　c　，幕府領支配の再編強化をねらった　d　などが重要な改革政策であったが，いずれも目的を達成できず，　e　は失敗に終わった。
　幕府の改革と並んで，いくつかの有力な藩でも，藩政の危機にさいして改革を断行した。これら有力諸藩の改革に共通した特徴は，第一に，破局に瀕した藩財政の再建として改革が始まったことである。鹿児島藩は上方商人からの借金を踏み倒し同然に整理し，砂糖など特産品の　f　を強化し，琉球との貿易をふやし，藩財政をたて直した。佐賀藩では　g　を実施して商人地主をおさえ，小農依存の年貢確保をこころみ，陶磁器の専売をすすめて財政を維持した。第二に，海岸防備のために洋式砲術を導入し，火薬や大砲の製造を始めたことである。佐賀藩では大砲製造所を設けて　h　の導入をはかり，鹿児島藩では反射炉を築造し，造船所を建設した。第三に，中下士層から能力を備えた人材が藩政に登場してきたことである。鹿児島藩では下級武士から登用された　i　が，また萩藩では中士層に属する　j　が登用されて改革に着手した。

〔語群〕ア．高島秋帆　　イ．高杉晋作　　ウ．村田清風　　エ．五品江戸廻送令

オ．株仲間解散令　カ．場所請負制　キ．藩専売制　ク．報徳仕法
ケ．越荷方　コ．定免制　サ．人返しの法　シ．旧里帰農令　ス．帰田法
セ．均田制　ソ．洋式軍事工業　タ．相対済し令　チ．上知(地)令
ツ．棄捐令　テ．紡績工場　ト．天保の改革　ナ．寛政の改革
ニ．阿部正弘　ヌ．調所広郷　ネ．水野忠邦　ノ．安藤信正

問．この改革に先立って幕府の権力者を驚かせたある事件が1837年大坂で起こった。何か。

（関西学院大・改）

B　次の文章は，江戸時代後期の各藩改革の状況を示している。よく読んで，以下の問いに答えなさい。

　19世紀に入ると，商品生産地域では（　A　）が生産者に資金や原料を前貸しして生産を行わせる（　B　）工業がいっそう発展し，一部では作業場を設けて，主家の家業・家事に従事する（　C　）を集め，分業と協業による生産を行うようになった。これを（　D　）工業といい，摂津の伊丹，池田，灘などの（　E　）業で早くからこのような経営がみられた。大坂周辺や尾張の（　F　）業，京都の（　G　），北関東の（　H　），足利などの（　I　）業では，数十台の高機と数十人規模の織屋が登場してきた。農村荒廃の一方で，資本主義的な工業生産の着実な発展がみられるなど，社会，経済構造の変化は幕藩領主にとっては体制の危機であった。農村の荒廃に対しては，小田原藩領，下野桜町領，常陸や日光山領などで行われた（　a　）の報徳仕法，下総香取郡長部村で行われた（　b　）の性学などのように，荒廃した田畑を回復させ農村を復興させようとする試みがある。諸藩も領内の一揆，打ちこわしの多発や藩財政の困難など，藩政の危機に直面していた。そうしたなか，各藩では，改革の機運がたかまった。

　薩摩藩は，藩主（　c　）が（　d　）を登用した。三都の商人からの500万両の負債を無利息250年という長期年賦返済で事実上棚上げして処理した。奄美三島(大島，徳之島，喜界島)の（　J　）の専売制を強化した。琉球王国との貿易は増大した。島津斉彬は洋式工場群である（　K　）を建設した。

　長州藩は，藩主（　e　）が（　f　）を登用するなどし，銀8万5000貫（約140万両）の負債を37カ年賦返済で整理した。紙，蠟の専売制を改革するとともに，下関に越荷方をおいて，廻船の積荷の委託販売をして利益を得た。

　肥前では，藩主（　g　）が改革を実施した。均田制の実施などにより，本百姓体制を再建した。（　L　）の専売を進め，反射炉，大砲製造所などを設け，軍備の近代化を図った。

　土佐藩では，藩主（　h　）の改革があった。改革派おこぜ組が支出の緊縮を行い財政再建につとめるが失敗した。その後，（　i　）らが登用された。

　水戸藩では，藩主徳川斉昭の改革が功を奏した。（　j　），会沢安らを登用し，全領の検地を実施した。藩校として（　M　）を設立した。藩内保守派の反対で改革は不成功に終わった。

　宇和島藩主（　k　）の改革も重要である。紙，楮，蠟の専売を強化した。強兵策として，後に大村益次郎の名で知られる（　l　）を招いて兵備の近代化を図った。

問1．文章中の空欄（　A　）～（　M　）に当てはまるもっとも適切な語句を次から1つずつ

選びなさい。
①専売商人　②山科　③陶磁器　④館林　⑤集成館　⑥海産加工
⑦工場制手　⑧焼酎　⑨興譲館　⑩酒造　⑪金属器　⑫綿織物
⑬反射炉　⑭問屋商人　⑮西陣　⑯桐生　⑰蠟生産　⑱前橋
⑲問屋制家内　⑳絹織物　㉑烏丸　㉒弘道館　㉓奉公人　㉔黒砂糖
㉕仲買商人　㉖石川島造船所　㉗漆器　㉘明倫館　㉙海産物　㉚製紙

問2．文章中の空欄（ a ）～（ l ）に当てはまるもっとも適切な人名を次から1つずつ選びなさい。
①吉田東洋　②平田篤胤　③西川如見　④村田蔵六　⑤大久保利通
⑥高杉晋作　⑦大原幽学　⑧毛利隆元　⑨中江藤樹　⑩熊沢蕃山
⑪毛利敬親　⑫島津久光　⑬伊達宗城　⑭上杉治憲　⑮細川重賢
⑯山内豊信　⑰山内一豊　⑱安藤昌益　⑲井上馨　⑳島津貴久
㉑二宮尊徳　㉒間宮林蔵　㉓高田屋嘉兵衛　㉔調所広郷　㉕西郷隆盛
㉖坂本龍馬　㉗毛利元就　㉘伊藤博文　㉙村田清風　㉚荻生徂徠
㉛石田梅岩　㉜島津重豪　㉝藤田東湖　㉞田中丘隅　㉟関孝和
㊱鍋島直正　㊲工藤平助　㊳本多利明　㊴勝海舟　㊵新見正興　（上智大）

ポイント!! 幕府が天保の改革に失敗したのに対し，藩の財政を立て直すことに成功した諸藩は幕末の政局で幕府と対抗できる実力を蓄えていった。各西南雄藩がとった政策を具体的に整理しておこう。

＊ ⑱ 幕政改革

次の史料A～Fは，江戸幕府の改革に関する政策の一部である。これらについてそれぞれの設問に答えなさい。

A．近き比幾度となく，所々に名もなき捨文して，さまざまの事申す者あり。よってこの八月より，月毎の二日・十一日・廿一日，　1　に(2)匭函を置く事とさだめらる。
B．旧来之借金は勿論，(3)六ケ年以前辰年迄に借請候金子は，古借新借之差別なく　4　の積り相心得べき事。
C．今度御取締のため，(5)江戸・大坂最寄一円御料所に成し置かるべき旨仰せ出られ候に付き，(中略)別段厚き思召も在らせられ候に付き，右の儀は御沙汰に及ばれず候。
D．向後仲間株札ハ勿論，此外共すべて問屋仲間 幷 組合拱と唱候儀ハ，相成らず候。
E．これに依て，今度御吟味これあり。役柄により，其場所不相応に小身にて御役勤候者は，御役勤候内，　6　仰せ付けられ，御役料増減これあり。
F．近来世上 種々新規之説をなし，(中略)風俗を破候類これ有り，(中略)此度(7)聖堂御取締厳重に仰せ付けられ(中略)急度門人共　8　相禁じ，猶又自門他門に限らず申し合わせ，正学講窮致し，人才取立候様相心掛申すべく候事。

問1．史料Aに関係する人物は誰か。次の中から選びなさい。
　(1)新井白石　(2)松平定信　(3)徳川吉宗　(4)水野忠邦　(5)柳沢吉保　(6)田沼意次

問２．史料Ａの空欄１にはいる，幕府の機関名を次の中から選びなさい。
(1)評定所　(2)勘定所　(3)問注所　(4)寺社奉行所　(5)町奉行所　(6)作事奉行所

問３．史料Ａの下線(2)「甌凾」は，一般に何と呼ばれているか。次の中から選びなさい。
(1)御定書　(2)目安箱　(3)常平倉　(4)飛脚　(5)蔵宿　(6)掛屋

問４．史料Ｂの政策の推進者が著わした書名は何か。次の中から選びなさい。
(1)政談　(2)古史通　(3)中朝事実　(4)宇下人言　(5)柳子新論
(6)本朝通鑑

問５．史料Ｂの下線(3)「六ケ年以前辰年迄に借請候」とあるが，それはいつのころを指しているか。次の中から選びなさい。
(1)正徳期　(2)享保期　(3)天明期　(4)寛政期　(5)化政期　(6)天保期

問６．史料Ｃの下線(5)について，幕府が当初意図した政策は何であったか。次の中から最も適切と思われるものを選びなさい。
(1)　幕府は，江戸・大坂周辺に関する法制整備を意図した。
(2)　幕府は，江戸・大坂周辺の農村再建を意図した。
(3)　幕府は，江戸・大坂周辺の封土転換を意図した。
(4)　幕府は，江戸・大坂周辺の開港・開市の実施回避を意図した。
(5)　幕府は，江戸・大坂周辺の都市打ちこわし対策を意図した。
(6)　幕府は，江戸・大坂周辺の屋敷に対する雑税政策を意図した。

問７．史料Ｄは，何年に出されたものか。次の中から選びなさい。
(1)1630年　(2)1690年　(3)1721年　(4)1790年　(5)1841年　(6)1853年

問８．史料Ｄの政策を行なったのは誰か。設問１の選択肢の中から選びなさい。

問９．史料Ｅについて，この政策の建議を行なった人物は誰か。次の中から選びなさい。
(1)熊沢蕃山　(2)木下順庵　(3)荻原重秀　(4)室鳩巣　(5)大岡忠相　(6)石田梅岩

問10．史料Ｂの空欄４を補うために，適切な語句を，次の中から選びなさい。
(1)積立法　(2)棄捐　(3)冥加　(4)定免　(5)上げ米　(6)札差　(7)足高
(8)上知　(9)囲米

問11．史料Ｅの空欄６を補うために，適切な語句を，設問10の選択肢から選びなさい。

問12．史料Ｆの空欄８を補うために，適切な語句を，次の中から選びなさい。
(1)漢学　(2)洋学　(3)儒学　(4)暦学　(5)教学　(6)国学　(7)蘭学
(8)異学　(9)神学

問13．史料Ｆの下線(7)「聖堂」は，その後何と改称されたか。漢字で記しなさい。

(日本女子大)

ポイント!!　Ａ〜Ｆの各史料の中のキーワードは何か，探してみよう。また，各史料の内容が教科書の記述にどう生かされているか，検討してみよう。

＊ ⑲ 琉球と蝦夷地

Ｉ　琉球に関する次の文章を読み，下記の問いに答えなさい。
　琉球では，14世紀中ごろには有力な按司が三山に分かれて勢力を競っていた。1429

年に　a　がこれを統一し，琉球王国をつくりあげた。琉球は明や日本と国交をひらき，さらに琉球船による南海との中継貿易をおこなった。

豊臣秀吉が九州を平定すると，琉球に服従と朝貢を要求したが，それを拒否し，これまで通交していた　b　氏とも断絶した。ポルトガルなどによりアジアの中継貿易の利益をうばわれ，衰退しつつあった琉球王国は，1609年に　b　氏によって征服され，与論島以北は　b　氏の直轄地，琉球本島以南は王府の支配地とされたが，王府も　b　氏の監視を受けた。

　b　氏は特産物の砂糖を上納させ，また中国の産物を得て大きな利益を得た。

徳川幕府は，将軍の代替りごとに　c　と呼ばれる使節を江戸城に送らせたが，これには必ず　b　氏が同行した。また参府に際しては，使節に異国風の風俗を強要した。

問a．空欄aにふさわしい人名を以下から選びなさい。
①尚寧　②尚泰　③尚巴志　④尚玉　⑤中城安里

問b．空欄bにふさわしい家名を以下から選びなさい。
①細川　②有馬　③鍋島　④大内　⑤島津

問c．空欄cに最も適切な語句を以下から選びなさい。
①慶賀使　②冊封使　③謝恩使　④通信使　⑤進貢使
（明治学院大）

Ⅱ　(1)　東北地方などとの交易ルートをもっていたアイヌ民族は，「和人」の北海道侵入以後，交易関係をもつと共に，その抑圧と収奪に対して戦った。(a)松前藩の成立と藩の商場知行制の施行は，恒常的な交易関係を生むことになったが，同時に交易の場を限定させ，アイヌ民族の交易における主導権をも後退させるものとなった。1669年の　b　の蜂起は，その蓄積された民族的危機意識を背景として，地域集団を糾合した大規模な松前藩に対する戦いだった。しかし，この蜂起の敗北は，アイヌ民族から交易の主導権を完全に奪うことになった。

設問a　松前藩の成立以前，アイヌ民族との関係に重要な役割を果たした諸豪族の中には，北条義時執権期に「蝦夷管領」(代官)に任ぜられ，津軽十三湊を拠点として北海道と北陸を結ぶ日本海交易ルートに関与したといわれる豪族と，その豪族支配下の北海道南部に移住し，15世紀以降次第に台頭して，のちに松前氏と改姓する豪族がいる。次の1～6の豪族のうち，上記の該当するもっとも適切な豪族名を2つ選び，その番号を記入せよ。

1．南部氏　2．安東(藤)氏　3．安達氏　4．安倍氏　5．蠣崎氏
6．清原氏

設問b　文中の空欄　b　に入る，最も適当な首長名を，片仮名で記入せよ。

(2)　松前藩は，18世紀の後半までには，アイヌ民族との交易を場所請負制に転換した。この転換は，アイヌ民族を漁場の労働力として組み込んでいくことになった。請負人となった商人たちの中には，ロシアとの交易にまで及んだ者もいたらしい。田沼意次の推進した蝦夷地の調査は，(c)工藤平助の献策などに刺激されて始まったが，田沼の失脚で頓挫した。しかし，その後の(d)ロシア船の度重なる通商を求めた来航は，幕府に蝦夷地への関心を向けさせた。幕府は，(e)蝦夷地やその周辺を調査し，松前藩

からその支配地域を取り上げ、直轄化した。
設問c　工藤平助は、蝦夷地やロシア人などに関する風聞や沿革を記し、蝦夷地の開発やロシアとの交易を説いた書物を、田沼意次に献上した。その中で彼は、カムチャツカ半島地域やそこに住むロシア人を、ある呼称で表記している。この書物名にも冠された呼称を、漢字3文字で記入せよ。
設問d　日本とロシアとの国交は、その後、日露和親条約によって開かれた。次の1〜5の港のうち、この条約によって開港された港として、適当でないものを2つ選び、その番号を記入せよ。
　1．箱館　　2．根室　　3．浦賀　　4．下田　　5．長崎
設問e　松田伝十郎らは、幕命にもとづいて樺太を探検し、離島であることを確認した。樺太と大陸との間の海峡は、探検に参加したもう1人の人物の名を冠して、シーボルトによってヨーロッパに紹介された。この海峡名を漢字で記入せよ。　（同志社大）

ポイント!! 近世における琉球と薩摩藩・幕府との関係を図に表わしてみよう。また、松前藩とアイヌ・幕府との関係も年表にまとめて整理してみよう。

＊ ⑳　化政文化

A　次の文章（竹内誠「庶民文化のなかの江戸」）を読み、【設問A】および【設問B】に答えよ。

　18世紀のいわゆる(a)田沼時代に、江戸文化は(b)上方文化に追いつき、追い越した。文化の東漸であり、田沼文化は、都市江戸を基盤に花開いた町人文化といわれる。しかし、この期の文化創造活動は、主として(c)インテリ武士と上層町人のサロン的結合のなかで営まれ、文化の享受者も、広く中流以下の町人層にまでは必ずしも及んでいなかった。
　やがて19世紀に入り、(d)いわゆる化政文化の時代になると、文化の享受者はもちろん、文化の創造者も、江戸の庶民層一般にまで広がった。文化の大衆化である。このように、インテリ文化の田沼時代から庶民文化の化政時代へと推移した契機の一つは、18世紀末の天明末年から寛政初年にかけての出版界の動向にあったと思う。
　この時期には政治的風刺の黄表紙の作品が、つぎつぎにベストセラーとなった。多数の読書人口が存在してこそのベストセラーであるが、しかし同時にこれらの作品が読書人口を一層爆発的に増加させるきっかけにもなったのではなかろうか。(e)1790（寛政2）年の出版統制令以後、(f)この種の黄表紙は完全に弾圧されるが、政治情報の民衆化により、いったん目覚めた庶民の政治への関心と、読書への知的欲求は、明らかに化政文化の土壌となったはずである。
　化政期における江戸文化の新生面は、各分野にみられる。文学の世界では、滑稽本や人情本が大いにもてはやされた。（ア）の『東海道中膝栗毛』や、（イ）の『浮世風呂』・『浮世床』は滑稽本の代表作であり、庶民の日常生活や風俗の滑稽ぶりを、巧みな会話体でいきいきと描写している。その背景には、まさに江戸庶民という、幅広い読者層の存在を見逃すわけにはいかないであろう。このほか（ウ）の『春色梅児誉美』など男女の恋愛を主題とした人情本、（エ）の『南総里見八犬伝』に代表される(g)読本、柳

亭種彦の『修　紫　田舎源氏』など長編挿絵読物の合巻も，競って読まれた。たとえば『修紫田舎源氏』は全38編であるが，毎編1万部は売れたといわれている。

(h)美術の分野では，（オ）の動的で大胆な構図の風景版画「富嶽三十六景」や，（カ）の静的で叙情性あふれる「東海道五拾三次」が，浮世絵に新生面をひらいた。もちろん，これら作品の背景には庶民の(i)旅行ブームがあった。演芸娯楽場の寄席は，化政期には江戸に100軒近くもあり，幕末期には数百軒にものぼったという。寄席の入場料は安く，しかも夜間に興行したので，(j)職人などの勤労者に大いに親しまれた。このほか江戸庶民が，生け花・(k)茶の湯・聞香などの遊芸に参加したり，社寺参詣・名所旅行・湯治・花見・祭礼に出かけるなど，多方面にわたって余暇行動を展開するようになったことも，化政文化の大きな特色である。

このような中央の都市文化に対して，(l)地方都市や在郷町・農村にも多彩な文化が発達した。ここにも化政文化の大きな特色がみられる。庶民の識字率は今日想像するよりもかなり高かった。(m)寺子屋教育は都市のみならず，地方農村にも急速にこの時期に普及していった。

化政文化に対する従来の評価は，爛熟・退廃的であるとするのが一般的であった。しかし，化政文化は以上みてきたように，文化荷担者層が中流以下の庶民層へと拡大・定着し，また地方文化の台頭により，(n)中央と地方との文化交流が顕著になった点に特徴があった。そこに広く国民文化への展開が期待できる基礎が拓かれたといってよく，化政文化は，そうした文化の大衆化の視点から改めて問い直す必要があろう。（『日本の近世』第14巻より引用。なお，一部省略・改変した箇所がある。）

【設問A】　文中の下線部(a)～(n)に関する下記の設問に答えよ。なお，人名・書名はすべて漢字で書くこと。

a．田沼時代について述べた次の1～4の文章のうち，誤っているものはどれか。その番号を1つ選び，記入せよ。
1．物価の引き下げをねらって，すべての株仲間の解散を命じた。
2．南鐐二朱銀などを鋳造させて，金を中心とする貨幣制度への一本化を試みた。
3．新田を開発するために，印旛沼・手賀沼の干拓工事を始めた。
4．ロシア人との交易を企てて，最上徳内らに蝦夷地の調査を行わせた。

b．上方文化を代表する人物のひとりで，『冥途の飛脚』を著したのは誰か。

c．「インテリ」とは知識人のことである。江戸の幕臣で，四方赤良などの号をもち，狂歌師，洒落本・黄表紙の作者として活躍した人物は誰か。

d．この時代は，欧米列強が日本への接近を試みた時代でもある。イギリスの軍艦が長崎に入港し，オランダ商館員を捕らえ，薪水・食糧を強奪して退去した事件は何と呼ばれるか。

e．この出版統制令によって処罰された林子平について述べた次の1～4の文章のうち，誤っているものはどれか。その番号を1つ選び，記入せよ。
1．『赤蝦夷風説考』を著して，ロシア人の南下とその密貿易について述べた。
2．『三国通覧図説』を著して，朝鮮・琉球・蝦夷地を図示・解説した。

3．『海国兵談』を著して，外国に対する防備の必要性を説いた。
　4．子平が処罰された数ヶ月後にラックスマンが来航した。
f．駿河小島藩士で，このころ『鸚鵡返文武二道』を著して幕府の弾圧を受けた人物は誰か。
g．江戸の読本に先立って，大坂で『雨月物語』などの怪奇小説を著した人物は誰か。
h．洋風画家の一人で，日本ではじめて腐蝕銅版画を制作した人物は誰か。
i．三河の国学者で，40数年にわたって東北各地を旅し，その見聞を遊覧記の形で残した人物は誰か。
j．職人について述べた次の1～4の文章のうち，誤っているものはどれか。その番号を1つ選び，記入せよ。
　1．織田信長は，安土の城下町に楽市・楽座令をだして，この町に来て住む商工業者に座を結成することを勧めた。
　2．桃山時代には，都市の繁栄にともなって，都市生活者の風俗に関心が寄せられ『職人尽図屏風』が描かれた。
　3．江戸時代の職人社会では，徒弟制度のもとで職業技術が伝承された。
　4．職人には，自宅で仕事をする居職と，他所に出かけて仕事をする出職とがあった。
k．茶の湯について述べた次の1～4の文章のうち，誤っているものはどれか。その番号を1つ選び，記入せよ。
　1．村田珠光は，茶と禅の統一を唱え，侘茶を創始した。
　2．千利休は，待庵と呼ばれる草庵風茶室をつくった。
　3．武野紹鷗は，信長・秀吉に仕え，武家の茶道を成立させた。
　4．江戸時代の中期以後，茶道においても家元制度が発達した。
l．越後の人で，雪国の自然や農民の生活を描く随筆集『北越雪譜』を著した人物は誰か。
m．南北朝から室町時代初期にかけて成立した書簡形式の教科書で，玄恵の作とも伝えられているものは何か。
n．出羽の人で，江戸に出て儒学・蘭学などを学び，諸国を遊歴し，『農政本論』や『経済要録』を著した人物は誰か。

【設問B】　文中の空欄（ア）～（カ）に入る最も適切な人物名を下記の語群からそれぞれ1つずつ選び，その番号を記入せよ。
　1．朋誠堂喜三二　　2．式亭三馬　　3．浅井了意　　4．竹田出雲
　5．与謝蕪村　　6．小林一茶　　7．十返舎一九　　8．江島其磧
　9．鶴屋南北　10．曲亭馬琴　　11．河竹黙阿弥　　12．平賀源内
　13．為永春水　14．石川雅望　15．喜多川歌麿　16．歌川広重
　17．東洲斎写楽　18．葛飾北斎　19．鈴木春信　20．鳥居清長　（同志社大）

B　次の図のA～Eは，化政期の美術作品である。これについて述べた文として誤っているものを，あとの(a)～(e)のうちから一つ選べ。

図A

図B

図C

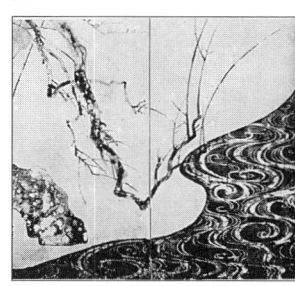

図D

図E

(a) 図Aは，東洲斎写楽の描いた『市川鰕蔵』である。
(b) 図Bは，池大雅・与謝蕪村の描いた『十便十宜図』のうちの『釣便図』である。
(c) 図Cは，円山応挙の『保津川図屏風』である。
(d) 図Dは，葛飾北斎の『富嶽三十六景』のうちの『神奈川沖浪裏』である。
(e) 図Eは，歌川(安藤)広重の『東海道五十三次』のうちの『四日市』である。

(大阪経大)

ポイント!! 江戸後半期には，文化も江戸を中心として発達してきた。その特色や時代背景について調べてみよう。また，地方の文化の動向等についても具体例をあげて考えてみよう。

㉑ 近世の学問・思想

次の文章を読み，設問に答えなさい。

徳川幕府の政治は家光の代までは武断政治であったが，慶安の変以後，儒学によって封建的支配秩序を合理化しようとする文治政治へと移行した。それとともに元禄時代の頃になると，儒学が学問・思想界の主流を占めるようになる。朱子学以外の儒学としては陽明学があるが，それは　1　やその門人の　2　によってひろめられた。さらに直接孔子・孟子の古説にかえって儒学を説く(a)古学派という新学派も生まれた。この儒学とともに(b)歴史学がおもに武士の間でさかんになった。さらに実生活に役立つことを目的とする(c)実学がおこった。

18世紀に入ると国学が新しい学問として発達した。それは元禄の頃　3　による古典研究に端を発し，　4　にいたって学問として大成した。　4　のあらわした　5　は国学の残した大きな業績の一つである。18世紀後半以後になると，幕藩政治が衰退をみせることになるが，学問・思想の分野では新しい時代への橋渡しを意味する業績があらわれた。それはとくに(d)洋学で顕著であった。(e)社会思想その他の方面でも現実に批判的な目をむけるものがあらわれた。

問1．下記の語群の中から，文中の　1　，　2　の空白を埋めるのに適当なものを選びなさい。
ア．松永尺五　イ．山崎闇斎　ウ．熊沢蕃山　エ．谷時中　オ．室鳩巣
カ．中江藤樹　キ．木下順庵　ク．林羅山

問2．下線部(a)について。下記の文章群の中から正しくないものを選びなさい。
ア．古学派の経験主義による客観的方法は国学の発達にも影響をあたえた。
イ．古学派の山鹿素行は『中朝事実』や『配所残筆』をあらわした。
ウ．古学派の伊藤東涯は堀川学派をひらき，『孟子古義』をあらわした。
エ．荻生徂徠は朱子学の立場に立っていた頃『蘐園随筆』をあらわした。
オ．徂徠の門人である太宰春台は『経済録』をあらわした。

問3．下線部(b)について。下記の文章群の中から正しいものを選びなさい。
ア．林羅山は幕命をうけて国史の編纂に着手し，『本朝通鑑』を完成した。
イ．徳川光圀は歴史編纂の企てをおこし，『大日本史』に着手したが，完成されたのは明治末であった。
ウ．新井白石は将軍家継の命で『藩翰譜』をあらわし，諸藩の系譜をまとめた。
エ．荻生徂徠は古文書を用いた新しい研究方法による『武家事紀』をあらわした。

問4．下線部(c)について。下記の文章群の中から正しくないものを2つ選びなさい。
ア．新井白石はイタリア人宣教師シドッチから得た知識をもとに『采覧異言』をあらわした。

イ．稲生若水は本草学の大著『大和本草』をあらわした。
ウ．宮崎安貞はわが国最初の体系的農学書『農業全書』をあらわした。
エ．天文学者・渋川春海は平安以来の宣明暦の誤りを正して授時暦をつくった。
オ．17世紀初めに吉田光由は和算書『塵劫記』をあらわした。
カ．西川如見は世界地理・通商にかんする『華夷通商考』をあらわした。

問5．次の(1)(2)の設問に答えなさい。
(1) 文中の ③ ， ④ の空白を埋めるのに適当なものを，下記のア〜コの語群の中から選びなさい。
(2) 『群書類従』を編纂・刊行したものは誰か。同じく下記のア〜コの語群の中から選びなさい。

ア．下河辺長流　イ．荷田春満　ウ．契沖　エ．賀茂真淵
オ．戸田茂睡　カ．北村季吟　キ．本居宣長　ク．平田篤胤
ケ．塙保己一　コ．伴信友

問6．下記の語群の中から，文中の ⑤ の空白を埋めるのに適当なものをそれぞれ選びなさい。

ア．万葉代匠記　イ．万葉考　ウ．比古婆衣　エ．読史余論
オ．古事記伝　カ．万葉集管見

問7．下線部(d)について。下記の書物の著者をそれぞれア〜カの中から選びなさい。
(1)『蘭学階梯』　(2)『ハルマ和解』　(3)『暦象新書』
ア．山脇東洋　イ．大槻玄沢　ウ．志筑忠雄　エ．杉田玄白
オ．桂川甫周　カ．稲村三伯

問8．下線部(e)について。下記の文章群の中から正しくないものを2つ選びなさい。
ア．本多利明は江戸で数学・天文学を学び，航海術も修めた。『海国兵談』をあらわした。
イ．富永仲基は儒教・仏教を歴史的立場から否定した。『出定後語』をあらわした。
ウ．海保青陵は武士が商業を卑しむのは誤りであると批判した。『経済談』をあらわした。
エ．山片蟠桃は自然科学の知識と合理主義的精神とによって無神論を唱えた。『夢の代』をあらわした。
オ．佐藤信淵は身分制の廃止，産業の国営化を説いた。『経済要録』をあらわした。
カ．大蔵永常は商品作物の栽培法などに改良を加えて農民にすすめた。『農具便利論』をあらわした。
キ．工藤平助は開国進取の立場から外国との交易を積極的におこなうべきことを主張した。『赤蝦夷風説考』をあらわした。

問9．次の(1)(2)の史料を読み，下記の設問に答えなさい。
(1) 婦人には三従の道あり。およそ婦人は柔和にして，人にしたがふ道とす。わが心にまかせて行なふべからず。（中略）父の家にありては父にしたがひ，夫の家にゆきては夫にしたがひ，夫死しては子にしたがふを三従といふ。

(2) かしこに富もなく，ここに貧もなく，ここに上もなく，かしこに下もなく，夫婦の道は互に相応に，ひとり感合して，他妻を犯すことなく，他夫に交はることなく，天地に二天二地なく，天地にして一夫婦にして，二夫二婦なきゆゑに，人倫も相同じく，二夫に交はることなく，二妻に娌することなく，(中略)ゆゑに男女も上下なく一人也。

〔設問１〕 (1)(2)の著者を下記の語群の中からそれぞれ選びなさい。
　ア．大原幽学　　イ．林羅山　　ウ．荻生徂徠　　エ．貝原益軒
　オ．太宰春台　　カ．安藤昌益　　キ．石田梅岩

〔設問２〕 (1)(2)の書名を下記の語群の中から，それぞれ選びなさい。
　ア．弁道　　イ．女大学　　ウ．養生訓　　エ．統道真伝　　オ．慎思録
　カ．和俗童子訓　　キ．都鄙問答　　ク．自然真営道
　　　　　　　　　　　　　　　　　　　　　　　　　　　　　　　(名城大)

ポイント!! 江戸時代の学問の中心は儒学で，元禄期以降は朱子学以外の儒学が発達し，様々な学派が生まれた。また吉宗のころからは蘭学も発達していった。諸学問の発達と，幕政の展開の様子とを年表風に比較してみよう。

㉒ 蘭学・洋学の発達

次の文章を読み，下記の問１～10に答えよ。問１・２については，それぞれの解答を記入せよ。問３～10については，それぞれの解答を選び，記号で答えなさい。

江戸時代には鎖国によって西洋の学術・文化の流入はおさえられ，当初は長崎の出島に出入するオランダ通詞により医学が習得されるにとどまった。やがて幕府関係者ではイタリア人シドッチを訊問した新井白石や(1)西川如見のように西洋事情に強い関心を向けた者も現われ，江戸の医師・学者・大名・町人のように長崎のオランダ商館長の江戸参府の際宿舎を訪問して知識を得た者も多かった。将軍徳川吉宗は漢訳洋書の輸入の禁止を緩和し，町奉行大岡忠相が推薦した　１　と御目見医師野呂元丈に命じてオランダ語を学ばせて実用に役立つ学術の振興をはかった。医学では，古医方の山脇東洋が日本最初の人体解剖を行なったが，田沼時代には(2)前野良沢が江戸築地の藩邸で杉田玄白らと(3)西洋医学の解剖書を翻訳・刊行した。彼らは自らの学術を　２　と呼んだ。以後学術は(4)医学・語学・本草学・天文暦学をはじめ物理学・化学・地理学へと拡大・専門化した。地域的にみると，中心地の江戸・長崎から19世紀には京都・大坂にも普及した。なかでも大坂の(5)適塾は全国一の規模で多くの人材を輩出した。幕末には対外関係が緊迫し，(6)シーボルト事件や(7)蛮社の獄もあって，学術は軍事技術に重点が移り，諸藩の藩学にも採用され，(8)幕府も研究機関を設置し，オランダ語以外の外国語による学術も学ばれるようになった。

問１．空欄　１　に該当する人物は誰か。
問２．空欄　２　に該当する語は何か。
問３．下線部(1)に最も関係の深いものはどれか。
　ア．西説内科撰要　　イ．華夷通商考　　ウ．采覧異言　　エ．植学啓原

オ．波留麻和解

問4．下線部(2)に最も関係の深いものはどれか。
ア．高崎藩医師　イ．若狭藩医師　ウ．鳥取藩医師　エ．中津藩医師
オ．薩摩藩医師

問5．下線部(3)の書物の付図を描いた人物は誰か。
ア．葛飾北斎　イ．司馬江漢　ウ．亜欧堂田善　エ．田能村竹田
オ．小田野直武

問6．下線部(4)について，コペルニクスの地動説を日本に最初に紹介した人物は誰か。
ア．青地林宗　イ．大槻玄沢　ウ．山村才助　エ．志筑忠雄

問7．下線部(5)に直接関係のない人物は誰か。
ア．橋本左内　イ．佐野常民　ウ．福沢諭吉　エ．華岡青洲　オ．大村益次郎

問8．下線部(6)について，事件後の事項に該当するものはどれか。
ア．ケンペルが『日本誌』を著した。
イ．シーボルトが『日本』を著した。
ウ．長久保赤水が『日本輿地路程全図』を出版した。
エ．ツンベルグが『日本紀行』を著した。
オ．伊能忠敬の『大日本沿海輿地全図』が完成した。

問9．下線部(7)について，間違っているものはどれか。
ア．1837年海難日本人送還のため来日したアメリカ船モリソン号は，浦賀沖と鹿児島沖で撃退されマカオに引き返した。
イ．老中阿部正弘は江戸湾防備計画のため鳥居耀蔵・江川英龍に巡見させた。
ウ．蛮社は渡辺崋山を中心とし主として江戸に居住の洋学者を中心とした知識人のグループである。
エ．渡辺崋山・高野長英らの無人島渡航計画は，取り調べの結果無関係であることが判明した。
オ．幕府が異国船打払令を撤回したのは，この事件ののちアヘン戦争の結果が伝わってからのことである。

問10．下線部(8)について，幕府の研究機関に設置されなかった学科はどれか。
ア．イタリア語　イ．ドイツ語　ウ．ロシア語　エ．フランス語　オ．英語

(早稲田大)

ポイント!! 吉宗の漢訳洋書輸入の禁緩和を機に実用的な蘭学・洋学がしだいに発達していった。学問の分野別にその業績をまとめてみよう。

㉓ 江戸後期の新しい思想

A (1)の群のa～eに最も関連深いものを，(2)の群の中からそれぞれ一つ選び，記号で答えなさい。
(1)　a．海保青陵　b．山片蟠桃　c．本多利明　d．工藤平助　e．林子平
(2)　イ．『慎機論』　ロ．『経済要録』　ハ．『出定後語』　ニ．『経済録』

ホ．『国本論』　ヘ．『戊戌夢物語』　ト．『自然真営道』　チ．『価原』
リ．『江漢西遊日記』　ヌ．『広益国産考』　ル．『放屁論』　ヲ．『宇内混同秘策』
ワ．『蘭学事始』　カ．『経世秘策』　ヨ．『稽古談』　タ．『赤蝦夷風説考』
レ．『測量日記』　ソ．『復古法概言』　ツ．『三国通覧図説』　ネ．『柳子新論』
ナ．『夢の代』

B　次の文章を読み，下記の設問に答えなさい。

　A(1)群の人達が活躍したのは，（ 1 ）世紀前半頃から次の世紀の初めにかけてであった。それぞれの強調した点は異なるものの，従来からのわだかまりを捨てて，自由で合理主義的な考え方をとった点で，大きく共通の思想的枠組をもっていた。あるひとは藩専売，または物価や流通の重要性を論じ，（ 2 ）地や属島の開発，そして海防の必要性を唱え，（ 3 ）国して外国と交易するべきとする者さえ出現した。しかしながら，幕府との関係については様々であった。

設問1　空欄（ 1 ）～（ 3 ）を，最も適切な語で埋めなさい。
設問2　これらの人達や諸著作のこういった傾向を大いに奨励し，20年にわたり幕府の実権を握った人物がいる。その姓名を記しなさい。また，上に掲げた著者のなかには，幕府の怒りに触れ，投獄された者がいるが，それは誰か。姓名を記しなさい。

(東京女子大)

ポイント!!　江戸後期には新しい思想も生まれ，中には封建社会を批判するものもあらわれた。彼らの主張を実際に史料に当たって検討してみよう。

㉔ 民間信仰と庶民教育

A　次の文章に関する問a～jに答えなさい。

　江戸時代に仏教は経済的・社会的地位を保障され，ある意味では安定化し，また真の宗教的意味においては停滞した。(a)すべての人は，いずれかの寺に所属することが義務づけられ，(b)宗門改めの実行を通して，庶民に対する幕府による支配のための重要な役割を担った。(c)仏教は形骸化していったが，現世利益を祈る神仏信仰は広まった。(d)西国三十三カ所，(e)四国八十八カ所などの札所参りも一般化し，(f)伊勢参宮も盛んに行われた。
　幕末の動乱の中では，幕藩的な社会秩序とは別の「世直し」を求める一揆も頻発したが，わが国でそれらが既成の社会秩序をくつがえすことはなく，エネルギーを発散させつつ消滅していき，それはむしろ，幕末・維新期に誕生した一神教的色彩をもつ新宗教の中にうけつがれていった。その中でも中山みきの創唱した　g　は，世直し的要素を強くもっている。また川手文治郎（赤沢文治）が創唱した　h　は，儀礼主義や方位・日柄などの俗信を否定し，(i)女性の地位についても開明的な考え方がみうけられる。　g　，　h　は，のちに明治政府の公認を求めて(j)教派神道とよばれた。

問a．下線部の意味する制度は何か。ふさわしいものを選びなさい。
　①国家護持制度　　②寺請制度　　③本山・末寺制度　　④本家・分家制度
　⑤家持制度　　⑥地方知行制度

問b．宗門改帳は戸籍の役割を果たしたが，明治政府がこれに代わって作製した最初の近代的戸籍の名称は何というか。
①国勢調査　②庚寅年籍　③壬申戸籍　④辛亥戸籍　⑤戊午戸籍
⑥子午戸籍

問c．仏教批判書である「出定後語」を書いた人を選びなさい。
①荻生徂徠　②山鹿素行　③青地林宗　④伊藤仁斎　⑤富永仲基　⑥山片蟠桃

問d．これは何を祀った霊場か。ふさわしいものを選びなさい。
①釈迦　②観音　③不動　④天照皇大神　⑤弘法大師　⑥日蓮上人

問e．これは何を祀った霊場か。ふさわしいものを選びなさい。
①釈迦　②観音　③不動　④天照皇大神　⑤弘法大師　⑥日蓮上人

問f．江戸時代に起きた60年神発説をもって知られる伊勢神宮への集団巡礼運動を何というか。ふさわしい語句を選びなさい。
①ええじゃないか　②お蔭参り　③逃散　④伊勢講　⑤秋葉講　⑥庚申講

問g．この空欄にふさわしい宗教を選びなさい。
①黒住教　②天理教　③金光教　④禊教　⑤大本教　⑥神理教

問h．この空欄にふさわしい宗教を選びなさい。
①黒住教　②天理教　③金光教　④禊教　⑤大本教　⑥神理教

問i．幕藩体制下では，家にあっては［ア］に従い，嫁しては［イ］に従い，夫死して後は［ウ］に従うという，三従の教えにみられるような，いわゆる男尊女卑の考え方が奨励された。

　この三つの空欄にあてはまる語句の組みあわせを，ア～ウの順で選びなさい。
①父―夫―子　②父―舅―姑　③父―夫―舅　④祖父―舅―姑
⑤父―夫―姑　⑥祖父―姑―子

問j．次のうちから教派神道13派の中に含まれない宗教を選びなさい。
①黒住教　②天理教　③金光教　④禊教　⑤大本教　⑥神理教

(明治学院大)

B　次の文章の空欄に，最も適当な語句を下記の語群から選び，記号をもって記入せよ。

　江戸時代には都市でも農村でも，庶民たちの生活向上の努力がみられる。その営みを象徴するもののなかに教育がある。庶民の自主的な教育機関として［１］がある。生活していくうえで必要な「読み，書き，そろばん」の能力を習得する場所として［２］ともよばれた。そのほかに，領主が庶民教育を目的として設立した学校もある。そのもっとも早い例は1670（寛文10）年に岡山藩が設立した［３］である。あるいは，地域の人びとが協力して資金を出しあって設立したものもあった。1717（享保２）年に摂津国でつくられた含翠堂は，その代表的なものであろう。これらの学校は公的教育機関としての性格をもっていたので，庶民の自主的な教育機関とは区別して［４］とよばれている。

　さらに，一般庶民の教養を高める動きもみられた。たとえば，［５］によって唱えられた心学は，弟子たちによって広められ，全国に講舎が建てられている。とくに18世紀の後半になると，京都の手島堵庵の弟子であった［６］が江戸に下り，関東・東北方面

への普及に努めた。

　江戸時代に教育が普及した，もうひとつの特徴として文字の書体の問題がある。江戸幕府は公用の書体として　7　を奨励したが，これが教育によって全国に普及したために，統一した文体・書体による情報の交換が可能になったのである。また，　1　の教科書である往来物の普及も見逃せない。これは　8　形式によって文章などを勉強する教科書の総称であるが，なかでも，南北朝〜室町時代につくられたといわれる　9　往来は，江戸時代に広く使用されている。江戸の戯作者たちのなかにも，新しい教科書をつくる動きがみられた。たとえば，駿河生まれの滑稽本作者で旅行記が得意であった　10　は，1815(文化12)年から10年余の間に，約60種類もの教材をつくり出版したといわれている。

〔語群〕ア．実語　イ．懐徳堂　ウ．学問所　エ．中沢道二　オ．広瀬淡窓
カ．式亭三馬　キ．算術所　ク．私塾　ケ．御家流　コ．道中
サ．小学校　シ．閑谷学校　ス．中井竹山　セ．出雲屋和助　ソ．寺子屋
タ．十返舎一九　チ．水府流　ツ．藩校　テ．読み書き所　ト．尺素
ナ．古義堂　ニ．庭訓　ヌ．石田梅岩　ネ．紀州流　ノ．郷学
ハ．柴田鳩翁　ヒ．手習い所　フ．書簡　ヘ．滝沢馬琴　ホ．日記

(成城大)

ポイント!!　幕藩領主からつね日ごろきびしい統制と監視を受けていた庶民は，その精神的な息苦しさをしばし忘れるために，遠国の霊山霊地を訪ねたり，多彩な祭礼に積極的に参加したり，幕末期の社会混乱から生まれた現世的な救済を説く「教派神道」に救いを見出したりした。代表的な「教派神道」の教祖や教義の概要を調べてみよう。

＊ ㉕ 飢饉と一揆

A　次の文章を読み，下記の設問に答えよ。

　江戸時代には大きな飢饉が4回あった。寛永・享保・天明・　a　の飢饉である。寛永の飢饉は1641(寛永18)年以降，西国を中心に病気による牛の大量死と干害などから起り，やがて東に進んで全国に広がっていった。大徳寺の僧侶　b　は，京都でも道路に飢人が多くあふれている様子を書簡に認めている。また武蔵国　c　城下の町人は，日本全国で5〜10万人が飢えのために死んだと記している。寛永の飢饉の際，百姓たちが少しでも生産力の高い土地や年貢の軽い土地を求めて(d)移動することを，幕府は例外的に認めた。それほどに(e)百姓たちは，すり切れた状態にあった。幕府や大名はこの飢饉を転機に，戦争を回避して平和を求め，河川普請などを行なって農業生産を高め奨励する　f　政策に切り換えていった。

　17世紀前半，各地で大小規模の開発が行なわれ，耕地面積は拡大し，これにともなって人口も増加した。江戸時代の発展期であった。しかし，18世紀に入り享保期になると，西国を中心にした大飢饉に見舞われた。1732(享保17)年は気候不順の上に，蝗虫が大量に発生し，大被害を受けた。蝗虫とは(g)イナゴやウンカなどの害虫である。享保の飢饉の餓死者は1万2000人，死牛馬1万4000疋と言われている。幕府は西国に米を輸送し

て対応策をはかったが，江戸の米価は逆に高騰して打ちこわしが発生した。この後，幕府は(h)救荒植物の栽培を奨励した。

　1782(天明2)年から，冷害に見舞われた全国の中で，とくに東北農村の凶作はひどかった。雑穀のほか，草木の芽など食糧になるものはすべて取り尽くしても不足したため，飢饉の惨状は筆舌に尽し難いものになった。北関東や東北に被害がとくに集中したのは　i　山の大噴火の降灰の影響もあった。しかし飢饉をそれ以上に激しくした原因は，百姓が一部の富裕者と多数の貧窮層に分かれていたため，貧窮層で貯えもなく，しかも賃金を得て食糧を購入していた層が直ちに深い飢饉状態に陥ったためである。それらに加えて，領主が江戸・大坂へ廻米したため，食糧の欠乏した自領域に供給が不足したことも原因した。しかるに，江戸の米価は高騰し続け，裏長屋居住の大工・左官などの職人層や鳶・車力などの　j　層などの米の消費者は，町奉行に訴えたが拒まれ，ついに米を買いしめていた米屋などを打ちこわした。これが天明の江戸打ちこわしである。天明の飢饉や打ちこわしは，(k)松平定信による寛政改革に大きな影響を与えた。

　幕府や諸藩による改革政治が行なわれたものの，農村の小作層や都市下層民にとっては抜本的な解決策とはならず，彼らは幕末に向けて全国で幾度もの(l)百姓一揆などに立ち上ることで年貢減免の要求を行なった。とくに，開港後の1866(慶応2)年には武州一揆と呼ばれる，武蔵国秩父郡上名栗村から起った百姓一揆・打ちこわしが広範な展開を示し，(m)一揆勢は横浜に向かい，各地で打ちこわしや(n)これを防ごうとする側との間に衝突を起した。この武州一揆は，江戸時代つまり幕藩制の世の中を改め直す，「世直し」の闘争であったと評価する学説もある。

〔設問〕　(1)　空欄aに適当な年号は何か。
　(2)　イ．空欄bの人物は紫衣事件によって処罰され，後に品川東海寺の開山となった。誰か。
　　　ロ．紫衣事件を一つのきっかけに後水尾天皇は譲位した。譲られた女帝は誰か。
　(3)　空欄cは歴代譜代大名の藩名となっている。この藩は1840(天保11)年三方領知替えで庄内藩への転封が命じられたことがある。どこか。
　(4)　下線部(d)に関して，原則として百姓は耕地を捨てて他の土地に移動することは禁じられていた。百姓たちが集団で土地を離れ，領主に対抗することを何と呼ぶか。
　(5)　イ．下線部(e)に関して，百姓にとっては年貢の重さの他に，領主である大名や旗本が戦争に赴く際，荷物運びなどに百姓を動員したことが負担となった。この百姓の労働力負担を何と呼ぶか。
　　　ロ．大名・旗本が，将軍から領知を受けた代償として担った軍事上の負担のことを何と呼ぶか。
　(6)　空欄fに適当な漢字2文字は何か。
　(7)　下線部(g)に関して，害虫から稲を守り，生産を高めるために，江戸時代の百姓は工夫をこらした。
　　　イ．害虫は悪霊によってもたらされたと考え，村中で鐘や太鼓を鳴らし，祭文を唱えて村外に追い払う信仰行事は何か。

ロ．享保飢饉以降，水田に油を浮かせ，害虫を落して殺す方法をとった。この油は何油を用いることが多かったか。
(8) 下線部(h)に関して，甘藷の栽培を勧めた幕臣は誰か。
(9) 空欄 i に適当な山は何か。
(10) 空欄 j に適当な語句は何か。
(11) 下線部(k)に関して，
  イ．古代からある義倉とともに，凶作に備えて村々に貯穀の施設を設けさせたが，この施設は何か。
  ロ．江戸の町入用を町会所に積立てさせ，飢饉に備えさせた。この制度は何か。
(12) 下線部(l)に関して，百姓一揆が領主階級に向けられた闘争であったのに対して，貧農層が村内の一部の富裕者や村役人に向けた闘争を称して何と呼ぶか。
(13) 下線部(m)に関して，江戸ではなく横浜に一揆勢が向かったのは，開港によって諸物価が高騰したことが理由の一つと考えられる。幕府は1860（万延元）年物価引下げのための法令を出した。その法令は何か。
(14) 下線部(n)に関して，武蔵国多摩郡日野などでは，武装した百姓が一揆勢を銃撃するなど殺傷した。
  イ．この武装した百姓を何と呼ぶか。
  ロ．百姓の武装と編制を建言した伊豆韮山の代官は誰か。
  ハ．日野出身の百姓で新選組に参加し，のちに五稜郭の戦いに死んだ人物は誰か。

（学習院大）

B 次のグラフは江戸時代の百姓一揆の件数を10年ごとに示したものである。下記の問いに答えよ。

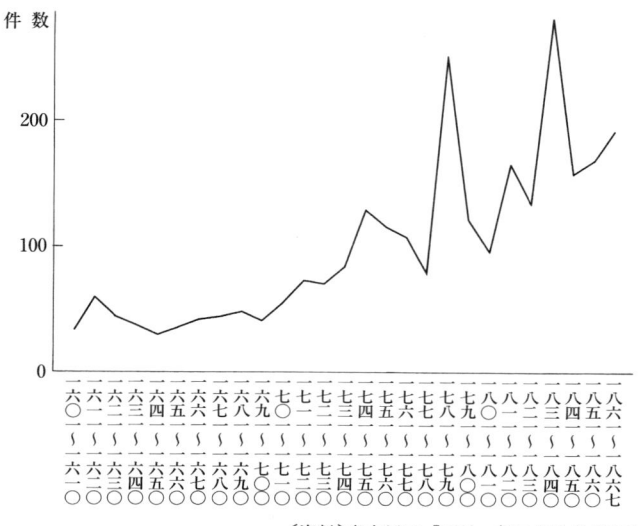

〔資料〕青木虹二『百姓一揆の年次的研究』

問1．1730年代〜1740年代に百姓一揆が増加しているが，これに関して誤っているものを下から選べ。
 (a) 大凶作となり，飢饉がおこった。
 (b) 凶作に備えて，甘藷の普及がはかられた。
 (c) 天領での年貢収納高が増加した。
 (d) 農民の要求にこたえて定免法を採用した。
 (e) 幕府によって倹約・新田開発の奨励・殖産興業などの政策がおこなわれた。

問2．1780年代と1830年代に百姓一揆が急増しているが，これに関して，次の組み合わせのうち，正しいものを下から選べ。
 (a) 1780年代──享保の大飢饉　　1830年代──天明の大飢饉
 (b) 1780年代──享保の大飢饉　　1830年代──天保の大飢饉
 (c) 1780年代──天明の大飢饉　　1830年代──天保の大飢饉
 (d) 1780年代──天明の大飢饉　　1830年代──安政の大飢饉
 (e) 1780年代──天保の大飢饉　　1830年代──安政の大飢饉

問3．1780年代，百姓一揆が増加する中で失脚した人物は誰か，下から選べ。
 (a)田沼意次　(b)松平定信　(c)荻原重秀　(d)柳沢吉保　(e)水野忠邦

問4．1830年代百姓一揆が増加するなかでおこった事件で，誤っているものを下から選べ。
 (a)生田万の乱　(b)大塩平八郎の乱　(c)モリソン号事件　(d)仙石騒動
 (e)浅間山の大噴火

問5．1830年代百姓一揆が急増した後におこなわれた政策として誤っているものを下から選べ。
 (a)上知令　(b)人返しの法　(c)株仲間の解散　(d)七分積金　(e)倹約令

問6．1860年代に再び百姓一揆が増加しているが，これに関して誤っているものを下から選べ。
 (a) 一揆の中で「世直し」が叫ばれた。
 (b) 一揆の要求の中に開国が加わった。
 (c) 一揆の原因の一つは，貨幣改鋳による物価高騰である。
 (d) 一揆の原因の一つは，軍用米徴発による米価の高騰である。
 (e) 都市でも打ちこわしが増加した。

問7．江戸時代初期の百姓一揆の特徴として，正しいものを下から選べ。
 (a)米買い占めに反対　(b)検地反対　(c)質地返還の要求　(d)専売制反対
 (e)村役人の排斥

問8．時期による百姓一揆の特徴の違いに関して，次の組み合わせのうち，正しいものを下から選べ。
 (a)前期──貧農の暴動　　中期──惣百姓一揆　　後期──代表越訴型一揆
 (b)前期──代表越訴型一揆　　中期──惣百姓一揆　　後期──貧農の暴動
 (c)前期──惣百姓一揆　　中期──貧農の暴動　　後期──代表越訴型一揆

(d)前期——惣百姓一揆　中期——代表越訴型一揆　後期——貧農の暴動
(e)前期——貧農の暴動　中期——代表越訴型一揆　後期——惣百姓一揆

問9．一揆の種類の説明として誤っているものを下から選べ。
(a) 越訴とは，農民の代表が順序を無視して上訴すること。
(b) 強訴とは，江戸時代中期以後，激しくなった百姓一揆を幕府が称したもの。
(c) 国訴とは，百姓一揆が郡や国単位の規模まで拡大したもの。
(d) 打ちこわしとは，米価高騰に抗議して農民が米屋などを襲うこと。
(e) 村方騒動とは，水利権をめぐって村と村が争うこと。

問10．百姓一揆の原因として誤っているものを下から選べ。
(a) 冥加金や御用金の制度を定めた。
(b) 地主や高利貸しと貧農との対立が激しくなった。
(c) 村役人と平百姓との対立が激しくなった。
(d) 年貢増徴や取り立てが厳しくなった。
(e) 凶作が続いて飢饉がおこった。
　　　　　　　　　　　　　　　　　　　　　　　　　　　（名古屋学院大）

ポイント!! 大飢饉による被害の実態や，百姓一揆・打ちこわしの実態を史料集などで具体的に調べてみよう。

＊ 26　列強の接近と対応策

A　この年表は，江戸後期の鎖国から開港にいたる国際関係に関するものである。空欄に，該当する事項を選んで記号を記入し，表を完成せよ。

1783（天明3）　工藤平助，「赤蝦夷風説考」を著す
1786（　6）　①
1787（　7）　松平定信，老中に就任
1791（寛政3）　②
1792（　4）　ロシア使節ラックスマン，根室に来航
1798（　10）　近藤重蔵，蝦夷・千島を探検
1800（　12）　③
1802（享和2）　幕府，蝦夷を直轄地とし，松前奉行を設置
1804（文化元）　レザノフ，長崎に来航，通商を要求
1808（　5）　④
1811（　8）　ゴローウニン事件
1825（文政8）　⑤
1828（　11）　⑥
1837（天保8）　⑦
1838（　9）　緒方洪庵，大坂に適塾を開く
1839（　10）　⑧
1840（　11）　阿片戦争おこる
1842（　13）　幕府，薪水給与令を発布，無二念打払令（異国船打払令）を廃止

1846（弘化3）　⑨
1853（嘉永6）　アメリカ使節，ペリー来航
1854（安政元）　幕府，日露和親条約，日米和親条約を締結
1856（　3　）　⑩
　　　　　　　　ハリス，アメリカ総領事，下田に着任
〔事項〕　A．モリソン号事件　　　B．シーボルト事件
　　C．フェートン号事件　　　D．蛮社の獄，高野長英ら処罰さる
　　E．外国船処置令（長崎回航令）の制定　　F．幕府，無二念打払令を制定
　　G．アメリカ使節，ビッドル来航　　H．伊能忠敬，蝦夷地を測量
　　I．幕府の洋学所，蕃書調所と改称　　J．林子平，「海国兵談」を著す　　（明治大）

B　以下の文章を読み，各問いに答えよ。
　外圧の接近とともに，幕政に警鐘を鳴らしたのは，海防論であった。田沼時代には，工藤平助が，(イ)「赤蝦夷風説考」を著して蝦夷地経営の必要性を論じ，寛政時代には，林子平が，(ロ)「三国通覧図説」，「海国兵談」を著して海外事情を解説するとともに海防を厳にすべきことを論じた。他方，このころ富国のために貿易の必要を説くいわゆる重商主義者たちも開国の必要を説き始めた。（ ハ ）は，「西域物語」などの多くの著書を通じて，西洋諸国の情勢を述べるとともに，一国の経済は孤立して存在できないとして積極的な海外貿易論を説いた。文政年間には，佐藤信淵が，全15巻からなる（ ニ ）を著して積極的な貿易振興・海外計略論を展開して，幕府の鎖国政策を批判した。天保期にはいると蘭学者の間から開国論を説く者が現れた。渡辺崋山，高野長英，小関三英らは，（ ホ ）をつくって蘭学を研究し，開国の必要性を説いた。彼らは，モリソン号事件における幕府の対応を批判し，これがきっかけとなって幕府の厳しい弾圧を受けることとなった。いわゆる蛮社の獄である。
問1．(イ)の著書にある「赤蝦夷」とは，何を指すか。
問2．(ロ)の著書に言う「三国」とは，蝦夷地，琉球ともう一ケ国はどこか。
問3．(ハ)にあてはまる人名を書け。
問4．(ニ)にあてはまる書名を書け。
問5．(ホ)にあてはまる会の名を書け。
　　　　　　　　　　　　　　　　　　　　　　　　　　　　　　　　　（早稲田大）

ポイント!!　①ロシア・イギリス・アメリカなど列強の日本接近がいつ，どのようにはじまったか，②幕府はこれに対しどう対応したか，③また知識人はどんな反応を示したか，に分けて年表を作成してみよう。

＊㉗　江戸時代経済史

次の文を読み，下記の設問A～Cに答えよ。
　江戸時代に入り1)経済が発達してくるにつれ，2)江戸・大坂・京都や全国の3)城下町は大消費地として大量の物資が往来し，経済の中心地となっていった。商品の円滑な流通のため，主要商品には専門の卸売市場が設けられるようになり，4)商人の分業も進んでいった。幕府や諸藩は，年貢米や特産物を売りさばくため，江戸・大坂に蔵屋敷を

置いた。蔵屋敷に収められた年貢米や特産品などは蔵物と呼ばれ，蔵物の売却代金の保管や藩への送付にあたる商人は（　イ　）と呼ばれた。さらに，江戸では，旗本，御家人の俸禄米をとりあつかう（　ロ　）が繁栄した。

　こうした大量の商品流通が可能となった背景には交通網の発達があった。幕府は陸上交通の整備をはやくから手がけ，幹線道路として，いわゆる5) 五街道を整備していった。街道には，1里ごとの道標となる6) 一里塚が整備された。東海道の7) 箱根などの交通の要所には関所がおかれ，通行には関所手形が必要とされた。主要街道には宿駅（宿場）が設けられ，大名らが宿泊する本陣・脇本陣や，一般旅行者のための旅籠・木賃宿などがならんだ。各宿には公営の人馬貨物の逓送機関である〔　あ　〕がおかれた。街道は役人や公用の荷物が優先され，宿駅に常備された人馬が不足した場合は，8) その近辺の村が人馬を提供する制度があった。また，飛脚も発達し，書簡，金銀や小荷物をあつかった。飛脚には，幕府の文書・小荷物をあつかう（　ハ　）飛脚や民間による町飛脚などがあった。

　大量の商品流通には，水運・海運が利用された。このため，幕府は，陸上交通の整備と平行して水路や航路の整備をすすめていった。17世紀はじめには，（　ニ　）に富士川・高瀬川など内陸と海を結ぶ水路を開発させ，17世紀なかばには，（　ホ　）に日本海沿岸部と大坂をむすぶ9) 西廻り航路と，奥羽と江戸をむすぶ東廻り航路を整備させた。これらの海上交通の発達によって，大量の物資の輸送が可能となり，諸産業の発展がもたらされた。

　このように，交通網の発達に支えられて経済が発展してきたが，その逆に，商品流通の増大が交通網の発達をますます後押しするという効果もあった。

　商品流通網の整備とともに，金融制度も整備されていった。1601年以後，〔　い　〕と総称される金貨・10) 銀貨が発行されていたが，その後も貨幣鋳造権は幕府に独占された。金座・銀座および〔　う　〕座が設けられ，金，銀などの三貨が鋳造された。これら三貨の換算率は公定されていたが，実際には改鋳などによって換算率が変動した。都市には11) 両替商があらわれた。両替商の多くは商人であり，両替のほかに為替・貸し付けなどの業務も行い，金融機関の役割を果たした。独自の商品で富を得て両替商を兼ねて発展した豪商として，また，江戸の呉服商として発展し，後の三越百貨店につながる（　ヘ　），大坂の豪商であったが，豪奢な生活にふけったために財産を没収された（　ト　）などがあげられる。

A　文中の空所（　イ　）～（　ト　）にあてはまる適当な語句を，それぞれ対応する次のa～dから1つずつ選び，その記号を答えよ。
　(イ)　a．掛屋　　b．蔵元　　c．在方商人　　d．札差
　(ロ)　a．掛屋　　b．蔵元　　c．在方商人　　d．札差
　(ハ)　a．定　　b．大名　　c．継　　d．三度
　(ニ)　a．池田光政　　b．角倉了以　　c．河村瑞賢　　d．杉本茂十郎
　(ホ)　a．池田光政　　b．角倉了以　　c．河村瑞賢　　d．杉本茂十郎
　(ヘ)　a．越後屋　　b．紀伊国屋　　c．天王寺屋　　d．平野屋

(ト)　a．鹿島屋　　b．鴻池屋　　c．奈良屋　　d．淀屋

B　文中の空所〔あ〕〜〔う〕それぞれにあてはまる適当な語句をしるせ。
C　文中の下線部1)〜11)にそれぞれ対応する次の1〜11に答えよ。
 1．江戸時代の経済の発達には農業の発展も寄与した。農業技術の向上に大きな役割を果たした，ⅰ)『農業全書』，ⅱ)『農具便利論』という2つの農書の作者を，それぞれ対応する次のa〜dから1つずつ選び，その記号を答えよ。
　　ⅰ．a．大蔵永常　　b．田中丘隅　　c．二宮尊徳　　d．宮崎安貞
　　ⅱ．a．大蔵永常　　b．田中丘隅　　c．二宮尊徳　　d．宮崎安貞
 2．江戸の人口は18世紀はじめには武士，町人などをあわせて何人に達するまでになっていたか。次のa〜dから1つずつ選び，その記号を答えよ。
　　a．50万人　　b．100万人　　c．200万人　　d．300万人
 3．江戸時代には，城下町の他，宿場町などの町が発展したが，商品経済の進展とともに農村に成立した商工業集落を総称して何と呼ぶか。その名をしるせ。
 4．商人の分業が進んだ結果，3者からなる流通機構の体制が整備された。その3者のうち，問屋を除く2つの名をしるせ。
 5．五街道のうち，東海道，中山道，甲州道中，日光道中以外の街道の名をしるせ。
 6．どこを起点として1里ごとの塚が築かれたか。起点となった地名をしるせ。
 7．箱根関などの関所において特に厳しく取り締まった2つのことを，漢字3字と漢字2字で，それをしるせ。
 8．こうした夫役を何と呼ぶか。その名をしるせ。
 9．江戸中期以後，西廻り航路で活躍した，北海道，東北の物資を日本海各地に寄港し，下関を廻って大坂などに輸送した船を何と呼ぶか。その名をしるせ。
 10．江戸時代の銀貨に代表される，取引の際，目方を計り品位を確かめてから授受される貨幣を何と呼ぶか。その名をしるせ。
 11．十人両替が支配した，金銀の交換や為替・貸付業務を行う両替商を何と呼ぶか。その名をしるせ。
（立教大）

❷⓼　近世史の地名

次の各項の下線をほどこした部分について，下記の語群のなかから適当なもの，またその位置を地図上に示した地点(A〜T)のなかから選び(問1)，かつ□□□のなかに適当な語句を入れなさい(問2)。

(1)　1543年，□1□が九州の南方の種子島に漂着したのが，日本人がヨーロッパ人に接した始めである。そして1584年，□2□が，(ⅰ)この地に来て貿易を始めた。輸出品は刀剣，海産物，漆器などで，輸入品は鉄砲，火薬，鉄，鉛などであった。
(2)　(ⅱ)この地の大名はいわゆるキリシタン大名の一人で，ローマへの少年使節の一人，伊東マンショは彼が派遣したものである。
(3)　18世紀にはいると，ロシアは日本近海に姿をあらわしてきたが，1792年には□3□が(ⅲ)この地に来て通商を求めた。

(4) (iv)この地の医者　4　は封建社会を批判し，自然世の理想をといた。
(5) 西南の役にさきだち，前原一誠らが，(v)この地で乱をおこしているが，ここは日本海に面した城下町としても知られているところである。
(6) (vi)この地の藩主，　5　は老中となり，多くの改革をしたが，聖堂では　6　以外の講義をすることを禁じた。
(7) 幕末に平野国臣が尊王攘夷の名をかりて挙兵した(vii)この地は，また江戸幕府直営の鉱山のあったところとしても知られている。
(8) 緒方洪庵が(viii)この地に開いた適塾からは福沢諭吉らの俊秀が輩出した。
(9) 尊王攘夷運動は，はげしさを増し，外国人の殺傷事件もおこった。島津久光の行列を横切って，イギリス人が殺傷されたのは(ix)この地であった。

〔語群〕イ．根室　ロ．新居　ハ．平戸　ニ．山口　ホ．函館　ヘ．生麦
ト．新潟　チ．宮崎　リ．府内　ヌ．長崎　ル．八戸　ヲ．大坂
ワ．仙台　カ．萩　ヨ．金沢　タ．生野　レ．下田　ソ．坊津
ツ．白河　ネ．高知

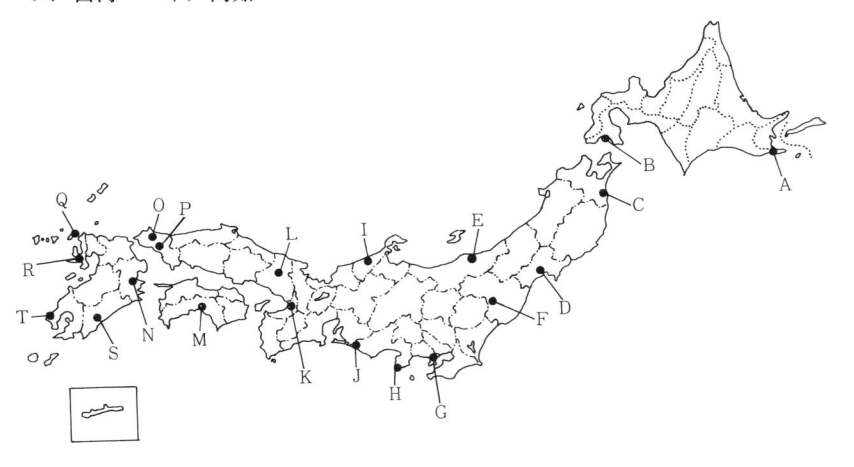

（青山学院大）

ポイント!! 歴史事項は必ずそのつど地図と年表にあたっておこう。歴史を学習するにあたっては，5W1H（when〈いつ〉，where〈どこで〉，who〈だれが〉，what〈何を〉，why〈なぜ〉，how〈どうしたか〉）を常に念頭において学習するよう心がけておこう。

㉙ 近世史総合

次のA～Cを読み，下記の問1～15に答えよ。歴史的用語・人名・地名は，特別な指示がない限り漢字で正しく記せ。

A　ヨーロッパ文化は，戦国時代末に日本に入ってきたが，その流入の担い手となったのはポルトガル・スペイン人の宣教師たちで，(1)かれらは布教活動にともない様々な技術を伝えた。江戸幕府はキリスト教を恐れ，いわゆる鎖国政策をとったため，ポ

ルトガル・スペインなどからの文化流入は途絶え，ヨーロッパ文化の流入はオランダを介した細々としたものになった。(2)幕府は，オランダを介してヨーロッパの事情を知ることができたが，これは幕府の中枢部と関係者以外には秘密とされた。18世紀はじめには，(3)新井白石が，屋久島に潜入して捕えられた宣教師　a　を尋問したり，オランダ人と面談したりして海外事情について書物にまとめたが，これも幕府内部の関係者しか閲覧できなかった。その後，(4)8代将軍吉宗が，漢訳洋書の輸入制限を緩和し，青木昆陽らにオランダ語を学ばせたことをきっかけに，オランダ語の書物を介したヨーロッパの学術文化の流入が拡大した。この後，19世紀半ばの開港にいたるまで，ヨーロッパの学術・文化の摂取は，もっぱらオランダの書物を介して，すなわち蘭学として行われることとなった。

B　江戸時代においても，商工業者は，(5)自分たちの営業に関する共通の利害に対処し，営業秩序を維持するための同業者のまとまりをつくっていた。それらは一般に仲間と呼ばれる。(6)当初，江戸幕府は，原則的には仲間を公認しなかったが，8代将軍吉宗の時代になると，物価引き下げなど商業統制を目的として，諸職人や諸問屋の仲間を公認しはじめた。さらに，(7)田沼時代になると，幕府は　b　　c　を目的に積極的に仲間を公認し，営業の独占をみとめた。こうして公的に認められ，構成員の数を限定した仲間が株仲間とよばれた。(8)天保の改革で，株仲間は解散を命じられたが，10年後には再興令が出された。明治になって，株仲間は最終的に廃止されたが，株仲間のもっていた営業秩序維持の機能の一部は，同業組合に引き継がれていった。

C　徳川内府，従前御委任ノ大政返上，　d　職辞退ノ両条，今般断然聞シメサレ候，抑癸丑以来未曾有ノ国難，先帝頻年宸襟ヲ悩マセラレ候次第，衆庶ノ知ル所ニ候，之ニ依リ，叡慮ヲ決セラレ，王政復古，国威挽回ノ御基立テサセラレ候間，自今　e　　f　等廃絶，即今先ヅ仮ニ　g　　h　　i　ノ三職ヲ置カレ，万機行ハセラルベク，諸事神武創業ノ始メニ原ツキ，縉紳，武弁，堂上，地下ノ別無ク，至当ノ公議ヲ竭シ，天下ト休戚ヲ同ジク遊バサルベキ叡念ニ付キ，各勉励，旧来ノ驕惰ノ汚習ヲ洗ヒ，尽忠報国ノ誠ヲ以テ，奉公致スベク候事，……

問１．文章Aの空欄aに入る人名と，その出身地の現在の国名をカタカナで記せ。

問２．下線部(1)に関し，宣教師ヴァリニャーニが，布教のために伝えた技術で，その後江戸時代になって廃れ，幕末以後改めて発展した技術がある。その技術の名称と，幕末・明治維新期における第一人者の名称を記せ。

問３．下線部(2)に関し，オランダ船来航のたびに長崎のオランダ商館長が幕府に提出した海外事情に関する報告書の名称を記せ。

問４．下線部(3)に関し，新井白石が海外事情について著述した書物の名称を二つ記せ。

問５．下線部(4)に関し，吉宗が漢訳洋書の輸入制限を緩和し，青木昆陽らにオランダ語を学ばせた理由について30字以内で記せ。

問６．蘭学成立を象徴するとされる，1774年に翻訳・刊行された医学書は，なんというオランダの医学書を翻訳したものか。その名称をカタカナで記せ。

問７．文章Bの空欄b，cに入る適当な語句を記せ。

問8．下線部(5)に関し，上方からの下り物を扱う江戸の問屋たちが，船の難破などの共通の課題に対処するために，1694年に結成した，問屋仲間の連合体の名称と，その仲間が利用した廻船の名称を記せ。

問9．下線部(6)に関し，江戸幕府が当初，仲間を公認しなかったのは，織豊政権の商工業政策を受け継いだためといわれる。この織豊政権の商工業政策は何と呼ばれているか。漢字4文字で記せ。

問10．下線部(7)に関し，18世紀後半には，幕府の専売のもとに，いくつかの商品を扱う座が設けられた。そのうちの一つの名称を記せ。

問11．下線部(8)に関し，㋑幕府が株仲間の解散を命じた政策意図と，㋺株仲間解散令によって実際に起こった事態について，それぞれ30字以内で説明せよ。

問12．文章Cの空欄d〜iにはいる適当な語を記せ。いずれも漢字2字である。

問13．文章Cは，歴史上，王政復古の大号令と呼ばれているが，これを発するのに最も指導的な役割を果たした公家の名前を記せ。

問14．文章Cが発せられた日の夜，京都御所で行われた会議を小御所会議というが，そこで決まったことを簡潔に記せ。

問15．文章Cの空欄g〜iには，公家のほか，有力な藩の藩主および藩士が任ぜられたが，この中には，明治維新政府において主導的な役割を果たしていくことになる，ある藩が含まれていない。その藩の名称を記せ。

（埼玉大）

Ⅳ 近・現代史

＊❶ 開国とその影響

　次の文章は，わが国の開国について述べたものである。文章を読み，問1～10に答えなさい。

　1844（弘化1）年のオランダ国王の開国勧告や，1846（弘化3）年のアメリカ東インド艦隊司令官ビッドルによる通商条約の締結要求にもかかわらず，江戸幕府は開国に踏み切らなかった。しかし，1853（嘉永6）年，武力を背景にしたアメリカのペリーが来航するに及んで開国を余儀なくされ，翌年，通商条約の布石ともいえる日米和親条約が締結された。その後，引き続きイギリス，①ロシア，オランダとも同様の和親条約が結ばれた。そして，1858（安政5）年，アメリカとの間に②日米修好通商条約が調印されると，日本をとり巻く国際情勢，とりわけ外国貿易は急激な変化をとげていった。

　この通商条約にもとづき，翌1859（安政6）年から横浜・　ア　・長崎の3港で貿易が開始された。貿易の相手国は，輸出入額とも　イ　が圧倒的な地位を占め，貿易港では横浜の比率が高かった。『横浜市史』によると，その横浜でとり扱った1865（慶応1）年の主要輸出入品割合では，輸出品は1位が生糸，2位が　ウ　となっており，また，輸入品は1位が　エ　，2位が綿織物となっている。

　開国当初は輸出超過で，主要輸出品の生産が追いつかず，国内向けの物資が不足して物価騰貴がおこった。加えて，外国と日本との金銀比価のちがいにより，経済界は大いに混乱した。

　また，貿易の進展は，当然ながら商品経済の発展にも大きな影響を及ぼした。とくに輸出品1位の生糸の場合，大量の生糸が国外へ輸出されたため，主要な絹織物産地である京都西陣や　オ　などでは深刻な原料不足となった。さらに，江戸など大都市の特権商人を中心とする従来の商品流通機構が，しだいにくずれはじめていった。代わりに輸出品の生産地と直接結びついた在郷商人・貿易商人などが成長してきた。この事態に対して，幕府は，1860（万延1）年，③五品江戸廻送令を発して切りぬけようとした。この法令により，幕府は貿易の統制をはかり，物価の上昇をおさえるため，5品の横浜直送を禁止し，江戸の問屋を経由して輸出することを命じた。しかし，これは外国や在郷商人などの反対にあって，ほとんど効果があがらなかった。

問1．空欄アに当てはまる最も適切な地名を，次の語群（a～d）の中から1つ選び，その記号を答えなさい。
　a．新潟　　b．兵庫　　c．箱館　　d．下田

問2．空欄イに当てはまる最も適切な国名を，次の語群（a～d）の中から1つ選び，その記号を答えなさい。
　a．ロシア　　b．アメリカ　　c．イギリス　　d．オランダ

問3．空欄ウに当てはまる最も適切な品名を，次の語群（a～d）の中から1つ選び，そ

の記号を答えなさい。
　a．茶　　b．呉服　　c．銅　　d．水油

問4．空欄エに当てはまる最も適切な品名を，次の語群（a～d）の中から1つ選び，その記号を答えなさい。
　a．紡績機械　　b．毛織物　　c．薬品　　d．鉄鉱石

問5．空欄オに当てはまる最も適切な地名を，次の語群（a～d）の中から1つ選び，その記号を答えなさい。
　a．久留米　　b．小千谷　　c．小倉　　d．桐生

問6．下線部①に関して，この条約に調印したロシア使節はだれか。その人物の名前を，次の語群（a～d）の中から1つ選び，その記号を答えなさい。
　a．プチャーチン　　b．レザノフ　　c．ゴローウニン　　d．ラクスマン

問7．下線部②に関して，日米修好通商条約の説明文として誤っているものはどれか，次の文（a～d）の中から1つ選び，その記号を答えなさい。
　a．幕府は，和親条約により来日したハリスの要求をうけ入れてこの条約を締結したが，続いてオランダ・ロシア・イギリス・フランスともほぼ同じ条約を結んだ。これを安政の五カ国条約という。
　b．ハリスは，清国のアロー号事件などの経過を説いて，とくにイギリスの脅威を強調し通商条約を強くせまった。そこで，大老井伊直弼は勅許をえた上で，やむなくこの条約に調印した。
　c．幕府は，この条約の批准書を交換するため，外国奉行新見正興を主席全権としてアメリカに派遣した。このとき，勝海舟を艦長とする幕府軍艦咸臨丸が随行して，日本船として最初の太平洋横断に成功した。
　d．この条約では，通商は自由貿易を原則としたが，外国人居住区内での領事裁判権を認め，関税についても日本に税率の決定権がなく，相互で協定して税率を決めるという条項が含まれるなど不平等条約であった。

問8．下線部③に関して，5品の組み合わせとして最も適切なものはどれか，次の組み合わせ（a～d）の中から1つ選び，その記号を答えなさい。
　a．水油・雑穀・茶・生糸・呉服
　b．水油・蠟・雑穀・生糸・塩
　c．水油・蠟・呉服・生糸・酒
　d．水油・蠟・雑穀・生糸・呉服

問9．開国前後の政治に関する記述として誤っているものを，次の文（a～d）の中から1つ選び，その記号を答えなさい。
　a．1853（嘉永6）年のペリーの強い開国要求に対して，老中首座阿部正弘は，旧例を破って諸大名や幕臣に意見を求めるとともに，朝廷へも報告した。このことは，諸大名や朝廷に幕政に対する発言権をもたせるもととなった。
　b．薩英戦争などの経験から倒幕に傾いた薩摩・長州を支援するイギリスと，対日外交の主導権をにぎろうとするフランスが対立したが，幕府はフランスの支援をう

けて幕政改革を進めた。その一環として横須賀製鉄所を建設した。
c．大塩平八郎の乱と同年に、日本人漂流民の送還と通商を求めて来航したアメリカ商船モリソン号が、異国船打払令によって撃退された。この事件について高野長英が『慎機論』を著して、幕府の方針を批判したため弾圧された。
d．日露和親条約では、千島列島の択捉以南を日本領とし、得撫島以北をロシア領とすること、また、樺太は両国人雑居の地として国境を定めないことがとり決められた。

問10．開国前後の経済に関する記述として誤っているものを、次の文（a～d）の中から1つ選び、その記号を答えなさい。
a．輸出入品の取引は、修好通商条約で一般外国人の国内旅行が禁止されていたため、開港場に設けられた外国人居住区において外国商人と日本商人との間で行われた。これを居留地貿易という。
b．幕府は、外国と日本との金銀比価の相違による金貨の海外流出を防ぐため、万延小判を鋳造して品質を上げた。そのためかえって金貨の価値を増すことになり、急激な物価の下落をまねいた。
c．開港により外国と日本との金銀比価の相違から金貨が海外に多量に流出した。日本の金銀比が1：5であるのに対し、外国では1：15であったため、外国商人は銀貨を日本に持ちこみ、日本の金貨を安く入手することができた。
d．開港は、従来の商品流通機構にも影響を及ぼし、各地の生産者から在郷商人を経て集荷された輸出商品を外国商人へ販売する貿易商人が成長してきた。その貿易商人のことを売込商という。

(神奈川大)

ポイント!! 開国と貿易の開始により日本の封建制度は激しく動揺した。その経済的・社会的・政治的影響を具体的に調べてみよう。

＊ ❷ 幕末の政局

以下の文章を読み、空欄□□□と傍線部について、下記の設問に答えなさい。また、空欄（ア～ト）に最も適当な語句を記入しなさい。

1854（安政元）年、日米和親条約が結ばれ、200余年にわたった幕府の鎖国政策は打破された。この開国によって日本は、経済的にも軍事的にも大きな格差のある欧米諸国と交渉をもたざるを得なくなったのである。国内の政治や社会の機構を変革しなければ、（ア）されてしまうことは必至であった。しかしその変革が、王政復古という形で実現するためには、複雑な政治過程をたどらねばならなかった。
（イ）問題や通商条約の調印をめぐる対立は、幕政反対派への弾圧である、①安政の大獄をもたらし、それはまた（ウ）をひきおこした。この後、幕政の中心にすわった老中（エ）は、傷ついた幕府の権威を回復するため、朝廷と融和をはかる②公武合体政策を進めた。しかしその政策は、尊王攘夷論者から非難され、信正は、（オ）によって失脚した。その後も、薩摩藩の（カ）は、独自に公武合体運動をおし進め、勅使とともに江戸へ下り、幕政改革を要求した。幕府もその意見を入れて、③一連の改革をおこ

なった。
　しかし京都では，長州藩を中心とする尊王攘夷運動が高まり，勅諚によって幕府にせまり，1863（文久3）年5月10日を（キ）決行期日と決定させた。長州藩は，同日ただちに下関海峡で外国船を砲撃した。同年7月には，薩摩藩も，前年イギリス人が殺傷された｜④｜の報復のため，鹿児島湾に侵入したイギリス艦隊とはげしい戦闘をまじえた。しかしあまりに急激な尊王攘夷運動は反発をよびおこし，公武合体派は同年，薩摩藩・会津藩の兵力を中心に（ク）の政変をおこし，長州藩士や尊王攘夷派の（ケ）を京都から追放した。翌年の（コ）でも敗退した長州藩に対して，幕府は征討の軍を出した。折からイギリス・フランス・アメリカ・オランダの四国連合艦隊も下関の砲台を攻撃した。長州藩の内部では保守派が台頭し，幕府に降伏した。
　こうした状況のなかで（キ）の不可能なことはしだいに明らかになってきた。長州藩では，高杉晋作が⑤新しく編成した武力によって保守派を打倒し，藩の実権をにぎった。高杉らは，藩政の改革につとめるとともに，（サ）に接近し，藩論を討幕にきりかえた。また，薩摩藩でも（シ）後，開明策をとって（サ）に接近し，反幕の方向に転じた。一方，（ス）の支援をうけて軍事力を強化した幕府は，長州藩が降伏条件を守らないことを理由に，再度長州藩の征討をはじめた。そこで長州藩は，これまで反目してきたけれども，開国進取に転じた薩摩藩と連携する必要を生じた。この形勢をみて，反幕勢力の結合を策した土佐藩の⑥坂本龍馬・（セ）らの仲介で，1866（慶応2）年に（ソ）が成立した。戦闘の開始とともに，戦況は幕府軍に不利に展開し，幕府は将軍家茂の病死を理由に長州征討を中止した。15代将軍となった徳川慶喜は，フランス公使（タ）などの助言を得て，幕政の改革を進めた。
　1867（慶応3）年，前年から連合していた薩長両藩は，公家の（チ）らとむすんで武力討幕の計画をはかり，同年10月14日に｜⑦｜をうけた。しかし，将軍慶喜も，公武合体の立場から時局の平和的収拾を主張する土佐藩のすすめを受け入れ，同じ10月14日，朝廷へ（ツ）を申し出た。翌日，朝廷はこれを受理したが，討幕派は満足せず，12月9日に政変をおこして，次のような（テ）の大号令を発し，天皇中心の新政府を樹立した。
「徳川内府，従前御委任ノ大政返上，将軍職辞退ノ両条，今般断然聞シメサレ候，抑⑧癸丑以来未曾有ノ国難，⑨先帝頻年宸襟ヲ悩マセラレ候次第，衆庶ノ知ル所ニ候，之ニ依リ，叡慮ヲ決セラレ，王政復古，国威挽回ノ御基立テサセラレ候間……」
　さらに新政府は，同日夜，慶喜に（ト）を要求することを決定したため，翌年正月から一連の⑩戊辰戦争となった。しかし，慶喜は，新政府に絶対恭順の態度をとったため，ここに全国合同の道がひらかれたのである。

設問　（解答にさいし，字数などは〈　〉の指示にしたがいなさい。）
① 　刑死した吉田松陰が，多くの人材を育てた教育機関を何といいますか。〈漢字4字〉
② 　この政策によって，将軍家茂の夫人となったのは誰ですか。〈漢字2字〉
③ 　この改革で，会津藩主松平容保が就任した幕府の役職を何といいますか。〈漢字

④ 空欄にあてはまる適当な語句を記入しなさい。〈漢字4字〉
⑤ 1863年に編成されたこの組織を何といいますか。〈漢字3字〉
⑥ 彼が起草させ，土佐藩の大政奉還論の素案になったとみられているものを何といいますか。〈漢字4字〉
⑦ 空欄にあてはまる適当な語句を記入しなさい。〈5字〉
⑧ いつのことですか。〈算用数字4字〉
⑨ 誰のことですか。〈漢字4字〉
⑩ 新政府軍の先鋒の隊長として東山道を進撃し，年貢半減を布告したため，偽官軍として処刑された悲劇の人物は誰ですか。〈漢字4字〉

(京都産業大)

ポイント!! 激動する幕末政治史の動きを幕府・雄藩・朝廷・志士・庶民の欄に分けて年表にまとめ，その相互の対立抗争や協調・同盟の過程を考察しよう。また，幕末・維新の政治過程に一般庶民はどの程度参加したのか，幕府はなぜ大政奉還に踏み切ったのか，明治新政府はどのようにして成立したのか，等々の視点から幕末・維新期の社会状況を検討してみよう。

＊❸ 明治前期の官制・軍制改革

A　次の文章に関する設問①～⑫について，最も適当な語句を記入せよ。

　1867(慶応3)年10月，将軍慶喜は大政奉還を申し出て，朝廷はこれを受け入れ，12月に王政復古の大号令が発せられた。これによって幕府・摂政および関白を廃止して，新しく天皇の下に①三職を設けた。同じ日最初の②三職会議が開かれ，前将軍に③辞官・納地を命令することになった。1868(慶応4)年3月に④五箇条の御誓文を公布して，新政府の方針を内外に示した。ついで政府は閏4月に⑤政体書を公布して，政府組織を定めた。1869(明治2)年6月，⑥版籍奉還が行われ，7月には⑦官制改革が実施された。さらに1871(明治4)年名実ともに集権体制を確立するために⑧⑨廃藩置県が断行され，⑩官制も改革された。そして1885(明治18)年には，太政官制を廃して⑪⑫内閣制度を創設した。

設問　⑥⑧⑨の解答は該当の番号で，④の解答は漢字とひらがなを用い，他はすべて漢字で記入のこと。
① 三職のうち雄藩の藩士が任命された職名を記せ。
② この会議を別名何というか。
③ 辞任を求められた官職は何か。
④ これとあわせて出された庶民統治の方針を示したものは何か。
⑤ 政体書の中の立法機関を何というか。
⑥ 版籍奉還について述べたa・b・cの文のうち，正しいものを○，誤りを含むものを×であらわすと1～8の組み合わせができる。それぞれどの組み合わせにあたるか。番号を1つ選べ。
　1．○○○　　2．○○×　　3．○×○　　4．○××　　5．×○○

6．×○×　7．××○　8．×××
a．「版」は土地、「籍」は人民を意味し、諸藩主が、朝廷に対して土地と人民の「奉還」を願い出た。
b．はじめ、薩摩・長州・土佐・肥前の有力4藩主が、朝廷に対して版籍奉還を願い出た。
c．新政府のねらいは成功し、藩が解体して全国的な支配が実質的に完成したが、旧藩主には家禄が支給された。
⑦　司法を掌る機関を何というか。
⑧　廃藩置県について述べたa・b・cの文のうち、正しいものを○、誤りを含むものを×であらわすと1～8の組み合わせができる。それぞれどの組み合わせにあたるか。番号を1つ選べ。
1．○○○　2．○○×　3．○×○　4．○××　5．×○○
6．×○×　7．××○　8．×××
a．旧藩主は罷免され、東京居住を命じられたため、各地で農民を巻き込んだ反対一揆が起こった。
b．藩が全廃されて中央集権的な統一国家が成立したため、以後国内に藩とよばれる地域が存在することはなかった。
c．廃藩置県とよばれ、薩摩・長州・土佐藩が提供した軍事力を前提として、改革が断行された。
⑨　廃藩置県の前後の時期にあたる、1868～1873年における新政府の諸政策について述べた次の1～4の文のうちから、誤りを含むものを1つ選べ。該当するものがなければ5と記せ。
1．新政府は廃藩置県の後、太政官を正院・左院・右院の3院とし、各省を正院のもとにおいて支配機構の整備をはかった。
2．新政府は、その基本方針を五箇条の誓文によって示した後、政体書を公布して太政官を中心とする政治体制をつくりあげた。
3．新政府は、財政の基礎を固めるため土地税制の抜本的改革をはかり、田畑永代売買禁止令を廃止した後、地租改正条例を公布した。
4．新政府は祭政一致をねらい、神仏分離令を発して神仏習合を禁止し、再興した神祇官を太政官の上位においた後に、大教宣布の詔を出して布教活動を積極化した。
⑩　各省の行政上の連絡機関を何というか。
⑪　このとき内閣の外におかれた省庁がある。何というか。
⑫　天皇の側近にあって、常に天皇を補佐する官職にある者が、職務を行う機関を何というか。

(早稲田大・東洋大)

B　次の文を読み、設問に答えよ。
　寛永年間からおよそ　A　年にわたって鎖国政策を取り続けてきた幕府も内外の圧力から政策の転換を行い、近代兵器を輸入する一方、洋式の機械工場を設立して兵制の改

革をはかった。しかし，ⓐ封建制の根本的変革を抜きにしては本格的な軍制の改革は不可能であった。
　西国雄藩の藩兵を主力として倒幕を果たした明治政府にとって，近代軍の整備は緊急の問題であった。戊辰戦争を遂行した諸藩の藩兵を解体し，新たに徴兵により政府軍を再編成するという課題に対して，最初の明確な見取図を提示したのは兵部大輔　ア　である。　ア　暗殺後，兵部少輔となった　イ　は，現実との妥協をはかりながら陸軍の基礎を固めた。政府は，まず1871（明治4）年に薩長土の3藩から御親兵を募り，この武力を背景として一挙に　B　を強行し，藩兵を解体して全国の兵権を兵部省に集中した。そして翌1872年，兵部省を陸軍省と海軍省に分割整備する一方，徴兵告諭をだして国民皆兵の必要性を述べ，あくる1873年1月にⓑ徴兵令を公布した。そして，政府は西南戦争の勝利を転機として日清戦争にいたる過程で次々と大幅な軍制の改革を行った。
　日清戦争の勝利は軍の地位を高め，来るべき戦争に備えて軍備の大規模な拡張が行われた。これと並行して，1900（明治33）年　イ　内閣は軍部大臣現役武官制を定めた。この制度は　ウ　内閣のとき改められ予備役にまで資格が広げられるが，二・二六事件の後，再び現役に限定された。

問1．文中の空欄Aに入れるのに最も適切な数字を次の1～5から選べ。
　1．150　　2．180　　3．220　　4．250　　5．300
問2．文中の空欄Bに入れるのに最も適した語句を記せ。
問3．文中の空欄ア～ウを埋めるのに最も適切な人名を次の1～15から選べ。
　1．伊藤博文　2．山本権兵衛　3．木戸孝允　4．浜口雄幸　5．桂太郎
　6．大村益次郎　7．尾崎行雄　8．若槻礼次郎　9．加藤高明　10．西園寺公望
　11．山県有朋　12．幣原喜重郎　13．大隈重信　14．加藤友三郎　15．広田弘毅
問4．下線部ⓐについて，幕府に比べて長州藩ではより徹底した兵制改革を断行し，これが第二次長州征討での長州藩の勝利の一因であるといわれている。長州藩で実施された兵制改革とはどのようなことか，30字以内で説明せよ。
問5．下線部ⓑについて，次の1～4の中からあきらかな誤りを含む文を1つ選べ。
　1．徴兵令公布時の陸軍編成はフランス式であったが，後にドイツ式に改められた。
　2．これによって，身分や収入に関係なく満20歳に達した男子はすべて徴兵され，国民皆兵による近代軍が整備された。
　3．徴兵令の公布に対して各地で徴兵反対の農民一揆が起こり，徴兵告諭の文面から血税一揆と呼ばれた。
　4．特権を奪われた士族の不平と反抗は決定的に強まり，後の士族反乱の大きな原因となった。

(武蔵大)

ポイント!!　A　明治政府は「王政復古」をいいながらも，はじめから一定の方向をもっていたわけではない。中央官制の変遷をたどりながら，どういう人々が何をしようとしていたのか，整理してみよう。
　B　徴兵制による国民皆兵の軍隊の存在は，近代日本のさまざまな面に影響を与えた。

またいわゆる「統帥権の独立」は、昭和になり軍部の独走を許すことになった。それらの事情・過程についてまとめてみよう。

＊ ❹ 地租改正

次の文を読み、下記の設問Ａ～Ｃに答えなさい。

　明治維新後の政府は、(1)旧幕府の年貢徴収権を引き継いだが、（　イ　）により諸藩の債務も引き継いだので、つねに財政難に陥っていた。その不足分は、公債の発行や豪商からの借入金、不換紙幣である（　ロ　）の発行などにより賄っていた。年貢は米納や時価による代金納であったため、歳入は米価の変動や豊凶の影響をうけ、つねに不安定であった。それゆえ財政の安定のために、政府は税制や土地制度の改革を行なう必要があった。
　そこで1871年に田畑の勝手作を認め、翌年には(2)田畑の永代売買の禁令を解き、土地所有権を法的に証明する(3)地券を年貢負担者である地主と自作農に交付した。この地券制度をもとに、(4)1873年に地租改正条例を布告して地租改正に着手し、1880年に山林・原野を残して一応完了した。
　その改正内容は、課税基準を不安定な収穫高から地価に変更したほか、物納を（　ハ　）に改めて税率を地価の〔　あ　〕％にし、土地所有者を納税者とした。このほかに地価の〔　い　〕％を地方税である（　ニ　）として納めさせた。ここでいわれる地価は、農民の収穫高の申告をもとに地方官の査定で決められた。そのため1876年には、低米価のもとで過去の高米価を基準に地租を決定することに反対する農民一揆が、まず（　ホ　）県で発生し、それに続いて三重、愛知、岐阜、堺の4県で発生した。この農民一揆のもう1つの原因は、これまで農民が共同で利用していた山林・原野などの（　ヘ　）のうち、その所有権を証明できないものが官有地にされてしまったからである。そこで政府は、1877年に地租を地価の〔　あ　〕％から〔　う　〕％に変更した。
　こうして地租は、全国同一の基準で豊凶にかかわらず一律に徴収されることになり、明治政府の(5)財政基盤がようやく固まった。これによって地主、自作農の土地所有権が確定し、それとともに地租の（　ハ　）化により、農業生産が商品経済と深く結びつくことになった。しかし地租の率は、従来の年貢徴収による収入を減らさないという方針で、地域差をなくすことを目標として定められたので、全国的にみて(6)農民の負担は変わらなかった。地租改正は、農村の半封建的な構造を温存することになった。このような構造の変革は、戦後の1946年に開始された（　ト　）に待たねばならなかったのである。

Ａ　文中の空所（　イ　）～（　ト　）それぞれにあてはまる適当な語句を記しなさい。
Ｂ　文中の空所〔　あ　〕～〔　う　〕それぞれにあてはまる適当な数字を、次のａ～ｇから1つずつ選び、その記号を答えなさい。
　　ａ．1　　ｂ．1.5　　ｃ．2　　ｄ．2.5　　ｅ．3　　ｆ．3.5　　ｇ．4
Ｃ　文中の下線部(1)～(6)にそれぞれ対応する次の問1～6に答えなさい。
　1．江戸時代において、年貢をその年の収穫高に応じて課税する方式を何といったか。その方式の名称を答えなさい。

2．この禁令が出されたのはいつか。次のa～dから1つ選び，その記号を答えなさい。
   a．1633年   b．1643年   c．1663年   d．1673年
3．地券は1886年に実施された法律により意義を失ったが，その法律の名称を答えなさい。
4．同年の血税一揆の対象となった法令は何か。その名称を答えなさい。
5．政府の税収に占める地租の割合は，その後どのように推移したか。次のa～cから1つ選び，その記号を答えなさい。
   a．減少した   b．増大した   c．ほぼ一定であった
6．下の表は地租改正後の小作人生産米の配分の変動を示している。

	〈①〉	〈②〉	〈③〉
1873年	48%	10%	42%
1881～89年平均	22%	36%	42%
1890～92年平均	13%	51%	36%

（i）表中の空所〈①〉～〈③〉は，それぞれ地主・小作人・国家のどれに当たるか。適当な組み合わせを次のa～fから1つ選び，その記号を答えなさい。
   a．①地主　②小作人　③国家　　b．①地主　②国家　③小作人
   c．①小作人　②地主　③国家　　d．①小作人　②国家　③地主
   e．①国家　②地主　③小作人　　f．①国家　②小作人　③地主
（ii）米価の上昇はこの三者(地主・小作人・国家)のうちだれに有利になるか。その理由も含めて，30字以内で記しなさい。
(立教大)

ポイント!! 地租改正は，明治初期の政府の財政の安定ということもさることながら，農民の土地所有権の確立という，画期的改革であった。しかし，それは同時に，個々の農民が，それぞれの責任で貨幣経済の波にまき込まれることとなり，農民層の分解が進んでいくことに注目しよう。

＊ ❺ 近代産業の育成

次の文章の空欄　A　～　M　にもっとも適当な語句または数字を入れ，下記の問〔1〕・〔2〕に答えよ。

明治初年以来，政府は国際社会での経済競争を意識して殖産興業政策を推進し，近代産業の育成につとめた。それは当初，官営事業を主体に進められた。
しかし，官営事業主体の殖産興業政策は財政危機と貿易赤字を生み出したため，政府は1873年　A　省を設立し，民間産業の育成にも力点を置いた路線を打ち出すことになった。1877年政府が，東京上野公園内で第1回　B　を開催し，国内物産の増産を奨励したのは，そうした路線に沿った積極的な取り組みの一環である。政府の民間産業育成政策は，1880年代以降官業払下げが積極的に進められるにいたって新たな段階に入った。殖産興業および官業払下げを推進したのは，工部・大蔵・　A　各省より業務を引きついで1881年に設立された　C　省である。

日清戦争後，重工業が発達する以前の段階において民間産業発展の中心となったのは，製糸業と綿糸紡績業であった。

　製糸業に関しては，すでに政府はフランスの技術と器械を取り入れて1872年群馬県に官営の　D　を開業して生産を行い，熟練工の養成にも取り組んでいた。そこで取り入れられた器械製糸の技術は，改良を加えたうえで民間の小規模工場にも導入され，①日本の生糸生産高を1890年代初頭以降飛躍的に増大させた。そうしたなか　D　は1893年，のちに財閥に発展する　E　に払い下げられた。

　紡績業の部門では，渋沢栄一らの尽力で1882年に設立されて，翌年に操業を開始し，蒸気を動力に採用して注目された　F　会社が大きな利益をあげ，他の大規模工場の模範となった。やがてそれら大規模工場の綿糸生産は激増し，②　G　年には輸出量が輸入量を上回るにいたった。この生産高の増大には，　G　年の前年に公布された綿花輸入関税免除法によって，幕末の「改税約書」以来　H　％であった関税が撤廃され，原料である中国・インド産綿花などの輸入が無関税になったことも大きく関係している。

　これら軽工業の発展にともなって，その原料や生産物を運搬する輸送業もしだいに発達しはじめた。鉄道業の部門では，1881年に華族団体を主体として設立された日本最初の私鉄会社である　I　が敷設した路線が，やがて北関東の製糸地帯と輸出港横浜を結びつける役割を果たすことになった。　I　が好成績をおさめたのを皮切りに，鉄道会社設立ブームがおこり，さらに政府が1892年に幹線鉄道建設計画などを定めた　J　法を公布する措置を取ったことから，ブームは一層過熱した。ただしこの時期に建設された民営鉄道の多くは，日露戦争後の1906年に公布された　K　法にもとづいて官営となった。

　海運業の部門で大きな役割を果たしたのは，1885年に三菱汽船会社と共同運輸会社の合併によって創立された　L　や大阪商船会社，東洋汽船会社などである。　L　は1893年にインド産綿花輸送を主目的にしたインド航路を開設していたが，政府が1896年造船奨励法とともに　M　法を公布して外国航路就航を奨励して以降，豪州航路，欧米航路などを開設し，海外輸送に本格的に乗り出し，海外貿易の発展に重要な役割を果たした。

〔1〕　下線部①に関して，この時期，生糸の最大の輸出相手国はどこか。
〔2〕　下線部②に関して，この時期，綿糸の最大の輸出相手国はどこか。　　　（立命館）

ポイント!!　日本の資本主義は，政府による「上からの育成」によって発展した。それがどのように進められ，どのような分野で根付いていったか，調べてみよう。

＊ ❻　明治初期の金融制度

　次の文を読み，下記の設問A・Bに答えよ。
　明治政府は，富国強兵の基礎として，(1)旧来の諸制度を撤廃し，欧米の近代的な諸制度を移植するという(2)殖産興業政策を当初より推進してきた。その例として，近代的銀行の創設に基づく金融制度の整備があげられるが，同時に株式会社制度の導入がなされたことは特筆すべきことであろう。

江戸時代には，銀行に似たものとして，すでに(3)両替商が存在していた。江戸には，三井・鹿島屋などの本両替があったし，大坂では，(4)鴻池屋・天王寺屋などが（イ）に任命されていた。これら両替商は，両替のほか，預金・貸付・為替の取組みなどの現在の銀行と同様の業務を行なっていた。しかしながら，いずれも自己資金のみによる個人経営にすぎなかった。

そこで，明治政府は，その保護・監督の下に，為替会社を東京・大阪・京都の三都市のほか開港場などに設立し，紙幣の発行や資金の貸出しなどを行なった。しかし，為替会社は，経営知識が欠如しているなど株式会社としては未熟なものであった。

その後，明治政府は，(5)アメリカの銀行制度に範をとり，その銀行規則を翻訳し，（ロ）の条文の作成に着手した。この間，明治政府は，近代的銀行の設立に向けて慎重な準備を行なっている。その一つは，三井家などに対して銀行業の経営をすすめたことである。その結果，(6)三井組は，小野組と共同して三井小野組合銀行を設立している。もう一つの準備は，大蔵省の(7)御雇外国人アラン＝シャンドに，大蔵省官吏などに対して銀行経営の知識を教授させたことである。

1872年に（ロ）が公布されると，三井小野組合銀行は（ハ）と改称し，翌1873年に開業した。（ハ）は，三井家中心の民営銀行ではあったが，完全な意味での株式会社であり，1874年1月に公表された決算報告書は，わが国最初のものとされている。また，先に設立された為替会社は，（ロ）の公布にともなって，横浜為替会社が第二国立銀行に転換したほかはすべて消滅した。

ところが，国立銀行は，紙幣下落などのために営業不振に陥ることになる。そこで，明治政府は，(8)1876年に（ロ）を改正し，（ニ）との兌換を廃止し，また同年に(9)華族・士族に交付された（ホ）を銀行の資本とすることを認めたので，国立銀行の設立は激増し，1879年には153を数えた。

A 文中の空所（イ）〜（ホ）それぞれにあてはまる適当な語句を記せ。
B 文中の下線部(1)〜(9)にそれぞれ対応する次の問1〜9に答えよ。
 1．廃止された旧来の制度の一つで，幕府・諸藩が許可した商工業者の独占的な同業組合の名を記せ。
 2．ⅰ．殖産興業政策を推進するために，政府が各地に設立した工場を総称して何というか。漢字6字で記せ。
  ⅱ．殖産興業政策を推進した中央官庁の名を，次のa〜eから2つ選びなさい。順序は問わない。
   a．大蔵省　b．工部省　c．内務省　d．兵部省　e．民部省
 3．1864年に両替商から出発し，銀行・信託・保険を中心に形成された財閥を，次のa〜eから1つ選び，その記号を答えよ。
   a．浅野財閥　b．川崎財閥　c．住友財閥　d．古河財閥　e．安田財閥
 4．鴻池屋・天王寺屋などが営んでいた，幕府・諸藩の公金の出納を行なう金融業の名を，次のa〜eから1つ選び，その記号を答えよ。
   a．掛屋　b．借上　c．蔵元　d．頼母子　e．札差

5．ｉ．模範となったアメリカの銀行制度の名を記せ。
　　ｉｉ．翻訳作業の中心となり，後に第一国立銀行の頭取となった人物の名を記せ。
6．三井組・小野組など，政府と結んで独占的に利益をあげた特権的資本家を総称して何というか。漢字2字で記せ。
7．外務省の法律顧問として来日して，明治憲法の起草に関与し，また商法の法案起草・助言にあたった御雇外国人の名を記せ。
8．1876年に設立された日本最初の普通銀行の名を，次のa～eから1つ選び，その記号を答えよ。
　　ａ．鴻池銀行　　ｂ．住友銀行　　ｃ．三井銀行　　ｄ．三菱銀行　　ｅ．安田銀行
9．華族が出資した第十五国立銀行などを主体として設立された，日本最初の民間鉄道会社の名を記せ。
(立教大)

ポイント!! 明治政府は，殖産興業政策を進める過程で，一部の特権的な事業家―政商を利用した。これが，日本の資本主義の進展に大きく影響することに注目しよう。

＊ ❼ 自由民権運動

次の文章を読み，(1)～(7)に2字ずつの適当な語句を記し，後の問いにも答えなさい。

自由民権運動は藩閥政府に対する民主主義的改革を求めた政治運動であるが，その思想的背景となったのは，幕末・維新期に導入された西欧の自由主義・民主主義の思想であった。

運動のきっかけを与えたのは，（　1　）論争で下野した（　1　）論者たちであった。彼らはa民撰議院設立建白書を1874年に（　2　）に提出した。彼らは藩閥官僚の専制政治を攻撃し，民撰議院を開いて広く国民を政治に参加させるべきであると主張した。

強まるb反政府世論を緩和するため，政府は板垣退助らの政府復帰を求め，（　3　）政体をめざすことを受け入れるが，他方で反政府世論を厳しく取り締まった。そのため，板垣退助は再び政府を去った。

自由民権運動は，はじめは（　4　）が中心であったが，しだいに（　5　）や富商が加わり，大きな運動へ広がっていった。政府内部でも憲法制定・国会開設の早期実現を求める声もではじめた。こうした中，政府はc1890年に国会を開設することを公約した。

国会開設に合わせて，自由民権派は政党の結成に着手した。また，民権諸派はいわゆる（　6　）憲法をつくり，自党の政策を宣伝し，d勢力の拡大をはかった。ところが，政府の弾圧と懐柔，財政改革の影響などを受け，e自由民権運動は変質していくことになった。

（　7　）憲法を意図した政府は，伊藤博文らを渡欧させ，プロシアの憲法を主に学ばせた。帰国後，伊藤はさっそく（　3　）政治の開始に備えて，f制度づくりに着手した。また，g憲法の起草もはじめた。憲法のほかのh六法も徐々に整備されていった。

問ａ．下線部ａの民撰議院設立建白書を提出した人物として適切でないものを，次の①～⑤の中から一人選びなさい。
①板垣退助　　②植木枝盛　　③副島種臣　　④岡本健三郎　　⑤古沢滋

問b．下線部bの反政府運動とそれに対する政府の動きについての記述として適切でないものを，次の①～⑤の中から一つ選びなさい。
① 板垣退助は片岡健吉，植木枝盛らとともに立志社を設立した
② 同じように，政治活動をめざして徳島の自助社，福島の石陽社などの政社が全国に現れてくる
③ 1875年，立志社を中心にして東京で，全国の有志を集めた愛国社が結成された
④ 1875年，政府は立憲政体樹立の詔を公表した
⑤ 政府は1875年，讒謗律，新聞紙条例を公布するとともに，出版条例を改正して，反政府世論を取り締まった

問c．下線部cに関連して，自由民権運動の発展とそれに対する政府の動きについての記述として適切でないものを，次の①～⑤の中から一つ選びなさい。
① 地租の軽減を望む地主・豪商，政商保護政策に不満を持つ中小資本家が自由民権運動に参加するようになった
② 1880年，自由民権派は愛国社大会で新たに国会期成同盟を組織し，政府に国会開設の請願書を提出する運動を進めた
③ 政府は集会条例を公布して，弾圧を強めた
④ 伊藤博文と五代友厚の，開拓使官有物払下げ事件がおこり，政府に対する非難が高まった
⑤ 政府は大隈重信を追放するとともに，国会開設の勅諭を発表した。

問d．下線部dに見られるような政党の動きについての記述として適切でないものを，次の①～⑤の中から選びなさい。
① 板垣退助を党首として，自由党が結成された
② 大隈重信を党首として，立憲改進党が結成された
③ 福地源一郎らを中心として，立憲帝政党が結成された
④ 女性の中にも岸田(中島)俊子や景山(福田)英子のように，立憲改進党に加わって，活動する者も現れた
⑤ 立憲改進党系の「私擬憲法案」はイギリス的議会主義・二院制・政党内閣主義を，自由党系の「日本憲法見込案」は主権在民・一院制を主張した

問e．下線部eの自由民権運動の変質についての記述として適切でないものを，次の①～⑤の中から一つ選びなさい。
① 窮乏に苦しむ農民が，一部の急進的な自由党員と結びついて，福島事件，高田事件，加波山事件，秩父事件などをおこした
② こうした運動の激化に不安を抱いた地主層は，しだいに離れていき，党員の統制がとれないことを理由に，自由党は解散した
③ 立憲改進党も，大隈重信が脱党して，勢力を失うことになった
④ 外交の挽回，地租減額，言論集会の自由を要求する三大事件建白運動を展開して，民権運動の盛り返しが試みられた
⑤ 後藤象二郎を中心にして大同団結運動が展開されたが，治安警察法の公布によ

っておさえられた

問 f ．下線部 f の制度づくりについての記述として適切でないものを，次の①〜⑤の中から一つ選びなさい。
① 1884年，宮中に制度取調局を設けた
② 1884年，華族令を定めて，将来の貴族院の母体をつくった
③ 1885年，太政官制を廃止して，内閣制度を創設した
④ 1888年，町村合併につづいて，市制・町村制を整えた
⑤ 1890年，府県制・郡制を敷き，中央集権的な地方自治の制度を固めた

問 g ．下線部 g の憲法についての記述として適切でないものを，次の①〜⑤の中から一つ選びなさい。
① 伊藤博文は井上毅，伊東巳代治，金子堅太郎を集め，ロエスレルの指導の下で，憲法の草案をつくった
② 天皇の諮問機関として設けられた枢密院で審議し，大日本帝国憲法として，1889年に発布された
③ この憲法では，主権は天皇にあり，文武官の任免を除き，陸海軍の統帥，宣戦・講和・条約締結などは天皇大権の下におかれた
④ 政府の権限は議会の権限よりも強大で，国務大臣は天皇に対してのみ責任を負った
⑤ 国民は天皇の臣民とされ，その臣民の義務にそむかない限りとの条件つきで，または法律の範囲内で権利が認められた

問 h ．下線部 h の六法に関する記述として適切でないものを，次の①〜⑤の中から一つ選びなさい。
① ボアソナードが起草した刑法で，罪刑法定主義が明記された
② ロエスレルが起草した商法は，その後梅謙次郎らによって修正された
③ 治罪法を改訂した刑事訴訟法は，1890年に公布・施行された
④ フランス法に範をとった民事訴訟法も，1890年に公布された
⑤ ドイツ民法を手本とした，戸主に強い権限を認めた民法は，1898年に公布・実施された

（明治学院大）

ポイント!! 藩閥専制政治に対する，不平士族の反抗のひとつとしてはじまった自由民権運動が，どのようにして国民的運動に発展していったか，その経過をまとめ，歴史的意義を考えてみよう。また，それぞれの場面―段階における，政府の対応―懐柔と弾圧についても調べてみよう。

＊ ❽ 大日本帝国憲法

次のAの空欄 1 〜 10 に最も適する語を下の語群から選び，その記号を記入せよ。また，Bの空欄 11 〜 20 については，設問の指示に従って答えよ。
A．明治元年春，発足間もない明治政府は，憲法の先駆的形態ともよぶべき「五箇条の誓文」や 1 を発し，新政府の統治の基本原理と基本知識を成文化したが，大日本

帝国憲法制定の契機となったのは，明治6年の政府内の抗争に敗れて下野した板垣退助らによって，明治7年に提出された「民撰議院設立の建白書」が議会開設を求めたところにあり，明治8年2月，大久保利通，[2]，板垣退助らは[3]で会議を開き，その合意にもとづき，同年4月「漸次立憲政体樹立の詔」が発せられた。これによって憲法草案を審議するために創設された[4]においては欧米諸国の憲法を参照して，「君民共治」を基本思想とする「国憲按」を3次にわたって起草したが，結局，政府の容れるところとならず不採用となった。明治14年，開拓使官有物払下げ事件を契機として政府内の対立が深まり，国会早期開設を主張していた[5]らが罷免されると，憲法制定作業は岩倉具視・伊藤博文を中心にして進められることになった。

明治14年10月12日には，自由民権運動の盛り上がりを背景として，明治23年を期して国会を開設するという「国会開設の勅諭」が発せられ，さっそく翌年には伊藤博文が憲法調査のため[6]とオーストリアに派遣された。伊藤は現地の大学においてグナイストや[7]らから憲法についての教授をうけ，明治16年8月帰国した。翌17年3月には宮中に制度取調局を設け，伊藤が長官となり，[8]，伊東巳代治，金子堅太郎らを御用掛として，法律顧問[9]やモッセらの助言を入れつつ，憲法起草作業を開始させた。明治21年5月には，[10]が開設され，天皇臨席のもとで憲法草案の審議検討がおこなわれ，成案を得て明治22年2月11日公布された。

〔語群〕ア．ロエスレル　イ．京都　ウ．黒田清隆　エ．大阪
オ．西郷従道　カ．木戸孝允　キ．井上毅　ク．ボアソナード
ケ．井上馨　コ．左院　サ．大隈重信　シ．イギリス　ス．大審院
セ．シュタイン　ソ．陸奥宗光　タ．フランス　チ．正院　ツ．西郷隆盛
テ．政体書　ト．東京　ナ．讒謗律　ニ．枢密院　ヌ．フルベッキ
ネ．後藤象二郎　ノ．由利公正　ハ．大井憲太郎　ヒ．モース
フ．元老院　ヘ．五榜の掲示　ホ．ドイツ

B．西暦[11]年に発布された大日本帝国憲法（いわゆる明治憲法）に先立って，たとえば福沢諭吉を中心メンバーとする民間団体[12]の「私擬憲法案」や自由民権運動家で『天賦人権弁』などの著書がある[13]の起草とされる「東洋大日本国国憲按」などの憲法の私案が，さまざまな政党，結社，民間団体などによって，発表されていた。しかしながら明治憲法は，統帥権のような強大な天皇大権を特徴とする天皇が定めて「臣民」に与える[14]憲法であった。

もっとも憲法解釈としては，天皇主権説の立場に立つ[15]と彼と同じ大学で憲法を講じた同僚の美濃部達吉との間の憲法論争に示されるように，両論があった。

これら両論のうち，大正期を通じて正統性を獲得したのが，美濃部の天皇機関説であった。そしてこの間に国内政治の大正デモクラシー状況が進展した。すなわち立憲政友会と[16]との二大政党制が確立し，また普通選挙法によって[17]歳以上の男子に選挙権が認められるようになったのである。

美濃部のいわば解釈改憲による明治憲法の民主的運用は，しかしその後のテロとクーデタの危機の時代において，きわめて困難になっていった。1932年に起きた[18]

事件と五・一五事件の二つの事件があいまって、政党政治は決定的な打撃を受けた。そして1935年の岡田内閣のいわゆる｜19｜声明によって、天皇機関説の正統性が失われたのである。

　二・二六事件後、広田弘毅内閣によって軍部大臣現役武官制が復活され、これが内閣の死命を制することとなり、そのため、軍部の政治支配が急速に進んでいった。ただし軍部独裁が確立したわけではなく、軍部の政治支配は、あくまでも合法的で間接的なものに止まった。また1940年の｜20｜会の設立に際しても、天皇大権を強化する方向で憲法改正がなされたわけではなかった。

　かくして明治憲法は、現在の憲法が施行されるまで、一度も改正されることなく存続したのである。

設問　(1)　｜11｜に該当する数字を記入せよ。
　　　(2)　｜12｜に該当するもっとも適切な語句を記入せよ。
　　　(3)　｜13｜に該当する人物の姓名を記入せよ。
　　　(4)　｜14｜に該当するもっとも適切な語句を記入せよ。
　　　(5)　｜15｜に該当する人物の姓名を記入せよ。
　　　(6)　｜16｜に該当する政党の正式名称を漢字5文字以内で記入せよ。
　　　(7)　｜17｜に該当する数字を記入せよ。
　　　(8)　｜18｜に該当するもっとも適切な語句を記入せよ。
　　　(9)　｜19｜に該当するもっとも適切な語句を漢字5文字以内で記入せよ。
　　　(10)　｜20｜に該当するもっとも適切な語句を記入せよ。

(駒澤大・学習院大)

ポイント!!　天皇の権限が非常に強大な憲法が作られた。その経緯をまとめてみよう。また、天皇の権能の内容、内閣や議会の位置付けなどを具体的条文に当って調べ、この憲法全体の性格・特徴を考えてみよう。それが、大正・昭和期の展開につながるのである。

＊ ❾ 諸法典の編纂

次のA〜Hの｜　　｜内に相当する語を下記のそれぞれ対応する語群より選び、頭書の番号を記入せよ。また設問にも答えよ。

　フランス公使｜A｜は江戸幕府を支援していたにもかかわらず、明治政府は、法典編纂に際して、フランス人に助力を求めなければならなかった。

　維新直後、政府は王政復古の気運に乗り、｜　｜令制を採用して太政官制をとるとともに、東洋法系の刑法の編纂をおこなった。仮刑律の編纂に続いて、津山藩出身で後に明六社に参加し啓蒙活動家として名をはせる｜B｜も一時期参画したことがある｜C｜が編纂された。ついで佐賀藩出身の司法卿である｜D｜の尽力で｜E｜が制定された。しかし、江戸幕府が結んだ不平等条約を改正して、西洋列強と対等な地位を確立するためには、西洋近代法の諸原理に基づく法典編纂が必要となった。

　すでに箕作麟祥による『仏蘭西法律書』の翻訳などの成果があったが、このために1873(明治6)年にフランスから｜F｜が招聘され、本格的な法典編纂事業が開始され

た。　F　は，新たに司法卿に就任し，後に西南戦争の判決にあたった大木喬任による刑法編纂事業に参画して，いわゆる旧刑法や治罪法の制定施行に寄与したが，いずれも20世紀初頭までには改廃されてしまった。

また　F　は民法典の編纂にも従事して，その草案のほとんどを起草した。この作業は　G　の諮問を経て，1893（明治26）年からの施行が決定されるまでは順調であったが，1「民法出デ、忠孝亡ブ」などと反駁する意見が多数提起されて，断行を主張する者との間に民法典論争が発生し，施行延期となり，1896（明治29）年と1898（明治31）年に，2大はばに修正して公布された。

このように　F　の参画した法典編纂が急速に葬られた背景には，ドイツの法律思想の影響力が高まってきたことが挙げられる。しかし，近代法典の基礎を構築したこと，外国人判事の任用を認めた　H　の条約改正案を批判した意見書の提出，すぐれた法律家を多く育てたことなどは，彼の業績として位置づけられる。

〔語群〕
- A．1．ビュッフォ　2．ロッシュ　3．ブスケ　4．オールコック
- B．1．西周　2．中村正直　3．津田真道　4．森有礼
- C．1．新律綱領　2．新律提綱　3．校正律例　4．改定律例
- D．1．大隈重信　2．板垣退助　3．副島種臣　4．江藤新平
- E．1．新律綱領　2．新律提綱　3．校正律例　4．改定律例
- F．1．ボアソナード　2．ロエスレル　3．グナイスト　4．モッセ
- G．1．元老院　2．貴族院　3．枢密院　4．衆議院
- H．1．大隈重信　2．井上馨　3．青木周蔵　4．寺島宗則

問1．下線部1の「民法出デ、忠孝亡ブ」という題の論文を書いたのは誰か。
問2．下線部2の大はばな修正の結果，封建的な家の制度が存続するが，家の中で一番権限が強いのは誰とされたか，民法中の用語で答えよ。　　　　　　　　（関西学院大）

ポイント!!　明治20年代から30年代にかけて，刑法・民法・商法などの諸法典が整備され，近代法治国家の体制がととのった。民法典論争と，刑法の大逆罪や不敬罪に注目しながら，それらの公布・施行過程を調べてみよう。

*⑩ 条約改正

次の表と短文は条約改正をめぐる交渉とその周辺の事件についてのべたものである。①空欄Ａ〜Ｅを埋めるのに最も適当な人名または事件名を記入せよ。また，②空欄（イ〜ヌ）を埋めるのに最も適当な語句を下記の語群から選び出し，その記号（あ〜と）を答えよ。

1868年，新政府は開国和親の方針を宣言し，同時に外交主権は天皇にあることおよび旧幕府が既に締結している諸条約を尊重することを列国公使に通告した。このため政府は不平等条約をそのまま受け継ぐことになった。日本が国際社会の一員として対等に外交活動をおこなうためにも，また平等な条件で通商・貿易活動をおこなうためにも，この改正が最も重要な外交課題となった。しかし，不平等条項の撤廃が実現したのは日露

戦後のことであった。下の表はその交渉の過程を一覧にしたものである。

時　　期	外交担当者	交渉の方針	経　　過
Ⅰ(1871—72)	岩倉具視	条約改正の予備交渉	予備交渉で米に拒否され失敗，欧米視察
Ⅱ(1873—79)	A	(イ)の回収	米は同意したが，英・独などは反対
Ⅲ(1879—87)	井上　馨	法権および(イ)の一部回復	欧化政策の推進により打開をはかる
Ⅳ(1888—89)	大隈重信	同上，外国人判事の任用	大隈重信襲撃事件で外相辞職により失敗
Ⅴ(1889—91)	B	法権回収および関税協定制	英の同意後，(ロ)で外相辞職により失敗
Ⅵ(1892—96)	陸奥宗光	治外法権撤廃，(イ)の一部回復	(ハ)を調印後，諸外国と調印する
Ⅶ(1908—11)	C	(イ)の回復	(ニ)を調印後，諸外国と調印する

1. Ⅰ・Ⅱの時期には領土の確定も緊急を要する課題になった。北方の国境線を変更する D が調印され，南の国境線をめぐっては1879(明治12)年に琉球処分がおこなわれた。
2. Ⅲの欧化政策の代表的な例としては(ホ)での舞踏会の開催があげられる。
3. Ⅲの欧化政策に対しては政府の法律顧問であったフランス人法学者(ヘ)も反対であった。
4. Ⅲの時期に清国との間で朝鮮半島での軍事的均衡をはかる(ト)が結ばれた。
5. Ⅲ・Ⅳの時期には自由民権運動も高揚し，三大事件建白運動に対する規制として(チ)の公布があった。
6. B 辞職の原因となった(ロ)は司法権の行政に対する独立が守られた事件としても知られている。
7. Ⅴの時期には，1888(明治21)年に(リ)が公布され中央集権制の下での地方自治制が制度的に確立した。
8. Ⅵの時期の後，1902(明治35)年には E が結ばれ，これに基づいて日本は第一次世界大戦に参戦した。
9. 1905年， C が全権として調印した(ヌ)は日本が韓国に対する指導・監督権を持つことをロシアが認める内容も含んでいた。

〔語群〕　あ．大阪事件　い．大津事件　う．関税自主権　え．関税定率法
　　　　お．グロース　か．警備隊条例　き．時習館　く．市制・町村制　け．下関条約
　　　　こ．天津条約　さ．ノルマントン号事件　し．日米通商航海条約

す．日仏通商航海条約　せ．日英通商航海条約　そ．府県制・郡制　た．ボアソナード
ち．保安条例　つ．ポーツマス条約　て．ロエスレル　と．鹿鳴館
(甲南大)

ポイント!!) どういう国々と結んだ条約の，どういう点が不平等として問題になったのか考えてみよう．その改正は二段階になるが，当時の日本が東アジアでどういう動きをしていたか，ということも考え合わせてみよう．

＊ ⓫ 日清・日露戦争

次の文を読み，下記の設問に答えよ．
　ⓐ日朝修好条規以降，朝鮮国内では，日本と結んで国内改革を進めようとする勢力と，清と結んで保守政治を維持しようという勢力の対立が激しくなっていた．1882(明治15)年には，ⓑ改革派の政策に反発する軍隊が反乱を起こし，日本公使館が民衆によって包囲されるという事件が起こった．この事件以降，朝鮮政府は日本から離れて清国に依存しはじめた．それに対し，日本にならって諸制度の近代化を急速にはかろうとする　①　は，1884(明治17)年，ⓒ日本公使館の援助のもとにクーデターを起こしたが，清国軍隊の反撃で失敗した．この事件で悪化した日清関係を打開するため，翌年，日本全権　②　が清国におもむき，　③　を結んだ．
　その後も，朝鮮をめぐる日清両国の対立は続くが，1894(明治27)年，ⓓ朝鮮で民族主義的な農民の反乱が起こると，朝鮮政府の依頼で清国が援軍を送り，日本も居留民保護を名目に出兵した．反乱は鎮圧されたが，その後の処理をめぐって日清両国の対立は深まり，同年8月，日本は清国に宣戦を布告し，日清戦争が開始された．戦いは日本軍の勝利に終わり，ⓔ翌年の4月に　④　が結ばれて，講和が成立した．ところが，この条約はいわゆるⓕ三国干渉を引き起こし，日本は，なお軍備拡張につとめるとともに，新たに領有した　⑤　の植民地支配につとめ，　⑥　を総督に任命した．
　日清戦争以降，植民地拡張をねらっていたヨーロッパ列国は，次々と清の領土の占有をはかった．これに憤激した中国民衆の排外運動として，1900(明治33)年，ⓖ　⑦　の蜂起が起こったが，日本を含む列国は連合軍を派遣し，これを鎮圧した．これ以降，ロシアは満州を占領し，さらにすすんで朝鮮にまで勢力をのばしてきたので，日本との間の利害の対立は深まっていった．1902(明治35)年に，ロシアの南下をよろこばない　⑧　との間に同盟協約を結んだ日本は，ロシアとの交渉を続けたが，1904(明治37)年にはそれも決裂し，ⓗ日露戦争が開始された．翌年にかけて，日本軍は勝利をおさめたが，これ以上戦争を続ける余力はなく，また，ロシア国内でも革命運動が激化するなどしたため，アメリカ大統領の斡旋によって，ⓘ講和条約が結ばれることとなった．これによって韓国における優越権が認められた日本は，まず　⑨　を置き，外交権を奪って保護国とし，さらにⓙ韓国併合条約を結び，　⑩　を置き，武力を背景に植民地支配を強行していった．

設問
　(1) ①〜⑩の□にもっとも適切な語句を，下記の語群から選び，記号で答えよ．
〔語群〕ア．南京条約　　イ．独立党　　ウ．陸奥宗光　　エ．イギリス

オ．朝鮮総督府　カ．アメリカ　キ．沿海州　ク．天津条約　ケ．義兵
コ．伊藤博文　サ．事大党　シ．朝鮮都督府　ス．広州　セ．北京議定書
ソ．樺山資紀　タ．義和団　チ．下関条約　ツ．黒田清隆　テ．韓国統監府
ト．台湾　ナ．ドイツ

(2) 下線部ⓐに関し，この条約を結ぶきっかけとなった，1875(明治8)年の事件とは何か。
(3) 下線部ⓑに関し，この事件を何と呼ぶか。
(4) 下線部ⓒに関し，この事件を何と呼ぶか。
(5) 下線部ⓓに関し，この反乱を何と呼ぶか。
(6) 下線部ⓔに関し，この時の清国全権は誰か。
(7) 下線部ⓕに関し，(A)三国とはどこか。(B)この結果，日本が返還した地域はどこか。
(8) 下線部ⓖに関し，この事件を何と呼ぶか。
(9) 下線部ⓗに関し，キリスト教人道主義の立場からこの戦争に反対を唱えた，札幌農学校出身の人物とは誰か。
(10) 下線部ⓘに関し，この条約を何と呼ぶか。
(11) 下線部ⓙに関し，この条約が結ばれ，韓国併合が行なわれたのは，西暦で何年か。
(12) 日露戦争前後から，日本国内においては，官僚・貴族院勢力を背景にした首相と，立憲政友会を背景にした首相が交互に政権をになう形が，約10年続く。この二人の人物名を書け。

(広島修道大)

ポイント!!　日清・日露戦争は，日本の朝鮮への侵略を原因として生じたものであり，その結果，列強から朝鮮の支配権を認められる。その経過と，東アジアをめぐる欧米列強の国際関係とを調べてみよう。

＊ ⑫ 資本主義の発展

Ⅰ　次の表を読み，下記の問いに答えよ。

1897(明治30)年の品目別輸出入割合

輸出総額	16,314万円	輸入総額	21,930万円
①生糸	34.1%	③ⅲ	19.9%
②ⅰ	8.2	④米	9.8
絹織物	6.0	砂糖	9.0
ⅱ	5.2	機械類	8.0
緑茶	4.6		
その他	41.9	その他	53.3

『日本貿易精覧』による

問1．ⅰ～ⅲに該当する品目を，次の1～12からそれぞれ一つずつ選べ。

1．水産物　2．毛織物（けおりもの）　3．綿糸（めんし）　4．金　5．石炭　6．鉄鉱石
7．石油　8．綿花（めんか）　9．羊毛（ようもう）　10．鉄類　11．繭（まゆ）　12．綿織物（めんおりもの）

問2．品目ⅲの主な輸入相手を次の1～4から一つ選べ。適切なものがなければ＊を記入せよ。
　1．朝鮮（韓国）　2．イギリス　3．オーストラリア　4．インド

問3．生糸（きいと）の最大の輸出相手を次の1～4から一つ選べ。適切なものがなければ＊を記入せよ。
　1．中国　2．イギリス　3．フランス　4．イタリア

問4．1897（明治30）年前後の日本経済について述べたa・b・cのうち，正しいものを○，誤っているものを×で表わすと1～8の組み合わせができる。どの組み合わせに当たるか番号を一つ選べ。
　1．○○○　2．○○×　3．○×○　4．○××　5．×○○
　6．×○×　7．××○　8．×××
　a．紡績業（ぼうせき）などの繊維産業を中心に，産業革命が急速に進展しつつあった。
　b．政府は金本位制（きんほんいせい）を確立し，金本位国からの円滑（えんかつ）な資本輸入の条件を整えた。
　c．機械工業が著しく発達し，中国に対する安価な紡績機械の輸出が本格化した。

問5．表の品目①～④それぞれについて述べたa・b・cを読み，正しいものを○，誤っているものを×で表わすと1～8の組み合わせができる。①～④は，それぞれどの組み合わせに当たるか。番号を一つ選べ。
　1．○○○　2．○○×　3．○×○　4．○××　5．×○○
　6．×○×　7．××○　8．×××

①a．生糸（きいと）を生産する製糸業（せいし）は最大の輸出産業であり，イタリアから輸入された大規模な精密機械が全国各地に普及（ふきゅう）して，大量生産が展開した。
　b．生糸の原料である繭（まゆ）は農家副業として国内で生産されたが，なお過半を中国・朝鮮（韓国）からの輸入に依存していた。
　c．製糸工場で働く工女（こうじょ）（女工じょこう）の多くは，家計を扶助（ふじょ）するため出稼（でかせ）ぎにきた下層農家の子女（しじょ）であった。

②a．この品目の原料は，その大半が外国から輸入された。
　b．この品目は，主として中国・朝鮮（韓国）に輸出された。
　c．幕末開港以来，この品目は大量に輸入されていたが，1890年代に輸出額が輸入額を上回った。

③a．この品目は重工業製品であり，官営工場による国産化がはかられていたにもかかわらず，なお多額の輸入があった。
　b．この品目は品目②の原料であり，アジア地域から大量に輸入された。
　c．この品目は中国から輸入される地下資源で，1890年代に発達をはじめた重工業の原料であった。

④a．国内農業生産の中心は米作（べいさく）であったが，都市人口の増加にともない，作柄（さくがら）によっては供給が不足するようになった。

b. 米作が営まれる農村では、高率の現物小作料を納める零細小作農が多数存在し、1900(明治33)年前後には、全耕地に占める小作地の割合は4割を超えていた。

c. 1890年代には、明治前期からすすめられた洋式農業導入の成果が全国的に現われ、米作の技術改良が著しく進展した。

Ⅱ 次の明治から昭和初期に至る経済発展についての文章を読み、下記の設問に答えよ。

明治十四年の政変の後に大蔵卿となった (1) は、財政危機を打開するために増税を課すとともに、官営工場の払い下げを推進した。官営工場の払い下げは、財閥の発展に大きな影響を与えることとなる。その中でも、明治20(1887)年に三菱に払い下げられた (2) と翌明治21年に佐々木八郎(後に三井)に払い下げられた三池炭鉱は、三井・三菱両財閥の発展にとって大きな意義を持っていた。

民間企業の分野でも、明治15年にイギリスから輸入された1万錘余りの紡績機械を備えた (3) が渋沢栄一によって創設されたのを皮切りに、明治19～22年には (4) と綿紡績業などで会社設立ブーム、いわゆる企業勃興とよばれる事象が起こった。製糸業では、明治27年には器械製糸の生産がそれまでの (5) の生産量を上回るようになった。さらに重工業の分野では、基幹産業である鉄鋼業で明治34(1901)年に中国の (6) の鉄鉱石と筑豊炭田の石炭を用いて官営の八幡製鉄所が操業を開始した。近代的な工業が整備され、工業化が推進されてきたのである。

一方貿易の面では、明治20年代以降第一次世界大戦勃発までの時期については、輸出品の第1位は (7) で、輸入品の第1位はそれまでの綿糸から綿花に代った。機械制大工業の発展の結果であるとともに、 (8) や大阪商船会社などの海運会社が政府からの援助によって外国航路を開拓したこと、更には貿易金融を統轄するために明治13年に設立された政府系の為替銀行である (9) の存在を忘れることはできない。

第一次世界大戦の勃発によって海外からの輸入が減少、あるいは途絶したりしたため、国内では重化学工業が発展した。ことに化学産業では (10) からの染料の輸入が途絶したため、国内企業が勃興してきた。その代表的な企業は日本染料製造会社である。鉄鋼産業では八幡製鉄所が設備を拡張する一方、南満州鉄道会社(満鉄)も対華二十一カ条の要求で得た鉱山採掘権をもとに (11) を設立するなど、設備の拡張がおこった。電力事業の面では、猪苗代―東京間での高圧送電が開始されるなど、電灯の普及とともに工場用動力での普及が進展した。その結果馬力数では、大戦中に電力はそれまで主力であった (12) を上回ることになった。

たしかに1920年代は、大正9(1920)年の戦後恐慌(反動恐慌)や、昭和2(1927)年に勃発した金融恐慌に見られるように、不況・恐慌の状態が続いていただけではなく、外国為替相場も動揺と下落を繰り返していた。そのため産業合理化を通して国際競争力の増加を図るべく、浜口雄幸内閣の (13) 蔵相は、(14)昭和5(1930)年1月に旧平価による金解禁を実施した。しかし、世界恐慌の波が押し寄せてきたこともあって、昭和恐慌と呼ばれる深刻な恐慌が生じた。1930年代に入り、ことに犬養毅内閣の高橋是清蔵相の手によって金輸出再禁止が断行されると、ようやく景気は上昇に転じた。電気機械産業・電気化学工業・自動車産業の部門では着実な発展が見られた。これらの中から、

1930年代に入ると，鮎川義介が率いる ⑮ や，野口遵が率いる日窒コンツェルンを代表とする新興財閥が登場してきた。

設問 (1) 該当する人物の氏名を答えよ。
(2) 三菱に払い下げられた事業所の名称を答えよ。
(3) 該当する紡績会社名を答えよ。
(4) 綿紡績業と並んで多くの企業が設立された代表的な産業分野を答えよ。
(5) 器械製糸に対応する製糸法の歴史的名辞を答えよ。
(6) 八幡製鉄所は，この中国の鉄鉱石を原料としていた。該当する鉱(鉄)山名を答えよ。
(7) 当時の輸出第1位の生産物を答えよ。
(8) 該当する海運会社名を答えよ。
(9) 該当する銀行名を答えよ。
(10) 該当する国名を答えよ。
(11) 満鉄が設立した製鉄所名を答えよ。
(12) それまで工場の動力の中心であったのは何か。
(13) 金解禁を実施した蔵相の氏名を答えよ。
(14) 下線部に書かれている旧平価は，1ドル約何円であったか。
(15) 該当するコンツェルン名を答えよ。

(東洋大・学習院大)

ポイント!! 日本の資本主義が，どのように成立し発展したかを，資本・労働力・市場の各要因に分けて調べてみよう。その発展段階ごとの特徴も考えてみよう。

＊ ⓭ 近代の労働問題

下記の文章を読み，設問に答えなさい。

　明治政府は，他の先進諸国に伍していくことのできる近代的な統一国家の建設をめざし富国強兵・殖産興業政策を推進していた。日清戦争後の産業革命の進展により日本の産業は飛躍的に発展し，労働者という新しい階級が形成された。彼等の中には農村部からの出稼ぎ者も多く見られたが，うまく職を得ることができず，また不況下で職を失い都市のスラム街(貧民街)での生活を余儀なくされるものもあった。こうした人々の生活に注目したa貧民窟報告により貧困問題に社会の注目が集まるようになった。
　また，製糸工場や紡績工場などで働くb女工の労働条件の劣悪さも問題にされるようになった。政府も労働者保護のための政策を考えざるを得ない状況となり，そのためのc法律が1911(明治44)年に制定された。
　日清・日露戦争間では鉱山業の発展も目覚ましいものがあった。本期の重要な輸出産業であった製銅業，とりわけd足尾銅山の周辺では産銅拡大の過程で激烈な環境破壊を引き起こし公害問題を発生させた。
　また，この頃になると，労働者の待遇改善を訴えてeストライキが発生したり，労働者が労働組合を結成するようになってきた。
　さらに，片山潜，安部磯雄，木下尚江らによって，f日本最初の社会主義政党が結成

された。

設問1　下線部 a の報告や当時の貧困者の生活実態について報告した書物に『日本之下層社会』,『最暗黒之東京』などがある。『日本之下層社会』の著者は誰か。①〜④の中から一つ選び,答えなさい。
　①横山源之助　　②松原岩五郎　　③鈴木梅四郎　　④原田東風

設問2　下線部 b にあるような状況を踏まえて1925年刊行された細井和喜蔵の著書名を①〜④の中から一つ選び,答えなさい。
　①ああ野麦峠　　②女工と結核　　③女工哀史
　④某紡績会社某工場健康成績調査

設問3　下線部 c の法律名を①〜④の中から一つ選び,答えなさい。
　①労働基準法　　②工場法　　③鉱夫労役扶助規則　　④工場労働者最低年齢法

設問4　下線部 c の法律を制定するために行われた調査をまとめて1903年刊行した書物名を①〜④の中から一つ選び,答えなさい。
　①工場及ビ職工ニ関スル通弊一斑　　②職工事情　　③工場調査要領
　④各工場ニ於ル職工救済其他慈恵施設ニ関スル調査概要

設問5　上記調査をまとめた官庁名を①〜④の中から一つ選び,答えなさい。
　①農商務省　　②内務省　　③工部省　　④労働省

設問6　当時,下線部 d の銅山経営を行っていた人物を①〜④の中から一つ選び,答えなさい。
　①浅野総一郎　　②川崎正蔵　　③岩崎弥太郎　　④古河市兵衛

設問7　上記銅山の鉱毒は周辺の河川に流入し,流域の数万町歩の地は不毛の地と化してしまった。地元農民ならびに地元選出の代議士は政府にその被害を訴えた。この代議士の名前を①〜④の中から一つ選び,答えなさい。
　①後藤新平　　②江原素六　　③田中正造　　④大竹貫一

設問8　『横浜毎日新聞』は,上記の鉱毒事件に早くから関心を示し,1900年には記者を現地に派遣,鉱毒問題に関する記事を連載した。この記者はキリスト教社会民主主義者であり,非戦論を展開する主人公をあつかった小説『火の柱』を書いている。この記者を①〜④の中から一つ選び,答えなさい。
　①木下尚江　　②安部磯雄　　③島田三郎　　④河上清

設問9　下線部 e について,次の設問に解答しなさい。
　1894年,大阪で起ったストライキを①〜④の中から一つ選び,答えなさい。
　①雨宮製糸スト　　②天満紡績スト　　③高島炭鉱スト　　④富岡製糸場スト

設問10　下線部 f の政党名を①〜④の中から一つ選び,答えなさい。
　①全国大衆党　　②社会民衆党　　③労働農民党　　④社会民主党

設問11　下線部 f について,次の設問に解答しなさい。設問10の政党は1901年5月18日に結成されたが,2日後の20日にはある法律により結社禁止となった。その法律名を①〜④の中から一つ選び,答えなさい。
　①集会及政社法　　②集会条例　　③治安警察法　　④治安維持法

設問12 下線部 f について，次の設問に解答しなさい。設問10の政党禁止の後，『巌窟王』，『噫無情』(レ・ミゼラブル)などの翻訳でもしられている黒岩涙香を社長とする新聞は普選問題・労働問題・社会主義運動などに大きく紙面をさいた。この新聞名を①〜④の中から一つ選び，答えなさい。
①万朝報　②国民新聞　③二六新聞　④時事新報　　　　（専修大）

ポイント!! 資本主義の発展にともない，労働問題や社会問題が発生し，またこれに対する運動も起った。当時の労働者の実態を具体的に調べてみよう。それに誰が，どう対応しようとしたか，政府の対応はどうだったのか，まとめてみよう。

＊ ⑭ 明治のジャーナリズムと教育

(1)明治の思潮

次の文章を読み，下線部①〜⑮について，それぞれ後の設問を読み，最も適当なものを一つずつ選びなさい。

明治以降の日本では，経済，産業において欧米の影響が大きかったが，思想分野においても例外ではなかった。日本の思想界は，時代背景に影響されつつ，東洋的なものと西洋的なものが混在する状況であったといえよう。

まず，主な啓蒙思想家を概観してみる。第１に①福沢諭吉があげられよう。福沢らは1873年に（ ② ）を結成し，欧米の政治や文化を積極的に紹介した。第２に（ ③ ）らはフランス系の天賦人権思想を唱えた。第３に田口卯吉は自由主義経済論を唱え，日本通史としては（ ④ ）を刊行した。

ところが，⑤自由民権運動が衰退するなか，⑥欧化主義政策に反対する動きがでてきた。第１に国民の自由の拡大や生活向上を主張したのが⑦徳富蘇峰であった。第２に日本古来の伝統や文化を強調する（ ⑧ ）主義を唱えたのが，三宅雪嶺であった。第３に1889年に新聞（ ⑨ ）を発行して，国民の統一と独立を説いたのが陸羯南であった。第４に⑩高山樗牛があげられる。高山は1895年に創刊された『太陽』に多くの論説を執筆した。

また，義和団事件後，日露戦争に対して，人道主義，⑪浪漫主義，⑫社会主義などの立場から非戦論および反戦論を唱える者もいたが，世論はしだいに開戦論が主流となった。

日露戦争後においては国民の間に個人の意思や生活を尊重する流れが出てきた。ヨーロッパの個人主義をふまえて，深い教養と広い社会的関心で人気を博したのが⑬夏目漱石であった。

しかしながら，政府は個人主義の横行に危機感を募らせていた。そこで1908年に出された⑭戊申詔書で個人主義的な動きを批判し，（ ⑮ ）を推進していった。

設問

①この人物の著書ではないものを選べ。
　１．『学問のすゝめ』　２．『西国立志編』　３．『西洋事情』
　４．『文明論之概略』

②あてはまる語句を選べ。
　1．明六社　　2．立志社　　3．愛国社　　4．同志社
③あてはまる人物を選べ。
　1．西村茂樹　　2．中江兆民　　3．堺利彦　　4．西周
④あてはまる語句を選べ。
　1．『大日本史』　2．『日本外史』　3．『日本開化小史』　4．『大日本史料』
⑤この運動に対抗した政府要人を選べ。
　1．山県有朋　　2．江藤新平　　3．片岡健吉　　4．後藤象二郎
⑥次の説明のうち，誤っているものを選べ。
　1．鹿鳴館で舞踏会がおこなわれた。
　2．条約改正交渉において欧米諸国の理解を得ようとした。
　3．1886年の改正案作成には谷干城の尽力があった。
　4．井上馨が推進した政策であった。
⑦次の説明のうち，正しいものを選べ。
　1．貴族的欧化主義を提唱した。　　2．志賀重昂と同志であった。
　3．民友社を設立した。　　4．『平民新聞』を発刊した。
⑧あてはまる語句を選べ。
　1．平民　　2．日本　　3．国民　　4．国粋保存
⑨あてはまる語句を選べ。
　1．『国民之友』　　2．『国民新聞』　　3．『日本人』　　4．『日本』
⑩次の説明のうち，正しいものを選べ。
　1．無教会主義の先頭にたった。　　2．日清戦争を契機に，民権論に転じた。
　3．『滝口入道』が懸賞小説に入選した。　　4．『世界』に論稿を発表した。
⑪この主義に属し，『みだれ髪』を発表した歌人を選べ。
　1．与謝野晶子　　2．大塚楠緒子　　3．樋口一葉　　4．尾崎紅葉
⑫これに関連して，社会民主党の発起人でない人物を選べ。
　1．幸徳秋水　　2．安部磯雄　　3．木下尚江　　4．片山哲
⑬下線部人物の著書ではないものを選べ。
　1．『草枕』　　2．『破戒』　　3．『明暗』　　4．『こころ』
⑭これを発した内閣を選べ。
　1．第1次桂太郎内閣　　2．第2次桂太郎内閣
　3．第1次西園寺公望内閣　　4．第2次西園寺公望内閣
⑮あてはまる語句を選べ。
　1．地方改良運動　　2．大同団結運動　　3．国民精神総動員運動
　4．産業報国運動
　　　　　　　　　　　　　　　　　　　　　　　　　　　　（京産大）

(2)ジャーナリズム
　次の文の空欄　11　〜　14　に入る適語を，各語群から選び，その記号を記入しなさい。

日本で最初の日刊新聞は ⑪ (A. 1870 B. 1872 C. 1874 D. 1876) 年創刊の ⑫ (A. 横浜毎日新聞 B. 東京日日新聞 C. 朝日新聞 D. 読売新聞) で、民権論を展開したが、その後も多くの新聞が続々と発行され、国民への政治思想などの普及に貢献した。社会主義週刊新聞も、⑬ (A. 万朝報社 B. 読売新聞社 C. 朝日新聞社 D. 報知新聞社) を退社した幸徳秋水らが結成した ⑭ (A. 水平社 B. 国民社 C. 平民社 D. 赤旗社) による『平民新聞』が1904年に発刊された。

(3) **教育**

次の文の空欄 ⑮ ～ ㉒ に入る適語を、各語群から選び、その記号を記入しなさい。

1871年の ⑮ (A. 大政奉還 B. 版籍奉還 C. 廃藩置県 D. 秩禄奉還) の断行で中央集権体制を整えた明治新政府は、同年全国の教育統括機関として文部省を設置した。以来、日本のいわゆる公教育体制は、この文部省の指導・推進によって整えられることになる。翌年政府は、フランスにならって作られた ⑯ (A. 学制 B. 教育令 C. 改正教育令 D. 学舎制) を公布した。これに付された ⑰ (A. 文部省布達 B. 太政官布告 C. 徴兵告諭 D. 就学告諭) は、学事奨励に関する「被仰出書」とも呼ばれ、「学問ハ身ヲ立ルノ財本」とする考え方を述べている。しかしなおこの段階は、近代日本の公教育体制の青写真が示されたにすぎなかった。初代の文部大臣となった ⑱ (A. 森有礼 B. 西村茂樹 C. 元田永孚 D. 西周) が ⑲ (A. 1875 B. 1879 C. 1882 D. 1886) 年に公布した ⑳ (A. 学校令 B. 教育令 C. 改正教育令 D. 学制) は、第二次世界大戦前の教育制度の実質的な大枠を規定するものとなった。この時「国家ノ須要ニ応ズル」ことを教育の目的とすることが明示された。さらに ㉑ (A. 1882 B. 1886 C. 1890 D. 1898) 年「教育ニ関スル勅語」が発布され、これが戦前の忠君愛国という日本の教育理念を規定するものとなった。この勅語の解説者として文部省から選ばれた ㉒ (A. 井上馨 B. 井上哲次郎 C. 大木喬任 D. 井上毅) は、後に内村鑑三不敬事件でキリスト教を激しく非難したことで知られている。このような戦前の公教育は、第二次世界大戦の終結を契機に大きく転換することになる。

(江戸川大・慶応大)

ポイント!! いろいろな思想や生き方は、ジャーナリズムや教育を通じて普及する。また、思想や生き方は時代を反映してもいる。明治期のどの段階に、人々はどういう主張をし、政府はどういうことを教育の目的にしたかを整理してみよう。

＊ ⓯ 近代の文化

下記の問いに答えよ。

A 日本の近代文化の発展に貢献した人物に関する次の問1～5について、各問の語群（ア～オ）から、最も適当な答をそれぞれ1つ選びなさい。

問1．イギリスのグラスゴーに留学したのち、アメリカに渡り化学研究所を設立した化学者で、1900 (明治33) 年にアドレナリン抽出に成功したのは、次のうちだれか。

ア．鈴木梅太郎　イ．北里柴三郎　ウ．高峰譲吉　エ．大森房吉　オ．志賀潔

問2．兵庫県に生まれ，東京帝国大学法科大学政治科を卒業したあと官僚になったが，その後官界を去り，民間伝承や風俗などの調査研究をすすめて，民俗学を確立したのは，次のうちだれか。

ア．南方熊楠　イ．坪井正五郎　ウ．柳田国男　エ．折口信夫　オ．宮本常一

問3．1893(明治26)年から東京帝国大学で西洋哲学の講義をし，わが国の哲学の発展に貢献したロシア生まれのドイツ人哲学者は，次のうちだれか。

ア．ナウマン　イ．グラバー　ウ．ヘボン　エ．フルベッキ　オ．ケーベル

問4．1890(明治23)年に特派記者として来日したギリシャ生まれの小説家・英文学者で，松江中学や東京帝国大学で教鞭をとり，日本研究や日本の紹介に貢献したのは，次のうちだれか。

ア．コンドル　イ．クラーク　ウ．ミルン　エ．ブラック
オ．ラフカディオ・ハーン

問5．弟子の岡倉天心とともに東京美術学校を設立したのは，次のうちだれか。

ア．ラグーザ　イ．フォンタネージ　ウ．ロエスレル　エ．フェノロサ
オ．ベルツ

B　大正時代から昭和初期にかけての文化で，とくにめだつのは大衆文化の発展であった。次の問6〜10の中の文(ア〜オ)に関して，大正時代から昭和初期のものでないのはどれか，それぞれ1つ選びなさい。

問6．ア．全国中等学校優勝野球大会が，予選参加72校で始まった。
イ．横光利一・川端康成らの新感覚派の文学がおこった。
ウ．小山内薫が東京に築地小劇場をおこした。
エ．北村透谷らの「文学界」で，ロマン主義がさかんにとなえられた。
オ．レコードが大量に売れはじめ，同時に歌謡曲が全国に流行しはじめた。

問7．ア．西田幾多郎は，「善の研究」を発表した後，東洋哲学と西洋哲学を融合した独自の体系をうちたてた。
イ．吉野作造が民本主義を唱え，デモクラシーの風潮が促進された。
ウ．自然科学の分野でも独自の研究が始まり，理化学研究所が設立された。
エ．芥川龍之介の「羅生門」や，菊池寛の「父帰る」「恩讐の彼方に」など，新思潮派の作家の代表作が発表された。
オ．新派劇という現代劇が始まった。

問8．ア．子規門下の伊藤左千夫らが，短歌雑誌「アララギ」を刊行した。
イ．都市の発達はめざましく，デパート，タクシー，レストランなど衣食住のあらゆる面で西洋方式が大幅に採用された。
ウ．プロレタリア文学の機関誌のひとつである「種蒔く人」が創刊された。
エ．山本実彦が，雑誌「改造」を創刊した。
オ．大新聞の中には発行部数が100万部を超えるものがあらわれた。

問9．ア．全国水平社の結成などによって，部落解放運動もこの時期に本格的に出発

した。
イ．歴史学者の津田左右吉が，日本古典の文献学的研究を行った。
ウ．学校令が制定され，教育法制の基礎が確固たるものとなった。
エ．洋服や家庭における電灯が広く普及し，鉄筋コンクリートの建造物もできた。
オ．本多光太郎が，KS磁石鋼を発明した。

問10．ア．雑誌「文藝春秋」が創刊された。
イ．伝統ある文化財を保護するために，文化財保護法が制定された。
ウ．大学令が制定されて，高等教育を受ける学生の数が増大した。
エ．円本や岩波文庫が登場して，大量出版時代のさきがけとなった。
オ．最初のメーデーが行われた。

C　下の切手(a～c)に関する説明文(11～15)には，それぞれ1カ所ずつ誤りがある。誤りの箇所に該当する正しい語句および人名を，下記の語群(ア～ト)からそれぞれ1つ選びなさい。

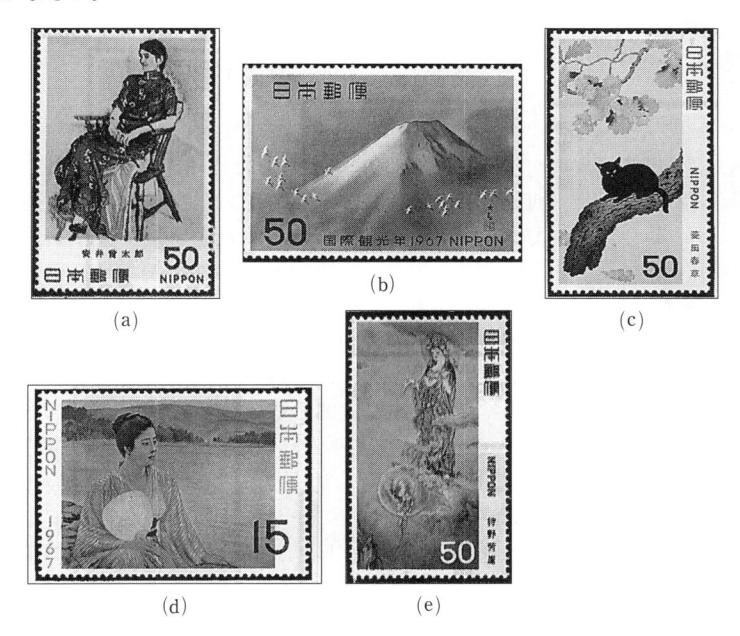

〔説明文〕
11．(a)は，安井曽太郎によって昭和初期に描かれた「麗子像」という作品である。
12．(b)は，水戸藩士の子として生まれた高橋由一によって描かれた「霊峰不二」という作品である。
13．(c)は，明治期の日本画を代表する「黒き猫」という作品であり，橋本雅邦によって描かれた。
14．(d)は，フランスに留学して印象派の画風を学び，洋画団体である春陽会結成の

中心となった黒田清輝によって描かれた「湖畔」である。
15．(e)は，毛利家の絵師の子として生まれた狩野芳崖によって描かれた「吉祥天」という作品である。

〔語群〕ア．岸田劉生　イ．日本美術院　ウ．「生々流転」　エ．白馬会
オ．横山大観　カ．伊達家　キ．「女」　ク．菱田春草
ケ．「普陀落山観世音菩薩像」　コ．薩摩藩士　サ．「悲母観音」　シ．青木繁
ス．「あやめの衣」　セ．二科会　ソ．藤島武二　タ．徳川家　チ．高村光雲
ツ．「金蓉」　テ．大正初期　ト．土佐藩士
(西南学院大)

ポイント!! 各分野ごとに，時代を反映してどんな動きがあったかを調べてみよう。建築・美術作品については，図表などで，できるだけ親しんでおこう。

⓰ 近代の文学

次の文の空欄に最も適当と思われる語をあてはめ，記入しなさい。

　日本の近代文学は，坪内逍遙が当時の戯作文学や政治小説の勧善懲悪主義や政治主義を批判して写実主義を唱え　1　を著わし，二葉亭四迷がその提唱を　2　で実践したことにはじまる。
　日清戦争のころになると『文学界』を創刊した　3　らのロマン主義文学がさかんとなり，　4　の『にごりえ』や　5　の『即興詩人』といった作品が生まれたが，詩歌の分野でも新体詩の島崎藤村や明星派の与謝野晶子が活躍した。日露戦争の前後には，人間社会の暗い現実をそのまま写しだそうとする自然主義文学が文壇の主流となり，　6　の『武蔵野』，　7　の『蒲団』，徳田秋声の『黴』などが刊行され，ロマン主義から出発した詩人　8　も社会主義に接近した生活詩を発表した。また自然主義の流れに対して，西洋を受容した近代日本の矛盾に悩む知識人の内面生活を問おうとする夏目漱石は『草枕』などを著わしたし，さらに自然主義の思想と文体を拒否し社会的矛盾と自我の問題に目を向けようとする　9　・有島武郎・志賀直哉らによって創刊された雑誌　10　や，女性解放を唱える平塚雷鳥らの創刊した　11　は新しい息吹を吹き込んだ。
　大正期から昭和にかけての大衆文化の時代には文学も一層活気を呈し，大逆事件を批判して戯作者宣言をし花柳小説で流行作家となった　12　や彼によってその文壇的地位を確立されたといわれる耽美的作風の　13　，漱石に激賞されて文壇にデビューし『鼻』・『藪の中』などで名高い　14　，戯曲『父帰る』などでも知られた　15　，『受験生の手記』を書いた　16　などが人気を博した。この頃中里介山が『都新聞』に連載した　17　は大衆に爆発的な人気を呼び，その後の雑誌『キング』の創刊とともに大衆文学時代の到来を告げることとなった。また社会運動・労働運動が高まるにつれ，プロレタリア文学もおこり，その文学運動の出発点となった雑誌　18　が創刊され，『海に生きる人々』の　19　や『蟹工船』を書いた　20　のようなすぐれた作家も現れた。
(津田塾大)

ポイント!! 戯作文学から近代文学への発展の過程，何をどう表現するかをめぐる，さまざまな文学への展開を，時代背景を考えながら，各段階ごとに整理してみよう。また，一冊全部でなくて部分的でも良いから，できるだけ多くの作品を読んでみよう。

＊ ⑰ 大正期の政治

次のA・Bの文章を読み，下記の設問に答えなさい。

A. 日露戦争後，陸軍はロシアを仮想敵国として軍備大拡張を計画，25個師団保有の目標のもとに2個師団増設に着手したが，戦費外債7億円にくわえ，戦後の反動恐慌による財政難のため，第2次桂太郎内閣は師団増設を見送った。続く第2次（　1　）内閣は，慢性的不況による民衆の生活難と農村の疲弊を背景に行財政整理の方針を立て，軍拡増税反対の世論に支えられながら，陸軍の強硬な師団増設要求に抵抗した。藩閥官僚勢力は1912年7月30日の（　あ　）の死去で大きな打撃を受けながら師団増設を主張，ついに（　2　）陸相が12月に辞表を提出するにいたり，内閣は総辞職した。後継首班に推された(a)内大臣兼侍従長の桂太郎は，(b)宮中・府中の別をみだすという批判を詔勅でかわし，12月21日に内閣を発足させた。この「（　い　）政変」は世論を刺激し「閥族打破・憲政擁護」の第1次護憲運動をまきおこすこととなった。各地に波及した護憲運動の勢いに圧されて，政友会の（　1　）や原敬も形勢観望から反閥族に転じた。1913年2月5日に再開された第30回帝国議会において，（　7　）の（　3　）は「玉座ヲ以テ胸壁トナシ，詔勅ヲ以テ弾丸ニ代ヘテ政敵ヲ倒サントスルモノ」と桂首相を激しく論難した。桂が5日間の停会後に，さらに3日間の停会を発表したため，議事堂包囲の民衆が憤激して警備の警官隊と衝突，政府支持の国民新聞社をはじめとし警察署・交番を次つぎに焼き打ちする暴動事件に発展した。暴動は地方にも波及し，第3次桂内閣は2月11日にわずか53日間で瓦解してしまった。後継首班は（　1　）の推薦と政友会の協力をえて薩摩閥の（　4　）に決まったため，立憲政治に寄せた民衆の期待は実現されなかった。

B. 第1次世界大戦による日本資本主義の飛躍的な発展は「企業熱・投機熱」をあおり物価を高騰させ，国民の社会生活に大きな変化をもたらした。戦後恐慌の発生は，労資間の対立を激化させるとともに，(c)自由と解放を求める社会運動，民衆政治の実現を求める（　う　）運動を活発に展開させるにいたった。階級間の軋轢が強まるなかで保守と進歩の調和を基調に国民教化の民力涵養運動を推進した原敬内閣の民衆対策は，大正デモクラシーの抑圧につながり，その積極政策の財政的行き詰まりや政友会関係者らの疑獄事件と相まって，民衆の離反・政党政治への不信を生んだ。原首相が暗殺され，（　5　）・加藤友三郎が相次いで内閣を組織したが，いずれも体制改革の実をあげられず，(d)関東大震災後に成立した第2次（　4　）内閣も虎ノ門事件のため3か月余で総辞職するにいたった。後継内閣に民衆の期待が寄せられるなかでの清浦奎吾内閣の成立は，藩閥官僚政治・（　え　）主義の復活の印象をいよいよ強め，ここに政党政治実現をめざす第2次憲政擁護運動がおこった。（　8　）・（　9　）の内閣反対の声明に続き，（　7　）自体も（　5　）総裁が内閣反対を裁断したため，内閣支持の床次竹二郎派が脱党し，（　10　）をつくった。（　7　）分裂で結束を強めた護憲3派は，政党内閣の確立を申し合わせ，階級闘争防止・思想悪化阻止をかかげて，（　え　）主義内閣打倒運動を展開した。護憲3派の政党政治・（　う　）・減税の政策は，(e)社会主義運動が台頭する

情勢のなかで民心を政党につなぎとめるためのものであった。護憲3派に対抗し衆議院を解散した清浦内閣は1924年5月10日の総選挙で敗北したため，第1党の議席を獲得した（ 9 ）の（ 6 ）を首相に，（ 7 ）の（ 5 ），（ 8 ）の犬養毅が入閣した護憲3派内閣が6月11日に発足，政党内閣を慣行とする憲政の常道が確立した。社会主義への関心が強まるなど，民衆の政治意識が分化した段階での憲政擁護運動は，政党主導のもとで（ う ）を実現したが，体制の維持・再編を図るために（ お ）をも制定させたのである。

問1．文章中の空欄（ 1 ）～（ 6 ）に入る適切な人名は何か。それぞれ下記の語群の中から1つ選びなさい。
〔語群〕 a．若槻礼次郎　b．寺内正毅　c．田中義一　d．尾崎行雄
　　　　e．西園寺公望　f．高橋是清　g．加藤高明　h．上原勇作　i．児玉源太郎
　　　　j．宇垣一成　k．浜口雄幸　l．伊藤博文　m．山本権兵衛　n．大隈重信
　　　　o．山県有朋　p．松方正義

問2．文章中の空欄（ 7 ）～（ 10 ）に入る政党名は何か。それぞれ下記の語群の中から1つ選びなさい。
〔語群〕 a．憲政本党　b．憲政会　c．立憲国民党　d．立憲同志会
　　　　e．政友本党　f．憲政党　g．立憲民政党　h．革新倶楽部　i．国民同盟
　　　　j．進歩党　k．立憲政友会

問3．文章中の空欄（ あ ）～（ お ）に入る適切な語句は何か。漢字で答えなさい。

問4．下線部(a)について。初代内大臣は誰か。氏名を漢字で答えなさい。

問5．下線部(b)について。宮中・府中の別は，西暦何年に制度化されたか。数字で答えなさい。

問6．下線部(c)について。この時期，社会的差別の撤廃をめざして結成された全国規模の団体は何か。漢字で答えなさい。

問7．下線部(d)について。地震と火災による混乱が続くなか，憲兵によって殺された無政府主義運動の指導者は誰か。その氏名を漢字で答えなさい。

問8．下線部(e)について。1922年に結成された日本共産党は，いかなる国際組織の支部となっていたか。カタカナで答えなさい。

(中央大)

ポイント!! 大正時代は，藩閥・軍閥の支配に対し，各方面で，民衆のエネルギーが爆発した時代である。大正政変に始まる政治の流れを，政党や民衆の動きに注目して，まとめてみよう。

＊ ⑱ 第一次世界大戦

次の文章を読み，設問に答えなさい。

　1914（大正3）年7月，ヨーロッパにおける(a)第一次世界大戦の勃発は，日本にとって新たな対外利権を獲得する絶好の機会となった。日本は日英同盟の誼を理由に参戦し，ドイツの勢力圏であった山東半島と赤道以北のドイツ領南洋諸島を占領した。ついで翌15年1月，ときの第2次大隈内閣の外相　1　は中国の　2　政権に5号21カ条から

なる要求をつきつけた。その主な内容は、山東省の旧ドイツ権益の継承、南満州および東部内蒙古の権益の拡大、福建省の他国への不割譲、日中合弁事業の承認などであった。日中交渉は難航したが、5月9日中国政府は日本の最後通牒に屈して要求の大部分を受諾した。中国民衆はこの日を国恥記念日として日本の侵略にはげしく抗議し、列国もまた日本の独善的行動に疑惑をふかめた。

　1918（大正7）年11月に第一次世界大戦が終結し、翌年1月パリで講和会議がひらかれると、日本は　3　を首席とする全権団を派遣してベルサイユ条約に調印した。この条約により日本は赤道以北のドイツ領南洋諸島の委任統治権のほか山東省の旧ドイツ権益を継承した。しかし山東権益の返還を要求する中国はこれにつよく反対し、同年5月4日北京の学生たちは山東返還や二十一カ条条約の無効を訴えるはげしいデモをおこなった。この事件を契機とする　4　は、やがて全国的に高揚する中国民族運動の新たな出発点となった。

　一方、世界大戦が終わると、ふたたびアジアに目をむけた列国は戦後のアジアに安定した国際秩序の樹立をもとめ、(b)アメリカの大統領は1921（大正10）年11月、ワシントンに国際会議を招集した。日本からは　5　内閣の海相であった加藤友三郎らが全権として出席した。この会議では、5カ国の海軍軍縮条約・太平洋問題に関する四カ国条約とともに、中国問題について中国の領土・主権の尊重などを約した九カ国条約が締結された。

　このような国際政治における変容に対して、国内の政党政治はどのように対応したのであろうか。当時の政党勢力のなかで、　6　体制を最初に支持した勢力は　7　であった。この会議以後、1924年の　1　を首班とする　8　内閣成立の際には、　9　も対米協調外交に同意することとなった。　1　首相は、外務大臣に　10　を起用したが、外相は就任に当たって　7　の外交方針を基本的に踏襲することを掲げた。つまり　9　は、中国に対する(c)内政不干渉政策を取ることによって、国際協調外交の実現を試みたのである。

　しかしその後の日本は中国における既得権益の確保に固執したため、(d)不平等条約の撤廃と利権回収を要求する中国との民族的対立をふかめ、日中関係は悪化の一途をたどることになった。

問1．下記の語群のなかから、文中の　1　～　10　の空白を埋めるのに適当なものを選びなさい。
　ア．三・一運動　　イ．後藤新平　　ウ．山県有朋　　エ．蔣介石
　オ．五・四運動　　カ．民権運動　　キ．加藤高明　　ク．袁世凱　　ケ．原敬
　コ．西園寺公望　　サ．第二次若槻　　シ．松岡洋右　　ス．幣原喜重郎
　セ．ロンドン　　ソ．ワシントン　　タ．憲政会　　チ．田中義一
　ツ．立憲政友会　　テ．政友本党　　ト．護憲三派

問2．下線部(a)について。下記の文章群は、第一次世界大戦について記したものである。正しくないものを選びなさい。
　ア．この戦争はバルカン半島をめぐるドイツ・オーストリア・イタリアの三国同盟と

イギリス・ロシア・フランスの三国協商の対立に起因していた。
　イ．この戦争はセルビアの民族主義者がオーストリア皇太子を暗殺する事件をきっかけとして起きた。
　ウ．この戦争中にロシアで十一月革命がおこり，ロシア帝国は崩壊した。
　エ．この戦争の結果，ドイツのワイマール体制は崩壊し，ナチスの権力掌握に道をひらいた。
　オ．この戦争が終わった後，世界平和を維持するための組織として国際連盟が創設された。
問3．下線部(b)について。この大統領はだれか。下記の語群のなかから正しいものを選びなさい。
　ア．セオドア・ルーズベルト　　イ．タフト　　ウ．ウィルソン
　エ．ハーディング　　オ．フーバー
問4．下線部(c)について。下記の文章群のなかから正しいものを選びなさい。
　ア．中国への露骨な干渉を控えることにより，満蒙権益の維持を図った。
　イ．日本政府は，山東出兵によって北伐を支援しようとした。
　ウ．関東軍は，張学良を支援して国民党に対抗した。
　エ．東方会議をひらき，中国における日本権益を放棄することを決めた。
　オ．汪兆銘を重慶から脱出させて，南京に新国民政府を樹立させた。
問5．下線部(d)について。下記の語群のなかから次の(1)〜(4)の文章にもっとも関係の深いものをそれぞれ選びなさい。
　(1)　国民革命軍が北上すると，日本は居留民保護の名目で三度にわたり山東半島に出兵した。
　(2)　1928(昭和3)年6月，関東軍の河本大作参謀は謀略によって張作霖を爆殺した。
　(3)　1931(昭和6)年7月，長春郊外で水利工事をめぐって中国人と朝鮮人農民とのあいだに武力衝突がおこった。
　(4)　1931(昭和6)年9月，関東軍は満鉄線を爆破し，中国東北への軍事侵略を開始した。
　ア．南京事件　　イ．上海事件　　ウ．済南事件　　エ．万宝山事件
　オ．柳条湖事件　　カ．満蒙分離　　キ．間島事件　　ク．国共内戦
　ケ．中ソ紛争　　コ．華北分離
（名城大・法政大）

ポイント!!　日本は，第一次世界大戦に乗じて，欧米列強の仲間入りをする。しかし，それは列強との新たな対立の始まりでもあった。大戦中から戦後の日本の動きを，国際政治情勢と日本の経済状況とに関連させて，整理してみよう。

＊ ⑲ 大正デモクラシー

次のA・B2つの文を読み，下記の設問に答えよ。
A　第一次大戦後，ロシア革命や(a)米騒動の影響で，日本においても社会運動がさかんとなった。1912(大正元)年，　①　らが労資協調の立場で創立した〔　a　〕は，1921

（大正10）年には，階級闘争を強調する〔　b　〕へと発展し，各地の労働争議を指導した。農村部でも，1922（大正11）年に農民運動の全国的な組織として，〔　c　〕が結成された。また，身分的な差別と貧困に苦しむ被差別部落の人々も，同年に〔　d　〕を結成し，自らの手で解放をかちとるために立ち上がった。このような社会運動の高まりのなかで，ⓑ社会主義者の活動も再開され，1922（大正11）年には，②　らの手によって〔　e　〕が秘密裏に結成された。

　この時期には，学問・思想の分野でも，自由な雰囲気のもとで独創的な研究が進んだ。③　のとなえた民本主義は，デモクラシーの思潮に理論的なよりどころを与え，彼は，1918（大正7）年に〔　f　〕を組織して，全国的に啓蒙活動を行った。④　は，『善の研究』で独自の哲学をうちたてた。⑤　は，日本古代史の科学的な研究を行った。⑥　は，人道主義的な立場からマルクス主義経済学をひろめた。⑦　は，民間伝承の研究から民俗学の基礎をきずいた。また，自然科学の分野でも，⑧　のKS磁石鋼の発明などの世界的な研究成果もあらわれた。

　文学の面では，人道主義・理想主義の立場にたつ〔　g　〕が登場し，⑨　がその代表的作家であった。そのほか，新思潮派と呼ばれる⑩，新感覚派と呼ばれる⑪　なども活躍した。その一方で，社会問題をあつかったプロレタリア文学もさかんになり，⑫　らが多くの作品を発表した。

　また，教育の分野では，夏目漱石門下の⑬　が，ⓒ綴り方・童謡・児童の自由詩を提唱した。

設問(1)　①〜⑬の□□のなかに，もっとも適切な人名を下記の選択語群のなかから選び，記号で答えよ。

　ア．長岡半太郎　　イ．芥川龍之介　　ウ．河上肇　　エ．田山花袋
　オ．津田左右吉　　カ．鈴木文治　　キ．加藤弘之　　ク．吉野作造
　ケ．小林多喜二　　コ．美濃部達吉　　サ．鈴木三重吉　シ．本多光太郎
　ス．西田幾多郎　　セ．賀川豊彦　　ソ．永井荷風　　タ．山川均
　チ．高野房太郎　　ツ．小山内薫　　テ．北村透谷　　ト．滝川幸辰
　ナ．横光利一　　ニ．大杉栄　　ヌ．武者小路実篤　　ネ．柳田国男

(2)　a から g の〔　〕のなかに，もっとも適切な団体名を記入せよ。

(3)　下線部ⓐに関し，米騒動が起こったのは，西暦何年のことか。

(4)　下線部ⓑに関し，このころまでは社会主義運動の「冬の時代」と呼ばれたが，そのきっかけとなった事件とは何か。

(5)　下線部ⓒに関し，これらが提唱された雑誌の名称を答えよ。

B　大正の文化は都市を中心とした大衆文化である。東京など諸都市では衣食住の洋風化がすすみ，ガス燈・ランプは電灯に変わり，水道・ガスもしだいに整備された。特に関東大震災後，官庁・大企業を中心に鉄筋コンクリートのビルディングが建てられ，都市の景観は一変した。個人住宅としては，玄関横に洋風の応接間を置く⑭　が郊外に広がった。そして家父長制の大家族に代わり，夫婦を中心とした一家団らんの家族生活が求められた。一人一人自分の食膳で食事していたのが，家族が

⑮ を囲んで一緒に食事をするようになったことはよくそれを示している。また，ラジオや ⑯ の普及も楽しみを外から家庭に持ち込み，ラジオやレコードを楽しむ一家団らんの風景を生みだしたのである。交通機関も発達し，郊外電車やバスが通勤の足として使われるようになったが，それはまた，家族の外出の楽しみを増大した。外出先の典型は，買物をしなくても楽しめる ⑰ と郊外電車沿線の遊園地だった。家族を中心にした消費生活の進展は，大衆娯楽の王者といわれる ⑱ をはじめ，オペラ，演劇そして大量の出版物等の大衆文化を生み出していったのである。

設問　⑭〜⑱の ☐ のなかに，もっとも適切な事項を下記の語群のなかから選び，記号で答えよ。

ア．応接台　　イ．文化村　　ウ．週刊誌　　エ．文化住宅　　オ．活動写真
カ．カジノ　　キ．こたつ　　ク．テレビ　　ケ．蓄音機　　　コ．デパート
サ．カフェ　　シ．アパート　ス．ちゃぶ台　セ．学生野球
ソ．ダンスホール　タ．箱膳　　チ．紙芝居　　ツ．商店街　　　テ．田園都市
ト．トーキー映画

(広島修道大・西南学院大)

ポイント‼　明治以降続く，藩閥・軍閥専制政治を批判する民主的改革運動は，大正期に広汎な人々をまきこんだ国民的運動として展開する。また，都市では日常生活に大きな変化の流れがみられる。多様化する社会構造の変化に関連して，これらの動きの展開を，政治運動，労農運動，社会・文化運動に分けて整理してみよう。

❷⓪　選挙法の変遷

下記の空欄に最も適切な語句を漢字もしくは数字で記入せよ。年号は西暦とすること。

大正時代を振り返ってみるならば，政権が藩閥からしだいに政党に移っていったことが示すように，政党やそれを支持する民衆が政治の表舞台で活動をはじめた時代ということができよう。

民衆の政治運動への参加は，第一次護憲運動や米騒動に端的に現れている。だが正式な政治参加手段の確保という点では，普通選挙運動をあげなければならない。中村太八郎らが松本に続いて，1899年に東京で設立した ☐1 などに代表されるように，普選運動は明治時代から存在した。これが大正時代に入ると，米騒動が全国を席巻しているころと前後して急速に盛りあがっていった。たとえば1920年2月には，東京で数万人をあつめたデモがくりひろげられている。

寺内内閣のあと成立した原敬内閣は，衆議院議員選挙法の改正に乗り出し，選挙資格をそれまでの直接国税10円以上の納付者から，3円以上のそれに引き下げた。しかし同時にこの改正で注目すべき点は，原則として，選挙区制を ☐2 制に改めたことであった。この選挙区制は大政党に有利であり，とくに農村部に強い ☐3 に有利にはたらくと思われた。事実，この改正が行われた直後の総選挙において ☐3 は大躍進し，第一党となっている。

男子だけを対象にした普通選挙法が成立したのは ☐4 年のことであった。これは納税資格要件を撤廃したものである。これによって多数の有権者が誕生し，有権者の総

人口に占める比率は[5]％になった。しかし当然のことながら，納税資格要件の撤廃により，社会主義者らの進出も予想された。そこで政府は，普通選挙法を公布するのに先立ち，治安維持法を成立・公布させたのであった。他方では，この普通選挙法下での第一回普選を目指し，麻生久や三輪寿壮らによる日本労農党や，安部磯雄や片山哲らによる[6]などの無産政党が誕生した。

同時期，女性自身の手による女性解放や政治参加を求める運動もしだいに活発になってきた。1921年に山川菊栄や伊藤野枝らにより，社会主義の実現によって女性の解放を勝ち取ろうと[7]が結成された。また，これに先立つ1920年には平塚らいてうらが[8]を設立している。[8]の活動により，[9]第5条で禁止されていた女子の政治結社や政治集会への参加禁止は，1922年にようやくその一部が改正され，集会への参加及び発起人になることが認められるようになった。その後，参政権の獲得を目指し，婦人参政権獲得期成同盟会が結成されたがほとんど進展は見られなかった。実際に女性の参政権が確立するのは[10]年になってからのことである。さらに2015年6月，改正公職選挙法が成立し，選挙権年齢を18歳以上に引き下げた。

(明治大)

ポイント!! 明治期の自由民権運動の成果としての国政参加（衆議院議員選挙）には，制限があった。政党は，民衆の力を利用しながらも，その伸長を恐れ，抑圧していた。大正期を通じての普選運動の経過と理論をまとめてみよう。

＊ ㉑　恐慌と軍部の台頭

A　金融恐慌

次の史料を読んで設問に答えなさい。なお，史料は一部省略したり，書き改めたところがあります。

現在都下ニ於テ不確実ナル銀行破綻ノ為ニ，数万ノ市民ガ悲鳴ヲ挙ゲツツアリ，又関西地方ニ於テ恐慌ノ度深刻ヲ極メントスルアリ。之等ハ決シテ独リ[a]銀行及[b]ノ為ノミニアラズ。我c対支外交ノ無方針ニシテ，居留邦人ノ保護行届カザル為，多年支那ニ在リテ刻苦努力シ来リタル居留民ハ，暴民ノ掠奪ニ遭ヒテ其ノ財産ヲ喪失シ……現内閣ハ一銀行一商店ノ救済ニ熱心ナルモ，支那方面ノ我ガ居留民及対支貿易ニ付テハ何等施ス所ナク……之ヲ要スルニ，d今日ノ恐慌ハ現内閣ノ内外ニ対スル失政ノ結果ナリト云フヲ憚ラズ。……

『伯爵 e伊東巳代治』

設問

1．空欄aと空欄bに該当する語句の組合せを下記より選びなさい。
　ア．a朝鮮　b鈴木商店　　イ．a朝鮮　b三井物産　　ウ．a台湾　b鈴木商店
　エ．a台湾　b三井物産

2．下線部cに関連し，当時外務大臣を務めていた人物に関する説明として誤っているものを下記より選びなさい。
　ア．加藤高明内閣の時，外務大臣に就任した。
　イ．日ソ基本条約締結を推進し，ソ連との国交を樹立した。

ウ．戦争放棄をうたったパリ不戦条約の成立に尽力した。
エ．補助艦艇の保有制限を定めたロンドン海軍軍縮条約の成立に尽力した。

3．下線部ｃに関し，1920年代の対中国政策に関する説明として正しいものを下記より選びなさい。
ア．ワシントン会議の結果，山東省の旧ドイツ権益を返還した。
イ．護憲三派内閣は，五・三〇事件に対して軍隊を派遣した。
ウ．第1次若槻礼次郎内閣は，国民革命軍の北上を阻止するため山東出兵を行った。
エ．田中義一内閣は，満州支配を狙って張作霖爆殺事件を引き起こした。

4．下線部ｄに関する説明として誤っているものを下記より選びなさい。
ア．この恐慌の背景には，関東大震災による震災手形問題が存在した。
イ．この恐慌の発端となったのは，大蔵大臣の失言であった。
ウ．この恐慌がきっかけとなり，当時の内閣は総辞職した。
エ．この恐慌を鎮めるため，新内閣は4週間のモラトリアムを発令した。

(関西学院大)

B　軍部の台頭

次の文章を読み，下記の質問に答えなさい。

　関東大震災後の日本経済は，政府や日本銀行の救済融資によって支えられていたが，震災手形の処理問題をめぐって一部の銀行の不良な経営状態が明るみに出て，1927年3月金融恐慌が発生した。憲政会の若槻礼次郎内閣は，第一次大戦期に急成長をとげた鈴木商店に巨額の不良債権をかかえていた台湾銀行を緊急勅令で救済しようとしたが，(1)枢密院がこの勅令案を否決したため総辞職し，同年4月政友会の田中義一内閣が成立した。この内閣は，支払猶予令を発して3週間のモラトリアムを実施し，また日銀も巨額の非常貸し出しをおこなって銀行の動揺を防いだので，5月に入って恐慌は終息した。この恐慌によって中小銀行の大半は打撃を受け，預金は大銀行に集中して(2)財閥系5大銀行の支配力は一段と強化された。

　金融恐慌が終息しても不況はその後も持続した。(3)田中内閣総辞職後の民政党の　ａ　内閣(1929年7月成立)は，蔵相に井上準之助を起用し，(4)旧平価による金解禁と緊縮財政によって経済の建て直しをはかった。為替相場の安定と物価下落によって産業の合理化をおしすすめ，日本経済の国際競争力を強化しようとしたのである。この内閣は(5)協調外交の方針のもとに軍備縮小にも力を注いだ。ところが，その年の10月にアメリカで発生した恐慌は，翌年各国に波及して世界大恐慌となり，日本経済もその渦中にまきこまれた。中小企業の倒産があいつぎ，大企業も経営不振におちいった。失業者は増加し，(6)労働争議も頻発した。アメリカ向け　１　輸出の激減と米価の暴落によって恐慌は農村にも深刻な打撃をあたえた。井上蔵相は恐慌の進行中も，第2次若槻内閣のもとでその政策を堅持したが，1931年9月に満州事変が起こり，軍部の発言力が強まるなかで，12月内閣は退陣を余儀なくされた。

　次の犬養毅政友会内閣の蔵相高橋是清は，内閣発足後ただちに(7)金輸出の再禁止と日銀券の兌換停止を実施した。財政政策も積極財政に転じ，歳出に占める軍事費の割合

は増大したが，疲弊した農村を救済するための恐慌対策費も計上された。金輸出再禁止による円為替相場の低落によって綿布を中心に軽工業品のアジア向け輸出が増大し，円安の作用で輸入品が割高となったため重工業も成長した。景気は確実に好転し，日本は他の資本主義諸国に先駆けて恐慌からの脱出に成功した。高橋は五・一五事件後の　b　内閣においても蔵相の地位にあって積極財政を推し進めたが，積極財政が　2　の危険を伴うようになると軍事費の増加要求を押さえて軍部と対立し，岡田啓介内閣の蔵相のとき，二・二六事件で青年将校に殺害された。

事件から12日後，　c　内閣が閣僚の人選，軍備拡大などの政策について軍部の要求を容れてかろうじて成立した。この内閣は「庶政一新」，「広義国防」を目標にかかげ，(8)軍部大臣現役武官制の復活，日独防共協定の締結など軍国主義的国家への道を開いた。財政も「準戦時財政」に移行して軍事費の比重が一挙に増大した。しかし，この財政政策は国際収支の悪化をもたらして財界の反発をかったため，次の林銑十郎内閣（1937年2月成立）では軍部と財界の利害を調整する「軍財抱合」体制をつくろうとしたが，内閣はわずか4ヵ月で退陣し，同年6月　d　内閣が発足した。そして翌7月に北京郊外の盧溝橋で発生した日中両国軍の衝突事件が間もなく日中全面戦争へと拡大し，日本経済はこの内閣のもとで(9)戦争経済へと明確に移行することになる。

問1．空欄a～dに適切な内閣総理大臣名を下記から選び，記号で答えなさい。
　ア．斎藤実　　イ．米内光政　　ウ．清浦奎吾　　エ．浜口雄幸
　オ．平沼騏一郎　カ．近衛文麿　キ．加藤高明　ク．阿部信行
　ケ．小磯国昭　コ．広田弘毅

問2．空欄1に適切な商品は何か。

問3．空欄2に適切な語句を下記から選び，記号で答えなさい。
　ア．輸入超過　イ．デフレーション　ウ．赤字財政　エ．金融逼迫
　オ．インフレーション

問4．下線部(1)について，なぜ枢密院は若槻内閣の勅令案を否決したのか。

問5．下線部(2)について，正しいものを下記から一つ選び，記号で答えなさい。
　ア．三井銀行，三菱銀行，住友銀行，富士銀行，第一銀行
　イ．三井銀行，三菱銀行，安田銀行，住友銀行，三和銀行
　ウ．三井銀行，三菱銀行，住友銀行，三和銀行，帝国銀行
　エ．三井銀行，三菱銀行，住友銀行，富士銀行，三和銀行
　オ．三井銀行，三菱銀行，安田銀行，住友銀行，第一銀行

問6．下線部(3)は，ある事件の処理が天皇の不信をかったためであった。事件とは何か。下記から選び，記号で答えなさい。
　ア．張作霖爆殺事件　イ．第2次山東出兵　ウ．南満州鉄道爆破事件
　エ．済南事件　オ．3月事件

問7．下線部(4)によって日本は1917年以来停止していた金本位制に復帰したが，日本が「貨幣法」によって金本位制を採用したのはいつか。下記から選び，記号で答えなさい。

ア．1871年　イ．1886年　ウ．1897年　エ．1906年　オ．1911年

問8．下線部(5)に関連して，この内閣が軍縮条約に調印を命じ，のちに「統帥権干犯問題」を引き起こした国際会議の開催地はどこか。

問9．下線部(6)に関連して，この当時発生した代表的な労働争議を下記から一つ選び，記号で答えなさい。
　ア．鐘淵紡績争議　　イ．三菱・川崎造船所争議　　ウ．三井三池炭鉱争議
　エ．近江絹糸争議　　オ．共同印刷争議

問10．下線部(7)によって日本は新しい貨幣制度に移行したが，この貨幣制度は一般に何と呼ばれているか。

問11．下線部(8)の制度は1900年にでき，1913年に改められて予備・後備の将官にまで陸・海軍大臣の資格が広げられた。これによって，同年の文官任用令の改正とあいまって，政党の官僚・軍部に対する影響力が拡大した。その前提には第一次護憲運動によって桂内閣が倒れ，政党に支持された新たな内閣の発足があった。この内閣の総理大臣は誰か。下記から選び，記号で答えなさい。
　ア．西園寺公望　イ．原敬　ウ．加藤高明　エ．山本権兵衛　オ．加藤友三郎

問12．下線部(9)の戦争経済にあって，人的・物的資源の統制運用を議会の承認を経ずに勅令で行うことができるようにした法律が，この内閣によって1938年4月に公布された。それを何というか。

(北海学園大)

C　満州事変

次の略地図と史料を読んで，問1～8に答えなさい。

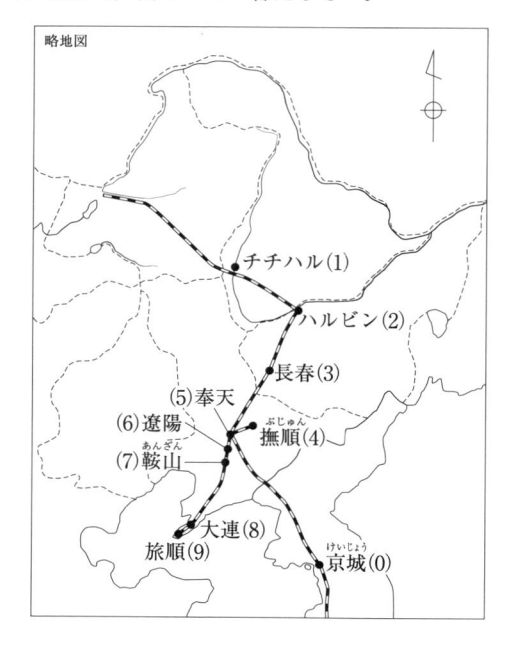

略地図

・チチハル(1)
・ハルビン(2)
・長春(3)
(5)奉天
(6)遼陽
・撫順(4)
(7)鞍山
・大連(8)
旅順(9)
・京城(0)

史料
石原莞爾「満蒙問題私見」の一部〔1931（昭和6）年5月〕
一　満蒙の価値　政治的　国防上の拠点　朝鮮統治，支那指導の根拠
　　　　　　　　経済的　刻下の急を救うに足る
二　(1)満蒙問題の解決　解決の唯一方策は(2)之を我領土となすにあり
　　　　　　　　　　　之が為にはその正義なること及之を実行するの力あるを条件
　　　　　　　　　　　とす
三　解決の時期　(3)国内の改造を先とするよりも満蒙問題の解決を先とするを有利とす

問1．略地図に示した鉄道線には，日露戦争の結果，日本がロシアから利権譲渡を受けた部分が含まれる（その後設立された南満州鉄道株式会社の経営路線となる）。その部分の両端の地名二つを選び，地名についている番号で答えなさい。

問2．南満州鉄道株式会社は沿線の炭鉱経営などの事業も行い，日本の満州に対する経済進出の一翼を担った。同社が1918（大正7）年に設立した製鉄所のある地名を略地図から一つ選び，地名についている番号で答えなさい。

問3．史料Aは，略地図に示した地域に対する戦略論である。これを記した石原莞爾らが，同年中に下線部(1)をめざして実際に起こした事件の名称は何か。次の1〜4の中から一つ選びなさい。
　1．十月事件　　2．張作霖爆殺事件　　3．柳条湖事件　　4．盧溝橋事件

問4．問3の事件の発生地点に最も近い地名を略地図から一つ選び，地名についている番号で答えなさい。

問5．問3の事件は，その後，軍事的・地域的に拡大して満州事変につらなっていく。満州事変に関わって生じた反応や動向に関する記述として誤っているものはどれか。次の1〜4の中から一つ選びなさい。
　1．事変に関する報道の多くは軍の行動をはなばなしく伝えて国民の熱狂をあおり，この戦況報道等を契機としてラジオの受信契約数も急増した。
　2．経済恐慌に苦しんでいた国民の間には，満州進出に活路を求めたり，軍の快進撃に鬱積が晴れる思いが生じ，事変への支持が醸成された。
　3．満州事変費を含む軍事費の増大などによって，重化学工業を中心に産業界は活気をとりもどし，1933（昭和8）年頃には世界恐慌以前の生産水準を回復した。
　4．事変の進行は中国国内の民族運動をいっそう高め，党派対立を越えた抗日民族統一戦線を成立させた。

問6．史料Aの下線部(2)の考えは，満州事変の過程で独立国の建設という形をとって具体化された。「五族協和」の「王道楽土」をめざすとされた，その国の執政の地位に就いた人物は誰か。次の1〜4の中から一つ選びなさい。
　1．袁世凱　　2．蔣介石　　3．孫文　　4．愛新覚羅溥儀

問7．満州事変以降，軍や政府の軍需・重化学工業振興策と結びついて成長した新興財閥で，問6の独立国を主な拠点としたのはどれか。次の1〜4の中から一つ選びなさい。

1．住友　　2．日産　　3．日窒　　4．三井

問8． 史料Aの下線部(3)は、「満蒙問題の解決」とともに必要と考えられた日本国内の体制変革(国家改造)を指すが、この前後の時期には日本国内で政治・経済・社会の変革をめざすさまざまな動きが見られた。その動きに関わる記述として誤っているものはどれか。次の1～4の中から一つ選びなさい。

1．中国側の国権回復運動などに脅威を感じた軍や右翼は、日本の満蒙権益への危機感をあおる宣伝活動を行って、協調外交路線を軟弱と批判した。
2．青年将校の間には実力行使で国家改造をめざす考えが広まり、テロやクーデタが企てられたが、発覚した計画の首謀者は厳しく処罰されたため、改心をよそおって転向を表明する者があいついだ。
3．社会主義運動や無産政党においては、弾圧や世情の変化で行きづまった活動の打開策として、国家社会主義への転換がはかられた。
4．既成政党の内部にも軍や右翼に同調して自由主義・民主主義的な学問や思想を排撃する動きが生じた。美濃部達吉の憲法学説批判をきっかけに展開された国体明徴運動はその一例である。

(日本大)

> **ポイント‼** 明治以来、日本はいくつかの恐慌を経験しているが、昭和初期の恐慌はとりわけ深刻であった。その原因を調べてみよう。また、「協調外交」と「積極外交」の違いもまとめてみよう。

＊❷ ファシズム

次の文章を読み、下記の設問に答えなさい。

1934年頃から、陸軍内部の革新派のなかに、国家改造計画とその運動のすすめかたをめぐって、陸軍省や参謀本部の要職をしめる幕僚層のグループである｜ a ｜と、部隊勤務の尉官級将校グループである｜ b ｜の争いがうまれはじめた。両派の対立は、士官学校事件、｜ c ｜教育総監の罷免、相沢三郎中佐による｜ d ｜軍務局長斬殺事件などを通じて、次第に激化し、｜ b ｜の牙城と目されていた東京第一師団の満州移駐が発表されるや、同派の青年将校らによる武力蹶起の準備が進められ、(e)(f)二・二六事件が決行された。

このクーデタは天皇の怒りを買うこととなったが、天皇の強硬な態度と重臣を襲撃された海軍側の態度の結果、クーデタは鎮圧され、｜ a ｜が軍部の全権を握ることとなった。この事件を契機に軍部は以前にもまして大きな政治的発言力をもつようになり、日本は、(g)(h)ヴェルサイユ＝ワシントン体制がくずれるなか、戦争への道を一歩また一歩と歩んでゆくことになった。

問a． 空欄aにはいるのは次のどれか。
①桜会　②黒竜会　③皇道派　④統制派　⑤右派

問b． 空欄bにはいるのは次のどれか。
①桜会　②黒竜会　③皇道派　④統制派　⑤左派

問c． 空欄cにはいる人物を、次のうちから選びなさい。

①荒木貞夫　②真崎甚三郎　③渡辺錠太郎　④橋本欣五郎　⑤永田鉄山
問d．空欄dにはいる人物を，次のうちから選びなさい。
①宇垣一成　②真崎甚三郎　③永田鉄山　④渡辺錠太郎　⑤団琢磨
問e．二・二六事件の結果生じた事柄として，正しいものを選択しなさい。正しいものがないときには，⑤を選択しなさい。
① 岡田内閣のもとで，軍部大臣は現役武官でなければならないこととなった。
② 広田内閣のもとで，国際連盟から脱退した。
③ 近衛内閣のもとで，軍部大臣は予備役であってもなれることになった。
④ 林内閣のもとで，対中国外交政策を確立するために東方会議が開かれた。
問f．大陸浪人との接触が深く，辛亥革命が起こると中国に渡航した人物で，「日本改造法案大綱」を書いて，二・二六事件を引き起こした青年将校に強い思想的影響を与えた人物が結成した団体は次のどれか。
①猶存社　②国本社　③大日本国粋会　④国体擁護連合会　⑤黒竜会
問g．ヴェルサイユ＝ワシントン体制に関する記述として間違っているものを選びなさい。間違っているものがないときには，⑤を選びなさい。
① 軍縮が進められ，日本，アメリカ，イギリスの主力艦の保有率は7対10対10になった。
② 日本は，南洋諸島の委任統治を認められた。
③ 国際連盟がつくられた。
④ ドイツに対して多額の賠償金が課された。
問h．ヴェルサイユ＝ワシントン体制を打破し，世界の新秩序を主張して結びついた国の組み合わせとして正しいのは，次のうちのどれか。正しいものがないときには，⑤を選びなさい。
①日本　ドイツ　中国　②日本　ドイツ　イタリア
③日本　ドイツ　ソ連　④アメリカ　イギリス　フランス
（明治学院大）

ポイント!! 日本は昭和初期の政治や経済の混乱の中から，軍部が台頭し，ファッショ化していった。いろいろの場面での軍部の動きと，それに対するさまざまな勢力（政府・政党・重臣などの宮廷グループ・財界）の対応を調べてみよう。

＊ ㉓ 近代の対東アジア外交

次の文章を読み，下記の設問に答えなさい。なお，下線の番号と問の番号は対応している。

19世紀も半ばになると，欧米の勢力がアジアに押し寄せてきた。日本と中国は欧米列強の圧力によって開国されたが，朝鮮は違っていた。(1)開国を迫り実現したのはわずか20年ほど前に開国した日本であった。清朝がベトナム（越南）に対する伝統的な宗主権をめぐってフランスに敗北すると，日本も朝鮮の宗主権を清国から奪い取ることができるのではないかと，(2)その機会をねらった。これまで欧米列強の侵略を契機に生じていたアジアでの戦争は，日本がアジアの国を侵略するための戦争へと変わっていった。

日清戦争に勝利し，義和団出兵に最大の兵力を送った日本は，列強の仲間入りを果たして中国分割競争に参加した。列強は競って中国における鉄道敷設権の獲得に乗り出し，(3)勢力圏を築いた。三国干渉によって日本に遼東半島の返還を要求したロシアは，同半島の旅順・大連を租借し，　A　・旅順間の鉄道敷設権を得て，中国東北部を勢力下に置こうとした。日本はロシアの動きに独力で対抗し，中国に勢力圏を確保することはできなかった。日本では(4)ロシアと妥協しようとする動きもあったが，ロシアの積極的な極東政策に警戒心を抱いたイギリスと結んで，韓国での権益を守る道を選んだ。

　日露戦争は日本の勝利に終わり，　B　での講和条約によって，日本は韓国に対する支配権を確保すると同時に，　C　以南の鉄道利権および(5)遼東半島南部の租借権を獲得した。こうして日本は大陸に向かって本格的に動き出した。(6)韓国の保護国化をアメリカ・イギリスに承認させ，漢城に統監府を置いた。この措置に反対して起こった　D　の万国平和会議へ密使を送った事件，伊藤博文暗殺事件の機会を捉えて，日本は(7)韓国を併合し，完全な植民地とした。南満州では半官半民の国策会社満鉄を設立し，これを中心に着々と満州経営を進めていった。しかし，この期の日本は植民地経営を自力で賄う資金力がなかった。外資を導入してそれを植民地経営に使用した。列強の資金に依存したこうしたやり方は，借金の元利返済に追われる財政危機を生み出した。

　第一次世界大戦による未曽有の好景気はこの財政危機を容易に克服させ，青島や上海へ民間資本，とりわけ(8)日本紡績業の進出を促進した。これは中国民族資本の発展を抑え込むことになったので，このような(9)外国資本の進出に反発する民族運動が高揚し，列強に与えていた諸権益を回収しようとする運動が，中国全土で盛り上がった。(10)日本は満州の既得権を確保するために傀儡政権を樹立しようとしたが失敗し，その後の外交交渉もしだいに行き詰まった。危機意識を強めた軍部とくに関東軍からは，武力によって満州を日本の支配下におさめようとする気運が高まった。

　満州事変が勃発し，翌年には(11)「五族協和」を旗印とした満州国が成立したが，それは中国の排日運動をいっそう激しくし，国際的にも日本を孤立化させた。

問1．朝鮮の開国を定めた条約は何か。下記の語群から選び，記号で答えなさい。

問2．朝鮮国内では清国派の事大党と日本派の独立党が対立していた。清国がフランスに敗北した(1884年)を好機として，独立党派は日本公使館の援助のもとにクーデターを起こした。この事件で日本と清国は深刻な対立関係に陥ったが，日本は清国との衝突を避けるために清国と条約を結んだ。この条約は何か。下記の語群から選び，記号で答えなさい。

(問1と問2の語群)　ア．南京条約　　イ．日清修好条規　　ウ．天津条約
　エ．済物浦条約　　オ．江華条約　　カ．下関条約　　キ．漢城条約
　ク．北京条約　　ケ．日韓保護条約

問3．下記の勢力圏a～cを確保した国を語群ア～キから選び，記号で答えなさい。
　a．上海を中心とする長江流域
　b．広東省から雲南省へと広がる珠江流域
　c．山東半島から内陸へ伸びる黄河流域

ア．ロシア　　イ．ドイツ　　ウ．イタリア　　エ．ベルギー　　オ．フランス
　　カ．イギリス　　キ．アメリカ

問4．ロシアとはどのような内容の妥協が試みられたか。下記から選び，記号で答えなさい。
　　ア．南樺太をロシアに割譲する代わりに，ロシア領沿海での漁業権を認めさせる。
　　イ．日本の南満州，ロシアの北満州の利益を相互に認め合う。
　　ウ．ロシアの満州経営権と日本の韓国に対する優越権力を相互に認め合う。
　　エ．満州に対する共同の権益を設置し，満鉄を共同経営する。
　　オ．極東における日露の共同戦線を結成して，両国の権益を相互に尊重する。

問5．この租借地を何というか。

問6．アメリカと結ばれた協定は，何か。

問7．日露戦争から併合に至るまでの間に，日本と韓国の間で3次の協定が締結された。この協定による韓国軍隊の解散命令を契機に韓国内で展開された反日抵抗運動は何か。

問8．このような紡績業を何というか。

問9．1925年に中国全土に広まった反帝国主義運動は何から始まったか。下記から選び，記号で答えなさい。
　　ア．五・四運動　　イ．五・三〇事件　　ウ．満蒙独立運動　　エ．万歳事件
　　オ．九・一八事変　　カ．普選運動　　キ．三・一五事件　　ク．光州学生事件

問10．下記の文章の空欄に適切な語句を入れなさい。
　a．中国に駐在する外交官，外務省高官，軍部首脳を集めて□□□会議が開かれ，満蒙を日本の勢力下に置き，日本の権益を守るために自衛の措置をとるなどを内容とする「対支政策綱領」が決定された。
　b．傀儡政権を作ろうとする関東軍の陰謀によって，満州の軍閥張作霖が殺害された。日本の陸軍当局は，この真相を国民に隠していたが，野党の民政党などがこれを□□□事件として議会で田中内閣の責任を追及した。
　c．このときの協調外交は，対中政策の面だけではなく，軍縮政策の面でも行き詰まりを見せていた。政府が結んだ軍縮条約に対して，□□□問題が起こった。

問11．これは「五族が互いに協力して国の繁栄をはかる」ことを標榜したものであるが，この「五族」を下記から選び，記号で答えなさい。
　　ア．満州民族・漢民族・日本民族・チベット民族・ウイグル民族
　　イ．満州民族・漢民族・チベット民族・ウイグル民族・蒙古民族
　　ウ．満州民族・漢民族・蒙古民族・朝鮮民族・日本民族
　　エ．満州民族・日本民族・朝鮮民族・蒙古民族・チベット民族
　　オ．満州民族・漢民族・朝鮮民族・チベット民族・ウイグル民族

問12．文章中の空欄A〜Dにあてはまる都市名を下記から選び，記号で答えなさい。
　　ア．ワシントン　　イ．ポツダム　　ウ．ポーツマス　　エ．チンタオ
　　オ．満州里　　カ．大連　　キ．ハルビン　　ク．ヤルタ　　ケ．奉天
　　コ．ヴェルサイユ　　サ．ペテルスブルグ　　シ．長春　　ス．ハーグ

セ．パリ　　ソ．ウラジオストック

ポイント!! 日本は，明治初期から朝鮮を，同中期からは中国を，勢力下に置こうとさまざまな動きをした。対朝鮮・中国それぞれに，その経緯を調べてみよう。また，朝鮮・中国の人々は，それにどう対応したかもまとめてみよう。

＊ **㉔** 十五年戦争

次の㈠・㈡・㈢・㈣の各ブロックの文中の空欄に，各ブロックの語群から最も適当と思われる語を選び，その記号を記入しなさい。

(ア) 大正天皇の崩御にともない，元号は昭和と改められた。当時の日本経済は，戦後恐慌と　1　の打撃などで慢性的不況に陥っていたが，これに加えて　2　，世界恐慌に直面することになり，国内の経済は混乱した。このような経済的危機を背景に，政府は，その活路を対外的進出に求めようとしたことから，国際的摩擦が生じ，満州事変などを経て第二次世界大戦へと歩むことになった。この満州事変は，1931年9月18日夜半，　3　郊外の柳条湖でおきた満鉄爆破事件に端を発しているが，これが単なる一事にとどまらず，こののち15年にわたる大戦争の第一歩となった。

〔語群〕　A．関東大震災　　B．米騒動　　C．北京　　D．ロシア革命
　　　　E．五・四運動　　F．大逆事件　　G．長春　　H．民本　　I．金融恐慌
　　　　J．上海事変　　K．奉天　　L．熱河　　M．ハルビン

(イ) 1937年7月の　1　をきっかけに，日本は中国との戦争を開始した。当時日本は，　2　で岡田内閣が総辞職した後，2代の内閣を経て　3　が第1次の内閣を組織していた。この内閣は国民の輿望をになって誕生した内閣であったが，成立1ヶ月後に　1　の発生をみた。事件直後，　3　内閣は「局面不拡大ノ為平和的折衝ヲ望ヲ捨テス」と声明した。だがそれは直ぐ放棄され，翌8月には　4　実施要綱を閣議で決定し，準備を整えて10月から「挙国一致」「尽忠報国」「堅忍持久」をスローガンとする　4　運動を展開した。また同じ10月には，物資の動員計画を作成する　5　を設置した。そして1938年1月には「帝国政府ハ爾後国民政府ヲ対手トセス」との政府声明を発し，自ら国民政府との和平の道を閉じて，日中戦争が長期化する一因をつくった。　1　発生より半年を経過した時である。
　　　3　内閣はその後，4月に　6　や電力国家管理法を公布して国内の戦時体制を整えた。特に　6　は，「国防目的達成ノ為国ノ全力ヲ最モ有効ニ発揮セシムル様人的及物的資源ヲ統制運用スル」ことを目的とし，国民の権利や財産の制限をも含むもので，議会の承認を経ず　7　によって行うことが出来る様にした法律である。　6　は憲法との関連で議会の審議が難航したが，結局修正されることなく可決された。
　　日本の侵略に対し中国では，　8　を主席とする国民政府と毛沢東の指導する中国共産党が徹底抗戦の姿勢をとり，1937年9月には中国国民党と中国共産党の合作がなって　9　が形成された。日本軍は1937年12月国民政府の首都南京を占領し，翌年10月には武漢三鎮と広東を占領した。だが国民政府は重慶に移って抗戦を続け，戦争は長期化する事が確実になった。中国側はこの時期を戦略防御段階と位置づけてい

(北海学園大)

る。

〔語群〕　A．柳条湖事件　　B．西安事件　　C．盧溝橋事件　　D．血盟団事件
　　　　E．2・26事件　　F．天皇機関説問題　　G．汪兆銘　　H．阿部信行
　　　　I．蔣介石　　J．広田弘毅　　K．張学良　　L．近衛文麿　　M．政令
　　　　N．軍需省　　O．高度国防国家建設　　P．企画院　　Q．省令
　　　　R．過度経済力集中排除法　　S．資源局　　T．勅令　　U．国民精神総動員
　　　　V．国家総動員法　　W．全面抗戦路線　　X．経済新体制確立
　　　　Y．抗日人民軍　　Z．抗日民族統一戦線

(ウ)　日中戦争が拡大するなか日本軍は，一方でソ連軍との武力衝突も繰り返した。
　1938年7月には　1　で，翌年5月には　2　で，日ソ両軍の大規模な戦闘が行われ，
日本軍は壊滅的な打撃を受けた。
　1939年，日米通商航海条約の破棄の通告を受けた日本は石油・ゴム・ボーキサイト
などの軍需用資源の調達に窮することとなった。軍と政府は「大東亜共栄圏」の名の
もとに南方進出を企て，　3　をはじめとする北部仏印に進駐を開始するとともに，
1941年4月には，　4　を締結した。つづいて同年7月には，南部仏印への進駐を実
行に移し，米・英・蘭との対立を深めていった。

〔語群〕　A．ノモンハン　　B．日華基本条約　　C．日独伊防共協定
　　　　D．バンコク　　E．日ソ中立条約　　F．日独伊三国同盟　　G．熱河
　　　　H．張鼓峰　　I．奉天　　J．プノンペン　　K．ハノイ
　　　　L．ラングーン(ヤンゴン)

(エ)　第二次世界大戦勃発当時の　1　内閣は，ヨーロッパでの戦争に介入せず，もっ
ぱら日中間の戦争処理にあたると声明していたが，1940年にドイツがフランスに対し
圧倒的勝利をおさめると，軍部は枢軸国側との結合強化を求めた。第2次近衛内閣は，
同年9月には日独伊軍事同盟を，また翌年4月には日ソ中立条約をそれぞれ締結した
が，これと併行して国内的には　2　運動も進め，政党の解散と大政翼賛会を生んだ。
労働組合も解散し，企業には　3　が組織されて，ここに国内ファシズム体制の確立
をみた。このような状況のもとで日本政府は，　4　政策を推進し，ますますアメリ
カなどとの対立を深めることになった。1941年7月，軍部が南部仏印に大軍を進駐
させ，航空・海軍基地を設定するに及んだことから，アメリカはイギリス・オランダ
らとともに，日本資産の凍結，石油などの対日禁輸という報復措置をとることになっ
た。

〔語群〕　A．岡田啓介　　B．南北併進　　C．広田弘毅　　D．翼賛企業報国会
　　　　E．国民精神総動員　　F．南進　　G．八紘一宇　　H．斎藤実
　　　　I．総動員計画　　J．阿部信行　　K．北進　　L．大日本産業報国会
　　　　M．日本文学報国会　　N．新体制　　O．日本精神発揚

(明治大・駒澤大・関西学院大)

ポイント!!　昭和の歴史は，恐慌と侵略に始まる。特に1931年からは**十五年戦争**とい
われるように戦争状態が日常化した。日本が主として中国と戦った十五年戦争の経過，

またそれがなぜ太平洋戦争につながっていくかを具体的に調べてみよう。戦争が，国民生活におよぼしたものは何かも具体的に考えてみよう。

＊ 25 太平洋戦争

次の問題文を読み，空欄(1)～(15)に適語をそれぞれの語群から選び，その番号を記入せよ。

1941年の夏，軍需用資源を求めて南進する日本は，アメリカなどとの対立を深めていた。アメリカなどによる対日経済封鎖，とくに石油の対日禁輸が続けば，それにともない石油をはじめとする軍需物資の欠乏が著しくなり，日本の国力(軍事力)の低下を招くことになることから，いたずらに日米交渉を長びかせることは日本にとって不利になるとの見解(「ジリ貧論」といわれている)が高まり，当初は対米戦に慎重であった海軍も，これに同調するようになった。陸・海軍は意見を調整して(1)(案)を作成し，これが閣議および(2)の議を経て，1941年9月6日の御前会議で決定された。対米交渉による解決をめざした第3次近衛内閣の総辞職をうけて，同年10月，(3)内閣が発足した。(3)は，新しく(4)大使を補佐としてアメリカに派遣して交渉を続けたが，他方で，この外交交渉を陸・海軍の軍事作戦にあわせることを求めていた。一方アメリカは，同年11月26日，日本軍の中国大陸からの完全撤兵などの強硬な要求を示し〔いわゆる(5)〕，日本の全面的譲歩を要求してきた。この内容が，事実上，最後通牒とみられたことから，同年12月1日の御前会議で対米英開戦が正式に決定され，12月8日の真珠湾攻撃に及ぶことになった。

太平洋戦争の開戦当初，戦局は日本に有利に展開し，日本軍はアメリカ，イギリス，オランダの東南アジアの根拠地を次々と攻略することに成功した。日本はこの戦争を正当化するために，東南アジアを欧米の支配から解放する戦争と位置付けた。フィリピンや(6)の独立等を承認し，また1943年11月には，これらの代表に(7)・中華民国(8)政権・満州国・タイの代表者も加えた首脳会議を東京で開催し，東南アジアの共存共栄をうたった(9)を発表した。しかし日本の南進の第一の目的は，石油等の軍需資源の獲得にあった。さらに，(10)年の朝鮮での創氏改名に代表されるように，日本は各占領地域でも日本語使用や天皇崇拝等の強制といった(11)をすすめた。その他，強制労働や残虐行為等が行われたりもしたため，占領地域の人民の反発をかい，戦局が日本に不利になるにしたがって，占領地域での(12)に日本軍は苦しめられることとなった。一方連合国側は，1943年11月の(13)会談でこのような日本の占領地の奪還あるいは独立を宣言した。

日本政府は1943年に大東亜共栄圏の結束を強化するために大東亜会議をひらいたが，参加国のなかにも激しい排日運動がおこった。1944年7月にはマリアナ群島の(14)島が陥落し，アメリカ軍による本土爆撃が激化した。そのため内閣は辞職し，小磯国昭と(15)の連立内閣がうまれた。同年10月にはアメリカ軍がフィリピンに，さらに翌年には沖縄本島へそれぞれ上陸したため，日本の敗北は必至となった。

〔(1)の語群〕　1．新秩序建設要領　　2．植民地解放政策　　3．大東亜共栄圏構想

IV 近・現代史   193

　　4．大東亜戦争実施要領　　5．帝国国策遂行要領
〔(2)の語群〕　1．企画院　　2．枢密院　　3．大本営政府連絡会議　　4．帝国議会
　　5．統帥部
〔(3)の語群〕　1．東条英機　　2．小磯国昭　　3．米内光政　　4．近衛文麿
　　5．鈴木貫太郎
〔(4)の語群〕　1．松岡洋右　　2．来栖三郎　　3．野村吉三郎　　4．吉田茂
　　5．米内光政
〔(5)の語群〕　1．ハル＝ノート　　2．ドッジ＝ライン
　　3．トルーマン＝ドクトリン　　4．リットン調査団　　5．マーシャル＝プラン
〔(6)の語群〕　1．インドネシア　　2．ビルマ　　3．パキスタン　　4．ベトナム
　　5．カンボジア
〔(7)の語群〕　1．自由インド仮政府　　2．ニューギニア　　3．シンガポール
　　4．冀東地区防共自治政府　　5．マレーシア
〔(8)の語群〕　1．秦徳純　　2．何応欽　　3．汪兆銘　　4．張景恵
　　5．殷汝耕
〔(9)の語群〕　1．東亜新秩序声明　　2．帝国国策遂行要領　　3．東亜共同体論
　　4．近衛声明　　5．大東亜共同宣言
〔(10)の語群〕　1．1931　　2．1937　　3．1939　　4．1940　　5．1941
〔(11)の語群〕　1．三光作戦　　2．強制連行　　3．勤労動員　　4．皇民化政策
　　5．予防拘禁
〔(12)の語群〕　1．抗日救国運動　　2．抗日運動　　3．抗日民族統一戦線
　　4．抗日人民軍　　5．国権回復運動
〔(13)の語群〕　1．カイロ　　2．ヤルタ　　3．ポツダム　　4．ロンドン
　　5．パリ
〔(14)の語群〕　1．レイテ　　2．トラック　　3．サイパン　　4．アッツ
　　5．ミッドウェー
〔(15)の語群〕　1．米内光政　　2．鈴木貫太郎　　3．近衛文麿　　4．阿部信行
　　5．平沼騏一郎
　　　　　　　　　　　　　　　　　　　　　　　　　(明治大・日本大・関西学院大)

ポイント!!　太平洋戦争は主として太平洋を舞台にしたアメリカとの戦争であったが，同時に東南アジア各地への侵略戦争でもあった。その経過と，長期化した戦争をどう正当化し，遂行しようとしたかを調べてみよう。

＊ ㉖ 近代日本の支配領域

　幕末の開国以降，日本は諸外国との外交交渉や，日清戦争・日露戦争・第一次世界大戦・第二次世界大戦といった武力行使などによって，その支配領域を変化させてきた。このことに関する以下の問1，問2に各問の指示に従って解答しなさい。

問1．下の地図は，幕末から第二次世界大戦終了時までの日本の支配領域を示したものである。この地図を見て，以下の(1)～(15)に答えなさい。

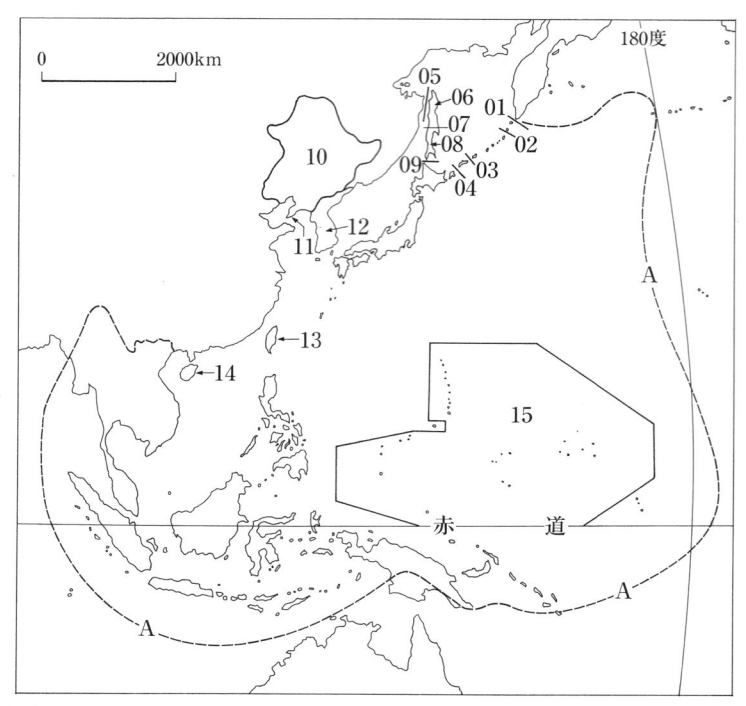

日露和親条約について
(1) この条約で確定された日本とロシアの国境線はどこか。地図の中の01〜15から1つ選びなさい。
(2) この国境線のある海峡の名称はなにか。次の1〜5から1つ選びなさい。
　1．宗谷海峡　　2．根室海峡　　3．国後水道　　4．択捉海峡
　5．オンネコタン海峡

樺太・千島交換条約について
(3) この条約で確定された日本とロシアの国境線はどこか。地図の中の01〜15から2つ選びなさい。
(4) この2つのうち日本の最北の国境線のある海峡の名称はなにか。次の1〜5から1つ選びなさい。
　1．宗谷海峡　　2．国後水道　　3．択捉海峡　　4．間宮海峡　　5．占守海峡

下関条約について
(5) この条約で日本が清国に割譲を認めさせた3地域のうち，2つの地域を地図の中の01〜15から選びなさい。
(6) 3地域のうちの残りの1つの地域を，次の1〜5から選びなさい。
　1．澎湖諸島　　2．杭州　　3．雷州半島　　4．済州島
　5．膠州湾(青島)

(7) 三国干渉によって日本が領有を放棄したのはどの地域か。地図の中の01～15から1つ選びなさい。

ポーツマス条約について

(8) この条約で日本が領有権を得た地域はどこか。地図の中の01～15から1つ選びなさい。

(9) この条約で日本が租借権を得た地域はどこか。次の1～5から1つ選びなさい。
1．雷州半島　2．遼東半島　3．九竜半島　4．山東半島　5．海南島

(10) この条約で日本が優越権(保護権)を得た地域はどこか。地図の中の01～15から1つ選びなさい。

ヴェルサイユ条約について

(11) この条約を機に日本がドイツに代わって委任統治をした地域はどこか。地図の中の01～15から1つ選びなさい。

(12) この条約を機に日本がドイツの権益を継承した地域はどこか。次の1～5から1つ選びなさい。
1．雷州半島　2．遼東半島　3．九竜半島　4．山東半島　5．海南島

満州事変について

(13) この事変を契機に、日本が清朝最後の皇帝であった溥儀を執政として建国したのはどこか。地図の中の01～15から1つ選びなさい。

(14) この事変の発端となった事件はなにか。次の1～5から1つ選びなさい。
1．柳条湖事件　2．盧溝橋事件　3．済南事件　4．西安事件
5．五・三〇事件

太平洋戦争について

(15) 地図の中に示されている線Aは、いつの日本の支配領域を示しているか。次の1～5から1つ選びなさい。
1．1941年12月　2．1942年8月　3．1944年7月　4．1945年1月
5．1945年7月

問2．次の文章は、(I)琉球処分、(II)太平洋戦争時の沖縄、(III)敗戦後の沖縄について述べたものである。それぞれの文章の中で(1)～(8)の番号をつけた下線部のうち、誤っているものを1つずつ選びなさい。

(I) 琉球は、江戸時代の初めから幕府の許可を得た島津氏の支配の下に、その厳しい監視と干渉をうけていた。しかし、一方で清国への朝貢も続いていたため、琉球は(1)日清両属関係の状態にあった。明治政府は、1871(明治4)年の廃藩置県に際し、琉球を(2)鹿児島県に編入し、1872年には琉球藩を設置して(3)外務省直轄とした。この年、明治政府は、(4)不平等条約である日清修好条規を調印したが、1874(明治7)年に、(5)台湾での琉球漁民殺害を理由として、台湾へ出兵した。清国は、(6)イギリスの調停によって、この出兵が属民保護のためであると認めた。また、この年には琉球藩を内務省の管轄下におき、1875年には(7)清国との関係断絶を強要した。そして、1879(明治12)年に警察と軍隊を派遣して琉球藩を廃し、(8)沖縄県を設置し

(Ⅱ) 日本軍は，戦争の初期こそ東南アジアの各地を攻略し占領したが，(1)ミッドウェー海戦の大敗，(2)ガダルカナル島からの敗退を境に，戦局は急速に日本に不利となった。総反撃に転じたアメリカ軍は，(3)中部太平洋の島々を北上し，1944(昭和19)年にはマリアナ諸島の要衝(4)サイパン島を陥落させ，ここを基地として本格的に(5)日本本土爆撃を開始した。さらに(6)ドイツが降伏すると，約55万人の将兵からなるアメリカ軍は沖縄攻略作戦を開始した。日本軍は本土決戦を唱えたため，沖縄は本土防衛の第一線となった。沖縄県民は，日本軍の(7)現地補給による持久作戦のため，(8)中等学校男女生徒を含む一般住民が戦闘要員や補助員として徴用され，地上戦に動員された。その結果，1945年4月1日にアメリカ軍が沖縄本島に上陸してから，6月23日に日本軍の組織的抵抗が終了するまで，10万人以上ともいわれる多くの県民が命を失った。

(Ⅲ) 日本が戦争に敗れると，連合国軍は日本に進駐し，連合国軍最高司令官総司令部(GHQ)を設置して占領政策を日本政府に指令した。連合国軍が進駐したとはいえ，実質的には(1)アメリカによる単独占領で，日本政府をつうじての(2)間接統治であるところに特色がある。しかし，沖縄は(3)直接軍政下におかれた。1951(昭和26)年9月に(4)サンフランシスコ講和会議において対日平和条約が調印され，翌年の4月に日本は主権を回復する。しかし，その際，沖縄や(5)小笠原諸島はアメリカの施政権下におかれることになった。沖縄の施政権返還は，(6)日米安全保障条約の堅持と日本の自衛力強化を前提として，日米両国間で協議された。1971(昭和46)年に(7)アメリカの軍事基地の将来の撤廃を条件として(8)沖縄返還協定が調印され，1972年に沖縄の返還が実現した。

(慶応大)

ポイント!! 近代日本の外交の展開を，地図上の広がりで具体的に把握しておこう。

＊ ㉗ 戦後の占領政策

次の文章を読み，設問に答えなさい。

1945(昭和20)年8月15日の敗戦によって，日本は連合国軍の占領下におかれることになった。マッカーサー元帥を最高司令官とする連合国軍最高司令官総司令部(GHQ)が東京におかれ，占領政策にあたった。また，ワシントンには占領政策の最高決定機関として極東委員会が，東京には諮問機関として(a)対日理事会が設置された。

総司令部は，当初，つぎつぎに指令を発して，日本の非軍事化と民主化をおしすすめた。非軍事化政策には武装解除・戦犯裁判・賠償・軍事施設解体・戦時法令廃止などがあり，民主化政策として，1945年10月，政治犯の釈放，特別高等警察の解体，内相・特高警察官の罷免，弾圧法規の撤廃などを内容とする「人権指令」を発し，ひきつづいて「(b)五大改革指令」を発した。経済面においても，戦後改革の一環として，民主化政策が推進された。その主要なものは(c)財閥解体・(d)農地改革・(e)労働改革の3つである。

こうして民主化政策が推進された時期の日本は，経済危機が集中してあらわれた時期でもあった。とりわけ食糧難とインフレーションの進行は深刻であった。これらは日本

経済の再建にとって重大な障害となるものであり，政府は1946年に(f)金融緊急措置令を発してインフレーションの抑制につとめた。また，政府は経済の復興をはかるために経済安定本部を設置し，(g)傾斜生産方式を採用して，重要産業部門の育成をはかった。

その後，国際情勢の推移にともないアメリカの対日政策にも変化が生じ，1948年にアメリカは(h)経済安定九原則を指令し，翌年には超均衡予算が編成され，(i)租税制度の改革がおこなわれた。その結果，不況が深刻となり，中小企業の倒産があいついだ。また，1947年には民間貿易も再開され，49年に(j)単一為替レートが設定された。

こうして敗戦後の混乱期をきりぬけた日本経済は，朝鮮戦争をへて，(k)1955～57年の好景気を起点に，高度成長期を迎えることになるのである。

問1．下線部(a)について。下記の語群の中から，対日理事会の構成国ではないものをえらび，その記号を記入しなさい。
　ア．イギリス　イ．アメリカ　ウ．ソ連　エ．フランス　オ．カナダ　カ．中国

問2．下線部(b)について。（1）下記の語群の中から，この指令が出されたときの首相をえらび，その記号を記入しなさい。
　ア．片山哲　イ．吉田茂　ウ．幣原喜重郎　エ．東久邇宮稔彦
（2）下記の語群の中から，この指令に含まれないものをえらび，その記号を記入しなさい。
　ア．婦人の解放　イ．労働組合の結成の助長　ウ．国家と神道の分離
　エ．経済の民主化　オ．教育の自由主義化　カ．圧制的諸制度の廃止

問3．下線部(c)について。財閥解体・独占禁止政策について述べた下記の文章群の中から正しいものをえらび，その記号を記入しなさい。
　ア．1946年8月に財閥解体の実施機関である持株会社整理委員会が発足し，持株会社の解体，財閥家族の企業支配力の排除，株式の分散化がすすめられた。
　イ．1946年9月から47年9月にかけて三井・三菱・住友・日産の四大財閥をはじめ合計83社が解体すべき持株会社に指定された。
　ウ．1947年4月には自由競争の確保，消費者の保護などを目的とした過度経済力集中排除法が制定され，その実施機関として公正取引委員会が同年7月に設置された。
　エ．1947年12月には市場支配力をもつ大企業の分割を目的とした財閥同族支配力排除法が制定され，325社が指定されたが，実際に分割されたのは11社にとどまった。

問4．下線部(d)について。（1）下記の語群の中から，この改革によって解放された面積をえらび，その記号を記入しなさい。
　ア．約100万町歩　イ．約200万町歩　ウ．約300万町歩　エ．約400万町歩
（2）下記の文章群の中から，この改革を実行した市町村農地委員会の構成を正しく表しているものをえらび，その記号を記入しなさい。
　ア．地主が半数を占めて，地主有利な構成であった。
　イ．小作農が半数を占めて，小作農有利な構成であった。
　ウ．自作農が半数を占めて，自作農に調停者的役割が期待された。
　エ．地主・自作農・小作農それぞれ同数であった。

(3) この改革について述べた下記の文章群の中から正しいものをえらび，その記号を記入しなさい。
　ア．政府は不在地主の全貸付地および在村地主の5町歩を超える貸付地の解放，現物小作料の金納化などを内容とする第一次農地改革を実施しようとしたが，GHQの同意がえられなかった。
　イ．第二次農地改革では不在地主の全貸付地および在村地主の貸付地のうち都府県平均1町歩（北海道は4町歩）を超える部分が無償で解放された。
　ウ．第二次農地改革では解放農地を国が強制的に買い上げて，小作人に優先的に売り渡す直接創定方式がとられた。
　エ．農地改革の結果，自作地が大幅に増大して，小作地は全耕地の約20％を占めるに過ぎなくなった。
　オ．平均1町歩の保有が認められたために，明治以来の寄生地主制は農地改革後も農村において大きな影響力を保持しつづけた。

問5．下線部(e)について。下記の文章群の中から正しいものをえらび，その記号を記入しなさい。
　ア．1945年に労働組合法が制定され，労働者の団結権・団体交渉権・争議権の労働3権が保障された。
　イ．1947年には労働関係調整法が制定され，8時間労働制・有給休暇・週休制などが導入された。
　ウ．1946年に日本労働組合総評議会（総評）が結成されて，敗戦後の労働運動に指導的役割をはたした。
　エ．1947年2月1日には空前のゼネストが決行された。いわゆる二・一ゼネストといわれるものである。

問6．下線部(f)について。下記の語群の中から，この勅令の内容にあたるものをえらび，その記号を記入しなさい。
　ア．モラトリアム　イ．預金の封鎖　ウ．銀行券の金兌換停止　エ．通貨の切下げ

問7．下線部(g)について。下記の語群の中から，この政策でもっとも重点がおかれた部門を2つえらび，その記号を記入しなさい。
　ア．食糧　イ．石炭　ウ．船舶　エ．自動車　オ．鉄鋼　カ．電力　キ．肥料

問8．下線部(h)について。下記の語群の中から，この原則に含まれないものをえらび，その記号を記入しなさい。
　ア．徴税の強化　イ．賃金の安定　ウ．物価の統制　エ．予算の均衡
　オ．消費の抑制

問9．下線部(i)について。下記の語群の中から，この改革を指導した人物をえらび，その記号を記入しなさい。
　ア．キャンベル　イ．シャウプ　ウ．ドッジ　エ．ドレーパー

問10．下線部(j)について。このレートによって1ドルは何円と交換されたか。下記の語群の中から正しいものをえらび，その記号を記入しなさい。

ア．280円　　イ．300円　　ウ．320円　　エ．340円　　オ．360円

問11．下線部(k)について。この好景気を何と呼んでいるか。下記の語群のなかから正しいものをえらび，その記号を記入しなさい。

　　ア．岩戸景気　　イ．神武景気　　ウ．特需景気　　エ．いざなぎ景気　　（名城大）

> **ポイント!!** 戦後の民主化は，「ポツダム宣言」の施行という形で，アメリカの手で進められる。改革を分野ごとに，どう行われたかを整理し，その意義を考えてみよう。しかし，それらの改革は，その後「日本をアジアにおける反共の拠点にする」というアメリカの意図で転換する。その背景と経過も調べてみよう。

＊ ❷❽ 日本国憲法への改正過程

次の文を読み，設問に答えよ。

　日本政府は，発表された①ポツダム宣言に対し，②天皇を中心とする国家の体制を変更しないことに固執してこれを黙殺，その後③国民の多大な犠牲とさらなる事態の深刻化を経て，ようやく無条件降伏した。降伏の翌年2月に，　A　内閣は憲法改正要綱を作成したが，それも相変わらず従来の天皇大権を維持することを基本としたものにすぎなかった。これに対し，GHQ は改正草案（マッカーサー草案）を日本政府に提示し，これをもとに日本政府は，　B　，基本的人権，戦争放棄などをうたった帝国憲法改正草案要綱を決定し，同年3月に発表した。

　ところで，連合国のなかには，天皇の戦争責任を追及する意見や，天皇制の廃止を主張する意見もあった。これに対し，占領政策遂行のためにも天皇制を利用しようとしていたGHQ には，他の連合国からの了解を得られるような天皇制の存続を軸とした新憲法の骨子を，連合国による日本占領政策の最高決定機関である　C　の第1回会合が開かれる同年2月までには確定しておく必要がある，との考えもあった。GHQ が当初の日本政府案（憲法改正要綱）を拒否して自らの改正草案（マッカーサー草案）を提示した背景には，こうした事情もあった。

　他方，政党や民間の団体が発表した憲法草案や改正案のなかには，④高野岩三郎，森戸辰男，鈴木安蔵らで結成された　D　によって発表された憲法草案要綱のように，　E　，基本的人権の保障，男女平等などの内容を含み，GHQ の改正草案（マッカーサー草案）の作成に大きな影響を与えたものもある。GHQ が日本政府からではなく，日本国民から出た案を重視していたことは，注目に値する事実である。

　帝国憲法改正草案要綱は，その後憲法改正手続きに従って帝国議会（衆議院および貴族院）で審議され，国民主権原則の明確化，⑤生存権規定の追加などの修正が行われて⑥可決成立し，日本国憲法として　F　に公布された。この新しい憲法の制定と前後して，労働組合の結成奨励，⑦教育制度の改革などの諸改革も進められた。

問1．文中の空欄　A　～　F　に当てはまる最も適切な語句を答えなさい。ただし，　F　は年月日を答えよ。

問2．下線部①を連盟で発表した国はどこか。あてはまる国を過不足無く答えよ。

問3．下線部②について，下記の設問に答えよ。

(ア) 下線部②のことを何と言うか。漢字4文字で答えよ。
(イ) 下線部②に反する考え方などを犯罪とし，後に最高刑を死刑とする改正が行われた法律が戦前に制定されているが，この法律を何というか。
(ウ) 上記(イ)の文中の「改正」と同時に全国的に設置・拡大された，思想・言論・政治活動を取り締まる警察を何と呼ぶか，答えよ。
(エ) 上記(イ)および(ウ)の廃止などを指令されたことを機に，ある内閣が総辞職している。この内閣総理大臣は誰か，答えよ。

問4．下線部③に当てはまるものとして，適当なものを次の中から過不足無く選び，記号を記入せよ。
(ア)東京大空襲　(イ)米軍の沖縄本島への上陸　(ウ)米軍のサイパン島への上陸
(エ)広島への原子爆弾投下　(オ)長崎への原子爆弾投下　(カ)ソ連の対日参戦
(キ)ドイツの降伏　(ク)イタリアの降伏　(ケ)学童疎開の開始　(コ)学徒出陣の開始

問5．下線部④の3名の中で，戦前，クロポトキンに関する論文を理由に東京帝国大学を休職処分になったのは誰か。

問6．下線部⑤について，日本国憲法の第何条に規定されたか。

問7．下線部⑥の帝国議会審議において，政府を代表して答弁をした内閣総理大臣は誰か。

問8．下線部⑦について，民主主義の実現は教育によるとして，教育の機会均等，教育に対する公権力の不当な介入の禁止などを規定した法律は何か。

問9．下線部⑦について，1948年6月に衆参両院が失効決議を行い，各学校から回収修された文書は何か。

(中央大・津田塾大)

ポイント!! 戦後の民主化・平和化の改革の理念の集約は日本国憲法の成立である。しかし，「国体護持」にこだわる勢力により，憲法改正はすんなりとはできなかった。その改正経過を調べ，新憲法制定の意義を考えてみよう。

＊❷⓽ 戦後の教育改革

次の文章の空欄に，最も適当な語句を記入せよ。

　戦後の日本にとってもっとも重要な課題のひとつは，教育の再建であった。連合国軍総司令部は，占領直後の1945年に早くも教育から軍国主義・超国家主義的内容を排除する指令を出し，特に（　1　）・日本歴史・地理の三教科は軍国主義を吹き込む道具であったとして授業を停止させた。また，1946年5月，日本政府に命じて（　2　）を実施させ，軍国主義者・超国家主義者・職業軍人を教職から追放させた。

　しかし，教育の現場では，戦災の被害などによって正常な授業を復活するのは容易ではなかった。戦時中，大都市の児童に対しては集団で地方の寺院や旅館などに避難させる（　3　）が行われていたが，そうした児童のなかには戦争が終わって都市に帰ってみると，自宅や校舎を爆撃で失った者も数多くいたのである。校舎を焼失した学校では，校庭で授業を行うこともまれではなかった。これを当時（　4　）と呼んでいた。

　連合国軍総司令部は，本格的な教育改革を実施するため，1946年3月アメリカ本国か

ら教育使節団を招いた。教育使節団は日本の実状を調査し，教育の民主化計画を勧告したが，この勧告に協力するため日本側には内閣総理大臣のもとに安倍能成を委員長とする教育刷新委員会が設置され，教育改革の具体化にあたった。この委員会で，戦後の教育の基本理念を定めた（ 5 ）が審議されたのである。

さらに1947年には，六・三・三・四制など戦後教育の基本制度を規定した（ 6 ）が成立した。この制度によって，戦時中，皇国民錬成を目的に（ 7 ）と改称されていた小学校は再び六年制の初等教育学校に改められたのである。戦後教育制度のもう一つの柱は地方分権で，各地方自治体に教育行政を統括する（ 8 ）が置かれることになった。この委員は当初は公選制であったが，後に任命制にかわり，その是非は現在も論議されている。

また，戦後の教育で盛んになったものに，学校以外のところで行われる青少年教育・成人教育がある。これは，1949年に制定された法律（ 9 ）にもとづくもので，様々な教養講座，学習活動の拠点として公民館などが新設された。こうした成人教育は，現在に至るまで大きな成果をあげてきていると言えるだろう。
(成城大)

> **ポイント!!** 教育の目標は「忠君愛国」から，「個人の尊厳を重んじ，真理と平和を希求する個性ゆたかな人間の育成」に改められた。教育のあり方は，常にその時代を反映している。戦後の教育をめぐる変化を，政治の動向と合わせてまとめてみよう。

＊ ❸ 再軍備と沖縄返還

次の文を読み，下記の設問A〜Cに答えよ。

1950年6月25日の早暁，朝鮮半島に戦火が起こり，九州の在日米軍基地からは戦闘機，爆撃機が飛び立っていった。(1)この戦争の勃発にともない，連合国軍最高司令官（ イ ）の要請に従い，〔 あ 〕令が公布され，米軍事顧問団の指導とアメリカからの武器の提供を受け，〔 あ 〕は発足した。

この戦争の直前，総司令部の指令により，共産党中央委員全員が〔 い 〕から追放された。さらに，戦争勃発後，（ イ ）は，（ ロ ）首相宛の書簡において，「今や自由社会の諸軍隊が偉大な戦いに従事しているとき，社会のすべての部門はそれに伴うそれぞれの責任を引受けこれを忠実に遂行しなければならない。これらの責任中，一般民衆への報道機関に課せられる責任以上に重大なものはない」と報道機関の責任に言及した。この書簡は，直接には『アカハタ』とその関係紙を対象としたものであったが，書簡に述べられた趣旨は，そのほかの新聞・放送・通信各社の報道機関にも適用された。

報道機関各社は，対象者に対して，退社通告書や解雇通知書などを交付し，この指令に従った。その後，こうした動きは，報道機関以外の各産業や諸官庁に及び，1950年末までに産業界で10,972人，官庁で1,177人の共産党員およびその同調者と名指しされた者が(2)職場を追われたのである。一方，これとは反対に，1946年1月に総司令部の指令で追放された戦争協力者や職業軍人などに対する〔 い 〕追放解除や〔 う 〕の釈放なども行われた。

翌1951年9月，2つの条約が調印され，これらの条約が発効した1952年4月に連合軍

による〔え〕は終了した。(3)その条約の1つは，「日本国と各連合国との間の戦争状態は，この条約が日本国と当該連合国との間に効力の生ずる日に終了する」と規定し，これと同日に調印された(4)もう1つの条約には「この条約の発効と同時に，アメリカ合衆国の陸軍及び海軍を日本国内及びその付近に配備する権利を，日本国は，許与し，アメリカ合衆国は，これを受諾する」と明記されている。

〔あ〕は，これらの条約の発効後，〔お〕に改組され，同時に海上警備隊が新設された。また，1954年に，アメリカとの間で，アメリカの経済援助を受けることを引換に，日本が防衛力を強化することを定めた協定が結ばれ，それを受け，〔お〕と海上警備隊を改組，そして新たに航空部隊を整え〔か〕を発足させた。またこれを統括する〔き〕が設置された。

A 文中の空所(イ)・(ロ)にあてはまる適当な人名を，それぞれ対応する次のa～dから1つずつ選び，その符号を記入しなさい。
　(イ)　a．ダレス　　b．アイゼンハワー　　c．マッカーサー　　d．リッジウエイ
　(ロ)　a．片山哲　　b．吉田茂　　c．芦田均　　d．岸信介

B 文中の空所〔あ〕～〔き〕それぞれにあてはまる適当な語句をしるせ。

C 文中の下線部(1)～(4)にそれぞれ対応する次の問1～4に答えよ。
　1．この戦争を契機にして起こった景気は何と呼ばれたか。その名をしるせ。
　2．このような追放は総称して何と呼ばれたか。その名をしるせ。
　3．ⅰ．この条約の名をしるせ。
　　　ⅱ．この条約締結をめぐって対立した，①政府・保守党の主張と，②安倍能成ら学者の主張は何と呼ばれたか。それぞれしるせ。
　4．ⅰ．この条約の名をしるせ。
　　　ⅱ．この条約を補完する協定で，駐留軍の日本国内における配備条件等を定め，軍事施設の無償提供や米軍人の犯罪の裁判権などで日本に不利な規定を盛り込み，1952年2月に締結された協定は何と呼ばれたか。その名をしるせ。　　　　(立教大)

D 文中の（　）内に最も適当な語句を〔語群〕の中から選び，記号で答えよ。
　アメリカの直接支配下におかれることになった沖縄では，早い時期から日本への復帰を要求する運動が起きていた。また1954年にアメリカからだされた軍用地永久使用の方針に対しても，住民の反対運動が展開された。1965年から本格化したアメリカのヴェトナムへの軍事介入の際には，沖縄はアメリカ軍最大の出撃基地とされ，基地問題も深刻度を増した。この時期に，沖縄の祖国復帰運動は反戦運動と重なりあい全島的に広がった。このような中で1969年11月佐藤・（　1　）会談が行われ，1971年に（　2　）が調印された。これらの日本政府の動きに対して，1968年に初代公選知事に当選した（　3　）主席は，沖縄米軍基地の固定化への不満・懸念を表明した琉球政府の建議書をたずさえ東京にむかったが，直前に（　2　）と関連法案は衆議院で強行採決されてしまい，建議書の内容は採りあげられることなく終わった。この強行採決により，「核抜き」問題については不明確なまま，膨大なアメリカ軍基地が沖縄に存続することになった。その結果，沖縄に関しては民生面における「本土なみ」の実現も含め，多く

の課題が依然残されている。

〔語群〕
A．ケネディ　　B．サンフランシスコ講和会議　　C．鄧小平　　D．田中正造
E．アイゼンハワー　　F．核兵器拡散防止条約　　G．ニクソン
H．日米共同声明　　I．大田昌秀　　J．非核三原則　　K．毛沢東
L．沖縄返還協定　　M．日米行政協定　　N．国連平和維持活動協力法（PKO法）
O．日中共同声明　　P．屋良朝苗
(明治大)

ポイント!! 東西陣営対立の冷戦構造を調べ，アメリカの日本占領政策がどう転換したかを把握しよう。その上で，朝鮮戦争が日本にとってどんな意味をもったか，考えてみよう。

＊ ㉛　高度経済成長

次の文を読み，下記の設問A・Bに答えよ。

1950年代半ばから70年代初めにかけての，いわゆる1)高度経済成長期は，政治，経済，社会のいずれの局面においても，現代の日本につらなる転換期となる時代であった。それは「豊かさ」を求めて，個人，家族，社会のすべての営みが，大きな変貌を遂げた時代であった。

1960年7月，2)安保闘争の政治的激動の後を受けて発足した内閣は，（イ）計画を決定し，国民の関心を政治から経済に転換させ，経済の高度成長をさらに推進する政策を進めていった。これによって，経済界では，貿易の自由化や資本の自由化にともなう開放経済体制が推進され，低価格の原材料を輸入し，生産コストを引き下げ，輸出を拡大していった。このことは，3)この時期数回にわたる好景気をもたらすことになった。日本経済は，鉄鋼・機械・化学・造船などの重化学工業の発展に後押しされて，世界的にも驚異的な経済成長を続けた。強い国際競争力を持つようになり，4)1968年には国民総生産(GNP)が資本主義世界において過去最高の順位に達した。しかし（ロ）年の第1次石油危機を契機に，高度経済成長期は終わりを告げる。この間に，産業構造全体が大きく変化し，就業者数の比率でいえば，第1次産業が大幅に低下し，一方第3次産業が増加して，いわゆる「企業社会」が形成されていった。

この時期を通じて，日本人は「貧困」から徐々に脱却していった。しかしその一方で，やみくもな重化学工業化の進展は，甚大な環境汚染をもたらすことになった。工場からの廃液，排煙によって，5)地域住民の生命と健康とが脅かされる公害問題が，日本各地に生まれた。大都市でも経済成長による急激な膨張と過密化とが，大気汚染・水質汚濁・騒音などの公害を発生させていた。政府は，1967年に事業者，国，地方公共団体の責務を明示した（ハ）を制定し，（ニ）年に環境庁を設置し，ようやくその対策に乗り出した。

産業構造の大きな変化は，社会の各方面に大きな影響を与えた。大都市への人口集中，農村からの人口流出が進行した。特に1950年代後半には（ホ）と呼ばれた多くの中学校卒業の若年勤労者が，大都市に流入してきた。そして，かつての三世代家族に代わる核

家族という新しい家族形態が本格的に登場するようになった。6)戦前から影響力をもっていた「家」意識は徐々に弱まり，プライバシーを重視する考え方も普及していく。人気の高い家庭電化製品などは，7)1950年代後半には「三種の神器」，1960年代末には「3C」と象徴的に呼ばれ，急速に普及していく。このような（ヘ）革命による生活意識の均質化は，国民の間で「人並み」に属しているという意味での（ト）意識を強めた。

またこの時期，人が生まれる場所は，自宅から病院に一挙に移っていき，「少産少死」という人口動態が顕現するようになった。子どもを少なく生んで，教育に投資し，大切に育てていこうとする国民の教育関心は，他の要因もあわさって，8)高校や大学への進学率の上昇となってあらわれた。特に，女子の高等教育への関心が高まった。しかし大学生が急増するなかで，1960年代後半には，激しい大学紛争も起こった。マスメディアの世界も，テレビ放送が（チ）年に始まり，週刊誌や9)漫画ブームなども加わって，文化の大衆化・多様化は急速に進んでいった。

A 文中の空所(イ)～(チ)それぞれにあてはまる適当な語句または数字をしるせ。
B 文中の下線部1)～9)にそれぞれ対応する次の問1～9に答えよ。

1．高度経済成長期を中心とする歴代の内閣総理大臣の就任順序として，どの順番が正しいか。次のa～dから1つ選び，その符号を答えよ。
　a．石橋湛山―池田勇人―岸信介―佐藤栄作―三木武夫―田中角栄
　b．鳩山一郎―池田勇人―岸信介―佐藤栄作―田中角栄―三木武夫
　c．石橋湛山―岸信介―池田勇人―佐藤栄作―田中角栄―三木武夫
　d．鳩山一郎―岸信介―池田勇人―佐藤栄作―三木武夫―田中角栄

2．この内閣が唱えたキャッチフレーズは何だったか。次のa～dから1つ選び，その符号をマークせよ。
　a．決断と実行　b．寛容と忍耐　c．和の政治　d．対話と改革

3．日本経済の好景気をあらわした呼称のうち，ⅰ)1958年から61年にかけての好景気と，ⅱ)1966年から70年にかけての好景気を，それぞれ何と呼ぶか。その名をしるせ。

4．1968年の国民総生産(GNP)では，日本はⅰ)どこの国を抜いて，ⅱ)何位になったか。それぞれ次のa～dから1つ選び，その符号を答えよ。
　ⅰ．a．イギリス　b．カナダ　c．西ドイツ　d．フランス
　ⅱ．a．2位　b．3位　c．4位　d．5位

5．いずれも住民側が勝訴した四大公害訴訟について，それが発生した都道府県名に対応させて，空所a～dそれぞれにあてはまる公害病の名をしるせ。

都道府県	名称
新潟県	（　a　）
富山県	（　b　）
三重県	（　c　）
熊本県	（　d　）

6．戦前の高等女学校で目標とされた女性像は何と呼ばれたか。漢字4字でしるせ。

7．i)「三種の神器」，ii)「3 C」と呼ばれたものはそれぞれどれか。次のa〜eから
あてはまらないものを2つずつ選び，その符号を答えよ。順序は問わない。
　i．a．白黒テレビ　b．電気炊飯器　c．電気洗濯機　d．電気掃除機
　　　e．電気冷蔵庫
　ii．a．ルームクーラー　b．カラーテレビ　c．カセットテープレコーダー
　　　d．乗用車　e．ステレオ
8．中学校卒業者の進学率は，1955年には51.5％だったが，1975年には何％にまで上
昇したか。正しい数値を次のa〜cから1つ選び，その符号を答えよ。
　a．70.6％　　　b．82.1％　　　c．91.9％
9．漫画のなかでも，想像力豊かな宇宙観や高い文明批評を含んだ，『火の鳥』などの
作品を描いた作家は誰か。その名をしるせ。
（立教大）

ポイント!!） 農村も含めて，日本列島全体で，大きな生活の変化は，戦後におきる。
なぜ高度経済成長が可能であったのか調べてみよう。また，それにより国民が得たも
の，失ったもの，生じた社会的矛盾も整理してみよう。

＊ 32 戦後政治史 I

以下の文章A〜Oは戦後の日本について述べたものである。各文章の設問に答えなさい。

A．戦後東京に設置された連合国軍最高司令官総司令部(GHQ)は，日本に非軍事化，
民主化を推進するために，専制政治の撤廃，経済機構の民主化などからなる五大改革
指令を日本の政府に指示した。それに基づいて早くも敗戦の年の12月には　ア　が制
定された。これは国民の職場や地域での民主化と生活の再建，権利の実現を狙ったも
のである。　ア　は戦前には実現されなかったことである。この動きのなかから日本
労働組合総同盟や全日本産業別労働組合会議が結成された。

設問1　　ア　に入る語句として正しいものを①〜④のうちから一つ選び，その記号を
答えなさい。
　①労働基準法　②普通選挙法　③労働組合法　④労働関係調整法

B．GHQは，長い間日本の農民を奴隷状態におとしめてきたとの認識の下に，小作農
民を解放するために農地改革を指令した。指令を受けた政府は，在村地主の所有限度
を　イ　町歩として，それ以上の所有地を解放し，小作料を金納とする農地改革案
を策定した(第一次農地改革)。しかし，これに満足しなかったGHQは再検討を指示
した。これを受けた政府は，在村地主の所有する小作地を1町歩に制限し，自作地と
小作地の合計を　ウ　町歩に制限して，これを越える土地を政府が買い上げて小作農
民に譲渡するという第二次農地改革が実施された。これによって多くの自作農が作り
出され，戦後自作農体制と呼ばれる状況が生み出されて，農業生産性が飛躍的に増大
した。(ただし，この記述は北海道を除く)

設問2　　イ　　ウ　に入る数字の組み合わせとして正しいものを①〜④の組合せ群の
うちから一つ選び，その記号を答えなさい。

①5—3　②3—2　③10—5　④4—3

C．戦時中の軍需生産の拡大や日中戦争開戦を機とする臨時軍事費特別会計の設定に呼応して，日本銀行券が際限なく発行された。それがインフレーションとして現実化しなかったのは，戦時統制経済のためであったと言われている。それが敗戦によって統制が緩むと一挙にインフレーションが爆発し，物価指数は前月比でどんどん高騰していった。激しいインフレーションの下では経済復興は実現できない。そのため政府は1946年2月に エ を出して物価の抑制に努める。その方法は，現実に流通している日銀券(旧円)を財閥解体から免れた銀行に強制的に預金させて封鎖し，代わりに新円を発行するというものであった。これによってすべての家庭は月500円生活を強いられ，685億円を越していた日銀券発行残高は1ヶ月後には152億円に低下して，一時的にインフレーションが押さえられた。他方，預金を得た銀行は資金力をつけることになる。

設問3　 エ に入る語句として正しいものを①～④のうちから一つ選び，その記号を答えなさい。
①価格統制令　②軍需金融等特別措置法　③金融機関経理応急措置法
④金融緊急措置令

D．満州事変，日中戦争，太平洋戦争と15年にもわたった侵略戦争の結果，日本では明治維新以来蓄積してきた国富の多くを失い，敗戦時の日本の経済は1935年水準にまで落ち込んだと言われる。つまり，1935年から45年までに実現された鉱工業生産が灰じんに帰してしまったということになる。さらに，敗戦による混乱で生産は麻痺状態であった。そこで政府は，原料，資材，資金を石炭生産と鉄鋼生産に集中させて，石炭と鉄鋼の増産体制を確立し，それを他の産業にもおよぼしていこうという傾斜生産方式を導入した。そのために賃金を抑制する一方， オ を設立し，政府出資と日銀引き受けの債券を発行して集めた多額の資金を融資させた。生産が停滞している下での多額の資金融資は，猛烈なインフレーションを再び引き起こすこととなった。

設問4　 オ に入る金融機関として正しいものを①～④のうちから一つ選び，その記号を答えなさい。
①日本開発銀行　②復興金融金庫　③日本興業銀行　④長期信用銀行

E．戦時中抑圧されていた学問研究や文学は，戦後の自由な雰囲気のなかで脚光を浴びた作品を世に送り出し始める。その中に，国民を無謀な戦争に駆り立てていった指導者たちの精神構造を解明した カ があった。実際に極東国際軍事裁判でA級戦犯に問われた被告人たちが自分には責任のないことを主張したのである。

設問5　 カ に入る正しい語句を①～④のうちから一つ選び，その記号を答えなさい。
①　丸山真男の「超国家主義の論理と心理」
②　坂口安吾の『堕落論』
③　川島武宜の『日本社会の家族的構成』
④　大塚久雄の『近代資本主義の系譜』

F．連合国軍として日独伊のファシズム国家と戦ったアメリカとソ連は，戦後それぞれ

資本主義と社会主義の盟主となって対立し，東西冷戦体制が表面化する。これに対応して，GHQの対日占領政策も変化する。当初は日本経済の非軍事化，民主化が中心であったが，日本経済の復興，自立化に変わっていく。その変化は1948年1月のロイヤル米陸軍長官の日本を全体主義の防壁にするという内容の演説，10月の米国国家安全保障会議の日本に対するアメリカの政策についての勧告に表れている。この政策転換によって大きな影響を受けた一例に過度経済力集中排除法の適用の見直しがある。多くのメーカーは工場単位ごとの小さな会社に分割されることになっていた。それでは日本経済の復興の妨げになるということで，2次にわたって指定された適用対象会社は325社に上っていたが，大幅に緩和され，実際に分割されたのは11社のみであった。

設問6　分割された11社のなかに入る企業名を①～④のうちから一つ選び，その記号を答えなさい。
①鐘淵実業　②日本国有鉄道　③三菱重工業　④片倉工業

G．日本経済の復興と自立の実現を目指して，GHQは経済安定九原則を指令し，デトロイト銀行頭取ジョセフ・ドッジを招請して，具体策の立案に当たらせた。具体的にインフレーションを収束させ，日本を世界貿易に参入させ，それによって日本経済の復興を図るということで，1949年度に超均衡予算を組む荒療治が実施された。それと同時に，貿易を容易にするために固定為替レートが導入された。このレートは実勢よりは円安に設定されたといわれ，輸出貿易には好都合であった。この一連の施策をドッジラインと呼ぶ。

設問7　このとき設定された為替レートは1ドル何円であったか，正しいものを①～④のうちから一つ選び，その記号を答えなさい。
①360円　②308円　③205円　④180円

H．ドッジラインの強行によって，赤字財政が一挙に解消され，激しかったインフレーションも収束した。ところがこの急激なインフレーション対策は日本経済を逆にデフレーション方向に向かわせ，多くの工場が倒産に追い込まれ，失業者が急増して，日本経済が不況に覆われることとなる。この不況が深刻になろうとしたときに，隣の朝鮮半島で冷戦が熱戦となった朝鮮戦争が勃発した。朝鮮戦争は，アメリカ軍の前進基地となった日本に，アメリカ軍による物資，サービスの需要を生み出す。この朝鮮特需の代金は，直接ドルで支払われ，日本経済は好景気となり一気に立ち直ることになる。

設問8　朝鮮特需の品目のうちで最大の金額となったものを①～④のうちから一つ選び，その記号を答えなさい。
①麻袋　②綿布　③兵器　④石炭

I．朝鮮戦争が勃発すると，アメリカは日本が西側諸国とだけ講和を結ぶ単独講和の方針を固める。ソ連や日本国内の全面講和の主張を排して，1951年にサンフランシスコ講和会議を開いて，連合国48カ国との間で講和条約を調印する。招請されても参加しなかったり，調印式に欠席した国もあった。しかし旧日本軍によって大きな被害を

受けた キ は調印式に招待されなかった。サンフランシスコ講和条約調印直後に日米安全保障条約が結ばれ，日本は，東西冷戦体制のなかで，アメリカの世界戦略に強く影響されることとなった。

設問9　キ に入る正しい語句を①〜④のうちから一つ選び，その記号を答えなさい。
　①中国　　②ビルマ　　③インド　　④ソ連

J．自由党の鳩山一郎は自由党反主流派と結託して改進党と合併し，日本民主党を結成した。しかし強力な保守党の成立を望む財界の要望もあって，自由党と民主党の保守合同が実現して，自由民主党が結成された。一方，全面講和をめぐって左右に対立していた社会党は改憲，再軍備などのような戦前に戻ろうとする動きに反対して再統一した。こうして保守と革新の2大政党が対立する ク と言われる政治体制が生まれ，この体制が長い間日本の政治状況を支配することになった。

設問10　ク に入る正しい語句を①〜④のうちから一つ選び，その記号を答えなさい。
　①45年体制　　②49年体制　　③55年体制　　④60年体制

K．1950年代に入ると，新しい技術を導入する大規模な設備投資とあいまって，日本の経済は急速な復興を遂げる。生産水準は，1950年から53年にかけて大幅な増加をしめし，戦前水準を突破する。国民の生活水準も所得増加と消費財の生産増加によって一挙に向上し，55年以降になると三種の神器と言われた ケ が急速に普及して，西洋風な生活様式に変わっていった。

設問11　ケ に入る正しい語句を①〜④のうちから一つ選び，その記号を答えなさい。
　①テレビ・洗濯機・冷蔵庫　　②砂糖・食パン・コーヒー
　③カラーテレビ・クーラー・自動車
　④テープレコーダー・カメラ・オーディオセット

L．核兵器の均衡を前提とした米ソの激しい対立のなかで，1950年代なかばには平和を願う運動が世界各地で広まった。インドのネルー首相と中国の周恩来首相とが平和五原則を発表し，アジア―アフリカ会議が開かれるなど，米ソいずれの陣営にも属さない非同盟・中立の第三世界が力を示した。日本漁船 コ がアメリカの水爆実験により，操業中に死の灰を浴びて乗組員が死亡する事件をきっかけに，原水爆反対の運動が大きく盛り上がった。

設問12　コ に入る正しい語句を①〜④のうちから一つ選び，その記号を答えなさい。
　①第二辰丸　　②第一大邦丸　　③エトロフ丸　　④第五福竜丸

M．国論が二分するなかで日米安全保障条約の改訂が強行採決されると，国内の反対運動が急速な盛り上がりをみせ，死者が出る事態となった。時の内閣が総辞職したあとを受けて1960年7月に就任した総理大臣 サ は，前政権の対決政治に代わって，国民感情を融和することを狙って，寛容と忍耐を掲げ，国民所得倍増計画を打ち出した。

設問13　サ に入る人物を①〜④のうちから一つ選び，その記号を答えなさい。
　①岸信介　　②池田勇人　　③佐藤栄作　　④田中角栄

N．政府の所得倍増計画の刺激を受けて，1950年代から進行していた高度経済成長に一

層拍車がかかり、設備投資が新たな設備投資を呼ぶという形で、世界的にもまれな経済成長を実現する。他方、この所得倍増計画は農村から都市への人口移動をも想定したもので、農家の所得水準を引き上げて地域間の格差を縮小させる一方で、農業経営にも シ が増加するといった影響を与えた。

設問14 シ のなかに入る正しい語句を①〜④のうちから一つ選び、その記号を答えなさい。
①大規模経営農家　②専業農家　③第二種兼業農家　④多角経営農家

O. 奇跡と言われた高度経済成長は、賃金の上昇をもたらして生活水準を高度化した反面、高度成長のひずみとして負の遺産をも生み出した。公害の発生である。熊本水俣病は1953年にすでに発見されていたが、富山イタイイタイ病、四日市ぜん息、新潟阿賀野川水銀中毒など世間の関心を集め、全国で公害を訴える裁判があいついだ。こうした公害の発生源の多くは ス の廃棄物であると考えられる。深刻化する公害が発生する下で、1967年に制定された公害対策基本法が改正されて、公害犯罪の処罰が規定された。

設問15 ス のなかに入る語句を①〜④のうちから一つ選び、その記号を答えなさい。
①家庭　②ディーゼルエンジン　③自動車　④工場　　　　　　　　　　（専修大）

ポイント!! 戦後の政治の歩みは、45年の敗戦・被占領下の改革→51年の講和・安保条約→55年体制→60年安保→65年日韓基本条約締結等、約5年単位でその間の出来事を整理しておこう。

* ❸❸ 戦後政治史Ⅱ

A　下記の記述について、最も適切な内閣総理大臣の記号を選びなさい。なお、同一の記号を何回用いてもかまわない。
1．保守合同以来、はじめて自由民主党が野党となり、連立内閣を結成した。
2．国鉄の民営化を実現した。
3．湾岸戦争への対応に苦慮した。
4．日中国交正常化を実現した。
5．保守合同で自由民主党を結成した。
6．石橋湛山から（石橋湛山も含めて）数えて11人目の内閣総理大臣である。
7．日本の国連加盟を拒否していたソ連が支持に回った。
8．破壊活動防止法を制定した。
9．自衛隊を発足させ、防衛庁を新設した。
10．新選挙法を制定し、婦人参政権を新たに規定した。
11．日米行政協定が結ばれ、米軍の駐留費用を分担するようになった。
12．公害対策基本法を制定し、環境庁を設置した。
13．日韓国交正常化をはかった。
14．難航した交渉をへて、日中平和友好条約を締結した。
15．朝鮮戦争が勃発し、警察予備隊が新設された。

16．大型間接税の導入の課題に対応し，消費税を実施した．
　　a．竹下登　　b．中曽根康弘　　c．細川護熙　　d．池田勇人　　e．吉田茂
　　f．佐藤栄作　g．大平正芳　　h．羽田孜　　i．岸信介　　j．鳩山一郎
　　k．海部俊樹　l．三木武夫　　m．片山哲　　n．田中角栄
　　o．幣原喜重郎　p．芦田均　　q．鈴木善幸　　r．福田赳夫　　（上智大）

B　次の文章を読み，設問に答えなさい．
A．(ア)1973年の第一次石油危機と，1979年の第二次石油危機は，世界経済に大きな打撃を与え，日本の高度経済成長にも終止符を打った．日本経済の高度成長が終わったのは，経済成長率が戦後初めてマイナスとなった（　1　）年のことである．

　石油危機後に深刻な不況に陥った日本では，企業が人員削減や省エネルギーに努めるとともに，ME（マイクロ・エレクトロニクス）技術を導入して工場やオフィスの自動化を進めた．また，(イ)欧米に工業製品を大量輸出し，いち早く不況から脱出することに成功した．他方，輸出攻勢によって欧米諸国との間に貿易摩擦が深刻化した．

　特に日本の対米貿易黒字は年々拡大し，1985年には395億ドルに達した．貿易や経済摩擦の緩和を図るため，1985年に(ウ)日・米・英など先進各国の蔵相による会議が開催され，ドル安・円高への協調介入などで合意した．

　1986年からガット・ウルグアイラウンド（多角的貿易交渉）が始まり，日本は貿易摩擦緩和のために農業分野で譲歩を迫られ，1988年に(エ)牛肉・オレンジの輸入自由化を受け入れることになった．その後1993年には，(オ)コメ輸入の部分開放も受け入れ，日本の農業を厳しい国際競争にさらすことになった．

　さらにアメリカ合衆国は，1989年からの（　2　）協議で，市場開放を阻む日本の制度・慣行を「不公正なもの」と批判し，アメリカ企業が日本市場に新規参入しやすくするよう，日本政府に圧力をかけている．

問1．下線部(ア)について，正しくないものを1つ選び，その記号を答えなさい．
　A．第一次石油危機は，第4次中東戦争の勃発を契機に生じた．
　B．第一次石油危機で，OPEC（石油輸出国機構）は，石油価格を4倍に引き上げた．
　C．第一次石油危機の影響により，日本では石油価格が暴騰し，「狂乱物価」と呼ばれる激しいインフレが発生した．
　D．第二次石油危機は，レバノン内戦を契機に生じた．
　E．大平内閣は，第二次石油危機による石油価格の高騰に苦慮した．
　F．政府は石油緊急対策要綱を出して，テレビ放送時間の短縮など，石油・電力使用の10％削減を図った．

問2．空欄（　1　）に当てはまる年を1つ選び，その記号を答えなさい．
　A．1964　　B．1968　　C．1970　　D．1974　　E．1979　　F．1982

問3．下線部(イ)に関して，急速に輸出を増加させた製品は何ですか．最もふさわしい製品を1つ選び，記号を答えなさい．
　A．鉄鋼製品　B．家庭電気製品　C．船舶　D．綿製品　E．アルミ　F．陶磁器

問4．下線部(ウ)の会議はどこで開かれましたか．当てはまるものを1つ選び，その記号

を答えなさい。
   A．ニューヨーク　B．パリ　C．東京　D．ロンドン　E．ジュネーブ
   F．ヤルタ

問5．下線部(エ)を決定した内閣は何ですか。その内閣を1つ選び，記号で答えなさい。
   A．竹下内閣　B．鈴木内閣　C．佐藤内閣　D．中曽根内閣　E．池田内閣
   F．宮沢内閣

問6．下線部(オ)を決定した細川内閣は，7党派1会派による連立政権でした。この連立政権に加わっていなかった政党を1つ選び，その記号を答えなさい。
   A．民社党　B．新党さきがけ　C．日本社会党　D．民主改革連合
   E．自由民主党　F．日本新党

問7．空欄（ 2 ）に最も当てはまる協議の名を，漢字4文字で正しく記入しなさい。

B．佐藤内閣に代わって1972年に誕生した田中内閣は，(カ)日中国交正常化や，日本列島改造による内需拡大を提唱するなど，積極的な政策を行ったが，石油危機に直面して行き詰まり，金脈問題が発覚して1974年に退陣した。その後76年に(キ)ロッキード事件が発覚した。

田中内閣が退陣した後，(ク)いくつかの内閣を経て，1982年に中曽根内閣が発足した。中曽根政権は「戦後政治の総決算」というキャッチフレーズを掲げ，イギリスのサッチャー政権，アメリカ合衆国の（ 3 ）政権と歩調を合わせて(ケ)新保守主義の政策を次々に実行した。

1989年のマルタ島会談で(コ)米ソ両国首脳が，「冷戦の終結」を宣言し，1989年にベルリンの壁が崩壊，1991年にはソ連そのものが解体するという激動の中で，東西冷戦の体制は終わりを告げた。冷戦の終結後，世界各地で民族独立や国境紛争が相次ぎ，(サ)国連平和維持活動として平和維持部隊を紛争地域に派遣する動きが強まった。

1991年11月に成立した宮沢内閣は，国際平和協力法を成立させ，国連平和維持活動のために自衛隊を(シ)海外に派遣したが，これに対して強い批判が出された。宮沢内閣のもとで(ス)汚職事件が次々に明るみに出て国民からの激しい非難を浴び，総選挙で自民党は過半数を大きく割り込み，宮沢内閣は退陣に追い込まれた。

問8．下線部(カ)のとき日中両国が発表したものを1つ選び，記号で答えなさい。
   A．日中修好条約　B．日中共同声明　C．日中平和友好条約　D．日中共同宣言
   E．日中平和条約　F．日中基本条約

問9．下線部(キ)の事件で逮捕された元運輸政務次官を1名選び，その記号を答えなさい。
   A．児玉誉士夫　B．三木武夫　C．中島洋次郎　D．檜山広　E．佐藤孝行
   F．若狭得治

問10．下線部(ク)に含まれる内閣を1つ選び，その記号を答えなさい。
   A．三木内閣　B．吉田内閣　C．宮沢内閣　D．佐藤内閣　E．竹下内閣
   F．村山内閣

問11．空欄（ 3 ）に当てはまるアメリカ合衆国の大統領を1名選び，その記号を答えなさい。

A．ニクソン　B．カーター　C．ブッシュ　D．レーガン　E．クリントン
F．ケネディ

問12．下線部(ケ)について，中曽根政権で行われなかった政策を1つ選び，その記号を答えなさい。
A．第2次臨時行政調査会の答申を受けて，臨時行政改革推進審議会を設置した。
B．臨時教育審議会を設置して，教育改革に乗り出した。
C．電電公社を民営化し，NTT（日本電信電話会社）を発足させた。
D．売上税の導入を目指したが，失敗に終わった。
E．国鉄を，JR（旅客6社，貨物1社）に分割・民営化した。
F．消費税の導入を果たし，税率を3％とした。

問13．下線部(コ)について，ソ連首脳であったゴルバチョフが行わなかったことを1つ選び，その記号を答えなさい。
A．国内体制を立て直すため，計画経済に市場原理の導入を図った。
B．1991年にロシア共和国の大統領となり，独立国家共同体を実現した。
C．情報公開（グラスノスチ）など自由化を進めた。
D．1988年にアフガニスタンからの撤兵を始めた。
E．平和共存の道を求める「新思考外交」を打ち出した。
F．1987年，アメリカと中距離核戦力（INF）全廃条約を結んだ。

問14．下線部(サ)は，アルファベットの略称で何と呼ばれていますか。1つ選び，その記号を答えなさい。
A．UNCTAD　B．APEC　C．NATO　D．PKO　E．UNHCR　F．MSA

問15．下線部(シ)は，具体的にどの国に派遣しましたか。当てはまる国の名前を1つ選び，その記号を答えなさい。
A．カンボジア　B．カナダ　C．ラオス　D．ミャンマー　E．ユーゴスラビア
F．ブラジル

問16．下線部(ス)に当てはまる事件を1つ選び，その記号を答えなさい。
A．昭和電工事件　B．リクルート事件　C．佐川急便事件
D．ウォーターゲート事件　E．グリコ・森永事件　F．造船疑獄事件　　（明治大）

ポイント!! 70年代以降の政治史を，72年の沖縄返還・日中国交正常化→73〜74年の石油危機・75年のサミット開催・76年のロッキード事件→78〜79年の第2次石油危機→82年の中曽根内閣成立→88年のリクルート事件・消費税→93年の非自民8派の細川内閣成立，を節目としてその流れを整理しておこう。

＊ ㉞ 戦後の外交

次の文中の空欄（ア〜キ）の中に最も適切な語句を記入しなさい。漢字を用いるべきところには，正確な漢字で書きなさい。人名は姓名を書きなさい。また，問1〜5の設問に答えなさい。

1952年4月，サンフランシスコ平和条約が発効し，7年近くに及んだ占領が終結し，

日本は独立国家として主権を回復した。日本が独立を達成する過程で，当時の国際情勢がさまざまな影響を与えた。

　1950年に朝鮮戦争が勃発し，アジアにおいても東西陣営の対立が激しくなってくると，アメリカは日本を資本主義国の一員として早く自立させ，その協力を得ることが得策と考え，対日講和条約の締結の準備を急ぐようになった。アメリカはソ連，中国の講和条約への参加をあまり期待せず，友好国と日本との講和をまずまとめることを考えた。日本国内では，この多数講和に対し，ソ連・中国を含む交戦国すべてとの（　ア　）講和でなければならないという意見も強く，国論が二分され，激しい政治的な対立の中で講和会議を迎えた。

　1951年9月のサンフランシスコ講和会議には52カ国が出席したが，日本と48カ国との間にサンフランシスコ平和条約が締結された。領土に関しては朝鮮の独立，台湾・(a)南樺太・千島列島の放棄が定められた。また，沖縄・小笠原諸島はアメリカの施政権下におかれることになった。

　講和交渉の過程で，独立後，日本の安全保障も問題になった。朝鮮戦争勃発直後にGHQの指令によって，米軍が朝鮮戦争に参加した空白を埋めるという目的で（　イ　）が創設された。さらに，アメリカは冷戦の高まりに対応して，日本に再軍備を求めたが，これに対し，当時の(b)吉田茂首相は消極的姿勢をとり続け，独立後の安全保障については，占領軍が在日米軍として引き続き駐留することを前提にした日米安全保障の構想をアメリカに提起した。

　アメリカとのあいだでは，サンフランシスコ平和条約調印と同じ日に，別途，「日米安全保障条約」が調印され，独立後も日本国内に米軍が駐留を続けることになった。そして翌1952年には（　ウ　）が調印され，日本は駐留軍のために基地を提供し，駐留軍経費を負担することにした。

　日米安全保障条約は，　A　，岸信介内閣は，安保条約改定のための交渉をはじめた。しかし日米間で調印された新安保条約に対して激しい反対運動が起き，政府・与党は衆議院で条約批准を強行採決した。

　サンフランシスコ平和条約により，アメリカの施政権下におかれた沖縄では，60年代に入ると祖国復帰運動が高まり，沖縄の返還が政府の大きな外交課題になった。おりからベトナム戦争の後方基地としてアメリカにとって沖縄の重要性が高まっていたし，日本側は返還に当たり核兵器に関する「（　エ　）原則」の堅持を主張したため，交渉は難航した。69年佐藤栄作首相とアメリカのニクソン大統領との会談で返還が約束され，72年に復帰が遂げられた。

　ソ連はサンフランシスコ講和会議に出席したが，平和条約案に反対し調印しなかった。しかし，ソ連とのあいだには日本人抑留者の返還問題，漁業問題，日本の国連加盟，領土問題など交渉を急がなければならない課題が多く残った。そこで吉田茂の後，政権の座についた（　オ　）首相は，日ソ国交回復を最大の外交課題として取り組んだ。しかし，領土問題で行き詰まり交渉は難航した。ソ連は，領土問題は解決ずみであるとし，当初は交渉にさえ応じなかったが，途中から歯舞諸島・色丹島の譲渡を申し出て妥協を求め

てきた。日本側はこれに対し，国後・択捉も日本固有の領土であるとして両島の返還を求めた。結局，日ソ共同宣言によって(c)日ソ間の戦争状態を終結させ，ソ連は平和条約締結後に歯舞・色丹を引き渡すことを約束した。

中国は，北京と台湾のいずれが正統な政府であるかについてアメリカとイギリスの意見が対立したため，講和会議に招請されなかった。イギリスはすでに1950年に新中国を承認したが，アメリカは台湾の中華民国が中国を代表する唯一の政府であることを公式の政策にしていた。そこで日本は独立後に，中華民国との間に（ カ ）を締結し戦争状態を終結させたが，北京の中華人民共和国との間では正式な外交関係を持つことができなかった。ところが，1971年になりニクソン大統領は突如中国訪問計画を発表し世界を驚かせた。日本では，1972年，田中角栄内閣が成立すると，首相みずから中国を訪問して，中国の（ キ ）首相と交渉し，戦争状態の終結と(d)国交の正常化を宣言した日中共同声明を発表した。台湾の国民政府とは外交関係が断絶することになったが，貿易等の交流は民間ベースで継続されている。

問1．下線(a)の南樺太・千島列島の領有に関する歴史的な事実についてつぎの記述の中で誤っているものを二つ答えなさい。三つ以上答えるとこの問題の解答は無効になります。

1．19世紀のはじめに，伊能忠敬は樺太および黒竜江下流を踏査し，樺太が離島であることを確認した。
2．樺太にはもともとアイヌなど先住民族が居住しており，日本では松前藩がこの地でアイヌとの交易にたずさわっていた。19世紀中頃になると，ロシアもこの地域に進出してきたが，日露間には特に境界が決まっていなかった。
3．日露和親条約で，樺太の北緯50度で国境を定め，南樺太を日本が領有することにした。千島については択捉島とウルップ島の間を国境とした。
4．1875年明治政府は，ロシアとの間に「樺太・千島交換条約」を結び，樺太は全島をロシア領とし，日本はかわりに北千島を領有することにした。
5．日露戦争後のポーツマス条約によって，樺太の南半分を日本が領有するようになった。

問2．下線(b)のように，吉田首相が再軍備に対して消極的であった理由としてつぎの中で不適切なものを二つ選びなさい。三つ以上答えるとこの問題の解答は無効になります。

1．当時の国内政治情勢から，憲法改正が困難であった。
2．吉田首相は非武装中立が日本の安全を保障するという信念の持ち主であった。
3．朝鮮戦争において北朝鮮は中国軍の協力を得られず，短期間に国連軍の勝利に終わったことから，共産主義の脅威を重視しなかった。
4．太平洋戦争によって被害をうけた近隣諸国の日本に対する警戒心が高まることを恐れた。
5．再軍備よりも経済復興が優先課題であると考えた。

問3．問題文の中の A に入れるのにいちばんふさわしい文章を，次のうちから一つ

選び答えなさい。
1．異常に重い駐留費負担を日本に求めるものであったため
2．第三国のアメリカに対する攻撃に際し，日本も軍事行動を求められると解釈される規定を含んでおり，それは日本国憲法に違反する疑いがあったため
3．もっぱら外国からの攻撃に対する日本の防衛のみを規定しており，当時警戒されていた内乱に関する規定を欠くなど不備があったため
4．米軍が日本に駐留し基地を自由に使用できるが，日本を防衛する義務を定めない不平等性の強い条約であったため
5．ソ連・中国を仮想敵国とする条約であり，今後，善隣友好の外交政策を進める上で障害になることがおそれられたため

問4．下線(c)の戦争状態に至る前の日ソ関係に関する次の記述の中で誤っているものを二つ答えなさい。三つ以上答えるとこの問題の解答は無効になります。
1．1937年コミンテルンとソ連に対抗するために日本，ドイツ，イタリアは「日独伊三国同盟」を締結したため，日本とソ連との間に対立が高まった。
2．1939年「満州国」とモンゴル人民共和国の国境のノモンハンで，関東軍はソ連・モンゴル軍と戦い，機械化部隊に圧倒されて惨敗を喫した。
3．ノモンハン事件で日ソが対立を深めているおりから，ドイツとソ連が不可侵条約を結び，欧州情勢が急転したことに日本は衝撃を受け，モスクワで停戦協定を結んだ。
4．1941年，日本は日独伊三国同盟にソ連を加えた四国協商でアメリカを圧倒しようという構想の下で日ソ中立条約を結んだ。
5．1945年2月のポツダム会談で南樺太，千島列島のソ連への帰属を条件とする対日参戦の秘密協定が結ばれ，ソ連は，1945年8月の日本の敗戦直前に日ソ中立条約を破棄し，日本に対し宣戦布告した。

問5．下線(d)の日中の国交正常化に至るまでの過程に関する次の記述の中で誤っているものを二つ答えなさい。三つ以上答えるとこの問題の解答は無効になります。
1．日本と中華人民共和国の国交断絶下においても，政経分離の原則で両国間には貿易取引が行われており，中国にとって日本は重要な貿易相手国であった。
2．1960年代に入ると，中国とソ連との対立関係が高まり，ソ連から中国への経済援助も中止された。このような状況の下で中国から西側への接近を求めようとする考え方も生まれていた。
3．1972年7月の自民党総裁選挙でかねて日中関係に積極的姿勢を表明していた田中角栄が総裁に選ばれ首相に就任した。田中首相は総裁選をともに争った福田赳夫を外務大臣に起用し国交正常化に取り組んだ。
4．中国側は，国交回復の三原則の一つとして，日本と台湾政府との平和条約は不法，無効であることを強く要求した。
5．台湾政府との講和条約のなかで，中国はすでに戦争賠償請求権を放棄していたが，中華人民共和国は中国大陸での戦争被害の大きさに鑑み，あらためて戦争賠償の支

払いを求め，日本もこれに同意した。
(中央大)

＊ 35 戦後経済史

A　次の史料を読み，ⓐ〜ⓓについてはく　〉の指示に従い最も適当な語を考え，それぞれ記入せよ。また，下線部①〜⑨については，それぞれ最も適当なものを，各群のうちから一つずつ選び，その番号を答えよ。なお史料は読みやすいように，かなづかいを直すなど一部手を加えてある。

　「①戦後日本経済の回復の速かさには誠に万人の意表外にでるものがあった。それは日本国民の勤勉な努力によって培われ，世界情勢の好都合な発展によって育くまれた。

　しかし，敗戦によって落ち込んだ谷が深かったという事実そのものが，その谷からはい上るスピードを速からしめたという事情も忘れることはできない。経済の浮揚力には事欠かなかった。経済政策としては，ただ浮き揚る過程で国際収支の悪化やインフレの壁に突き当たるのを避けることに努めれば良かった。消費者は常にもっと多く物を買おうと心掛け，企業者は常にもっと多く投資しようと待ち構えていた。いまや経済の回復による浮揚力はほぼ使い尽された。なるほど，貧乏な日本のこと故，世界の他の国々にくらべれば，消費や投資の潜在需要はまだ高いかもしれないが，戦後の一時期にくらべれば，その欲望の熾烈さは明かに減少した。もはや『戦後』ではない。われわれはいまや異った事態に当面しようとしている。回復を通じて成長は終った。ⓐ今後の成長は近代化によって支えられる。そして近代化の進歩も速かにしてかつ安定的な経済成長によって初めて可能となるのである。（中略）

　このような世界の動向に照らしてみるならば，ⓑ幸運のめぐり合せによる数量景気の成果に酔うことなく，世界技術革新の波に乗って，日本の新しい国造りに出発することが当面喫緊の必要事ではないであろうか。」

　以上は，②経済企画庁から出された『経済白書』の一部で，文中の「もはや『戦後』ではない」というくだりは，とりわけ有名である。ここでは，この「戦後」について考えてみよう。

　「戦後」のはじまりは，いうまでもなく③第二次世界大戦終結の年である。しかし，「戦後」の終わりとなると必ずしも定かではない。ある経済学者は，1988年に著した著書の中で，「戦後」の終わりを「ⓒ通貨危機や④石油危機を契機として内外の経済構造が大きく変動しはじめた」時期としている。しかし，現時点からこの著書が書かれた1988年を振り返っても，なお，「戦後」の範囲内に入っているというふうに感じる人が多いのではないだろうか。思うに，「戦後」の始まりが，巨大な一撃であったのにたいして，「戦後」の終わりは，数次にわたる断続的な地殻変動のようなものであった。

　では，「戦後」を徐々に終わらせていった，いくつかの要因にはどんなものがあるだろうか。そのひとつは，上記の著者がいう「石油危機」をきっかけとしたものであろう。これによって，20年近くにわたって続いてきた急速な経済発展の時代が終わり，安定成長の時代にはいった。そして，そのあいだに起こった農村共同体の解体および「⑤大衆消費社会」の到来は，日本社会をかつてないものにつくりかえた。生活必需品をもとめて

額に汗して働いた「欠乏の時代」から，膨張する無数の選択肢にむかって人々の触手がうごめく「欲望の時代」へ時代は移った。

「戦後」を終わらせる要因のふたつめとしてあげられるのは，先進各国間の通貨政策・為替レートの激変である。1985年にニューヨークの有名ホテルにアメリカ・イギリス・フランス・ドイツ・日本の蔵相・中央銀行総裁が集まって，ⓓドル安・円マルク高に誘導することを申し合わせた。この会議により，円のドルに対するレートは⑥1ドル120円台にまで急騰した。この急速な円高と引き続きおこったバブル経済の進展により，物・人・情報が怒濤のように日本に流入するようになった。この時期以降，バブル期の外国人労働者の大量流入も含めて，日本は旧来的な日本社会のありようを大きくかえ，「戦後」を過去のものとしたということが可能だろう。

もうひとつ，「戦後」を終わらせる要因として，東ヨーロッパにおける社会主義体制の崩壊による冷戦の終結，それらと複雑にからまりながら起こった日本のバブル経済の崩壊をあげなければならない。冷戦の終結は，意外にも⑦湾岸戦争という熱い戦争を引き起こし，引き続きおこったユーゴ内戦で，民族紛争という古典的対立が再燃した。また，バブル経済の崩壊は，終身雇用・年功序列，業界の護送船団方式といった戦後日本経済をささえた経済運営に大きな変化をもたらした。そして，日本新党・新生党・新党さきがけなどの非自民8会派を与党とする⑧⑨非自民内閣の成立により，自民党の38年にわたる長期政権が終わり，政治の分野でも，大きな転換点がかたちづくられた。

こうした社会の激変が折り重なって，「戦後」が徐々に終わりに近づいてきたのだが，結局，「戦後」の終焉を決定づけるものは，西暦2000年代の始まりというカレンダーの1ページかもしれない。

設問

ⓐ　こののち実際におこった急速な経済発展を何というか。〈漢字6字〉

ⓑ　この数量景気につづく，民間設備投資に主導された好況を通称何というか。〈漢字4字〉

ⓒ　この「通貨危機」をもたらす政策を実行したアメリカの大統領は誰か。〈カタカナ4字〉

ⓓ　会議の行われたホテルにちなんで，この申し合わせを通称何というか。〈5字〉

①　この日本経済の急速な回復に，一番関係した戦争は何か。
　　1．朝鮮戦争　2．ベトナム戦争　3．中東戦争　4．イラン・イラク戦争

②　この『経済白書』は，何年の発行か。
　　1．1946年　2．1956年　3．1966年　4．1976年

③　第二次世界大戦で最後に降伏したのはどの国か。
　　1．ドイツ　2．イタリア　3．日本　4．フランス

④　この「石油危機」（第1次オイルショック）の直接的原因は何か。
　　1．石油の枯渇　2．日中国交回復　3．消費税の導入　4．第4次中東戦争

⑤　この時期，耐久消費財の「三種の神器」を通称何といったか。
　　1．「3A」　2．「3C」　3．「3K」　4．「3D」

⑥ この会議の直前，円の対ドル為替レートは何円台であったか。
　1．80円　　2．100円　　3．240円　　4．360円
⑦ 湾岸戦争のきっかけとなったクウェートへの武力侵攻は，どの国によるものか。
　1．イラン　　2．セルビア　　3．イスラエル　　4．イラク
⑧ この非自民政権の首班は誰であったか。
　1．宮沢喜一　2．村山富市　3．細川護熙　4．海部俊樹
⑨ この政権成立は，何年か。
　1．1988年　　2．1993年　　3．1995年　　4．1996年
　　　　　　　　　　　　　　　　　　　　　　　　　（京都産業大）

B（バブル経済以降）　以下の文章は，1980年代以降の日本経済について記したものである。（ 1 ）〜（ 17 ）の空欄に入るもっとも適当な語句を記入しなさい。

　日本経済は73〜74年と78〜79年の二度の（ 1 ）を切り抜けた後，1980年代前半には自動車や電機を中心として米国などへ集中豪雨的な輸出をおこなった。このことが米国とのあいだに大きな貿易摩擦をもたらした。双子の赤字と呼ばれる貿易赤字と財政赤字に苦しむ米国は上院で対日批判の決議をおこなった。1985年，ニューヨークのホテルで開催された先進5カ国財務相・（ 2 ）銀行総裁会議で，日本はドル高修正のため為替市場への協調介入を強化することに合意した。この合意をそのホテルの名前を冠して（ 3 ）合意と称している。この合意によって円はその後1ドル240円台から，日銀が危険ラインとしていた180円を突破した。この急激な（ 4 ）によって輸出業界は打撃を受け不況が引き起こされることになった。そのため日本政府は未曽有の金融緩和と財政出動によって内需を拡大することで（ 4 ）不況を克服しようとした。日本銀行は1986年1月，公定歩合を5.0から4.5パーセントに引き下げたのにつづき，87年2月の2.5パーセントまで矢継ぎ早に引き下げた。この未曽有の金融緩和に加え，大蔵省による財政出動もなされた結果，地価と株価が高騰する事態に立ち至ることとなった。金融緩和や財政出動に加えて，当時企業が銀行から資金を融資されるよりも直接金融市場から資金を調達するようになっていたため，銀行の資金はあらたに貸し出し先を探さなければならなくなり，資金は土地と株に流れたのであった。

　このようにして日本経済の資産価値が急激に膨張することとなった。地価と株価が異常に高騰した（ 5 ）経済の発生であった。1987年には実質経済成長率が4.8パーセント（前年3.1パーセント）となったため，（ 4 ）不況は乗り切れたとされた。この年，安田火災がゴッホの「ひまわり」を54億円で購入したり，小金井カントリー倶楽部のゴルフ会員権が3億3000万円で取引されたり，NTTの株が一株119万円で上場されるなど世間は（ 5 ）経済に浮かれた。地価高騰は商業地から住宅地へ移っていった。土地を買いあさる地上げ屋も登場した。

　1980年代の後半，日本は（ 5 ）経済によってわが世の春を謳歌していた。88年にはセゾングループがインターコンチネンタル・ホテルを21億ドルで買収し，89年にはソニーがコロンビア映画を，三菱地所がロックフェラーセンタービルを買収した。国内では家計が得た土地と株式のキャピタルゲインは260兆円に達し，実質経済成長率は6パーセントに，土地価格は2ケタ上昇した。89年末に（ 6 ）平均株価は3万8915円の最高値を

記録した。この年は(5)経済のピークであった。ビバリーヒルズならぬ「チバリーヒルズ」が千葉県に登場した。この間日米間の経済摩擦は解消されず，米国は日本の障壁撤廃を求めて1989年秋から日米(7)協議が開始された。

このような(5)経済にたいして，89年5月，日本銀行はそれまで2年3カ月にわたって2.5パーセントにしていた公定歩合を3.25パーセントへ引き上げた。1990年に入って，なお(5)経済の余熱は残り，実質経済成長率は5.5パーセントを維持していたが，ようやく株価の下落がはじまった。同年2月26日には株が暴落し，(6)平均株価は3万3300円とブラックマンデー以来の1500円安となった。同年3月には，政府の不動産向け融資の総量規制もはじまった。1991年，日本経済は実質経済成長率が2.9％へ低下し，さらに翌92年には0.2％へと落ち込むとともに，株価も急落した。92年8月の(6)平均株価は6年5カ月ぶりの1万5000円割れとなった。

この時期，銀行が抱えていた回収困難な債権のことを(8)とよんだが，これが銀行の経営を圧迫し，1993年にいたって(8)問題として表面化した。日銀の推計によると銀行だけでその額は50兆円で，GNPの10.7％とされた。1994年に東京協和信用組合，安全信用組合が行き詰まり金融不安がはじまった。1995年にはコスモ信用組合，木津信用組合，兵庫銀行が破綻した。おもに住宅向け金融を手掛ける日本住宅金融，住宅ローンサービスなど住専大手7社の損失総額は6兆4000億円に達した。1996年9月にはこの問題処理のために資金を投入する住専処理法案が成立した。1997年の「経済白書」は96年の成長率が4.4パーセントと前年の3.0パーセントから改善したこともあって「(5)の後遺症の清算から自律回復へ」をうたった。

しかし，1997年，第2次(9)内閣の時に消費税が(10)パーセントに引き上げられたことや，アジアの経済危機の勃発もあって景気はふたたび深刻な後退局面に入った。この時から日本経済は「金融メルトダウン」に突入したとされている。97年11月には三洋証券の会社更生法適用の申請，(11)拓殖銀行の破綻，(12)證券の自主廃業決定などが起こり，預金の引き出し騒ぎが起きた。翌98年，大蔵省は(5)経済の崩壊によって発生した回収が困難な債権は76兆7000億円と発表した。政府は98年，金融機関を救済するために成立した金融再生法にもとづいて大手21行に約1兆8000億円の公的資金を投入した。

しかし98年10月には日本(13)銀行が破綻し，戦後はじめて民間銀行が国有化される事態となった。つづいて12月には日本債権信用銀行も一時国有化され特別公的管理下に入った。1999年に入っても事態の改善はみられず，2月，日銀は大手21行にさらに7兆5000億円の公的資金を注入した。2000年7月，「そごう」が民事再生法の適用を申請した。このように1991年からつづく(8)を大量に抱え込んだ金融機関の経営が悪化して金融逼迫が生じ，これが実体経済の不況に波及した不況を(14)不況，平成不況などといい，多くの企業でリストラが行われた。

その後銀行や保険会社は経営再建や金融自由化に備えて合併を繰り返し，2002年富士・第一勧銀・興銀が経営統合して(15)銀行に，03年にはさくら銀行と住友銀行が合併して三井住友銀行に，06年には東京三菱銀行が(16)銀行を合併して三菱東京(16)

銀行となりここに三大メガバンクが登場した。なお消費税は，第2次（ 17 ）内閣によって14年4月から8％に引き上げられた。

(明治大)

ポイント!! 敗戦後の経済史を，経済の民主化→ドッジライン→特需景気→高度経済成長→石油危機・第2次石油危機→その克服・経済大国→80年代後半のバブル経済→91年のバブル崩壊とその後の停滞，の流れを年表風に整理しておこう。

㊱ 戦後の社会運動

次の文章を読み，下記の設問に答えなさい。

第二次世界大戦後，1945～47年の間に，労働三法（労働組合法，（ ア ），労働基準法）が制定され，労働省が設置されて，労働者の労働条件に関する諸権利が法律で保障されたことから，労働組合が全国で次々と結成され，1948年には組合員数約667万人に達した。1946年には全国組織として，右派の（ イ ），左派の（ ウ ）が結成された。

占領軍ははじめ，労働運動の復活を奨励した。しかし国民生活が窮乏しストライキが頻発する中で，官公庁労働者を中心に，1947年（ エ ）を期してゼネラル・ストライキを起こそうとしたところ，占領軍が禁止して中止を余儀なくされた。

しかし，このゼネラル・ストライキの計画を機に，民間企業の労働者に大きく立ち後れていた賃金などの官公労働者の労働諸条件は相当改善され，また運動の高揚を背景に，同年4月の総選挙で（ オ ）が第一党となり，（ カ ）内閣が発足した。

吉田茂内閣は1948年以降長期にわたって政権を担当し，GHQの指示に従って日本の経済復興やアメリカとの緊密な連携を進めた。経済政策によりインフレは収束し，物価は安定したが，不況が深刻化し中小企業の倒産や失業が増えた。

1950年，（ キ ）戦争開始直前，GHQは日本共産党の中央委員を公職から追放するとともに，多くの職場からその同調者を追放した。労働運動では左派の勢力が弱まり，反（ ウ ）派の組合が1950年に（ ク ）を結成し，運動の主導権を握った。

1951年に(ケ)サンフランシスコ平和条約が調印されたのと同時に(コ)日米安全保障条約が調印された。日米安全保障条約に基づいて日本政府は在日米軍の駐留を認めた。さらに1954年成立の（ サ ）で，日本はアメリカの経済援助を受ける代わりに日本の防衛力を漸増することを決めた。

他方，吉田政権の経済政策によって人員整理や失業が増えたことから，(シ)人員整理の強行に抵抗するなど，反対運動も高まった。1952年5月には皇居前広場で(ス)「メーデー事件」が起き，デモ隊と警察とが皇居前広場で衝突，流血の大乱闘になった。

また，(セ)在日米軍基地に対する反対運動も1950年代半ばごろ高まった。

(ソ)1954年，日本人漁船の乗組員がアメリカの水素爆弾実験による死の灰を浴び，そのうちの一人が死亡した。この事件をきっかけに，原水爆禁止運動が巻き起こった。

安保条約が再び大きな問題となったのは，1960年の新安保条約（日米相互協力及び安全保障条約）の締結であった。（ タ ）内閣は従来の安保条約を改定して，在日米軍の軍事行動の事前協議制を定め，アメリカの日本防衛義務を明文化した。これに対し革新勢力は，この条約で日本がアメリカの東アジア戦略体制に組み込まれるおそれがあるとし

て(チ)反対運動を展開した。

問1. 空欄(ア)に当てはまる，1946年に制定された法律の名前を漢字7文字で正確に記入しなさい。

問2. 空欄(イ)，空欄(ウ)に当てはまる組み合わせとして適当なものを，次の中から1つ選び，その記号を答えなさい。
　A　イ：日本労働組合総評議会
　　　ウ：日本労働組合総同盟
　B　イ：全日本産業別労働組合会議
　　　ウ：日本労働組合総同盟
　C　イ：日本労働組合総同盟
　　　ウ：日本労働組合総評議会
　D　イ：全日本産業別労働組合会議
　　　ウ：日本労働組合総評議会
　E　イ：日本労働組合総同盟
　　　ウ：全日本産業別労働組合会議
　F　イ：日本労働組合総評議会
　　　ウ：全日本産業別労働組合会議

問3. 空欄(エ)に当てはまる月日を次の中から1つ選び，その記号を答えなさい。
　A　8月5日　　B　3月15日　　C　2月26日　　D　2月1日　　E　10月1日
　F　12月17日

問4. 空欄(オ)に当てはまる政党の名前を次の中から1つ選び，その記号を答えなさい。
　A　日本共産党　　B　日本自由党　　C　日本社会党　　D　民主社会党
　E　自由民主党　　F　国民協同党

問5. 空欄(カ)に当てはまる名前を次の中から1人選び，その記号を答えなさい。
　A　石橋湛山　　B　片山潜　　C　鳩山一郎　　D　片山哲　　E　岸信介
　F　芦田均

問6. 空欄(キ)に当てはまる戦争の名前を次の中から1つ選び，その記号を答えなさい。
　A　インドシナ　　B　ヴェトナム　　C　朝鮮　　D　中東
　E　イラン・イラク　　F　キューバ

問7. 空欄(ク)に当てはまる組合の名前を次の中から1つ選び，その記号を答えなさい。
　A　全日本労働組合総評議会　　B　全国労働組合総評議会　　C　全労働組合総同盟
　D　日本労働組合総評議会　　E　全国労働組合総連合　　F　日本労働総同盟

問8. 下線部(ケ)にかんして，正しくない記述を次の中から1つ選び，その記号を答えなさい。
　A　ソビエト連邦と中華人民共和国は講和会議に出席したが調印を拒否した。
　B　日本とアメリカを中心とする48ヵ国との間の講和条約で，1951年9月に締結し，1952年4月に発効した。
　C　占領が終結し，日本は独立を回復した。

D 日本は朝鮮の独立を認め，台湾，南樺太，千島列島などの領有を放棄した。
E 多くの国が賠償請求権を放棄したが，フィリピン，インドネシア，ビルマ，南ヴェトナムには，賠償協定を結んで賠償を支払った。
F 沖縄，小笠原諸島はアメリカの施政権下に置かれた。

問9．下線部(コ)にかんして，正しくない記述を1つ選び，その記号を答えなさい。
A 日本の独立後も日本国内に米軍が駐留を続けることになった。
B 米軍による日本防衛の義務は，条文に明示されなかった。
C 10年間の期限付きの条約で，日米は対等な関係に位置付けられた。
D この条約に基づき，1952年2月に日米行政協定が結ばれた。
E 日米行政協定により，日本は米軍のために多数の施設・演習場を提供した。
F 日米行政協定により，日本は米軍の駐留経費を負担することになった。

問10．空欄(サ)に当てはまる協定の名前を次のなかから1つ選び，その記号を答えなさい。
A 日米地位協定   B 日米相互防衛援助協定   C 日米相互保障協定
D 日米安全協定   E 防衛力相互増強協定   F 日米防衛協力協定

問11．下線部(シ)にかんして，1949年夏に，国鉄の人員整理が発表された直後，国鉄をめぐって怪事件が続発し，労働運動は大きな打撃を受けました。これらの怪事件のうち，国鉄総裁が常磐線綾瀬駅付近で死体で発見された事件は，何事件と呼ばれていますか。当てはまる名前を次の中から1つ選び，その記号を答えなさい。
A 三鷹事件   B 松川事件   C 常磐事件   D 綾瀬事件   E 下山事件
F 森戸事件

問12．下線部(ス)の事件を契機として，同年に制定された法律の名前を次の中から1つ選び，その記号を答えなさい。
A 団体等規正令   B 機動隊法   C 治安維持法   D 治安警察法
E 新警察法   F 破壊活動防止法

問13．下線部(セ)にかんして，1952～53年に起きた石川県の米軍試射場反対運動は，反対運動が全国化するきっかけとなりました。この米軍試射場があった場所の地名として最もふさわしいものを次のなかから1つ選び，その記号を答えなさい。
A 能登   B 砂川   C 珠洲   D 輪島   E 内灘   F 志賀

問14．下線部(ソ)にかんして，正しくないものを次の中から1つ選び，その記号を答えなさい。
A 水素爆弾実験はビキニ環礁で行われた。
B 日本漁船の第五福竜丸が死の灰を浴びた。
C 久保山愛吉が被爆して死亡した。
D 1955年に広島で第1回原水爆禁止世界大会が開かれた。
E 東京の主婦によって始められた原水爆反対の署名運動は全国に広がり，総評を中心とした原水爆禁止署名運動全国協議会が結成された。
F 1957年にカナダのモントリオールで10ヵ国の科学者が会議を開き，戦争の絶滅を期するための科学者の決意を表明した。

問15. 空欄(タ)に当てはまる名前を次の中から1人選び，その記号を答えなさい。
　A　鳩山一郎　　B　吉田茂　　C　池田勇人　　D　岸信介　　E　佐藤栄作
　F　幣原喜重郎

問16. 下線部(チ)で中心的に運動した学生組織の名前として，最もふさわしいものを次の中から1つ選び，その記号を答えなさい。
　A　全共闘　　B　日本学生党　　C　ベ平連　　D　学生連合会
　E　日本学生連盟　　F　全学連
　　　　　　　　　　　　　　　　　　　　　　　　　　　　　　　　　　　（明治大）

＊ 37　現代の文化

A　次の文を読み，下記の設問1～3に答えよ。

　戦後の経済成長に伴い，日本国民の文化水準も飛躍的に向上した。終戦後は(1)占領軍に対する批判などを例外として思想や言論の自由が保障されたため，新聞や雑誌の創刊が続出した。1949年に，（イ）が日本人として初めてノーベル賞を受賞し，復興期の日本に明るいニュースをもたらした。日本人によるノーベル賞受賞は，その後も相次ぎ，1968年に（ロ）が文学賞を，1973年に江崎玲於奈が〔あ〕賞を，1974年に（ハ）が平和賞を受賞している。

　文化の向上・発展に貢献した者を讃えるために1937年に制定された（ニ）の制度も復活し，1949年には，日本における学問の発展促進を目的として，学界の代表機関として〔い〕が設立されている。この年に〔う〕の壁画が火災により焼損したこともあり，伝統芸術や文化的財産の維持を目的とした（ホ）法が1950年に制定された。なお，重要な文化財の保護・調査・管理などを所管する行政機関として，1968年に（ヘ）が設置されている。

　大衆文化も発達し，ベネチア国際映画祭では，1950年代のはじめに，黒澤明の映画〔え〕がグランプリを，〔お〕の映画「西鶴一代女」が国際賞を受賞するなど，日本映画が世界の注目を集めはじめた。この時期の代表的な文学作品には，自らの戦争体験をふまえて（ト）が著した『俘虜記』，峠三吉の『〔か〕』，（チ）の『斜陽』，太陽族ブームを生む（リ）の『太陽の季節』，（ヌ）の『飼育』・『個人的な体験』などがある。安部公房の『砂の女』，（ル）の『仮面の告白』などの作品は海外からも高い評価を受けた。

　また，美術の分野では閉鎖的であった画壇の民主化を進める運動もおこり，洋画の岡本太郎，日本画の奥村土牛などの偉才が輩出した。

1. 文中の空所（イ）～（ル）それぞれにあてはまる適当な語句，または年(西暦)をしるせ。

2. 文中の空所〔あ〕～〔か〕にあてはまる適当な語句を，それぞれ対応する次のあ～かのa～dから1つずつ選び，その符号を記入せよ。
　あ　a．化学　　b．経済学　　c．医学・生理学　　d．物理学
　い　a．日本学士院　b．日本学術会議　c．日本学術審議会　d．日本学術振興会
　う　a．金閣寺　　b．東大寺　　c．法隆寺　　d．薬師寺
　え　a．生きる　　b．七人の侍　　c．姿三四郎　　d．羅生門

(お)　a．今井正　　b．小津安二郎　　c．木下恵介　　d．溝口健二
　(か)　a．黒い雨　　b．原爆詩集　　c．真空地帯　　d．日の果て

3．下線部(1)について出版物の検閲などを行ない，占領軍に対する批判を禁ずる内容のものはどれか。次のa～dから1つ選び，その符号を記入せよ。
　　a．言論・出版・集会・結社等臨時取締法　　b．五大改革指令
　　c．プレス＝コード　　d．政令201号

（立教大）

B　第二次世界大戦は日本国民の生活に大きな打撃を与えたが，戦争の終結後，人々はその傷跡から次第に立ち直り，いくつもの新しい文化を創造していった。次の写真①～⑤は，いずれも第二次世界大戦後の文化に関するものである。それぞれの写真についての〔1〕～〔5〕の説明文を読んで，(a)～(o)の問いに答えよ。

写真①

写真②

写真③

写真④

写真⑤

〔1〕　写真①は，1951年ベネチア国際映画祭でグランプリを受賞した，ある映画作品のワンシーンを写したものである。芥川龍之介の小説を脚色したこの映画は，監督　A　の作り出す詩的な映像により世界に衝撃を与え，国際的に高い評価を受けた。
　(a)　空欄　A　に，もっとも適当な人名を入れよ。
　(b)　この映画は何か。もっとも適当なものを，次のあ～えから一つ選び，記号で答えよ。
　　　あ　影武者　　い　七人の侍　　う　羅生門　　え　まあだだよ
　(c)　映画に関連し，1963年から放送開始された，日本初の30分テレビアニメシリーズは何か。

〔2〕　写真②は，中間子の存在を予言した画期的な理論により，1949年日本人で初めてノーベル物理学賞を受賞した，ある人物の受賞風景を撮影したものである。この知らせは敗戦で自信を失っていた日本人に大きな希望を与えた。
　(d)　この人物の名前を答えよ。
　(e)　川端康成がノーベル文学賞を受賞したのは何年のことか。もっとも適当なものを，次のあ～えから一つ選び，記号で答えよ。
　　　あ　1949年　　い　1956年　　う　1968年　　え　1973年

(f) 学問に関連し，独立自営農民の両極分解に近代的産業資本形成の歴史的起点を求めるという個性的な近代社会成立史観を提唱するなど，日本の経済史学界に理論的学風を確立し，1996年に死去した学者はだれか。

〔3〕 写真③は，1949年全米水上選手権400m自由形で世界新記録をマークし，「フジヤマのトビウオ」と評されたある選手の力泳を写したものである。彼の活躍は新聞やラジオ放送で日本に伝えられ，人々に希望の光をともした。

(g) この選手の名前を答えよ。

(h) スポーツに関連し，空手チョップなどの技で人気を集め，放送が開始されたばかりのテレビの前に人々を釘付けにし，1963年に死去したプロレスラーはだれか。もっとも適当なものを，次のあ〜えから一つ選び，記号で答えよ。
　　あ　ジャイアント馬場　　い　アントニオ猪木　　う　白井義男　　え　力道山

(i) 日本が戦後初めてオリンピックへの参加を許されたのは，ヘルシンキ・オリンピックのことだった。それが開催されたのは何年のことか。もっとも適当なものを，次のあ〜えから一つ選び，記号で答えよ。
　　あ　1948年　　い　1952年　　う　1956年　　え　1960年

(j) 同じくスポーツに関連し，1958年にプロ野球の新人王を獲得，その鮮烈な活躍で王貞治と共に「ON砲」と呼ばれ，人々を熱狂させたプロ野球選手はだれか。

〔4〕 写真④は，1949年に12歳でデビューし，その抜群の歌唱力で「歌謡界の女王」と呼ばれたある歌手の写真である。1989年には国民栄誉賞も受賞し，まさしく戦後日本のシンボルであった。

(k) この歌手の名前を答えよ。

(l) 「東京ブギウギ」「青い山脈」など3000曲に及ぶ作品を残し，1993年に死去，国民栄誉賞を与えられた作曲家はだれか。もっとも適当なものを，次のあ〜えから一つ選び，記号で答えよ。
　　あ　古賀政男　　い　服部良一　　う　吉田正　　え　藤山一郎

(m) 歌謡曲に関連し，1945年10月に封切られた，戦後初の企画映画「そよ風」の主題歌として大流行し，その明るい曲調で人々の心をとらえた歌の名前を答えよ。

〔5〕 写真⑤は，1970年大阪で開かれた万国博覧会（万博）の様子を撮影したものである。こうした国際的イベントの開催と成功は第二次世界大戦により大きな打撃を受けた日本経済が，戦後復興と高度成長により急速に回復したことを世界に示すこととなった。

(n) 万博のシンボルとなった「太陽の塔」をデザインした芸術家はだれか。もっとも適当なものを，次のあ〜えから一つ選び，記号で答えよ。
　　あ　岡本太郎　　い　高村光雲　　う　武満徹　　え　棟方志功

(o) 国際的イベントに関連し，東京オリンピックが開催されたのは何年のことか。西暦で答えよ。

(立命館大)

ポイント!! 戦後，文化の大衆化・多様化は著しい。国民の文化的要求も多様化し，芸術・スポーツ・旅行等，あらゆる面におよび，また国際化している。各分野での動向を調べてみよう。

* ㊳ 戦後史総合

A　次の文を読み，下記の〔設問Ⅰ〕〔設問Ⅱ〕に答えよ。

　昨年(1999年)は，現在の刑事訴訟法が施行された1)<u>1949年</u>から数えて50周年の節目の年であった。同法施行の2年前の1947年には，刑法において，天皇観の大幅な変更に伴い皇室に対する罪が削除され，男女平等の思想に基づいて姦通罪が削除されるなど，大幅な改正が行われた。また，民法においても，「家」制度が廃止される等の大幅な改正がなされた。

　2)<u>現行刑事訴訟法の制定</u>は，第二次世界大戦前や戦中への反省と，1946年に公布された3)<u>日本国憲法</u>の理念とに基づくものであった。特に黙秘権を保障した明文の規定があるのは，戦前に法定手続きを無視して4)<u>拷問</u>が度々行われたことへの反省に由来するものである。

　戦前・戦中には，刑事立法による思想統制が広範に行われていた。特に1925年に制定された5)<u>治安維持法</u>は（イ）の変革や（ロ）制度の否認を目的とする結社に単に参加する行為すら処罰の対象としていた。3年後の1928年にはそのような結社の組織者には死刑を科すことができるように6)<u>緊急勅令が出され</u>，（ハ）事件を機に創設された特別高等警察が，全府県に設置されるにいたり，思想統制は更に強化されたのであった。

　このような人権侵害の再発を防ぐべく，現行刑事訴訟法が制定されたのであったが，戦後の刑事手続きをめぐる状況も決して平坦なものではなかった。日本の独立回復直後の1952年には，いわゆる（ニ）事件をきっかけに7)<u>暴力的政治活動の取り締まりのための法律</u>が制定された。そのころ，保守政権による8)<u>再軍備</u>や新警察法の制定も行われ，9)<u>国家権力強化の傾向が進んだ</u>。また，1958年には警察官の権限拡大を図るべく（ホ）法の改正案が国会に提出されたが，これは，革新勢力の反対により審議未了に終わった。その後は10)<u>安保闘争</u>や大学紛争に関係した大規模な事件が多発した時期もあり，また11)<u>政治家の収賄事件</u>などの，捜査が困難な事件が続発したにもかかわらず，刑事手続きに関する法律の全面的な改正はなされないまま，今日にいたっている。そして現在では，組織犯罪対策や被害者保護という新しい観点から，刑事訴訟法の見直しが図られているのである。

〔設問Ⅰ〕　文中の空所(イ)～(ホ)それぞれにあてはまる適当な語句をしるせ。
〔設問Ⅱ〕　文中の下線部1)～11)にそれぞれ対応する次の問1～11に答えよ。
　1．ⅰ．この年，国鉄の人員整理反対運動との関連が憶測された3つの事件が起きた。その中で，人員整理の発表直後に，国鉄総裁が轢死体で発見された事件の名をしるせ。
　　　ⅱ．この年に，アメリカで水泳の当時の世界新記録を出し，「フジヤマのトビウオ」と呼ばれた水泳選手は誰か。その人物の名をしるせ。
　2．明治時代に刑事訴訟法という名の法律がはじめて制定された。それ以前に刑事手続きについて規定していた法律は何か。その名をしるせ。
　3．日本国憲法制定の過程について記した文で誤っているものはどれか。次のa～d

から1つ選び，その符号を答えよ．
  a．GHQは，当初，日本側に憲法の原案を作成させた．
  b．日本国憲法は形式としては，大日本帝国憲法の改正という形を取っていた．
  c．日本国憲法は衆議院および参議院の審議を経て，公布された．
  d．日本国憲法の制定はGHQによる日本の非軍事化，民主化の一環として行われた．
4．拷問のため1933年に死んだプロレタリア文学者は誰か．その人物の名をしるせ．
5．この法律制定のきっかけとして誤っているものはどれか．次のa〜dから1つ選び，その符号を答えよ．
  a．虎の門事件　　b．日ソ国交樹立
  c．普通選挙法制定　　d．労働農民党の結成
6．この勅令が出された当時の内閣総理大臣は誰か，次のa〜dから1つ選び，その符号を答えよ．
  a．加藤友三郎　　b．田中義一
  c．浜口雄幸　　d．若槻礼次郎
7．この法律の名をしるせ．
8．当時の再軍備について説明した文で，誤っているものはどれか．次のa〜dから1つ選び，その符号を答えよ．
  a．サンフランシスコ平和条約の発効に伴い，警察予備隊が保安隊に改組された．
  b．1954年に日米相互防衛援助協定が成立し，それに基づいて自衛隊が設置された．
  c．朝鮮戦争を機にGHQの指令で，警察予備隊が設置された．
  d．1956年に自衛隊への反対運動である砂川事件が起こった．
9．このような傾向を批判的に表現した，1950年代前半の流行語をしるせ．
10．この1960年に調印・批准された日米相互協力及び安全保障条約(新安保条約)に関連した文の中で正しいものはどれか．次のa〜dから1つ選び，その符号を答えよ．
  a．日米の事前協議は，在日米軍の日本における軍事行動に関してのみ認められていた．
  b．新安保条約の成立前に当時の岸信介内閣は総辞職を余儀なくされた．
  c．翌年この条約に基づいて日米行政協定が結ばれ，日本のアメリカへの基地提供義務が明文化された．
  d．アメリカの日本防衛義務がはじめて明文化された．
11．政治家の収賄事件の中で，i)内閣総理大臣経験者がはじめて収賄罪で刑事訴追された事件の名と，ii)その総理大臣経験者の名をしるせ．　　　　　　　　（立教大）

B　次の問1の問題文の(A〜Q)，問2の問題文の(A〜H)にあてはまる語をそれぞれの語群の中から選んで解答しなさい．

問1．(A)年10月の(B)と11月の(C)は，日本の戦後政党政治においてきわめて重要な出来事である．これ以後，(D)とよばれる(E)党の長期単独政権が(F)年まで続くことになる．この背後にみられる二大勢力間の対立は，主として安全保障

政策をめぐるものであった。革新勢力が一方で（ G ）を主張したのに対して、保守勢力は（ H ）を掲げた。1960年に（ I ）内閣のもとでくりひろげられた（ J ）は、二大勢力間の対立軸を明確に示している。その後、日本は高度経済成長の時期に入り、（ E ）党は、その基盤をますます固めていくかのように見えた。反面、1960年代にはいると、野党は多党化の傾向を強め、新しい政党として（ K ）党が結成されたほか、（ L ）党から分裂して（ M ）党が新たに発足した。さらに1970年代の経済危機のもとで日本の政党政治は新たな局面を迎えた。1978年12月に成立した（ N ）内閣のもとで国会は保革伯仲状況となり、財政再建を中心とする経済問題が政党政治の争点の一つとして重要となった。大型間接税導入案は、その一つである。野党はこれに一斉に反対し、1982年に発足した（ O ）内閣のもとでは導入に失敗するものの、続く内閣では消費税として成立し、1989年度から実施されることになった。この頃以後、政権交替のない（ D ）のもとでの金権政治の実態が表面化して、1980年代後半に疑惑をもたれた（ P ）事件などのさまざまな汚職・腐敗が明るみに出た。そして（ F ）年、（ E ）党の分裂をきっかけとして（ D ）は崩壊し、（ Q ）内閣が成立した。さらに翌年6月、新たな連立政権が成立し、（ L ）党は、従来の安全保障政策や経済政策などについての基本路線を大幅に修正することになった。

1．自由民主　2．中曽根康弘　3．警職法闘争　4．改憲と武器輸出
5．日本共産　6．民主社会　7．総動員体制　8．田中角栄　9．1995
10．安保闘争　11．自由　12．佐藤栄作　13．社会民主主義体制　14．橋本龍太郎
15．社会党再統一　16．鈴木善幸　17．日本社会　18．護憲と日韓国交樹立
19．1993　20．38年体制　21．1954　22．池田勇人　23．保守回帰　24．細川護熙
25．55年体制　26．ロッキード　27．佐川急便　28．宮沢喜一　29．公明
30．スト権闘争　31．社会民主　32．1955　33．社会党分裂
34．護憲と東西自由貿易　35．造船疑獄　36．改憲と日米安保体制　37．保守合同
38．1994　39．大平正芳　40．護憲と非武装中立　41．民主　42．1956
43．リクルート　44．岸信介　45．三池闘争

問2．以上のように日本の国内政治が展開する中で、日本の対外経済政策にはどのような特徴がみられたのであろうか。敗戦後の日本外交を経済的な側面から観察した時に一貫して見られる特徴は、国際社会に一刻も早く復帰したいという願望であった。日本は、自由主義諸国の一員として経済的安定を達成するにいたり、1960年代には（ A ）のような貿易に関する国際制度や（ B ）のような通貨に関する国際制度への加盟を実現した。1960年代の高度成長を経て、1970年代にはいると、日本は、国際社会における地位をほぼ確立したものの、（ C ）年の第一次石油危機を境に他の先進国と同様、激しいインフレと深刻な不況に直面することになった。このため、共通の経済問題を克服するための先進国間協調が日本外交の重要な課題の一つとなった。そして、フランス大統領の提唱によって（ D ）が設けられたとき、日本もこれに参加した。また1978年の（ D ）は、日本にとって重要な意味をもった。すなわち、当時の（ E ）内閣は、貿易黒字国として内需拡大を行なうべきであるとの強い要請を各国からうけ、

これを受け入れたのである。

　このような先進国間の多国間協調とならんで，二国間関係での経済問題の解決も，日本外交にとっては重要な課題であった。とりわけ，アメリカとの間で深まる貿易摩擦は日本にとって懸案となった。1980年代にはいると日本の（ F ）が急増したため，日本政府は，鉄鋼・自動車の（ G ）をはじめとして，農産物の（ H ）などを実施するにいたった。

1．EU　2．対米貿易赤字　3．OECD　4．1971　5．1973　6．1975
7．IMF　8．APEC　9．先進国首脳会議　10．輸入自由化　11．財政赤字
12．NATO　13．宮沢喜一　14．輸出自主規制　15．NAFTA　16．大平正芳
17．輸入制限　18．GATT　19．福田赳夫　20．禁輸　21．五カ国蔵相会議
22．主要国会議　23．対米貿易黒字　24．関税引上げ

(上智大)

❸❾ 近・現代女性史

以下の母親と娘の対話は，わが国の近代女性史に関するものである。文中の空欄（ア）～（ウ）に該当する西暦年を算用数字で，空欄（a）～（e）に該当する語句を漢字で記入せよ。また空欄（あ）～（し）については該当する名辞を下記の語群から選び，その番号を記入せよ。

(1)娘「国連総会が，国際婦人年の制定を議決したのは1972年だったわね。」
(2)母親「そう。それで（ア）年が国際婦人年に決められたのよ。その後1979年の国連総会で『婦人に対する差別撤廃条約』が採択され，日本は1980年に署名したの。これはあらゆる分野での性差別撤廃を規定したもので，日本ではこの趣旨から1985年に一般に（a）法と呼ばれる法律が制定されたの。」
(3)娘「女性が参政権を獲得したのは，第2次大戦後の改正選挙法の時よね。その時の首相は，（あ）だったわね。」
(4)母親「そう。その翌年（イ）年の選挙で，39名の女性の代議士が誕生したのよ。」
(5)娘「古くから日本の歴史にも，多くの女性が登場するけれど，明治以降についてはどうかしら。」
(6)母親「まだまだ男尊女卑の風潮が強かったようだけど，女性の教育者としては，まず（い）が有名ね。彼女は，1871年の岩倉遣外使節に上田悌らとともに随行した女性で，女子英学塾を創設した人よ。」
(7)娘「明治時代の女子教育は，どうなっていたの。」
(8)母親「学制の公布によって，制度的には女子にも教育の機会が開かれたけれど，一般に女子の就学率は男子に比べて低かったわね。女子教育としては，1872年に官立女学校が設立され，1875年には女子教員の養成機関として（b）が設立されたわ。」
(9)娘「それにつれて女性の意識も向上したわけね。」
(10)母親「そうね。一般社会ではそれほどでもなかったけれど，婦人運動・女性解放運動に尽力しようとする人々が現れてきたの。なかでも雑誌『世界婦人』を創刊した

り，『妾の半生涯』を著した（う）や雑誌『女学雑誌』に多くの論文を投稿したり，『湘煙日記』という遺稿で知られる（え）などがいたわね。」

(11)娘「平塚雷鳥もいたわね。」

(12)母親「彼女は，青鞜社という女子だけの団体を設立したり，1920年には，（お）を設立して，治安警察法第5条の女子の政治結社への加入や政治集会への参加の禁止条項撤廃運動を展開したりしたのよ。」

(13)娘「日本労働総同盟で婦人部の常任委員を経験し，婦人参政権獲得期成同盟会を設立した（か）は1928年のホノルルでの汎太平洋婦人会議に日本代表として出席したわ。」

(14)母親「そのほか婦人運動家としては，雑誌『婦人運動』を主宰し，第2次大戦後，主婦連会長となった（き）とか，1921年に伊藤野枝らと（く）を結成し，第2次大戦後最初の労働省婦人少年局長に就任した（け）などがいたわね。」

(15)娘「日露戦争のとき，女性で戦争反対を主張した人もいたわね。」

(16)母親「与謝野晶子は有名ね。『お百度詣で』という長い反戦詩を発表した（こ）も忘れてはいけないわ。」

(17)娘「禁酒運動・純潔運動・公娼制度廃止など，女性の地位の向上や生活改善に実績を残した団体で，矢島楫子らが設立した会の名称はなんといったかな。」

(18)母親「基督教（ c ）よ。1886年米国にならって設立したといわれているわ。」

(19)娘「米価高騰に対して，富山県の漁村の主婦たちが蜂起した事件があったわね。」

(20)母親「それは米騒動とか女一揆とか呼ばれた事件で，（ウ）年7月にはじまり，その後全国の市町村にひろがって，一部には軍隊まで出動したのよ。」

(21)娘「演劇では，島村抱月という劇作家と芸術座を組織した女優がいたわね。」

(22)母親「『人形の家』のノラ役や『復活』などで有名な（さ）よ。また日本最初のオペラ上演の『オルフェウス』に出演し，『お蝶（蝶々）夫人』で世界的に有名になった（し）がいたわね。」

(23)娘「第2次大戦中，労働力不足に対して，学生・生徒や女子を徴用し，軍需産業に動員したと聞いたけれど。」

(24)母親「女子については，1943年5月につくられた女子勤労報国隊や1943年9月につくられた（ d ）があったわ。」

(25)娘「（ e ）という団体があったと聞いたけれど。」

(26)母親「ああそれは，1942年に大日本国防婦人会と愛国婦人会と大日本連合婦人会の3団体を統合した組織で，20歳以上の婦人を強制加入させ，貯蓄増強・廃品回収・防空訓練などを行なったわ。」

〔語群〕 1．鈴木貫太郎　2．吉田茂　3．津田梅子　4．下田歌子
5．山川菊栄　6．奥村五百子　7．市川房枝　8．山川登美子
9．東久邇宮稔彦王　10．岡山女子懇親会　11．吉益亮子　12．幣原喜重郎
13．羽仁もと子　14．大塚楠緒子　15．長沼智恵子　16．奥むめお
17．友愛会婦人部　18．新婦人協会　19．大政翼賛会　20．中島（岸田）俊子

21. 大日本産業報国会　22. 愛甲婦女協会　23. 山田わか　24. 赤瀾会
25. ひめゆり隊　26. 仙台女子自由党　27. 国民義勇隊　28. 松井須磨子
29. 鉄血勤皇隊　30. 中島歌子　31. 三浦環　32. 新人会
33. 福田(景山)英子
(同志社大)

> **ポイント!!** 女性の社会的地位は、「家」の考え方が徹底した近代がもっとも低かったといえる。その中でも、解放を求める動きは広がる。活躍した人々を時期や場面ごとにまとめてみよう。

＊ ❹ 近・現代軍事史

次の文章〔1〕〜〔2〕の空欄　A　〜　T　に最も適当な語句・数字を、それぞれの文章の下の語群の中から一つ選び、その番号を答えよ。

〔1〕日露戦争後、帝国国防方針によって、ロシア・　A　・フランスを主要仮想敵国として、陸軍は17個師団から25個師団を、海軍は　B　艦隊をめざすことが決定された。しかしながら、この計画は国力を無視した無謀なもので、実際は陸軍では2個師団増設が実現したのみで、海軍の拡充もなかなか実現しなかった。1912年、陸軍は　C　内閣に対して、残り6個師団のうち、朝鮮駐屯2個師団の増設を要求したが、これを拒否されたため、陸軍大臣　D　は、　E　権を駆使して単独辞職し、その後陸軍が軍部大臣現役武官制を利用して後任の陸軍大臣を出さずに内閣を瓦解に追い込んだ。一方、海軍は1913年に成立した山本権兵衛内閣に対して建艦予算を承認させたが、この内閣が　F　事件で倒れたため、計画は頓挫した。

このののち成立した　G　内閣は、陸・海軍との調整に努め、応急措置として陸軍を21個師団とすることや海軍の増強が決定された。おりからの第一次世界大戦の勃発とその結果訪れた好景気もあって、軍備増強は着々と進み、帝国国防方針で決定された計画は実現するかに見えた。

しかしながら、大戦が終結すると、一転して経済不況が続き、また世界的な平和気運もあって、陸海軍の軍縮が求められるようになった。海軍に関しては、1921年に開催された　H　会議によって、主力艦の制限が決定され、翌年締結された軍縮条約によって、日本は対英米比で六割の保有となることが決まった。海軍がこの決定に従ったのは、海軍の増強や建艦競争に日本経済が耐えられなくなっていたからであった。海軍費の一般会計予算に占める比率は、1921年には約　I　％に達していたのである。

だからといって、陸海軍は軍備増強をあきらめたわけではなかった。この軍縮によって得られた経費も結局は兵器近代化に充てられたし、また男子中等学校以上の正課で　J　を行う制度も採用されて、国内は次第に軍国主義化していくのである。

①第一次大隈重信　②パリ　③虎の門　④イギリス　⑤軍役　⑥八・八　⑦5
⑧天津　⑨第四次伊藤博文　⑩学徒出陣　⑪髙橋是清　⑫統帥　⑬アメリカ
⑭大逆　⑮第一次桂太郎　⑯六・六　⑰大山巌　⑱八・四　⑲第二次西園寺公望
⑳ドイツ　㉑原敬　㉒ハーグ密使　㉓拒否　㉔第二次大隈重信　㉕10

㉖ワシントン　㉗軍務　㉘山梨半造　㉙第一次西園寺公望　㉚20　㉛斎藤実
㉜徴兵　㉝六・四　㉞直訴　㉟上原勇作　㊱ロンドン　㊲寺内正毅
㊳帷幄上奏　㊴軍事教練　㊵60　㊶イタリア　㊷緊急勅令　㊸日比谷焼き打ち
㊹30　㊺ジュネーブ　㊻体操　㊼第二次桂太郎　㊽八・六　㊾大韓帝国
㊿シーメンス

〔２〕　ポツダム宣言に基づいて，日本が連合国軍に占領されると，陸海軍の解体は急速に進められた。また，日本国憲法でも第９条で，戦争の放棄と戦力の不保持が規定された。

　しかしながら，1949年に毛沢東を主席とする中華人民共和国が成立すると，アメリカの対日占領政策は大きく変化し，日本の再軍備を促進する動きもでてくるようになった。1950年に朝鮮戦争が始まると，アメリカはただちにこれに軍事介入したが，戦局不利のために在日米軍基地の安全に対する危惧もさけばれるようになった。こうしたなかで，連合国軍最高司令官マッカーサーは，首相の　K　に書簡を送り，定員が７万５千名におよぶ　L　の創設を指令した。これを受けて，政府は　L　令を政令として公布・施行し，「わが国の平和と秩序を維持し，公共の福祉を保障するのに必要な限度内で，国家地方警察および　M　警察の警察力を補う」ことを目的とした　L　が創設されることとなった。

　ついで1952年，　N　平和条約が発効すると，　L　は　O　に改組され，海上警備隊も新設された。さらに1954年，　P　協定によってアメリカの軍事・経済援助をうけて自衛力の増強をはかることが決定された。日本民主党の総裁　Q　が内閣を組閣すると，これまで以上に自衛力の増強がめざされるようになり，1956年には防衛の基本方針や防衛計画を審議する　R　が発足し，また憲法改正も公然と叫ばれて　S　が設置された。

　その後も自衛力は増強をつづけ，ついに　T　内閣のとき，防衛費は1976年以来歯止めとなってきたGNP１％枠を突破するに至った。

①モスクワ　②陸上自衛隊　③鳩山一郎　④日米行政　⑤岸信介　⑥国防会議
⑦赤報隊　⑧自治体　⑨大平正芳　⑩福田赳夫　⑪吉田茂　⑫賠償　⑬アメリカ
⑭憲兵　⑮制度取調局　⑯憲法研究会　⑰御前会議　⑱中曽根康弘　⑲石橋湛山
⑳海上自衛隊　㉑芦田均　㉒掃海隊　㉓秘密　㉔幣原喜重郎　㉕池田勇人
㉖サンフランシスコ　㉗休戦　㉘国土防衛隊　㉙警察予備隊　㉚憲法問題調査委員会
㉛軍令部　㉜鈴木善幸　㉝防衛施設庁　㉞片山哲　㉟パリ　㊱憲法調査会
㊲国家保安　㊳日米安全保障　㊴竹下登　㊵海援隊　㊶参謀本部　㊷警備隊
㊸特別高等　㊹佐藤栄作　㊺保安隊　㊻MSA　㊼航空自衛隊　㊽枢密院
㊾ロンドン　㊿田中角栄

(立命館大)

㊶ 近・現代史上の人物

次の(1)〜(10)の文章を読み，それぞれに該当する人物の姓名を漢字で記せ。また，(a)〜(j)に当てはまる適切な語句を下記のそれぞれの語群から選び，その番号を記せ。

(1) 彼は天保14年(1843)に熊本城下で生まれた。1877(明治10)年太政官大書記官，翌年兼地方官会議御用掛，さらに兼内務大書記官となる。伊藤博文の主宰の下ですすめられた(a)起草作業に参画し，1890年に制定された教育勅語の起草にもあたった。1893年，第2次伊藤内閣の文部大臣となり，学制改革，そのうち特に実業教育の振興に意を払ったが，翌年病気のため辞任した。

(2) 彼は関東大震災の戒厳令下にあった1923(大正12)年9月16日に，無政府主義者の大杉栄とその妻(b)らを強制的に憲兵隊本部に連行し，その日のうちに彼らを殺害した。彼は，この事件により軍法会議で懲役10年を言い渡されるが，1926年10月には出獄し，1929(昭和4)年に中国に渡り，満州映画協会理事長などを歴任した。

(3) 彼は1889(明治22)年京都に生まれた。1911年にカナダから帰国後，同志社，三高，東京帝国大学を経てのち，同志社大学，京都帝国大学の講師となる。彼は労働者・農民の産児制限運動を展開し，同時に日本農民組合などの活動に積極的に参加していった。1928(昭和3)年の第(c)回普通選挙で京都2区から立候補し当選した。1929年の第56議会では，三・一五事件の拷問の暴露や治安維持法改悪反対を掲げて論陣を張ったことから同年3月に右翼団体員により暗殺された。

(4) 彼は1883(明治16)年新潟県に生まれた。日露戦争のさなかに上京し，1906年には『国体論及び純正社会主義』を自費出版したが，すぐさま発禁処分になった。以後中国革命同盟会・黒竜会などに活動の拠点を求め，中国に渡り革命の支援活動に従事する。第一次世界大戦終了後まもなくして(d)を刊行し，右翼，青年将校運動に大きな影響を与え，二・二六事件の失敗後，同事件の黒幕として逮捕され，1937(昭和12)年8月に軍法会議で死刑の判決を受け，銃殺された。

(5) 彼は1884(明治17)年東京に生まれた。早稲田大学を卒業後，東京毎日新聞記者を経て，1911年に(e)に入社する。自由主義的立場から小日本主義を提唱し，台頭する軍国主義的流れを批判し，軍部と対立することとなった。第二次世界大戦後，蔵相，通産相に就任した。1956(昭和31)年の自民党大会で総裁に選ばれ組閣するが，病気のため2ヵ月後辞職する。以後は日中，日ソの交流に尽力した。

(6) 彼は1884(明治17)年東京に生まれた。陸軍士官学校，陸軍大学校を卒業し，スイス・ドイツ駐在武官，陸軍省動員課長，関東軍憲兵隊司令官などを経て，1937(昭和12)年に関東軍参謀長となり，日中全面戦争開始に際しては，事変拡大論を主張した。1940年に陸相として入閣した彼は，国内の総力戦体制の強化を主張し，仏印進駐や南方作戦準備を推進した。翌年には，首相，陸相，内相を兼任して内閣を組織し，対米英開戦に突入，国内の弾圧強化，強力な戦時独裁体制を築き上げた。
敗戦後，戦犯容疑者の1人として逮捕された彼は，いわゆる(f)裁判で絞首刑の

判決を受け，1948年12月に巣鴨拘置所において刑が執行された。

(7) 彼は1878(明治11)年旧土佐藩士の子として生まれた。1906年に東京帝国大学を卒業後，外交官及び領事官試験に合格し，以後外交官としての道を進む。第二次世界大戦後，東久邇宮内閣，幣原内閣の外相をつとめた後，自由党総裁に就任，1946(昭和21)年に第1次内閣を組織して，片山，芦田両内閣時代を除いて，1954年の総辞職まで内閣を組織した。この間，1951年の（ g ）の締結により戦後日本の国際社会での枠組みが形作られた。

(8) 彼は1896(明治29)年山口県に生まれた。1920(大正9)年東京帝国大学を卒業，農商務省に入る。1936(昭和11)年には，満州国政府実業部次長に就任した。その後商工次官に就任して日本に帰国後，1941年には商工大臣に就任，翌年の総選挙では山口県より立候補して当選している。敗戦直後の1945年9月にA級戦犯容疑者として逮捕されるが，起訴されずに1948年12月に釈放された。1957年2月に首相に就任し，（ h ）の改定などの問題に広範な反対運動を排して取り組み，実現させた。

(9) 彼は1901(明治34)年山口県に生まれた。1924(大正13)年東京帝国大学を卒業，鉄道省に入る。1944(昭和19)年に大阪鉄道局長に就任して敗戦をむかえた。戦後，衆議院議員になったが，造船疑獄事件での政治生命の危機を，犬養法務大臣の指揮権発動で逃れた。1964年の自民党総裁選挙では池田勇人首相に敗れたが，病気勇退の池田首相の後継者に指名され，以後3次の内閣を組織し，7年以上の長期にわたり政権を担当することになった。この間，1965年には韓国の（ i ）政権との間で日韓基本条約を調印，沖縄返還交渉等を進めていった。

(10) 彼は1918(大正7)年新潟県に生まれた。高等小学校を卒業後，戦時中は兵役を務めたあと土建業を営んだ。1947(昭和22)年の総選挙で新潟3区より初当選した。1957年には郵政相として初入閣した。その後，蔵相，通産相などを歴任し，政権の中枢を占めた。日本列島改造論などの提唱による国土開発政策に大きな力をふるった。1972年に自民党総裁となり政権を担当したが，金権体質などを追及され1974年に退陣する。1976年に（ j ）が発覚し，逮捕起訴されたことは，その体質を象徴するものであった。

〔語群〕
(a) 1．民撰議院設立の建白書　2．日本憲法見込案　3．私擬憲法案
　　4．大日本帝国憲法
(b) 1．伊藤野枝　2．平塚らいてう　3．市川房枝　4．山川菊栄
(c) 1．1　2．2　3．3　4．4
(d) 1．『国体の本義』　2．『臣民の道』　3．『日本改造法案大綱』
　　4．『女工哀史』
(e) 1．岩波書店　2．中央公論社　3．東洋経済新報社　4．改造社
(f) 1．ワシントン　2．横浜　3．東京　4．ポツダム
(g) 1．日中平和友好条約　2．部分的核実験停止条約　3．MSA協定
　　4．サンフランシスコ講和条約

(h) 1．日米安全保障条約　2．日ソ漁業条約　3．日ソ共同宣言
　　4．国際平和協力法
(i) 1．李成桂　　2．朴正熙　　3．李承晩　　4．金大中
(j) 1．リクルート事件　2．佐川急便事件　3．昭和電工事件
　　4．ロッキード事件
（同志社大）

㊷ 近・現代史総合

次の文を読み，下記の設問A・Bに答えよ。

　1880年代前半，米価をはじめとする物価の下落の影響で農民層の生活は苦しく，1）各地で騒動が起き，また2）困窮した農民の一部は都市に流入した。1880年代後半になると企業勃興に伴う賃金労働者の増加がはじまり，1890年の恐慌を経たのち，日清戦争前後にこの増加は本格化する。当時の賃金労働者の状況は（イ）の著した『日本之下層社会』や農商務省が1903年に刊行した『（ロ）』に詳しいが，その3）労働条件は大変に厳しかった。

　日露戦争時には戦費調達のための増税が行われた。戦争終結にあたりロシアから賠償金が得られないことがわかると，重税に苦しんでいた国民は政府を激しく攻撃しはじめた。東京では1905年9月5日に開催された講和反対国民大会に集まった民衆が暴徒化した（ハ）事件が発生し，この騒動は全国に波及した。

　第一次世界大戦下の日本は大戦景気で沸き立った。しかし，この好況は物価の騰貴を生み出したため都市勤労者や下層農民の生活は苦しさを増し，1918年に（ニ）県の漁村で発生した米騒動は全国に広がっていった。戦争が終結すると一転して不況となり，4）小作争議や労働争議が頻発し，政府も対応を余儀なくされた。こうした状況のなかで5）社会主義勢力や共産主義勢力が政治的に伸張したが，政府は6）共産主義勢力に対して弾圧を加えた。

　1930年代になると戦時体制に入っていく。言論統制が厳しくなり，社会主義や自由主義も弾圧の対象となっていく。そして1938年に公布された（ホ）法により，物資の割り当てなどの統制運用が勅令のみで行われるようになる。この後には，中等学校以上の学生・生徒の学徒勤労動員が強化され，また未婚女性が女子勤労報国隊や（ヘ）隊に組織されるなど，国民の生活は7）戦争遂行体制のなかに組み込まれることとなった。

　1945年に第二次世界大戦が終結し，日本は連合軍の占領下に入る。この時期の社会は，戦時中の空襲などによる生産設備や住宅の壊滅的破壊，復員や引揚げによる急激な人口増加などにより混乱し，8）大きな事件も数多く発生した。都市部の人々は農村部への買い出しや，焼け跡に立った露店などを中心とする自由取引市場である（ト）での買い物で食料を調達した。このような生活の危機的状況は9）労働運動など各種の社会運動が高揚する一つの契機となった。

　1956年版の（チ）には「もはや戦後ではない」と記された。この時期からの経済の発展はめざましく，国民の生活水準も上昇していく。その半面で大都市の過密と地方の過疎，乱開発，公害の発生など様々な問題が現れるようになった。特に公害に関しては

10)四大公害訴訟が起こされ，いずれも住民側の勝訴となった。1960年代後半から11)革新自治体が次々と誕生した背景にはこうした問題に対する国民の不満があった。

A　文中の空所(イ)～(チ)それぞれにあてはまる適当な語句をしるせ。
B　文中の下線部1)～11)にそれぞれ対応する次の問1～11に答えよ。

1．このうち秩父事件の中心となった組織はどれか。
　　a．秋月党　　b．嚶鳴社　　c．困民党　　d．報徳社

2．都市ではこうした人々が集住する地域が出現したが，これは何と呼ばれたか。次のa～dから1つ選び，その符号を答えよ。
　　a．納屋　　b．人足寄場　　c．飯場　　d．貧民窟

3．このような状況のもとで，1889年と1894年の2回にわたり女工ストが発生したところはどれか。次のa～dから1つ選び，その符号を答えよ。
　　a．鐘淵紡績会社　　b．新町紡績所　　c．天満紡績会社　　d．富岡製糸場

4．これに関連して1920年代に起きた出来事はどれか。次のa～dから1つ選び，その符号を答えよ。
　　a．工場法の施行　　b．小作調停法の公布　　c．土地復権同志会の結成
　　d．友愛会の結成

5．1926年に合法的な無産政党として結成され，後に3派に分裂した政党は何か。その名をしるせ。

6．ⅰ．この目的のため，1928年に改正された法律は何か，その名をしるせ。
　　ⅱ．1928年の第1回普通選挙実施直後に共産党員の大量検挙を行い，関係団体を解散させた事件は何か，その名をしるせ。

7．このために，大政翼賛会の最末端組織として作られた地域組織は何か，その名をしるせ。

8．こうした状況のなかで国鉄を巡る事件も発生した。そのうち1949年7月，国鉄職員の人員整理が発表された直後に，当時の国鉄総裁が死体で発見された事件は何か，その名をしるせ。

9．1947年2月1日にゼネストが計画されたが，前日にGHQの指令で中止となった。この計画の中心となったのはどの分野の労働者か。次のa～dから1つ選び，その符号を答えよ。
　　a．官公庁　　b．出版　　c．炭鉱　　d．鉄鋼

10．この対象となった公害病のうち，ⅰ)水俣病とⅱ)イタイイタイ病は，それぞれ何が原因となったものか。次のa～dから1つずつ選び，その符号を答えよ。
　　a．車の排気ガス　　b．鉱山の排出物質　　c．工場の廃液
　　d．コンビナートの排出ガス

11．1967年に当選した東京都の革新知事はだれか。次のa～dから1つ選び，その符号を答えよ。
　　a．有沢広巳　　b．大内兵衛　　c．野坂参三　　d．美濃部亮吉　　(立教大)

V テーマ史

❶ 史書と史学史

次の文を読み，空欄1～12に最も適合する名辞を記入し，かつ下記の設問に答えなさい。

　大和政権は日本の統一を推し進めつつ，中央政権としての正統性と，先進文化をもつ中国・朝鮮に対する日本の独自性とを自覚し，主張することを通じて自国の歴史を考えるようになった。口づてに語り伝えられてきた古い伝承が，初めて文字で筆録されたのは，6世紀の中ごろではないかと言われるが，①それは大王家をはじめ氏々の系譜・伝承をまとめたものだろうと考えられる。これが日本における歴史の原型でもあったが，7世紀の初めに，聖徳太子・蘇我馬子らによって編纂された『天皇記』以下の史書もそれらを基として述作されたのであろう。現存するわが国最古の史書として今に伝わっているのは[1]が筆録撰進した『古事記』で，民族的な叙事詩の性格をもっている。これに対し，その後間もなく撰上された『日本書紀』は，[2]を総裁とする学者たちの編纂で，中国の正史の形式をとり，[3]時代の中期までは同形式の史書が続いた。『日本書紀』以下合わせて[4]と総称されているが，全書名に共通して日本の称が含まれており，史書編纂事業が天皇中心の国家意識をふまえて推進されていたことを示している。

　10世紀以後，律令体制の破綻が顕著になり，権門勢家中心の貴族政治の時代にはいると国家事業としての史書編纂はとだえ，やがて仮名文字の発達を基に②仮名で書かれた私撰の歴史書であるいわゆる歴史物語が現れ，それらはいわゆる鏡物の源流となり，また『平家物語』などの軍記物盛行の基礎ともなった。

　鎌倉時代にはいると公武対立，武家勢力伸張を背景に，独自の歴史観をもって歴史を論ずる史書が現れた。[5]の『愚管抄』がそれであり，時代は下るが南北朝の争乱のさなかに書かれた北畠親房の『[6]』も，ともに武家の台頭に抗して公家の立場を守るために，国初以来の歴史を確認しつつ，世のあるべき姿を見いだそうとしている。

　また，鎌倉時代の末，鎌倉幕府の事蹟を記した編年体の『[7]』も編纂され，鎌倉時代史研究の資料となっている。室町幕府の場合はこうした公的史書の編纂はなかったが，足利尊氏の政権掌握過程を描いた私撰の『梅松論』は，『[8]』が南朝側に立って物語を展開しているのに対して，尊氏側に立って武将の活躍を描いているという特色を持っている。

　江戸時代にはいると，政治的優位を確立した武家の立場から古代以来の歴史を顧み，自らの立場を儒教思想によって正統化し，史書編纂によってそれを主張しようとした。そうした試みの代表的事例が幕府の命令によって[9]が編纂に着手し，子の林鵞峰によって完成された『本朝通鑑』であり，また徳川光圀の『[10]』の編纂の着手もその事例の1つである。また新井白石の『[11]』は将軍に講じた日本史の講義案で，摂関政治の成立から豊臣秀吉の天下統一までの歴史を段階に分け武家政権の発展を中心に論じた

もので，合理的歴史観が現れている。

　明治以後になると，西洋の科学的研究法がとりいれられ，あたらしい見方が行なわれるようになった。　12　の『文明論之概略』や田口卯吉の『日本開化小史』などはその先駆である。東京大学を中心とする明治34年以来の『大日本史料』の発刊は，いまだ完結していないが，国史研究上の根本史料の集大成ともいうべきものである。

問1．下線部①に関して，(a)大王家の系譜の記録，(b)神話伝承を集めたものはそれぞれ何と称せられたか。

問2．下線部②に関して，このうち藤原道長を中心とした藤原氏全盛を批判的に叙述し，『世継物語』とも言われた史書は何か。

(近畿大)

❷ 古文書

次の文章を読み，設問に答えよ。

　文字で書かれた史料は，歴史を研究する上で非常に大切なものである。その中に古文書とよばれる史料がある。古文書は特定の人または集団に対して何らかの意志・情報を伝えるために出されたものだが，書かれる素材は必ずしも紙に限られていない。ⓐ近年多くの発掘現場から出ている木簡にも，諸国からの貢納物の送状や役人の事務連絡など多数の古文書が含まれている。一方紙のものとしては，古くは正倉院が所蔵する古文書がある。その中には諸国のⓑ戸籍や計帳が含まれ，律令政治の実態や当時の社会構成を知る上でも極めて貴重である。またⓒ　ア　のような官寺は，国家から特権を与えられて保護されたことから土地所有に関する古文書も多く，初期荘園のあり方を知る上での欠かせぬ史料となっている。

　ⓓ平安や鎌倉時代，荘園公領制の下で作られた古文書も，中央の貴族や大社寺など領主のところに残ることが多い。一方，地方では，地頭に補任された武士などの家にもかなりの古文書が残った。その中には幕府が所領争いを裁定したものや，ⓔ相続した土地を　イ　した文書も多い。それらによって地方の武士がどのような期待をもって幕府に結集したか，逆に不満を抱いて離反していったかがよくわかる。

　鎌倉時代の後半からは，農民・漁民・商人等ふつう庶民とよびならわされているような人々も，ⓕ自分達の要求を文字にして訴えることが多くなった。彼等はまた自分達集団の規則を置文・掟という形で文字にし，厳しく守ることによって連帯意識を高めていった。こうした動きは室町時代に至ってさらに強まった。ⓖ正長の土一揆に際して石に刻まれた柳生の　ウ　碑文は，自分達の意志を外に向けて宣言したという意味でも，非常に貴重な古文書史料といえるだろう。

　戦国大名が割拠する時代になると，全国各地に残る古文書の数は格段にふえる。戦国大名は民政・軍政上多くの文書を出したが，ことにⓗ農村の地侍に対するものが多く，彼等の積極的な掌握に努めた。しかし農村に残る古文書という点では，徳川時代はその比ではない。この時代には，全国的にほぼ共通するような検地帳や宗門改帳が作られ，種々の通達が出される一方，農民からも領主に対し，願い，訴えのような文書が数多く提出された。村民の生活もさまざまな形で文字にされ，全国各地の村々には膨大な

数の近世文書が残されることになる。こうした傾向に対して，①幕藩制社会では文書を通した農民支配が行われたと評されるほどである。

問1．下線部ⓐについて，木簡の出ていない遺跡を次の1〜6から二つ選べ。
1．藤ノ木古墳　2．長屋王邸　3．多賀城　4．吉野ヶ里　5．大宰府
6．藤原京

問2．下線部ⓑについて，次の(1)〜(4)の中で正しい文を一つ選べ。
(1) 戸籍は毎年作られ，租とりたての台帳とされた。
(2) 計帳は毎年作られ，調・庸とりたての台帳とされた。
(3) 戸籍は6年ごとに作られ，調・庸とりたての台帳とされた。
(4) 計帳は6年ごとに作られ，租とりたての台帳とされた。

問3．下線部ⓒについて，空欄アに入る最も適当な寺院名を次の1〜6から選べ。
1．園城寺　2．金剛峯寺　3．東大寺　4．平等院　5．円覚寺
6．天龍寺

問4．下線部ⓓについて，本来ならばこうした古文書が大量に残っていていいはずの大社寺でも，ほとんど残っていない場合がある。例えば延暦寺がそうである。延暦寺の場合なぜそうなったと考えられるか，20字以内で記せ。

問5．下線部ⓔについて，空欄イに入る最も適当な語句を漢字2字で記せ。ただし当時の用語であること。

問6．下線部ⓕについて，こうした文書を百姓申状とよんでいるが，その中にはどのような要求が記されているのか。年貢・夫役の減免要求以外に考えられることを一つ記せ。

問7．下線部ⓖについて，空欄ウに入る最も適当な語句を漢字2字で記せ。

問8．下線部ⓗについて，戦国大名は地侍等の収入をある統一的な表示によって保証したが，それは大名が，その表示にみあった一定の軍役などの負担を地侍に期待したからである。その表示は何とよばれているか。漢字2字で記せ。

問9．下線部ⓘについて，文書を通して農民支配を行うということは，この時代の領主の農村支配のあり方と深く関わっている。江戸時代の農村支配に関する以下の設問に答えよ。
① 幕府や諸藩は，年貢や諸役のわりあて，納入を中世以来の村の自治的なあり方を利用して行なった。この仕組みの名称を漢字3文字で記せ。
② 村内で，年貢納入，治安維持を連帯責任で担当した単位を何と呼ぶか。漢字3文字で記せ。

(武蔵大)

❸ 日本の領域

次の文章を読み，設問に答えよ。
(1) 『古事記』『日本書紀』には，日本列島の島々がイザナギとイザナミという夫婦の神の子供として生まれた，という話が書かれている。その神から生まれたとされる島々が，古代の人々にとっては，即ち，日本の領域であった。この領域観はその後も長く受け

継がれ，中世になっても，依然として，ほぼ同じ範囲の島々が日本の領域とみなされていた。

問1．古代から中世にかけて，日本の領域とみなされていた範囲を次の地図に実線で囲むように記入せよ。

(2) 古代・中世の京都の人々のもつ方向感覚では，この地は，日本の領域の北端にあると考えられていた。この地は流刑の地でもあり，順徳天皇や日蓮，そして，能楽の大成者として有名な (a) なども，この地に流されている。江戸時代にはこの地の (b) が幕府の直轄によって経営された。

問2．「この地」の地名は何か。
問3．(a)の人物は誰か。
問4．(a)の人物が著した能楽論の書名は何か。
問5．(b)にあてはまる語は何か。

(3) 中世になると，日本の領域を東国と西国の2つに区分する傾向が強まった。幕府はそれぞれに独自の行政機関を設けている。承久の乱後に設置された (c) は，西国を管轄する行政機関であった。また，足利幕府の場合は，東国を管轄する行政機関が (d) に置かれ，尊氏の子孫がその職を継承したが，京都の将軍との関係は微妙で，ついには対立，抗争するに至った。足利持氏が自殺に追いこまれた (e) はその代表的事件である。

問6．(c)にあてはまる語は何か。
問7．(d)の地名は何か。
問8．(d)の地名の所在地を問1の地図に記入せよ。（次の地図の札幌の例にならって記入すること）
問9．(e)の事件名を答えよ。

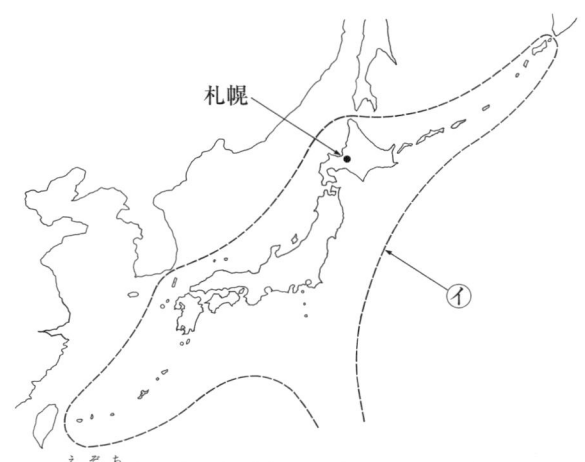

(4) 江戸時代には、蝦夷地も日本の領域として意識されるようになる。蝦夷地を支配したのは ［(f)］ に館を置く大名で、この藩はアイヌとの交易を独占していた。蝦夷地の物産の中心は鰊などの海産物であり、日本海航路で西日本方面に大量に輸送された。しかるに、18世紀末頃から蝦夷地をめぐる緊張が高まり、幕府は蝦夷地を直轄領にすることになった。

問10. (f)の地名は何か。

問11. (f)の地名の所在地を問１の地図に記入せよ。（記入法は問８に同じ）

問12. 鰊とならんで江戸時代に盛んに用いられた魚肥は何か。漢字２文字で記せ。

問13. 蝦夷地をめぐる緊張の原因は18世紀後半からのロシアの南下にあった。1792年、根室に来航したロシアの公式使節は誰か。

(5) 江戸時代には、琉球王国にも日本の支配が及んだ。琉球は15世紀初めに統一され、王城が ［(g)］ の地に置かれていた。しかし、1609年、［(h)］ 藩は琉球を武力侵略し、王国の形を保たせつつ、これを支配下に入れた。

問14. (g)の地名は何か。

問15. (g)の地名の所在地を問１の地図に記入せよ。（記入法は問８に同じ）

問16. (h)にあてはまる語は何か。

(6) 日本は19世紀になって、領土問題に直面した。日本の領土が、上の地図の点線㋑の範囲内であったのは、1870年代後半から ［(i)］ に至る時期である。しかし、当時、この点線㋑の範囲内を日本の領土とすることが、国際的にも確定していたというわけではない。例えば、沖縄を日本の領土とすることに対しては、ある国が異議を唱えていたからである。

問17. (i)にあてはまる年代は何か。（「1870年代後半」の言い方にならうこと）

問18. 点線㋑の範囲で千島列島全域が日本の領土に含まれているのは、1875年の日露間の取決めに基づいている。この条約の名称を答えよ。

問19. 異議を唱えた国の国名を記せ。

問20. その異議はある歴史的事情にもとづいていた。その事情を説明せよ。

(北海道大)

❹ 元　号

以下の文章を読み，(　)内に最適の用語を記入し，また下記の設問に答えなさい。解答は，ⓐ～ⓔについては各々のく　　〉内の指示に従い，漢字で記入しなさい。

　年を表わす一方法として，漢字により名称を付ける年号＝元号の制度がある。それは古代中国の漢代に始まり，段々と周辺の諸国にも広まったが，中国王朝は周辺諸国が独自の年号を建てることを容易に認めなかった。そのため，3世紀の邪馬台国の女王や5世紀の㋐倭の五王などが中国の皇帝に奉った国書には，中国の年号を記すほかなかったとみられる。7世紀に入ると，聖徳太子が隋と対等外交を開こうとしたが，まだ日本独自の年号を建てるには至らず，国内では金石文や木簡などにみられるごとく，60年サイクルの（ⓐ）〈2字〉の組み合わせにより年を表わすことが多かった。

　しかし，まもなく中大兄皇子は，㋑中国から帰った留学生・留学僧などの協力もえて政治改革を断行するにあたり，初めて「大化」という日本年号を定めたと伝えられる。もっとも，それは次の「㋒白雉」と同様，実際に使用された例が少なく，その後，天武天皇の末年に「朱鳥」という年号が定められたことを除けば，半世紀近く途絶えている。けれども，やがて701年に完成した（ⓑ）〈2字〉律令の中に「およそ公文に年を記すべくんば，皆年号を用ひよ」（原漢文）との規定が設けられ，その施行に先立って（ⓑ）という年号が建てられた。ここに日本の年号制度は，名実ともに確立をみたといえよう。

　この年号は，天皇の代が替わるたびに改める代始改元を原則としていたが，それ以外にも種々の理由で改められた。たとえば，㋓珍しい動植物等が現われると，それを天のしめした祥瑞・吉兆とみて改元し，また逆に天災や異変が生ずると，それを天のくだした懲戒・凶兆とみて改元した。さらに，㋔菅原道真の左遷された901年は「大変革命」の起きる辛酉の年にあたるので改元すべきだ，と主張する三善清行の建言により（ⓒ）〈2字〉と改められ，また964年には「革命」の起きる甲子の年にあたるとして康保と改められている。これ以後，幕末に至るまで，辛酉と甲子の年ごとに改元することが，ほとんど慣例となった。

　これらの年号は，勅命をうけた儒者が漢籍から好字の年号案を数種類選び出し，それに基づいて公卿が慎重に審議し，最善案を答申すると，多くの場合，それを天皇が承認して決定したことになり，詔書によって公布された。ところが，鎌倉時代に入り，とくに㋕後鳥羽上皇らの討幕挙兵が失敗に終ってからは，朝廷の専決事項であった年号改元にも，幕府の意向が反映されるようになった。

　しかも，後醍醐天皇による朝権回復・建武新政が数年で行き詰り，南北朝の対立期に入ると，室町幕府の朝政介入は一層露骨となった。とりわけ三代将軍義満は，1387年の改元に際して，儒者の出した年号案の中から「嘉慶」を選んで推挙し，それに決定させている。また明と（ⓓ）〈2字〉貿易を開くにあたり，国書に「（ⓔ）〈4字〉臣源」と名のり，明の年号を使った。しかし，それは明の皇帝に臣従を誓ったことになるとし

て，当時の識者から批判された。
　やがて応仁・文明の乱前後から，朝廷のみならず幕府の権威も次第に衰退すると，京都で決められた公年号とは別に，地方で種々の私年号を作って使う例が少なからず見られる。たとえば，鎌倉公方として㋕関東管領と対立して下総の古河に拠った足利成氏は，1455年，享徳が康正と改元されても旧年号の享徳を使い続けており，その勢力圏では両方あわせた「享正」などの私年号が用いられている。また1489年ころ，東国一帯で疫病・飢饉がおきると，弥勒菩薩に救いを求めて「弥勒」などという私年号が広く使われた。

設問　㋐　五王の最後「武」は何という天皇と推定されているか。
　　　㋑　留学生・留学僧で大化の改新の際，国博士に任じられた人物を1人あげよ。
　　　㋒　「白雉」の別称で，ほぼ7世紀後半の文化をさす用語でもある年号(呼称)を何というか。
　　　㋓　珍しい亀が出現したのを祥瑞とみて，奈良時代には「霊亀」「神亀」という年号が用いられている。715年の「霊亀」，724年の「神亀」はそれぞれ何天皇の即位に伴って改元されたものか。
　　　㋔　菅原道真が左遷されたのはどこか。
　　　㋕　下線部㋕の事件の名称を記せ。
　　　㋖　14世紀半ば以降，関東管領の職を世襲的に受け継いだのは何氏か。
　　　㋗　1868年，天皇1代にはただ1つの年号を用いて改めないことが制度的に確定した。この制度の名称を答えよ。
　　　　　　　　　　　　　　　　　　　　　　　　　　　　　　　　　（京都産業大）

❺ 法制史

次の文章を読み，設問に答えなさい。

　わが国が唐の律令を継受して，法典を編纂したのは，7世紀後半から8世紀初めにかけてである。その過程は，異論もあるが，天智朝の近江令に始まり，天武～持統朝の飛鳥浄御原令の制定を経て，701年①大宝律令の制定によって，名実ともに完成したといえる。その後，718～722年に　A　らにより，養老律令が編纂されたが，それは757年まで施行されなかった。律は刑法，令はそれ以外の国政上必要な諸般の法をいい，その令の根本的な性格は，人民の教化を目的とする教令法であるといわれる。律令は国の根本法典であるが，実際の施行においては，律令を補正する格と律令・格の施行細則である式とが必要であった。9世紀，②律令制の変質に対し，法制面において，833年，令の解釈の公的統一をはかるために，　B　が撰定され，一方これまでの格式を分類・整理して政務の便をはかるために，弘仁格式に始まり，貞観格式・　C　と3代の格式が編纂された。

　律令制の崩壊，荘園制の発達，さらに鎌倉幕府(武家政権)の成立展開にともない，新たに公家法，本所法(荘園法)と武家法が発生発達した。その武家法の中心は，承久の乱後，1232年北条　D　によって制定された関東御成敗式目51条である。それは，乱後の所領の混乱状態を整理し，公平な裁判をするために，　E　以来の慣習・判例などを規範として，③守護・地頭らの職権と義務，所領の訴訟などについて規定したもので

ある。その法の根本理念は④道理とされ，公家法に対して，武士階級独自の法として，幕府の勢力範囲にのみおこなわれた。以後，必要に応じて単行法令が発布されたが，これを式目追加という。この関東御成敗式目は，鎌倉幕府のみならず，以後においても武家法の根本法典として尊重された。

足利尊氏は，1336年に17条の　F　を制定したが，それはかれの施政方針を示したもので，室町幕府における根本法典としては，関東御成敗式目を継承し，必要に応じて単行法令が発布された。これら幕府法に対して，守護大名の成長，さらに応仁の乱後における戦国大名の台頭により，新たに⑤分国法が発達した。大内氏の大内家壁書，武田氏の信玄家法，今川氏の今川仮名目録，伊達氏の　G　などは有名である。

江戸時代に入ると，武家法は幕府法と藩法（大名法）に分れるが，幕府法は前代の室町幕府法，直接には信長・秀吉の法の後身であり，藩法も分国法の後身といえる。⑥幕府法には，武家諸法度，諸士法度，禁中並公家諸法度などの各種法度と法度以外の各種の法令・規則を一般に広く知らしめ町人や農民の生活を細かく規制した　H　などがある。とくに8代将軍吉宗の命によって編修された公事方御定書は，以後幕府の基本法典として，幕府裁判上における不変の準則とされた。

大日本帝国憲法では⑦議会の権限がきわめて制限されていた。その上，憲法草案審議のために新設された　I　はその後も存続し，議会や内閣に超越する権限をもった。たとえば，第二次憲政擁護運動の3年後に，政党内閣がこの機関のために倒れるという事態がおこった。さらに1938年に発せられた国家総動員法は⑧憲法の中心的内容を事実上否認するという効果をもった。

設問(1)　文章の空欄A～Iに該当する語を漢字で補いなさい。
設問(2)　下線部①～⑧に関連して，以下の設問に答えなさい。
①　大宝令に定められた中央における執行機関には次の8省があるが，そのうち，古代天皇制に深く関連する省が宮内省の他に，もう一つある。それはなに省か，記号で答えなさい。
(イ)兵部省　(ロ)大蔵省　(ハ)中務省　(ニ)刑部省　(ホ)治部省　(ヘ)民部省
(ト)式部省
②　9世紀，律令制の変質期において，現実の状勢に対応する令外の官がおかれた。嵯峨天皇が薬子の乱の際に設置した令外の官はなにか。
③　守護の基本職務といわれる大犯3カ条は，謀叛人，殺害人の取締りの他に，もう一つなにか。
④　式目にみる法意識としての道理に対し，歴史意識としての道理をもって，これに先立つ約10年前に書かれた書物がある。(イ)その著者と(ロ)書名を記しなさい。
⑤　分国法の内容に該当しないものは，次の(イ)～(ホ)のうち，どれか，記号で答えなさい。
(イ)喧嘩両成敗をおこなう。　(ロ)分割相続を認めない。
(ハ)結婚に領主の許可が必要である。　(ニ)女子の相続を認めている。
(ホ)御成敗式目にならい定められている。

⑥　大名の参勤交代制を規定している法の名を記しなさい。
⑦　議会の権限を制限した規定を一つあげて説明しなさい。
⑧　国家総動員法がなぜこのように評価されるのか説明しなさい。

（成蹊大・横浜市大）

❻ 天皇親政の時代

次の文章の空欄にあてはまる語を後の語群から選び，その記号を答えよ。

　日本の歴史に，天皇親政の時代は3度ある。
　最初のそれは，大化の改新から平安初期にいたるほぼ2世紀間の古代天皇親政の時代である。大化の改新以前も天皇は大王とよばれ，大和政権の中心であった。しかし，それは豪族連合の時代であり，大王に仕える豪族たちはそれぞれに土地・人民を領有していたし，朝廷での官職も世襲されていた。これは　1　とよばれる。645年に　2　がはじめた大化の改新は約50年間にわたる古代国家の改変の過程であり，これによってはじめて天皇を中心とする中央集権的な国家が生まれた。それは公地公民制の確立，　3　による官職の任命を基本的な柱とする国家であった。この国家の制度は　4　とよばれる。平安時代に入って，　5　が勢力をのばし，他の氏族を排除し，ついには天皇に代って政治を行う　6　の体制に移行することによって，古代の天皇親政の時代は終る。
　第2は，後に天皇親政を肯定する立場から　7　とよばれる時代である。12世紀末，源頼朝が征夷大将軍に任命されたことによって成立した鎌倉幕府は，13世紀初期には　8　が執権となって実権をにぎった。鎌倉幕府はほぼ1世紀半つづいたが，末期には幕府の秩序に反抗して自己の勢力を拡大しようとする武士が力をもつようになった。1318年に皇位についた　9　は，これらの武士の力をかりて1333年討幕に成功し，天皇親政を復活した。しかし，討幕に協力した武士を恩賞によって満足させることができず，わずか2年余で反抗した武士によって都を追われた。天皇家はこの後南北朝に分裂し，　10　の光明天皇によって征夷大将軍に任命された足利尊氏による室町幕府が実権をにぎった。2度目の天皇親政は，失敗に終った親政のこころみというほかなかろう。
　3度目は，いうまでもなく明治維新にはじまる時代である。260余年間つづいた江戸幕府のもとで，日本をひとつのくにと考える意識が育ち，天皇が国家の中心となるべきだという尊王論が生まれた。19世紀に入り，対外的な危機意識が強まるとともに，尊王論は攘夷論と結びついて討幕の思想基盤となった。幕府の側でも尊王論に対応して　11　をはかったが，結局政権を支えきれず，1867年，徳川慶喜が大政奉還を申し出，同じ年，王政復古の大号令が発せられることによって天皇親政が実現した。復古ということばに示されるように，明治政府が当初モデルとしたのは，古代の天皇親政の時代であった。官職には　12　が復活し，祭政一致をめざして　13　がだされたりもした。しかし，1870年代以降になると，廃藩置県をはじめとして，近代的な中央集権的国家に向けて制度がととのえられて行くことになる。ところで，明治維新にはじまる天皇親政の

終期がいつかは必ずしも明確ではない。1885年に成立した　14　，あるいは1889年の大日本帝国憲法の欽定をもって，終期と考えることもできよう。しかし，帝国憲法は第1条で「大日本帝国ハ万世一系ノ天皇之ヲ統治ス」と規定しており，天皇により任命される国務大臣は天皇を補佐するものであって議会に対する責任は不明確であった。山県内閣等は議会に拘束されない　15　を主張し，実行した。その意味では，帝国憲法下の日本は依然として天皇親政の時代であったということもできよう。

〔語群〕　a．北朝　　b．南朝　　c．官位相当の制　　d．御家人制度
　　　　e．院政　　f．太政官制　　g．摂関政治　　h．氏姓制度　　i．幕藩体制
　　　　j．元老主義　　k．神仏分離令　　l．天保の改革　　m．内閣制度
　　　　n．国体明徴声明　　o．建武の中興　　p．超然主義　　q．公武合体
　　　　r．律令制度　　s．後鳥羽天皇　　t．藤原氏　　u．後醍醐天皇　　v．平氏
　　　　w．新田氏　　x．中大兄皇子　　y．聖徳太子　　z．北条氏
　　　　　　　　　　　　　　　　　　　　　　　　　　　　　　　　　　　　（法政大）

❼　戸籍の歴史

次の文を読み，下記の設問A～Cに答えよ。

日本の戸籍の起源は，新たな統治技術として，王権のもとに組織された(1)渡来人集団や屯倉の民の支配に採用されたことに求められるという説もある。しかし，それが全国人民の全階層にわたって作成されるのは，律令国家が成立して以後のことである。646年の（イ）には，初めて戸籍・計帳・班田収授の法を作るとあるが，史料的に確実な最初の戸籍は，670年の（ロ）であり，〔あ〕の規定にもとづくと推定されている。さらに，690年，〔い〕の規定にもとづいて，庚寅年籍が作成された。戸籍は計帳とともに，班田収授，貢租・課役徴収の基礎台帳であり，原則として（ハ）年に1度作成された。

(2)班田制が崩壊した後も戸籍は作成されたが，現存するものによれば，(3)女性・子供ばかりが記載されているなど，作為の跡が著しく，すでに戸籍としての実質を失い形骸化していた。戸籍の観念はその後もまったくなくなったわけではないが，(4)新たに形成された土地制度と負担体系は，土地のみを基礎とするもので，戸籍を必要とせず，計帳の系譜をひく在家帳や棟別銭の台帳などが作成されるのみであった。戦国期から近世初頭にかけて各地で作成された家数や人馬の改帳も，農村の戦力や労働力の実態調査であり，計帳の系譜をひいている。(5)それを全国66か国におよぼしたのが，1592年に豊臣秀次が関白として命じた（ニ）である。

徳川幕府は1612年以来，キリシタン禁制を強化し，信者の摘発を命じた。摘発の方法には，1629年ごろ長崎で始められたといわれる（ホ）や訴人の奨励などの直接的なものと，寺檀関係にもとづく〔う〕などの，より間接的なものがあった。全国的に作成が義務づけられた（ヘ）帳は，その完成形態であるとともに，キリシタン禁制を口実とする，人民支配のための戸籍の性格の強いものであった。

明治維新期にはその動きが表面化し，1871年に戸籍法が定められ，（ヘ）の制度が廃止されるとともに，氏子調べが企てられた。翌年作成された壬申戸籍にも檀那寺と氏神

が記載され，まだ（ヘ）帳の様式を残していたが，その氏子調べも，1873年，(6)キリスト教禁止の高札が撤廃されるとともに中止された。しかし，戸籍が近代国家の要請に合う内実を備えるためには，さらに種々の改革を経なければならなかった。

A　文中の空所（イ）〜（ヘ）それぞれにあてはまる，適当な語句または数字をしるせ。
B　文中の空所〔あ〕〜〔う〕にあてはまる適当な語句または数字を，それぞれ対応する次のa〜dから1つずつ選び，その符号を記入せよ。
　〔あ〕　a．大宝令　　b．近江令　　c．養老令　　d．飛鳥浄御原令
　〔い〕　a．大宝令　　b．近江令　　c．養老令　　d．飛鳥浄御原令
　〔う〕　a．地下請　　b．寺請　　c．村請　　d．請所
C　文中の下線部(1)〜(6)にそれぞれ対応する次の問1〜6に答えよ。
　1．これらの人々のおもな出身地はどこか，5字以内でしるせ。
　2．班田制が最後に実施されようとしたのは何世紀のことか。次のa〜dから1つ記号で答えよ。
　　a．8世紀　　b．9世紀　　c．10世紀　　d．11世紀
　3．この理由を20字以内でしるせ。
　4．この歴史的名称を5字以内でしるせ。
　5．この政策が直接の目的とした歴史的事件の名称を10字以内でしるせ。
　6．五カ条の誓文の翌日に出された，キリスト教禁止の規定を含む，5枚の高札の通称を記せ。

（立教大）

＊ 8　貨幣史

次の文章を読み，(1)〜(9)の設問に答えなさい。

　わが国の貨幣の歴史をみると，律令国家においてすでに，皇朝十二銭を鋳造していた。しかし，これらの銭は奈良・京都を中心とする，ごく一部の地域で流通するにとどまり，律令制の衰退とともに，使用されなくなった。それ以後，売買の手段には，銭のかわりに米や絹布などが多く用いられた。

　鎌倉時代になると，農業技術の発達にともなう農産物の増加があり，それを売買する(1)定期市などがひらかれ，商業取引がさかんになった。その結果，売買の手段として，米などの現物にかわって，銭が多く用いられるようになる。しかし，当時わが国では貨幣が鋳造されていなかったので，中国から多量の宋銭が輸入され，日本の国内通貨として用いられた。この銭の流通は，年貢を銭で納めることを促進する効果をもった。また，金銭の取引や貸借が，遠隔地間でおこなわれるのにともない，それを(2)手形で決済する制度もあらわれた。貨幣の浸透は著しいもので，(3)鎌倉末期の随筆において，「一銭軽しといへども，これをかさぬれば，まづしき人をとめる人となす。されば，商人の一銭ををしむ心，切なり」と記されているほどである。

　鎌倉幕府の滅亡後，建武の新政においては，銅銭の鋳造が計画された。これは結局，計画倒れにおわってしまったが，この貨幣の鋳造計画は，単に古代に理想を追い求めた

結果ばかりではなく，貨幣経済の発達がある程度あったことを前提としてとらえなければならない。

室町時代における農業生産力のいっそうの発展は，貨幣経済の発達を決定的なものとする。商品の取引がさかんになると，貨幣の流通が著しくふえ，それにつれて貨幣量を増加させる必要に迫られる。この必要性をみたしたのが，中国から輸入された(4)明銭の使用であった。この銭の使用は，大都市のみという限定されたものではなく，全国的にひろがっていった。銭の全国的普及は，室町幕府や戦国大名が，それぞれ貨幣交換率を決めたり，悪銭の受けとりを拒否する「撰銭」を制限したり，(5)その支配地の広さを銭納による年貢収納額であらわす方法をとったことからも明らかである。

江戸時代には，商業の発達とともに，貨幣の流通もさらにさかんとなった。江戸幕府は，慶長金銀を発行して以来，貨幣鋳造権をにぎり，(6)金・銀・銭の三貨を発行した。三貨は，統一貨幣として全国で流通したが，東日本では金により，西日本では銀により商取引がおこなわれた。

幕府は，17世紀後半から，その財政を急速に悪化させた。そこで，質をおとした貨幣を多量に発行し，その差額を幕府の収入とした。これによって，幕府の財政は一時的にうるおったが，貨幣の価値が低下した結果，物価があがり，人々の生活は苦しくなった。18世紀のはじめには，貨幣を改鋳して(7)良質の金銀にもどしたが，この政策は貨幣不足をもたらし，流通の拡大という実態にあわず，かえって経済の停滞・混乱をまねいた。幕府は財政の悪化にともない，貨幣改鋳を繰り返しおこなっていくが，そのたびに経済の混乱をまねくことになる。人々の生活は，(8)貨幣と密接な関係をもち，大きな影響をうけた。

幕末期には，開港の問題が加わり，経済の混乱が一層悪化した。開港時に，(9)わが国と外国との金銀比価が異なったため，多量の金が一時海外に流出した。幕府は貨幣を改鋳してこれを防いだが，改鋳によって貨幣の実質価値がさがり，物価上昇をまねくことになり，人々の生活が圧迫され，貿易に対する反感や攘夷運動へと結びついていく。

(1) 月に3度ひらかれた市を何というか。漢字3字で答えなさい。
(2) このような制度を何というか。漢字2字で答えなさい。
(3) この随筆集は，1330～31年頃に成立し，240余段の短文から成っている。この作者の氏名を，漢字4字で答えなさい。
(4) 輸入された明銭のなかで，明の成祖の時代に鋳造され，最も標準的な貨幣として使用されたものを何というか。漢字4字で答えなさい。
(5) 戦国時代に，主に関東地方で普及した，この方法を何というか。漢字3字で答えなさい。
(6) 三貨のうち，金貨と銭貨は，枚数を計算することによって金額がわかる計数貨幣であったが，銀貨は，主に目方をはかり品位を確かめて取引される貨幣であった。後者のような貨幣を何貨幣というか。漢字2字で答えなさい。
(7) これは，新井白石の建議で1714年に改鋳・発行された貨幣で，質量ともに慶長小判にもどしたものであった。この貨幣の名称は何か。漢字4字で答えなさい。

(8) この結果，商工業の役割が多く論ぜられるようになった。『稽古談』を著し，流通経済の仕組みを説明したのは，だれか。その名前を漢字4字で答えなさい。

(9) 金銀の交換比率は，外国ではほぼ1：15であった。わが国では，この比率と著しく異なっていた。このころの日本の金銀（天保小判・一分判と天保一分銀）の交換比率は，ほぼどれくらいか。以下の比率で最も適当なものを選び，番号で答えなさい。
1．1：25　　2．1：20　　3．1：10　　4．1：5
(京都産業大)

❾ 鉱業史

次の文章を読み，①，A～Hの中にあてはまる語を自分で考えて記せ。また，②，（a～f）にあてはまる語を下記の語群から選んで，その記号を答えよ。

　明治以前の段階での鉱業の発展には，大きくみて二つの画期がある。一つは7～8世紀の古代律令制国家の確立期であり，もう一つは，16世紀中期から17世紀前期にかけての近世封建体制の形成期である。この二つの時期では，鉱物資源の開発・利用形態，その技術や開発組織，さらに管理や流通形態においても質的に異なった側面がみられる。わが国最初の鉱業法ともいえるものの記載が大宝律令の中にみられ，出雲国風土記の中にも和鉄の記述があるが，必ずしもこうした金属資源は農具などの生産用具に限定して利用されていたわけではない。むしろ国分寺・国分尼寺の造営を中心とする仏教の地方への伝播に伴ない，寺院建設や仏像・仏具製作用の工具，さらに梵鐘の鋳造やその鍍金などの方により多くの金属が利用されている。

　743（天平15）年に　A　が制定されると，鎮護国家の中心的施設としての大寺院は，その財力を基盤に，耕地開発の主体となっていく一方で，東大寺などは，やがて寺院内に（a）などをおき，開発・耕作用の農工具を所有するだけでなく，その生産や需要にも応じる体制をとっていった。律令国家も，貨幣の鋳造，軍制に伴う武器，鉄甲，鉄胄の製作などのために，西日本各地に採鉱使を派遣する一方，各国々に鉄・銅・鉛などの進貢を求め，さらに中国地方の国々に対しては，特産品の貢納として規定された（b）である糸を鉄や鍬に代えるなどの措置をとっている。このように鉱物資源に対する需要の増大に伴い，金属製品や半製品の輸入のみならず，国内鉱物資源の開発も進み，　B　世紀初期の延喜式には，伯耆，（c），備中，備後，などの国が鉄の主要な産地としてあらわれてくる。

　16世紀中期ごろからは精錬や採鉱技術の著しい向上がみられる。中国地方の石見銀山で開発されたという，銀を収集するために鉛を加えて溶かす「　C　」は，その後の金銀の精錬過程に大きな影響を与え，坑道掘や排水技術の進歩とともに，金銀の生産を急速にのばしていった。16世紀中期以降の日本の対外貿易の興隆を支えていったことの一因として，その貿易支払い用の金銀，とくに銀の増産があったといえよう。17世紀初期には，さらなる金属資源の増産を求めた徳川家康が，いわゆる南蛮流の鉱山開発技術の導入を企図し，メキシコ（ノビスパン）に対して鉱山技術者の派遣さえ要請している。17世紀初期以降生産用具や日用品その他，生活とのかかわりの深い鉄に関しては，自由採掘が認められたが，金，銀，銅鉱山に関しては，佐渡の相川金山，

但馬の　D　銀山，石見の　E　銀山など，多くが幕府直轄となっていった。貨幣の鋳造の権限，鎖国体制下での対外貿易の独占を達成した幕府は，こうした金属鉱物資源を貨幣として多量に内外へと流通させていくことになる。採鉱技術においても，幕府直轄の鉱山を中心に技術革新が進められていく。佐渡の相川金山では，煙貫坑道が掘られる一方，「すっぽん樋」などの排水器具が用いられ，砕鉱にも水車が用いられている。貞享年間（1684～88年）には，全国の鉱山労働者は約20万人，炭焼10万人，南蛮絞り職工1万人に達していたといわれる。17世紀末になると，幕府は対外貿易における輸出定額を銅890万2千斤としたが，これは粗銅に換算すれば約1千万斤にも達するもので，当時として世界最大の産銅高であったといわれる。全国の産銅高は，18世紀初期になると約600万斤台に低下しているが，国内消費に対して輸出銅は約3倍にも達していた。産銅の減少に対する対策がとられる一方で，輸出銅の占める比率を低下させ，需給の不均衡を解消しようとする試みが行われていく。

　1715年，新井白石は長崎新令を発し，長崎での貿易量を制限した。それは対中国，対オランダ貿易について，銀と銅との支払い比率や支払いの上限を決めるものであった。その後，幕府はこの上限を超す貿易の支払いの不足分を，海産物を中心とする　F　であてる方針を定めた。国内の銅の生産の減少に対応して，幕府は諸国の採掘手続きを改定する一方，全国の銅の流通を管理する目的で（d）に銅座を設けている。こうした鉱物資源の生産の停滞状況は，18世紀末になると銅以外の鉱石にも及ぶ。当時，幕府の中枢にいた（e）は，諸国の鉱山の実態調査を命じる一方，銅，鉄，真鍮，銀，明礬などの会所を設置し，専売体制をしく。つまり，（d）に鉄座，真鍮座などを設置し，金属資源の生産と流通に対する管理をより一層強化していくのである。一方，九州北部を中心に開発が進められることになる　G　は，18世紀末ごろから瀬戸内海沿岸で進展する　H　の燃料としての利用が増大していくにつれて，その意義が広く認識されていく。明治国家は，こうして近世に開発された鉱山の多くを官営化していくが，明治中期になるとそれらは民間に払い下げられていった。院内銀山や阿仁銅山を払い下げられた古河や，佐渡金山・　D　鉱山などを払い下げられた（f）などは，その後も日本の鉱業の展開に大きな役割を果していくことになる。

〔語群〕あ．川崎　い．美作　う．大坂　え．粟田口吉光　お．経師
　　　か．轆轤　き．調　く．鍛冶　け．柳沢吉保　こ．万力
　　　さ．長船長光　し．租　す．江戸　せ．筑前　そ．京都　た．出羽
　　　ち．三菱　つ．三井　て．ふいご　と．鋳物師　に．田沼意次
　　　ぬ．後藤祐乗　ね．松平定信　の．明珍　は．堺　ひ．加地子
　　　ふ．美濃　へ．岡崎正宗　ほ．連雀

（甲南大）

❿　馬の歴史

次の文1～5を読み，下記の設問A～Cに答えよ。

1．日本において馬に乗る行為がいつから始まったのかは定かでないが，遅くとも4世紀には，乗馬の風習があったと考えられている。その証拠の1つとされるのが，奈良

県桜井市にある(1)箸墓古墳(注)の周濠から，木製の鐙と呼ばれる馬具の一部が，4世紀初頭の大量の土器とともに出土したことである。また斑鳩町にある6世紀後半の（イ）古墳から，技巧を凝らし金メッキの施された銅製の鞍金具が出土している。

2．『日本書紀』によると，646年に出された（ロ）の詔のなかに，「駅馬・伝馬を置き」との語句が記されている。そして律令制下において，朝廷の発行した駅鈴を所持した官人に駅馬等の便宜をはかる駅制が整えられた。ただし朝廷から駅田や駅稲が支給される駅馬の利用は，急を要する公文書伝送などに限られ，国司の赴任や任国での巡行などは，郡司たちの手で用意される，伝馬によってなされた。

律令には，牧と呼ばれる国司が管理する御料牧場を設置することも定められている。そして延喜式に，全18ヵ国に置かれていたことが記されているが，そのうちの半数近くが東国にある。このため東国では馬による運送が発達し，畿内への調庸の運搬を請け負う集団，（ハ）が現れ，東山道や東海道で活躍しだした。しかし群盗も多く，そのため（ハ）は自衛のために武装し，ついには彼ら自身が他の集団を襲って荷や馬を強奪するようにもなった。そこで中央政府は，信濃国と〈あ〉国の境に設けられた碓氷関の取り締まりを強化したり，下級貴族を東国に派遣して彼らを鎮圧させた。

下級貴族の中には任地に定着し，軍事貴族として勢力を蓄える者も多かった。そうした中から登場し，939年に朝廷に叛旗をひるがえすまでに至ったのが，（ニ）である。そして（ニ）が根拠地とした常陸国の鎌輪，後に移転した下総国の石井の双方とも，牧の設置された場所である。

3．10世紀ごろに武士と呼ばれる人々が生ずると，「弓馬の道」が彼らの心構えや生き方を示す語となり，鎌倉時代には，騎射三物が盛んになった。騎乗して的を射る（ホ），馬を馳せながら連続して複数の的に矢を放つ（ヘ），馬場に放たれた犬を馬上より射る（ト）の3種である。また広野を馬で駆けながら，勢子たちに追い立てさせた獣を射る巻狩も，個人的そして集団的な武芸の修練のために行なわれた。（ホ）

図 i

図ⅱ

の様子を描いた図ⅰは，13世紀末に成立し，武蔵国の吉見二郎と弟の対照的な生き方を描いた『男衾三郎絵詞』の一場面である。

　図ⅱは，15世紀の作品，『〈 い 〉合戦絵詞』の一場面であり，この絵詞は，1438年に起きた(チ)の乱から，〈 い 〉城の攻防に至るまでの経緯を描いている。すなわち1438年，第6代将軍足利(リ)は，室町幕府の意向にしばしば背く，鎌倉公方の足利持氏を討伐した。そして1440年，〈 い 〉氏朝が持氏の遺児を迎え入れ，幕府に戦いを挑んだが，翌年〈 い 〉方の敗北に終わったという出来事である。

4．11世紀半ばに藤原明衡が著したとされる書に，(ヌ)という職種の名が記されている。荷の運送で稼ぐ人びとのことであり，彼らは，商品経済が興隆する上で大きな原動力となった。たとえば越前国の敦賀，近江国の坂本，山城国の淀など港のある地に集住し，船で運ばれてきた物資を，京や奈良などの消費地へ運搬した。

　集団的な機動性に富んだ(ヌ)は，中世後期になると，しばしば自分たちに不利益をもたらす存在に対して蜂起するようになった。当初は，山門の僧兵が権益確保のために行なう，強訴と同様の形態をとった。たとえば醍醐寺三宝院の満済の日記に，1426年，米価の下落に反発する坂本の(ヌ)が北野社の占拠をくわだて，幕府軍と対峙したことが記されている。

　1428年，近江国の地下人が蜂起した際，山城国の(ヌ)数千名が加わったことから，戦いの火の手が畿内一帯さらには播磨国や若狭国にまで波及した。興福寺の(2)尋尊の手になる書に，「日本開闢以来土民蜂起是れ初め也」と記された出来事である。ただしこの段階では，実力行使により質入物や売却地を取り戻す〈 う 〉の形態であった。そして1441年，「土民数万」(『建内記』)とされる大規模な土一揆が生じた。彼らは京を包囲，洛中の高利貸を攻めたて，ついに幕府から徳政令を出させることに成功した。こうして(ヌ)の蜂起は，次第に，自分たちの権益の確保にとどまらず，他の一般民衆と連帯した徳政一揆の性格を帯びるようになった。しかし徳政一揆は，応仁・文明の乱以降，次第に散発的になった。

5．日本在来の馬種の代表的な1つに，木曽馬がある。体高は130cm前後と小柄だが，

起伏の多い傾斜地での移動にすぐれ，背の高い馬よりも荷を載せやすいという利点をもっている。もちろん木曽馬の他にも，その土地の風土に根ざした在来種が数多く存在していた。そうしたなかで1720年，第8代将軍（ ル ）の時代，幕府はペルシャ（アラブ）馬2頭を清国人から購入，奥羽の南部家に下付して南部馬と交配させ，品種改良を試みている。その後もペルシャ馬の輸入はオランダ人を通して継続され，1726年には西洋馬術も紹介されている。しかし外来種との交配による本格的な品種改良がなされたのは明治維新以降であり，その結果，日本在来の馬はわずか8種を残すだけになった。

(注) 大量に出土した布留1式土器の年代を4世紀初めとした記述であり，4世紀後半ととらえる考え方もある。

A 文中の空所（ イ ）～（ ル ）それぞれにあてはまる適当な語句をしるせ。
B 文中の空所〈 あ 〉～〈 う 〉にあてはまる適当な語句を，それぞれ対応する次のa～dから1つずつ選べ。
〈 あ 〉 a．上野　　b．下野　　c．美濃　　d．武蔵
〈 い 〉 a．上杉　　b．千葉　　c．北条　　d．結城
〈 う 〉 a．越訴　　b．質地騒動　c．私徳政　d．分一徳政
C 文中の下線部(1)・(2)にそれぞれ対応する次の問1・2に答えよ。解答は，それぞれに与えられたa～dから1つずつ選び，その記号を答えよ。
1．これを含む遺跡はどれか。
　a．池上曽根遺跡　b．紫雲出山遺跡　c．土井ヶ浜遺跡　d．纒向遺跡
2．この書はどれか。
　a．樵談治要　　b．職原抄　　c．大乗院日記目録　d．庭訓往来

(立教大)

⓫ 沖縄の歴史

次のⅠ・Ⅱの文章を読み，設問に答えよ。

Ⅰ．わが国の南西諸島のことが中央の政府に知られるようになったのは，7世紀の終わり頃，南九州の　a　が中央政府に服属した後のことであるが，　b　世紀になって，遣唐使が南路をとるようになると，この地方が重視された。しかしその後は南島の独自性が強くなり，本土とは異なった歩みをたどる。

南島では幾つかの村落を統一した豪族＝　1　が各地にあらわれ，互いに勢力を拡張し合う時代が続いた。(1)当時の豪族達の居館の跡といわれる城跡が今も各地に残っている。やがて，沖縄本島では　c　に分かれた豪族が覇をきそったが，15世紀には　d　によって統一された。

15・16世紀は琉球王朝のもっとも華やかな時代であった。このころ，この地方に古くから伝わる歌謡を集めた　2　の第一冊が編さんされた。

しかし17世紀になると，江戸幕府の承認を受けた島津家が琉球王朝を支配するようになり，重い年貢を課せられた人々の生活はたいへん苦しいものになった。17世紀中

ごろ，琉球最初の歴史書を作った向象賢は，やがて摂政となって開墾を奨励し，主要生産物であった　e　の生産向上につとめた。

明治4年，　f　が実施されると，琉球の国際的位置が問題となってきた。すなわち，琉球王朝は14世紀以来，中国に朝貢し，　3　を受けてきた。ところが，17世紀以来，実質的には島津家の支配のもとにあって，いわば日中両属の立場をとって来たのであった。明治政府はこれを許さず，　g　を契機に日本の支配権を中国に認めさせ，明治12年には，長い間の王家の支配をやめさせ，沖縄県を置いた。これを　4　という。

設問1　問題文の空欄（1～4）に適切な語句を補え。
設問2　問題文の下線部(1)の城跡の呼び名を答えよ（片仮名3文字）。
設問3　問題文の空欄（a～g）に該当するものを以下の語群から選べ。
 (イ)尚巴志　(ロ)三山　(ハ)洪武帝　(ニ)砂糖　(ホ)永楽帝　(ヘ)9
 (ト)琉球国由来記　(チ)熊襲　(リ)隼人　(ヌ)中山世鑑　(ル)廃藩置県
 (ヲ)西南の役　(ワ)征台の役　(カ)版籍奉還　(ヨ)米　(タ)8　(レ)五山　(ソ)察度

(青山学院大)

Ⅱ．沖縄県となっても，旧来の人頭税を残すなど，本土政府は旧慣を温存する政策をとったので制度の改革は遅れ，本土との格差も大きく，多くの県民が本土への出稼ぎや海外移住などで流出していった。

太平洋戦争末期には，1945年4月，アメリカ軍が沖縄本島に上陸し，男女生徒も鉄血勤皇隊，ひめゆり学徒隊として戦闘に参加し，多くの犠牲者をだした。非戦闘員の犠牲者も多かった。集団自決や日本軍による虐殺などの事件もおこった。

沖縄はアメリカ軍の上陸以降その占領下にあり，1951年の平和条約で，日本は独立国として国際社会に復帰することになったが，一方，沖縄におけるアメリカの施政権が明文化された。1952年，平和条約の発効を機に，　1　が発足した。1960年沖縄県祖国復帰協議会が結成され，祖国復帰運動の結果，1968年，これまでの米国民政長官による任命から，はじめて　1　主席公選が行なわれ，屋良朝苗が当選した。1970年からは沖縄県でも国政参加選挙が実施され，国会議員が選出されることになった。

また，1969年，　2　首相が訪米し，　2　・ニクソン会談の結果発表された日米共同声明で，沖縄の1972年返還が決定した。1971年には沖縄返還協定が調印され，翌年施政権返還，沖縄県が復活した。しかし，「　3　，本土なみ」の要求はあいまいにされ，依然として軍事基地の存続問題が残されている。

設問4　下線部の平和条約の名称を記せ。またこの条約と同時に締結されたアメリカ軍の日本駐留を認める取り決めを何というか。

設問5　　1　～　3　に適語を記入せよ。

(明治学院大)

*⑫ 日中・日朝関係

次の文1～5を読み，下記の設問A～Cに答えよ。

1. 政権交代を告げる使者の派遣にあたり，天皇に関して「皇」・「勅」の文字を使うなど，日本側が外交文書の形式を一方的に変えたことが，(1)朝鮮側の反発と疑惑をまねき，日朝関係を頓挫させた。これらの文字は，従来の日朝関係の常識では中国皇帝のみに使われるものだったからである。同じ頃，長州出身の(イ)は，いち早く「征韓」を主張していた。また，天皇の国際的称号について，旧薩摩藩士で後に外務卿になった(ロ)は，欧米列強に対して，各国君主の訳語として使われていた「皇帝」は中国起源で適当ではないとし，天皇も，「皇帝」ではなく「顕津神天皇」あるいは「天皇」とすることを主張したが，拒否された。

2. 彼は，倭国の使者(ハ)のもたらした，「日出ずるところの天子，書を日没するところの天子に致す。恙なきや」と書かれた国書を見て不快に思った。彼は，この使者の帰国に当たって(ニ)を同行させ，「(2)-①皇帝，倭王に問う」云々という文言の国書を送らせたが，倭国側はそれに対して，「(2)-②東の天皇，敬んで西の皇帝に白す」云々という国書を持たせて，(ハ)に(ニ)を送らせた。この交渉において(3)倭国からは留学生が派遣され，中国王朝の進んだ文物を学んで帰国した。

3. 将軍(ホ)は父の政策に批判的で，日明関係もそのために一時断絶した。通交回復を求める明の使者も門前払いを食わされ，この使者は「(4)汝の父および朝鮮王，みな我に事えしに，汝独り事えず，予，将を遣わし朝鮮と同に行兵せん」という永楽帝の脅迫じみた言葉を残して去った。その翌年，(5)朝鮮は対馬に攻め入り，元寇の再来かと幕府と朝廷を恐れさせたが，ほどなく朝鮮の単独行動であることが明らかになった。日明関係は彼の弟(ヘ)が6代将軍になると，すぐに回復された。

4. 民間の貿易はますます盛んになり，それに対応して(ト)は摂津福原に別荘をつくり，大輪田の泊を修築するなど，次々と貿易振興策をとった。外交においても，時の法皇(チ)とともに，福原の別荘に宋人を迎え，批判的な貴族から「(6)我が朝延喜以来未曾有の事也，天魔の所為か」と評された。しかし，一般には「唐物」に対する需要は高く，また，この頃から(7)輸入されるようになった大量の銅銭は長く国内通貨の役割をはたした。

5. 将軍付きの儒者となった(リ)は，将軍のあつい信頼を背景に，現実の政治においても辣腕をふるい，さまざまな改革をおこなった。特に，朝鮮とやり取りする国書において，将軍の称号を，それまでの「日本国大君」から「日本国王」に変えたことは，天皇との関係で，国内に深刻な議論を呼んだ。しかしこれらの改革も，将軍が(ヌ)に代わって(リ)が失脚するとほとんど廃され，将軍の称号ももとに戻された。こうして(8)「大君」号は，将軍の国際的称号として幕末まで維持された。

A 文中の空所(イ)～(ヌ)それぞれにあてはまる人物の名をしるせ。ただし(イ)(ロ)については次の選択肢の中から適当な人物を1人選び記号で答えよ。
　a．大隈重信　　b．陸奥宗光　　c．木戸孝允　　d．寺島宗則

B 上記の文1～5はそれぞれ何世紀のことか。次のa～lから1つずつ選び、その符号を答えよ。
　　a．6　　b．7　　c．8　　d．11　　e．12　　f．13　　g．14　　h．15
　　i．16　　j．17　　k．18　　l．19
C 文中の下線部(1)～(8)にそれぞれ対応する次の問1～8に答えよ。
1．反発した朝鮮側の基本姿勢として適当なものを，次のa～cから1つ選び，その符号を答えよ。
　　a．日本より上　　b．日本とは対等　　c．日本より下
2．下線部(2)—①・(2)—②に見られる対外姿勢の説明として，適当なものを次のa～dから1つ選び，その符号を答えよ。
　　a．①・②ともに対等　　b．①は対等でない，②は対等
　　c．①は対等，②は対等でない　　d．①・②ともに対等でない
3．彼らが中心になって推進したといわれている国内改革の名をしるせ。
4．中国を宗主国とするこうした東アジアの国際秩序を何体制と呼ぶか。漢字2文字で答えよ。
5．この事件は何と呼ばれるか。適当なものを次のa～cから1つ選び，その符号を答えよ。
　　a．三浦の乱　　b．文永の役　　c．応永の外寇
6．「延喜」と改元される直前の西暦894年，対外関係上の大きな決定がなされた。何が決まったのか，6字以内でしるせ。
7．これらの輸入された銅銭が最終的にその役割を終えるのは何という銅銭の発行によってか。
8．幕末の日本滞在記『大君の都』の著者の名を，次のa～cから1つ選び，その符号を答えよ。
　　a．ラザフォード＝オールコック　　b．ハリー＝パークス
　　c．アーネスト＝サトウ

(立教大)

⑬ 京都の歴史

京都に関する以下の文章を読み，続く問いに答えなさい。

　京都は8世紀の末，山城国葛野郡に造営された平安京を母体とする。この地が選ばれたのは，(1)長岡京以上に水陸の交通の便に恵まれていたことによる。以来今日に至るが，その間に一般名詞であった「京都」が，平安後期には固有名詞(地名)となった。
　平安京の造営は，長岡京の放棄を決意した桓武天皇により（　2　）(延暦12)年に開始され，翌年10月22日に遷都した。その翌月の詔で国名を山背から山城に改め，新しい都は平安京と名付けられた。造都工事はこれ以後本格化するが，長岡京につづく造都事業であり，また蝦夷の経営により，国家の財政は苦しく，天皇は805(延暦24)年12月，造宮職を廃止，造都は終了した。なお，平安京が都として定まるのは，(3)810(弘仁1)年の薬子の変以後のことである。

平安京の規模は東西約4.5km，南北約5.2kmで，構造は平城京に類似し，平安宮と呼ばれる宮城のまわりには12門があった。京中は（　4　）によって左京と右京に分けられ，条坊制にもとづく大小の道路による町割りがなされたが，10世紀後半に書かれた(5)慶滋保胤の「池亭記」に，低湿地の多かった右京は人が去ってさびれ，左京の方に人口の集中したようすが記されている。

平安京を舞台に王朝文化が開花するが，人口の集中による都市問題も発生した。863年（貞観5）年5月，流行病を鎮めるため，神泉苑で(6)御霊会が催され，のちに各所で催される最初となった。その一つの祇園社の御霊会は祇園祭として発展し，今日に及んでいる。また，生活基盤が弱体であった京中住民の救済のために，水旱損のおこるたびに米塩を放出支給する賑給，日照り続きには神泉苑で祈雨の法会が行われ，その水が灌漑用に開放された。平安末期，(7)1177（治承1）年4月の大火では，2万余家が焼け，死者も数千人にのぼったという。世に「太郎焼亡」と称され，この大火により大内裏の諸官衙が焼失，大極殿はこののち再建されることはなかった。大内裏の中は荒廃の一途をたどり，鎌倉時代には一面野原となっていた。

院政期には，右京はさらに衰退する一方，鴨川の東には，法勝寺をはじめとする(8)六勝寺や，白河殿などの離宮が相ついで建てられ市街化していった。この鴨東の南には平家の一門や郎党，所従らが集住し，のちには六波羅探題が設置される。またこの頃，道を基準とする表示法，たとえば油小路西・六角通北といった言い方が登場し，京都のわらべうたとして知られる「アネ，サン，ロッカク，タコ，ニシキ……」という，道の名前を歌い込んだ歌の原型も現れている。

鎌倉幕府の成立は，京都の政治的地位を低下させ，(9)承久の乱後に設置された南・北の六波羅探題は京都朝廷の監視をはじめ洛中の警固にあたった。ただ，検非違使の機能もなお保持されていた。

建武の新政と足利氏の京都開幕は地方の大名武士を多数，上洛集住させ，京都は公家よりも武家の町となった。その結果，政治はもとより，文化的にも公と武，都と鄙が混淆し，京都を場として新しい武家文化が形成された。室町時代には，道路によって区画された条坊制の町から，道路を挟んで向かい合う，いわゆる両側町となった。京都の代表的な祭礼として発展した祇園祭は，この両側町である山鉾町の町人によって支えられた。公家，武家の邸宅や西陣機業者のあつまる上京に対して，(10)商工業者の集住する下京という地域性も明確となり，革堂・六角堂がそれぞれの町堂として市民生活の中核となった。

応仁の乱は京都の町の大半を焼いたが，都市の発展はむしろこれ以後に本格化した。「市中の山居」をたのしむ茶の湯や立華が盛んになったのも戦国時代のことである。一方，(11)地方大名のなかには積極的に京都の自然的・人文的な景観を，自分の城下町にうつした者も少なくなかった。

1568（永禄11）年，織田信長が入京し，近世的統一国家構想の中心に京都を据えたことにより，京都は本格的な政治・経済の舞台となる。信長は，村井貞勝を，豊臣秀吉は(12)前田玄以を，京都奉行あるいは所司代に任じて京都の支配にあたらせたが，彼らの役割

は京都に常駐できない信長や秀吉にかわって，国家統一の拠点としての京都をいかに統治していくかにあった。

　秀吉は，天下の統一をほぼ完了した1590（天正18）年から翌年にかけて，近世的統一国家の中核にふさわしい都市へと京都を改造した。それは，短冊型の町割り，寺院街の形成，御土居の築造，地子銭の免除からなる総合的な都市改造であった。秀吉はこの都市改造で京都の商工業を発展させることにより近世社会の石高制を支える中央市場として京都を位置づけようとしたようである。以後京都の発展はめざましく，17世紀初頭には人口30万人以上，洛中町数1300町余を数える大都市に成長した。

(1)　文中下線部(1)長岡京に桓武天皇は784年に遷都したが，造長岡宮使の暗殺などで造営が進まず平安京へ遷都することになった。この造長岡宮使であった人物の名前として，正しいものの記号を一つ選びなさい。
　　　a．早良親王　　b．小野春風　　c．藤原宇合　　d．藤原種継

(2)　文中の空欄（ 2 ）にあてはまる年として，正しいものの記号を一つ選びなさい。
　　　a．792　　b．793　　c．794　　d．795

(3)　文中下線部(3)薬子の変についての説明として，誤っているものの記号を一つ選びなさい。
　　　a．桓武天皇の皇子，嵯峨天皇の時のことである。
　　　b．平城上皇が，平城京への遷都を呼びかけて失敗した。
　　　c．藤原薬子が平城上皇の復位を企てたものである。
　　　d．藤原仲成は乱の企てに気づき，妹の薬子を射殺した。

(4)　文中の空欄（ 4 ）にあてはまる道の名前として，正しいものの記号を一つ選びなさい。
　　　a．朱雀大路　　b．二条大路　　c．四条大路　　d．東洞院大路

(5)　文中下線部(5)慶滋保胤の著した書物として，正しいものの記号を一つ選びなさい。
　　　a．往生要集　　b．日本往生極楽記　　c．拾遺往生伝　　d．朝野群載

(6)　文中下線部(6)御霊会についての説明で，誤っているものの記号を一つ選びなさい。
　　　a．皇族などの怨霊を慰めて祟りを逃れようとする鎮魂の法会・祭礼である。
　　　b．最初の御霊会が催されたのは清和天皇の時代である。
　　　c．祇園社とともに北野神社の御霊会が代表的である。
　　　d．御霊会には藤原氏を主とする貴族だけが参加した。

(7)　文中下線部(7)の年に起きた事件として，正しいものの記号を一つ選びなさい。
　　　a．後三年の役　　b．保元の乱　　c．鹿ヶ谷の陰謀　　d．福原遷都

(8)　文中下線部(8)の六勝寺とは，白河天皇以後に東山岡崎付近に造立された6寺の総称である。六勝寺ではないものの記号を一つ選びなさい。
　　　a．法界寺　　b．尊勝寺　　c．最勝寺　　d．延勝寺

(9)　文中下線部(9)承久の乱についての説明として，誤っているものの記号を一つ選びなさい。
　　　a．後鳥羽上皇は，畿内・西国の武士や大寺院の僧兵，さらに北条氏に反発する

東国武士の一部を味方にひきいれ，北条義時追討の兵を挙げた。
　b．北条義時は鎌倉幕府の執権として，北面や西面の武士をすべて掌握し，北条泰時・時房の軍とともに，後鳥羽上皇を攻撃させた。
　c．戦いは鎌倉幕府の圧倒的な勝利に終わり，後鳥羽・土御門・順徳の3上皇は各地に配流となった。
　d．上皇方の所領は没収され，畿内・西国の荘園・公領にも幕府の力が広くおよぶようになった。

(10) 文中下線部(10)の商工業者の同業組合を座というが，座についての説明として，誤っているものの記号を一つ選びなさい。
　a．座の構成員である座衆は，公家や寺社などに座役として営業税を納めていた。
　b．奈良や京都などに発達し本所の保護を受けて関銭を免除され，販売の独占権などが認められていた。
　c．大山崎油座は幕府を本所としていたため，畿内東国10ヶ国以上で荏胡麻油の販売独占権を持っていた。
　d．京都では北野神社麴座，祇園社綿座などが有名である。

(11) 文中下線部(11)のような地方大名の城下町をいわゆる小京都ともいうが，これにあてはまらないものの記号を一つ選びなさい。
　a．北畠氏の常陸小田　　b．大内氏の周防山口
　c．朝倉氏の越前一乗谷　d．一条氏の土佐中村

(12) 文中下線部(12)の前田玄以は豊臣秀吉の五奉行の一人であった。五奉行にあてはまらない人物の記号を一つ選びなさい。
　a．浅野長政　b．石田三成　c．増田長盛　d．毛利輝元

(京都外国語大学)

⑭ 大阪の歴史

次の文章を読み，設問に答えよ。

　瀬戸内海の東に位置した摂河泉の地域は，大和政権の時代から海外との交流の窓口であった。とくにこの地にあった港の　a　津は，使者や兵士の乗船地・上陸地としてにぎわい，『万葉集』にもこの津を詠んだ歌が収められている。仏教をいちはやく受容した聖徳太子の発願によるといわれる　b　が建てられたのも，大化の改新のさいに孝徳天皇が都を　a　に移したのも，この地が大陸との窓口であったことと深いかかわりがある。孝徳天皇の宮は　b　の北隣に位置した。また，これらの南方には国内最大の大仙陵古墳をはじめ，数多くの①古墳が存在する。
　平安時代末，平清盛は摂津の　c　を修築し，日宋貿易に力を注いだ。この港はのちに兵庫津とよばれるようになり，瀬戸内海を通航する船の寄港地として栄えた。その後，この港にかわって日明貿易の拠点として伸びてくるのが，摂津と和泉の国境に成立した堺の港である。堺は1399(応永6)年に大内義弘が　d　に抵抗しておこした応永の乱の拠点であったことでも知られる。堺の商人は②細川氏と結び，ついで織豊政権

と結んで大きな力をもったが，この町の繁栄はやがてその北方にできた大坂にとってかわられる。

大坂の繁栄の基礎は，蓮如が建立した　e　の寺内町の時代に築かれたが，③「天下の台所」といわれるほどに繁栄したのは，徳川政権の時代になってからである。大坂の　f　の地には，大名・旗本の年貢米などを入れる蔵屋敷が集中し，野菜を扱う　g　青物市は，江戸の神田青物市と並称される大規模な市であった。また，大坂は金融業の中心地でもあり，平野屋や，酒造で富を成しのちには新田開発でも有名になる　h　などの両替商が活動していた。

こうした経済的繁栄は，新しい町人文化を育んだ。井原西鶴ははじめ俳諧で活躍したのち，当時　i　とよばれた小説の作家となり，好色物・町人物などの作品をつぎつぎと発表した。竹本義太夫の竹本座は，近松門左衛門の作品を上演して好評を博した。④江戸時代後期になると，町人の学問がさかんとなり，主に儒学を学ぶ塾として懐徳堂が町人たちの出資で設立された。また，緒方洪庵は大坂に⑤適塾を開いて人材の育成にあたった。文学の分野では，読本作家の　j　が大坂の人で，『雨月物語』の作者として著名である。

設問
(1) 空欄a〜jにあてはまる語句または人名・地名を記せ。
(2) 下線部①〜⑤にかんして，下記の問にたいする答を1つずつ選び，記号で答えよ。
① 大和政権の支配権が5世紀末ころに広い範囲におよんでいたことを示す鉄刀が，江田船山古墳から出土している。この出土地は，律令制下の国名では，次のどの国に属すか。
(ア) 出雲　(イ) 筑前　(ウ) 肥後　(エ) 常陸
② 15世紀の管領家細川氏にかんする次の文章のうち，正しいのはどれか。
(ア) 代々，京都の警備担当の職についた。
(イ) 和泉・摂津・播磨の守護職を世襲した。
(ウ) 応仁の乱のはじめ，足利義視を支援した。
(エ) 応仁の乱後，中央政界で畠山氏にとってかわられた。
③ 大坂の経済的繁栄は交通・通信網の発達によってもたらされたが，次のうち行程に大坂が含まれないのはどれか。
(ア) 北前船　(イ) 菱垣廻船　(ウ) 東廻り航路　(エ) 淀川水運
④ 江戸時代後期の文化にかんする次の文章のうち，正しいものはどれか。
(ア) 儒者の海保青陵は，藩政改革の経験から『経世秘策』を著し，交易の促進を説いた。
(イ) 西山宗因に師事した大田南畝は，形式にとらわれない自由な俳風をよりいっそう進めた。
(ウ) 越後の商人鈴木牧之は，雪国の自然や人びとのくらしを記録した『北越雪譜』を著し出版した。
(エ) 歌舞伎で河竹黙阿弥の白浪物が評判となった時期に，版画では，歌舞伎役者

を好んで描いた写楽が活躍した。
⑤ この塾で学んだのち，明治新政府で軍政を担当し，フランス式の軍制の採用と徴兵制の実施を主張した人物は，次のうち誰か。
(ア)榎本武揚　(イ)大村益次郎　(ウ)中岡慎太郎　(エ)横井小楠　　(成蹊大学)

15　葬送の歴史

次の文章は，葬送の歴史について記したものであるが，A～Fの空欄に入る最も適切な語句を漢字で記入しなさい。また，(ア)～(オ)の【　】に入る最も適切な語句を①～⑤から選びなさい。なお史料は，表記を改めた部分がある。

人々の暮らしの中で，葬式や墓所などの問題は避けて通ることのできない重要なものである。特に文明が発達し，都市空間という限られた領域で多くの人々が暮らすようになるにつれ，身近な死をどのように管理するか，疫病などの蔓延から人々をどのように守るかが重要な都市問題となったことに洋の東西は問わない。

縄文時代の人々も，現代人と同様，死者を敬い，手厚く葬っていたことは，現在広く知られている。この時期，腰や四肢を折り曲げて葬る，　A　がよくみられるが，弥生時代になると，死者は，集落の近くの共同墓地に葬られた。土壙墓，木棺墓，箱式石棺墓などに，手足を伸ばして埋葬する形がみられるようになったのである。これは，縄文時代の　A　に対し，伸展葬と呼ばれる方法である。

3世紀から4世紀にかけて，豪族や司祭者など特定のクラスの人々を大型の墳丘墓，いわゆる古墳に埋葬することが多くなった。これから7世紀にかけては，古墳時代と呼ばれる。古墳時代は，その構造や副葬品，埴輪の種類などから前期，中期，後期の三期に分けることが一般的である。石室は，前期・中期には竪穴式が多く，後期になると，外部からの通路である羨道と遺体を安置する　B　を持つ，横穴式が一般的となる。羨道を塞いでいる閉塞石を取ると，追葬が可能で，より家族墓としての性格を帯びていったと考えられている。同様に，石室の内部に対して装飾を施すことが多くなった。奈良県明日香村のキトラ古墳や高松塚古墳などがその代表例で，内部の天井や壁には，星宿や人物，日月，そして四神などが描かれている。四神は中国の伝説上の鳥獣であり，東西南北にそれぞれ，(ア)【① 白虎，玄武，青竜，朱雀　② 青竜，白虎，朱雀，玄武　③ 朱雀，青竜，玄武，白虎　④ 玄武，朱雀，白虎，青竜　⑤ 白虎，朱雀，玄武，青竜】を配置し守護神とすることが一般的であった。

『日本書紀』の記述によれば，646(大化2)年に出された詔，いわゆる「薄葬令」以後，古墳造営の流行は終盤を迎え，仏教の伝来に伴い，火葬という新しい葬送技術が導入された。唐の玄奘に教えを受け，法相宗を日本に伝えたとされる(イ)【① 良弁　② 行基　③ 鑑真　④ 道昭　⑤ 道鏡】が，日本では，最初に火葬に付されたといわれているが，この風習は，高僧や貴族のごく一部に広まったに過ぎなかった。平安京内では，墓を作ることは律令により禁止されていたため(「喪葬令・皇都条」)，一般の庶民の間では，平安時代から室町時代にかけて，死者を山野や河原に放置して鳥獣の餌食となるに任せる「遺棄葬」がごく普通の形態であった。このような都市部での貧弱な環境衛生状態は，内

乱や自然災害などの発生時に，都市民に対して深刻な事態を招くこととなった。
　史料
　築地のつら，道のほとりに，飢え死ぬるもののたぐい，数も知らず。取り捨つるわざも知らねば，くさき香世界に満ち満ちて，変わりゆくかたちありさま，目もあてられぬこと多かり。

『方丈記』，岩波文庫版，p.19

　上記の文書は，同書の著者である　C　(1155？〜1216)が，平安末期，京内を襲った(ウ)【①宝暦　②天明　③養和　④享保　⑤寛喜】の大飢饉(1181年)の際の有様を描いたものである。この際の餓死者の数は，左京地域だけで，実に4万2千人にのぼったといわれている。このような都の荒廃は，その後引き続いて発生した，さまざまな自然災害や内乱，中でも，都を主戦場とした応仁の乱でピークに達することとなる。この内乱が都市機能に対して甚大な被害をもたらした一つの要因には，この時初めて，軽装備の歩兵部隊，いわゆる　D　が投入され，後方の非戦闘地域が放火，破壊，略奪に巻き込まれたことがあげられる。この際の模様は，　E　(1402〜1481)が著した『樵談治要』に詳しい。

　ただ，人々の葬送の状況は戦国期前後の時期には，一定の変化が現れてくる。住民を檀家として経営基盤を固めようとする寺院が，檀家専用墓地を開設，提供し始めたからである。都の場合，中世史料にいう「鳥部野（あるいは，鳥辺野，鳥部山など）」におかれた集合葬地での火葬場などに対して，各寺院が檀家用埋葬墓地を分割する，という形で始まったといわれている。やがて，それが，寺院境内墓地となっていくが，このシステムを全面的にバックアップしたのが，徳川幕府による寺請制度であった。ただし，江戸時代には，すべての民衆が檀那寺を持っていたと一概にいうことはできない。たとえば，日用（日傭）層などに代表される江戸の細民や，出稼ぎ人など，記載以外の人々の葬送状況は，特定寺院の共同墓地への埋葬という形態をとっていたのである。江戸城の過半を焼失した1657年の(エ)【①安永　②延宝　③元禄　④明和　⑤明暦】の大火による10万人を超える犠牲者を供養するために開設された回向院，あるいは，回向院小塚原別院などがその引き受け手であったという。ただ，この状況もすべて一定のルールに基いて行われることとなっていたし，火葬場を都市周辺部に配置するなど，江戸時代においては，日常生活から死を区別し，コントロールされるものとなっていった。火葬も，この時代の都市部では，決して珍しいものではなくなり，その後，火葬率は1900年前後に3割，また1940年には5割を超え，さまざまな社会的な制約から土葬が現在でも主流の国々とは比較にならないほど急激に上昇していった。火葬は日本のような地理的条件下で，死後も住みかを一つにしたいという発想を持った場合，きわめて合理的な家族墓を提供することとなったからである。家族墓の形式は，明治時代に入り，墳墓を「家督」概念として規定した(オ)【①大日本帝国憲法　②商法　③刑法　④民法　⑤皇室典範】により，法的なバックアップを受け，近年までごく一般的な埋葬形態となっていたのである。

　ただ，現代においては，自然葬や個人墓などにみられるように，各個人の多様な価値観に基づいて，葬送の形も一様ではなくなりつつある。

(明治大)

⓰ 宗教史

次の文章を読み，(1)～(10)には適語を補い，また(a)～(i)では〔　〕の中から正解を選びその記号を答えなさい。

　仏教が伝来して，日本の歴史は，はじめて，体系的な教義を備えた宗教に接したと言えるだろう。教義より以前に，仏像は，先進の地から渡って来た神であった。有力氏族は，自己の繁栄を願って寺院を建立し，仏像をまつった。蘇我氏の（(1)），秦氏の（(2)）などがその例である。

　ついで，仏教は，律令国家の構築のために必要であった。それまでの日本の神々は，一定の空間領域を守護する神か，さもなければ，藤原氏における（(3)）の祭神のように，特定の氏族の神にとどまって，国家全体を宗教の面から補強する能力をもたなかった。これが仏教に求められた。鎮護国家の思想である。ここに官寺の制度が作られ，その中心の存在として，(a)〔イ．教王護国寺　ロ．唐招提寺　ハ．東大寺　ニ．大官大寺　ホ．法成寺〕が，平城京につくられた。

　日本の律令国家が成熟をとげ，ついで，王朝文化の時代が到来した。その担い手である貴族たちは，ある種の時代閉塞の雰囲気のうちにあって，不安をふかめていった。一方では，怨霊への恐怖が生まれる。これの祟りをまぬかれようとして，牛頭天王を祭る(b)〔イ．祇園社　ロ．宇佐八幡宮　ハ．賀茂社　ニ．法勝寺　ホ．熊野三社〕で御霊会が行われ，以来，各地で，同様の目的の法会・祭礼が催された。

　そして，他方では，来世での救済をもとめて，浄土思想が広まっていく。（(4)）は，念仏の功徳を説いて諸国を歩き，市聖とよばれた。（(5)）は，「往生要集」を著して，浄土信仰をすすめた。

　源平合戦，鎌倉開府，承久の乱，激動の時代に，宗教界は新しい動きをみせはじめた。いわゆる新仏教の時代である。既存の教団のうちでも，(c)〔イ．貞慶　ロ．慈円　ハ．円珍　ニ．明兆　ホ．仙覚〕らの僧がいて，改革をすすめた。宗教界の新しい動きに刺激されて，神道も，神道としての教義をととのえていった。本地垂迹説を否定して，度会家行は，（(6)）神道を大成し，ついで，吉田兼倶が，（(7)）神道を創始し，神社を媒介にして社会にひろく浸透していった。

　戦国時代，世俗の権力と対抗しながら，教団そのものが強大な権力をもちはじめる。浄土真宗は，(d)〔イ．道春　ロ．真慧　ハ．蓮如　ニ．顕如　ホ．証空〕の時代から，講を基盤に教団を拡大していって，(e)〔イ．加賀・駿河・三河　ロ．加賀・伊勢・三河　ハ．加賀・伊勢・肥前　ニ．加賀・山城・常陸　ホ．加賀・肥前・常陸〕の一向一揆は，武力をもって，戦国大名と抗争した。日蓮宗は，京の町衆を組織した。六角氏の支援をうけて，延暦寺の僧兵がこれを攻撃したのが，(f)〔イ．嘉吉　ロ．正長　ハ．天文　ニ．天正　ホ．元亀〕法華の乱である。戦国時代は，最終段階をむかえようとしていた。

　鐘ひとつ　売れぬ日はなし　江戸の春——と，其角が俳句によむように，泰平の時代がやってきて，寺院の建立は盛んだった。けれども，人々の関心は，現世の利害にそそがれて，そのためか，教義面の進展はとぼしい。江戸時代で名高い僧は，たとえば，

徳川家康の側近にあって，世に黒衣の宰相とよばれた（(8)）のような，政治僧なのである。

江戸時代の末期，ふかまりゆく社会不安のなかに，人々は新しい世の到来を望みはじめる。多くの民間宗教が生まれた。（(9)）の創始した天理教，川手文治郎の（(10)）がそうで，今もなお大きな勢力を保っている。

維新政府は，神道の国教化をはかった。神仏分離で打撃をうけた仏教界に，改革の動きがあった。浄土真宗の僧で，自由民権論にもふかい理解を示していた(g)〔イ．島地黙雷　ロ．井上円了　ハ．清沢満之　ニ．田中智学　ホ．石橋湛山〕は信教の自由を主張して，神道の国教化に対抗した。国家は，しばしば，宗教者とその活動に，弾圧をもってのぞんだ。(h)〔イ．植村正久　ロ．岡倉天心　ハ．喜田貞吉　ニ．内村鑑三　ホ．石川三四郎〕の不敬事件がある。(i)〔イ．黒住宗忠　ロ．植村正久　ハ．石川三四郎　ニ．千家尊福　ホ．出口王仁三郎〕の大本教は，1921年と35年にわたって，不敬罪にとわれて弾圧された。

(学習院大)

⑰　教育史

次の文章は日本の教育・学校の歴史を述べたものである。これを読み，空欄に適語を記入しなさい。また，下記の設問に答えなさい。

日本の学校は，律令時代に，都に大学，地方に　ア　が置かれたのに始まる。大学は官吏養成機関として五位以上の貴族の子弟が学んだが，八位までの子弟も志願できた。　ア　は郡司の子弟が選抜されて学んだ。平安時代には，有力貴族は一族の子弟の教育施設として(1)大学別曹を設けた。また　イ　は庶民の教育をめざして綜芸種智院をひらいた。

鎌倉時代には武士の間にも学問への関心が高まり，北条実時は(2)図書館をつくり和漢の書物を集めた。室町時代になると(3)地方にも文化や学問が普及した。関東では上杉憲実が足利学校を再興した。武士や有力商人たちは子弟を寺院に預けて教育を受けさせ，農村でも僧侶が，読み，書き，計算を農民の子弟に教えた。各地で書籍も出版されるようになった。16世紀には，キリスト教宣教師たちが南蛮文化をもたらし，(4)活字印刷の技術を伝えた。

幕藩体制期には，五代将軍綱吉のとき，江戸湯島に聖堂をたてて学問所として整備したが，寛政期には　ウ　を儒学の正学とし，また官立の昌平坂学問所を設けた。各藩でも城下町に藩校を置き藩士の子弟の教育にあたったが，農村部にも藩士や庶民を対象とした(5)郷学がつくられるようになった。また(6)すぐれた学者が各地に現われ私塾をひらいた。町や村では庶民を相手に神職や僧侶が　エ　をひらき，教育を進めた。

明治政府は，1872年，学制を実施し，国民皆学を目標に6歳以上の男女を小学校で学ばせることにした。教員を養成する機関として師範学校や女子師範学校が各地に設立された。小学校の就学率は当初30％台であったが，1900年代には90％を超えるようになった。中学校，高等学校，帝国大学が設けられ，(7)私立学校も多数誕生した。女子教育への要望も強くなり，1899年には高等女学校令が定められ，各地に高等女学校が設置さ

れた。また有志の手により女子のための高等教育機関がつくられた。しかし1890年発布の オ は，忠孝を核とした徳目を強調し，忠君愛国が最高の道徳とされ，以後の教育の指針となった。1903年からは小学校の教科書が国定となり，教育に対する国家の統制が強まった。

大正期には，資本主義経済の発達や科学・技術の発展にともない，人材の養成が一層切実となった。(8)1918年には大学令，改正高等学校令が公布され，各地に高等学校，専門学校，私立大学が設立されるようになった。また大正デモクラシーの影響のもと，(9)自由教育運動もおこった。昭和期に入り，戦時体制の進行につれ，教育も国家主義・軍国主義の傾向がますます強まり，1941年には(10)小学校の名称が改められ，戦争に協力する少国民の養成がはかられた。

第二次大戦の敗北は，戦前・戦中の教育に大きな反省を迫った。学問・思想の自由や個人の尊重が求められた。1947年3月には カ ，学校教育法が公布され，同年4月から新しい学校制度六・三・三・四制が始まったのである。

問1．藤原氏の私的教育機関の名称を記しなさい。
問2．この図書館の名を記しなさい。
問3．15世紀後半，明へ渡って朱子学を学んだのち九州各地で儒学を講じ，薩南学派の祖とされる人物はだれですか。
問4．日本の古典で，この時期活字印刷された書物を一つ挙げなさい。
問5．最も早く設けられた郷学である閑谷学校はどこにあったか。旧国名で答えなさい。
問6．京都の堀川に私塾古義堂を開き，900人以上の門弟を教えた，江戸前期の古学派の儒者は誰ですか。
問7．1882年に大隈重信が設立した東京専門学校の，現在の大学名を答えなさい。
問8．当時の首相は誰ですか。
問9．自由教育運動の一環として設立された学校を一つ挙げなさい。
問10．なんという名称に改められたか，その名称を記しなさい。

(岡山大)

⑱ 味覚の歴史

次の文章をよく読み，下記の問1〜10に答えなさい。

現代の日本では，欧米風の調味料や食材が多く用いられるようになり，日常的にも旧来の食事とは大きく変わってきている。しかもファーストフードと呼ばれる外食産業が発達し，食事のとり方自体も変化してきている。それに対して，日本風の食事は和食とよばれる。和食は古くから変わらず，昔も今と同じような食事だったと安易に考える傾向がある。しかし，①民俗学の開拓者である柳田国男は，日本の食事は近世・近代に大きく変わったことを指摘している。柳田国男によれば，それまでの食物に比べて食べ物が甘くなったこと，軟らかくなったこと，温かくなったことが大きな変化だという。また食べ方では，一人だけで食事する「小鍋立て」が行われるようになって食事は変化したという。

料理の味付けが大きく変化したのは，商品として調味料が流通を拡大したことが大き

な要因としてあげられる。食物が甘くなった要因の一つに砂糖の普及がある。砂糖は最初は薬であったが，次第に調味料の一つとして料理に用いられるようになり，また種々の菓子の甘味料となった。近世前期の砂糖は，唐砂糖と呼ばれる輸入品が多く，加えて②琉球と奄美の黒砂糖があった。この黒砂糖は薩摩藩に多くの利益をもたらした。1726年(享保11)に将軍徳川吉宗が砂糖生産の奨励を開始した。各藩では砂糖生産へむけての努力が重ねられ，砂糖の特産地が形成された。その代表が　A　で，その白砂糖は大坂の市場で大きなシェアを占めるに至った。

料理に甘みを付ける調味料として今も用いられている　B　も近世中期に生産が拡大し，当時の記録によれば飲み物として下戸(酒が飲めない人)や女性に好まれたという。しだいに料理の調味料として利用されるようになり，蕎麦つゆ，ウナギの蒲焼きのたれ，甘露煮の味付けなどに不可欠なものとなった。

砂糖よりも重要な調味料は塩である。人は塩なしには生きていけない。塩は日本各地の沿岸部でそれぞれの地方の需要をまかなうべく生産され，馬や牛の背に載せられて山間奥地まで運ばれた。各地に見られる塩浜という地名は生産地を，塩尻という地名はその塩の道を今に伝えている。近世前期には，入り浜式の塩田が瀬戸内海沿海地方で普及し，日本の塩生産は讃岐，　C　，備前など瀬戸内の十州に集中することとなった。③塩の普及は食生活を一段と豊かにした。

塩の流通は，塩を大量に使う醬油や味噌の生産を増大させ，その特産地が形成された。「手前味噌」という言葉があるとおり，それまでは各家や近所の家々で協力して年間使用する味噌や醬油を生産していたのが，近世にはいると醬油や味噌の生産を大規模に行う業者が各地に登場した。特に江戸の発達とともに，江戸への供給を担う醬油の特産地が　D　，野田など関東地方に形成された。醬油や味噌の普及は，料理の種類を増やした。

和食の調理に際して欠かせないのがだし(出汁)である。今では化学調味料に代行させてしまうことも多いが，かつてはだしによって旨味を得ておいしい料理は作られた。だしの代表は　E　と昆布である。前者は江戸時代に入ると商品として生産され，流通するようになるが，最初は乾燥の程度が弱く，長持ちしなかった。近世中期になると乾燥の程度が高められ，長期の品質保持が可能になり，漁が盛んな紀伊や土佐に特産地が形成された。

他方，後者の昆布は日本列島では本州の三陸以北にのみ自生する。古代から知られていたが，ほとんど流通することはなく，日常的には使われることはなかった。近世にはいると松前藩の支配の拡大と共に，蝦夷地から大量に供給されるようになった。④昆布はその大部分が大坂に運ばれ，西国中心にだしとして利用され，またさまざまな佃煮昆布や塩昆布が生産された。知らない人は昆布は上方に近い海で採取されてきたと思っているほどである。昆布はさらに西方に運ばれ，　F　でも盛んに食されるようになった。

このように，調理の基礎にある調味料一つを取り上げても，近世に大きく変わり，現在の和食の味付けや調理法が新しく登場してきたことが分かる。

問1．下線部①の説明として適切と判断されるものを，下記の文(ア～エ)から1つ選び

なさい。
　ア．日本各地を旅して，人々の用いている生活用品に美を発見し，その価値を世に知らせようとした。
　イ．日本各地の日常生活とその伝承（でんしょう）を調べ，名も無き人々の歴史を明らかにしようとした。
　ウ．日本各地で発掘（はっくつ）を行い，発掘された遺跡（いせき）や遺物によって歴史を再構成しようとした。
　エ．日本各地で人々の身体測定を行い，人類の進化の過程を明らかにしようとした。
問2．下線部②の説明として適切と判断されるものを，下記の文（ア〜エ）から1つ選びなさい。
　ア．近世初頭の島津氏（しまづ）の出兵により，琉球と奄美は薩摩藩に占領され，完全に薩摩藩の領地になっていた。
　イ．近世初頭の島津氏の出兵により，琉球と奄美は独立を回復し，琉球王国として統一されていた。
　ウ．近世初頭の島津氏の出兵により，奄美（あまみ）は琉球王国から割き取られ，薩摩藩の領地になり，琉球は独立国としての体裁（ていさい）を維持（いじ）しつつ，薩摩藩の支配を受けていた。
　エ．近世初頭の島津氏の出兵により，琉球王国は二つに分割（ぶんかつ）され，奄美は薩摩藩の領地になり，琉球は幕府の直轄領となっていた。
問3．下線部③の説明として適切と判断されるものを，下記の文（ア〜エ）から1つ選びなさい。
　ア．沢庵漬（たくあんづ）けを始め，多くの種類の漬（つ）け物が作られるようになった。
　イ．豚肉や牛肉を塩漬けにして食べることが盛んになった。
　ウ．中国から塩漬けのあわび，ふかのひれ，いりこなど多くの食材が輸入されるようになった。
　エ．塩を多用したオランダ料理が普及した。
問4．下線部④の説明として適切と判断されるものを，下記の文（ア〜エ）から1つ選びなさい。
　ア．東海道，中山道（なかせんどう）を始めとする基幹（きかん）道路網が発達し，陸上輸送が容易に行われるようになったことによる。
　イ．蝦夷地には大坂やその周辺からの移住者や出稼（でかせ）ぎが多かったので，大坂に運ばれた。
　ウ．下関を経て大坂に至る西廻（にしまわ）りの航路が整備され，日本海海運が盛んになったことによる。
　エ．幕府が昆布（こぶ）の江戸への流入を厳（きび）しく取（と）り締（し）まったため，やむを得ず大坂に運び込まれた。
問5．空欄Aにあてはまる語句を，下記の語群（ア〜エ）から1つ選びなさい。
　ア．佐渡（さど）　イ．出羽（でわ）　ウ．信濃（しなの）　エ．讃岐（さぬき）
問6．空欄Bにあてはまる語句を，下記の語群（ア〜エ）から1つ選びなさい。

ア．焼酎　イ．ポン酢　ウ．みりん　エ．煎茶

問7．空欄Cにあてはまる語句を，下記の語群（ア〜エ）から1つ選びなさい。
　　ア．和泉　イ．播磨　ウ．石見　エ．越前

問8．空欄Dにあてはまる語句を，下記の語群（ア〜エ）から1つ選びなさい。
　　ア．西宮　イ．竜野　ウ．湯浅　エ．銚子

問9．空欄Eにあてはまる語句を，下記の語群（ア〜エ）から1つ選びなさい。
　　ア．椎茸　イ．鰹節　ウ．鶏ガラ　エ．貝柱

問10．空欄Fにあてはまる語句を，下記の語群（ア〜エ）から1つ選びなさい。
　　ア．琉球　イ．伊豆　ウ．能登　エ．陸奥
　　　　　　　　　　　　　　　　　　　　　　　　　　　　（神奈川大）

⑲ 衣料の歴史

次の文章を読み，設問に答えなさい。

　布といえば現在では綿布をさしている。しかし，近世初期までは，布といえば麻布のことであり，また，綿は今の真綿をさしていた。律令国家が正丁に ① の歳役の代りとして課した「布2丈6尺」の布とは麻布であった。麻布は庶民の衣料として長い歴史を持っていたが，室町時代になると徐々に木綿にとってかわられるようになる。木綿は当初，(イ)高価な輸入品として珍重されたが，国内でも栽培が進み，次第に庶民の衣料としての地位を築いて行った。これは，肌ざわりの良さ，防寒性，染色の容易さといった長所もさることながら，製糸，織布といった一連の工程が麻布よりはるかに容易で，大量に生産しえたからである。

　(ロ)近世になると，木綿は有利な商品作物として各地で盛んに栽培されるようになり，作付面積は拡大して行った。近世中期には，製糸・織布・染色などの技術が一段と進み，(ハ)各地に地名を冠した名産品が出現するようになった。これにともない，藍・紅花などの(ニ)染色原料の特産地もあらわれた。

　一方，麻布は近世，庶民衣料としての地位を木綿に譲ったが，特殊技術を開発することによって，かえって高級品としてもてはやされるようになった。中世以来， ② 上布として名高かった地方の麻布は，縮みという特殊加工技術の発明によって，産地の中心地の地名から小千谷縮とも称せられ珍重された。

　絹織物については，遺物からすでに弥生時代には存在したことが知られ，やはり長い歴史を有する。『魏志倭人伝』には「蚕桑絹績※」とあり， ③ 世紀には国内で養蚕と製織が行われていたとされている。魏に貢納した倭錦，絳青縑などはこうした国内産の絹織物であろう。しかし，国内産の絹織物の品質は中国のそれと比較するとはるかに劣っていたと思われる。絹織物技術が飛躍的に発展するのは渡来人によるところが大きい。彼等渡来人は技術者集団として伴造に率いられ，(ホ)品部として大和政権に仕え，様々な技術の発展に寄与したが，絹織物技術もその1つであった。律令国家が ④ として正丁・次丁・中男に賦課した品目の大部分が絹関係の製品であったことは，これらの技術の地方伝播を物語るものであろう。

　その後も，絹織物に関しては，中国から新しい技術が伝えられ，国内においても高級

品が生産された。しかし，国内産の生糸は品質上劣り，高級な織物用の糸としては適さなかったため，生糸は中国からの輸入をあおがなければならなかった。とくに，15〜16世紀，中国から金襴・緞子・縮緬といった高級絹織物とその製織技術が伝わると，中国産生糸の需要は急増し，(ヘ)価格は暴騰した。

元禄期になると，絹織物業は飛躍的に発展し，後々まで日本の重要産業としての地位を確立する。これは，都市人口の増加，消費生活の向上が絹織物への需要を増大させ，これに応じて，養蚕業の発達，技術改良による国産生糸の品質向上，高度な製織技術の地方への波及，あるいは(ト)画期的な染色技術の開発が行われるなど様々な要因がからみあってもたらされたものである。（※絹績，つむぐこと）

設問1　①〜④の□□□に適する語句を入れなさい。
　　2　下線部(イ)について。主にどこから輸入されましたか。その国名を答えなさい。
　　3　下線部(ロ)について。明治に入ってからも盛んだった綿作が19世紀末になって急速に衰退し始めるのはなぜですか。その理由を20字以内で答えなさい。
　　4　下線部(ハ)について。絣で有名な筑後国の地名をあげなさい。
　　5　下線部(ニ)について。藍の特産地を旧国名で答えなさい。
　　6　下線部(ホ)の品部のうち，渡来系の絹織物技術者の品部は何とよばれましたか。
　　7　下線部(ヘ)について。この対策として，a．成立間もない徳川幕府がとった制度を何といいますか。b．最初にその制度の対象となったのはどこの国の船ですか。
　　8　下線部(ト)について。この染色技術を開発したのは誰ですか。
　　　　　　　　　　　　　　　　　　　　　　　　　　　　　　　　　　　（京都女子大）

⑳　木材の歴史

次の文章を読み，〔　〕内で適当と判断する語句を選びなさい。

縄文時代に太い木材を用いた建造物が知られている。青森県の(1)〔㋑大森貝塚　㋺大湯遺跡　㋩亀ケ岡遺跡　㊁三内丸山遺跡　㋭菜畑遺跡〕で見つかった6本の大きな木柱の跡は，いずれも栗の丸柱であった。石川県のチカモリ遺跡や真脇遺跡でも，栗の巨木を使った施設の跡が見つかっている。弥生時代には米作りの普及とともに，さまざまな面で木材の用途が増えた。静岡県の登呂遺跡で見つかった田の畦は(2)〔㋑大足　㋺木鍬　㋩田下駄　㊁田舟　㋭矢板〕で補強されていたし，各地で見つかる高床式の倉庫や，大規模な集落に建てられた楼閣のような建物では，通常の住居よりもさらに大きな柱を必要とした。

6世紀に仏教が広まり始め，寺院が建設されるようになると，(3)〔㋑石造り　㋺瓦葺き　㋩こけら葺き　㊁金銅製　㋭白木造り〕の重い屋根を支える太い柱が必要となった。このような屋根は7世紀末以降には宮殿建築でも用いられ，古代国家による壮麗な都づくりの上で，大型の木材をいかにして大量に調達するかが課題となる。『万葉集』には(4)〔㋑大津宮　㋺紫香楽宮　㋩長岡宮　㊁難波宮　㋭藤原宮〕の役人の作った歌として「（前略）石走る　近江の国の　衣手の　田上山の　真木さく　檜のつまでを　もののふの　八十宇治川に　玉藻なす　浮かべ流せれ（後略）」という歌が見え，(4)の造営では近江国の田上山から宇治川を下って奈良山を越えるルートで木材が運ばれたことが知られる。

建築用木材の調達以外の目的で，木が伐採される場合もあった。瀬戸内海沿岸では(5)〔㋑漆　㋺絹　㋩薬　㋥塩　㋭米〕の生産が盛んで，(5)の生産の行われた海浜の背後に控える山を「(5)山」と呼ぶことがあった。その山から(5)がとれるわけではなく，山が(5)の生産と密接に結びついていたことによる呼称である。すなわち，(5)の生産の工程では，薪が必要となるのであり，「(5)山」は薪調達の場所でもあった。こうした薪の必要性は，窯業においても見られる。須恵器生産の拠点として著名な現(6)〔㋑愛知県　㋺大阪府　㋩京都府　㋥奈良県　㋭三重県〕の陶邑は，5世紀後半から須恵器生産を継続して行ってきたために，薪用の木の伐採が継続して行われ，平安時代になると薪の調達が深刻な課題となってきたのであろう。山の領有をめぐって，隣村同士が対立する事態が生まれていた。

　南都の(7)〔㋑延暦寺　㋺興福寺　㋩東大寺　㋥法隆寺　㋭薬師寺〕は，伽藍に日本最大の木造建築物を擁し，堂宇の維持のためにも，多くの大型木材を必要とした。(7)の所領であった伊賀国の黒田荘は，米などの年貢を出す以外に，(7)で必要とされる木材を伐り出す場所でもあった。奈良の地に近接した伊賀国は主要な木材供給地となったため，伐採の進んだ平安時代後期には「はげ山」のような状態が目立ち始めた。源平の争乱の中で(7)が焼失した後，(8)〔㋑栄西　㋺叡尊　㋩重源　㋥法然　㋭良弁〕による復興が進められたが，このときには遠く周防国からも木材が調達されている。山林の保水力が低下した結果，伊賀国を水源とする木津川の下流ではたびたび洪水の被害が起こった。さらに，流出した土砂は河口に堆積し，木津川（淀川）の河口にあって良港とされてきた(9)〔㋑大輪田　㋺敦賀　㋩難波　㋥山崎　㋭和歌浦〕の入江は，水深が浅くなって大型船の使用に耐えられなくなったとみられる。

　鎌倉時代には，里に近い山林の伐採が進み，村の周辺には「はげ山」が多く見られるようになった。この時期には(10)〔㋑阿弥陀来迎図　㋺荘園絵図　㋩大日本沿海輿地全図　㋥似絵　㋭洛中洛外図〕に描かれた景観には，村の近くに樹木がほとんどない草原のような「はげ山」が見える一方で，その奥には樹木の茂った「黒山」が対照的に描かれていることが多い。山林の伐採の一方で，過度な伐採から山林を維持するために入山が禁じられることも多かった。戦国時代には各地の大名が城郭の建築や土木工事のために多くの材木を必要とし，重要な山林を直轄領として厳しく管理した。小田原に城下町を築いた(11)〔㋑里見氏　㋺武田氏　㋩徳川氏　㋥長尾氏　㋭北条氏〕は，その典型的な例である。

　江戸時代元禄期の豪商，(12)〔㋑河村瑞賢　㋺紀伊国屋文左衛門　㋩鴻池善右衛門　㋥三井高利　㋭淀屋辰五郎〕は，江戸で材木問屋を経営し大きな富を築いた。彼が成功したのは，上野寛永寺の根本中堂建築のための木材調達を任されたことなど，江戸での寺院建築もさることながら，江戸という都市で火事が頻発したこととも無縁ではないだろう。新規の大規模建築や罹災からの復興には，建築資材が必要になる。当時の木材輸送は主に水運に頼っていたため，江戸では海岸部の深川の木場問屋などが大規模に木材を扱い繁栄した。大量の消費を支えるために，江戸時代中期以降には植林によって人工的に山林を維持する営みが始められた。幕藩領主は領内の材木調達や，木材売買による

収入のために森林を管理するようになり，「御林」や「御山」と呼ばれた領主所有林が設けられる。農民が燃料や肥料として必要な薪炭や草木を手に入れるには，「百姓林」「百姓山」として認められた山林か，特定個人の所有となっていない(13)〔(イ)入会地　(ロ)寄進地　(ハ)新開地　(ニ)大名地　(ホ)百姓地〕を利用した。しかし，開墾による新田開発が進む中で山林の面積は減少し，(13)での薪炭・草木採取をめぐる争いが各地で起こるようになっていった。

　明治になると(14)〔(イ)地租改正　(ロ)秩禄処分　(ハ)農地解放　(ニ)廃藩置県　(ホ)版籍奉還〕によって，山林に官有・私有の区別がつけられ，(13)は官有となって農民の生活に影響を与えた。また，「百姓林」「百姓山」は私有が認められたが売買の対象となり，材木の生産地などでは買得によって巨大な(15)〔(イ)大株主　(ロ)在郷商人　(ハ)山林地主　(ニ)またぎ　(ホ)山師〕が登場する。一方，木材の流通体系も消費地や交通機関の発展によって変化し，明治末年には能代が日本で最大の木材積み出し港となって，(16)〔(イ)秋田杉　(ロ)北山杉　(ハ)日田杉　(ニ)屋久杉　(ホ)吉野杉〕を中心とした木材が全国各地へ送られた。また，材木の輸送は船だけでなく鉄道でも行われるようになり，生産地と消費地の結ばれ方はより多様になっていく。さらに，汽船によって大量の材木運搬が可能になると，海外の材木が輸入されるようにもなった。一方，山林で伐採された木は，古くから，筏に組むなどして川を流し，下流の集散地まで送られる方法がとられてきたが，各地で(17)〔(イ)運河　(ロ)ダム　(ハ)堤防　(ニ)鉄道　(ホ)道路〕の建設が始まると，河川交通が遮断され，筏流しによる輸送を不可能にした。材木を川に流して運ぶ作業に従事していた人々は，生業の転換を余儀なくされることとなったのである。

(学習院大)

執筆者

国枝　哲夫
久保しのぶ
田畑　敏之
松本　馨
吉田　洋子

日本史B　日本史問題集　再訂版
付　日本史B　日本史問題集　再訂版　解答

2016年 3 月20日　再訂版 1 刷発行
2021年12月31日　再訂版 6 刷発行

編　者　日本史教育研究会
発行者　野澤　武史

発行所　株式会社　山川出版社
　　　　〒101-0047　東京都千代田区内神田1-13-13
　　　　　　　　　　https://www.yamakawa.co.jp/
　　　　電　話　03(3293)8131（代表）　03(3293)8135（編集）
　　　　振　替　00120-9-43993
印刷　明和印刷株式会社　　製本　有限会社穴口製本所
装幀　菊地信義

Ⓒ　2016　Printed in Japan　　　　　　　　　　ISBN978-4-634-01062-8
●造本には十分注意しておりますが，万一，落丁・乱丁などがございましたら，小社営業部宛にお送りください。送料小社負担にてお取り替えいたします。
●定価はカバーに表示してあります。

日本史B　日本史問題集
　　　　　　再訂版
　　　解　答

山川出版社

Ⅰ 原始・古代

1. 先土器・縄文・弥生文化

A. イ―c　ロ―b　ハ―b　ニ―c　ホ―a　ヘ―d　ト―e　チ―c　B. あ―完新　い―長野　う―長江(揚子江)　え―佐賀　お―青森　か―高床倉庫　き―高地　C. 問1. (1)―4　(2)―4　問2. 人骨　問3. a―黒曜石　b―二上　c―姫　d―三内丸山　e―竪穴住居　f―貝塚　g―抜歯　h―屈葬　i―土偶　問4. 石包丁(石庖丁)　問5. 生口　問6. 吉野ヶ里遺跡　問7. 三角縁神獣鏡　D. ア―⑩・d　イ―①・e　ウ―⑦・a

〈解説〉　A. (ハ)土器などの年代測定には放射性炭素¹⁴Cが有効。　(ニ)海進のため，現在内陸部でも貝塚が各地に分布。　(ホ)この暖流は何か。　(ヘ)吉野ヶ里でガラス製品が出土。釉薬を用いる陶器は鎌倉時代，瀬戸焼から。縄文遺跡から漆器の櫛，藺草で編んだ小物入れが発見されている。　(ト)甕棺墓の中に多数の副葬品を収納。　C. 問5. 奴隷のこと。　問7. 同笵鏡といい三角縁神獣鏡は近畿を中心とする各地の前期古墳から出土し，邪馬台国の存在と関係するとの説もある。

2. 国家の成立

(1)―ロ　(2)―ロ　(3)―イ　(4)―イ　(5)―ハ　(6)―イ　(7)―ハ　(8)―ロ　(9)―ニ　(10)―イ　(11)―ロ　(12)―ハ　(13)―ニ　(14)―ハ　(15)―ロ　(16)―ニ　(17)―ハ　(18)―イ　(19)―イ　(20)―ロ

〈解説〉　(14)卑弥呼が魏に使者を派遣した239年を基準に考える。　(20)イは中国北方，ハ・ニは南九州・蝦夷のこと。

3. 古墳文化

A. 割竹形木棺　B. 馬具　C. 5(五)　D. 宋書(倭国伝)　E. 寺院　(a)三角縁神獣鏡　(b)箸墓古墳　(c)四隅突出墳丘墓　(d)応神天皇　(e)⑦　(f)①　(g)羨道　(h)U字形　(i)③　(j)①高松塚古墳　②キトラ古墳

4. 氏姓制度と推古朝の政治

A. (1)―チ　(2)―ヌ　(3)―ヤ　(4)―ヨ　(5)―ク　(6)―マ　(7)―イ　(8)―ツ　(9)―カ　(10)―オ　(11)―ヘ　(12)―キ　(13)―レ　(14)―ホ　(15)―ノ　(16)―ム　(17)―リ　(18)―ル　〔設問19〕―ハ　〔設問20〕―ネ

〈解説〉　A. (8)大化の改新後に確立していった律令制国家。　(16)一時は天皇の権力をしのいでいた豪族。　(17)・(18)改新後国博士となった人物のこと。　(19)新羅遠征の断念後，遣隋使が派遣されているので軍事外交ではなく平和外交。

B. 1―(カ)　2―(サ)　3―(タ)　4―(ツ)　5―(オ)　6―(ミ)　7―(ネ)　8―(ホ)　9―(フ)　10―(ハ)　11―(ニ)　12―(キ)　13―(テ)　14―(ケ)　15―(ス)

5. 飛鳥文化

問1. A―538　B―物部守屋　C―エンタシス　D―鞍作鳥(止利仏師)　E―中宮　F―曇徴　問2. (イ)―道教　(ロ)―若草　(ハ)―南梁・2　(ニ)―密陀絵(漆絵)

〈解説〉　A. 元興寺縁起も538年としている。　C. 柱の太さの印象を柔らげるエンタシス様式のこと。　(イ)古墳時代には道教が伝えられていた。　(ニ)絵具を油にとかし，さらに密陀僧と呼ばれた一酸化鉛を加えた塗料で描いた油絵。玉虫厨子の絵を漆絵ということもある。

6. 改新後の歩み

(1)飛鳥浄御原　(2)屯倉　(3)田荘　(4)阿倍比羅夫　(5)白村江の戦い　(6)柿本人麻呂　(7)庚午　(8)大君　(9)皇親　(10)懐風藻

〈解説〉　(7)670年庚午の年に全国にわたる最初の戸籍として作成された。また，690年庚寅の年に飛鳥浄御原令に基づいて庚寅年籍が作成された。

7. 律令制度

設問い. A―養老　B―令義解　C―神祇官　D―判官　E―畿内　F―里長　G―大宰府　H―6　I―条里制　J―雑徭　設問ろ. イ―令集解　ロ―民部省　ハ―評

ニ―1段120歩　ホ―木簡　ヘ―官位相当　ト―蔭位

〈解説〉設問ろ―ハ．藤原宮跡から出土した木簡には「評」と表記されている。ニ．1段は360歩。

8. 白鳳・天平・弘仁貞観文化

〔問Ⅰ〕(1)―(I)・(M)　(2)―(B)・(E)　(3)―(G)・(L)・(O)　〔問Ⅱ〕(a)―(F)　(b)―(B)　(c)―(N)　(d)―(E)　(e)―(C)　〔問Ⅲ〕(1)―(h)　(2)―(f)　(3)―(j)

〈解説〉(J)は飛鳥大仏のこと。(b)藤原氏の氏寺＝興福寺。(c)法隆寺周辺の尼寺。(d)法華堂(三月堂)内にある。(e)秦河勝は太秦(うずまさ)の地に氏寺として広隆寺(こうりゅうじ)を建てた。(1)605年の作。(3)橘夫人の念持仏法隆寺阿弥陀三尊像は白鳳期の代表作の一つ。

9. 女帝

問1．A―蘇我馬子　B―物部守屋　C―推古天皇　D―山背大兄王　E―阿倍比羅夫　F―持統天皇　G―飛鳥浄御原令　H―出羽　I―古事記　J―大伴旅人　問2．ロ　問3．犬上御田鍬　問4．内臣　問5．庚寅年籍　問6．藤原京　問7．和同開珎　問8．東山道　問9．出雲　問10．ニ　問11．六国史

〈解説〉D．山背大兄王。J．当時大宰帥であった。家持の父。問2．太子は斑鳩の地(法隆寺のある地)に住んだ。問3．630年，犬上御田鍬が最初の遣唐使として派遣された。

10. 奈良・平安前期の政治

設問1．南家　設問2．山背〔城〕国　設問3．法華滅罪　設問4．重祚　設問5．下野国　設問6．志波城　設問7．清原夏野　設問8．橘逸勢　設問9．源信　設問10．阿衡　設問11．(a)盧舎那仏　(b)勘解由使　(c)検非違使　(d)大宰権帥　設問12．ア―17　イ―6　ウ―9　エ―18　オ―15　カ―5　キ―12　ク―11　ケ―3　設問13．21　設問14．23

〈解説〉設問10．阿衡は名のみで職掌を伴わないとして基経がおこした示威事件。

11. 平安初期の仏教

ア―14　イ―2　ウ―19　エ―15　オ―16　カ―8　キ―3　ク―22　ケ―21　コ―17　サ―18

設問a．伝教　設問b．教王護国寺　設問c．入唐求法巡礼行記　設問d．寺門派　設問e．室生寺

12. 摂関政治

1―ヌ　2―オ　3―ヨ　4―ト　5―ム　6―ウ　7―ヤ　8―ル　9―イ　10―ラ　11―タ　12―リ　13―ヲ　14―ク　15―ネ　16―カ　17―ノ　18―ツ　19―マ　20―キ

〈解説〉1．彼の日記を『御堂関白記』という。11．宇多上皇は寛平御遺誡を残した。最後まで残しておけば，延喜に先立ち，かつそれに最も近い元号で答えればよいと推測できよう。

13. 荘園制の展開

問1．1―(5)　2―(13)　3―(9)　4―(23)　5―(19)　6―(18)　7―(1)　8―(12)　9―(14)　10―(16)　11―(17)　12―(21)　13―(20)　14―(29)　15―(15)　16―(32)　17―(33)　18―(35)　問2．検田使

〈解説〉16．中央政府から太政官符や民部省符によって不輸の特権を認められた荘園。

14. 土地制度に関する史料

問1．(A)―(8)　(B)―(14)　(C)―(2)　(D)―(16)　問2．a―(2)　b―(8)　問3．(1)　問4．a―(2)　b―(6)　問5．(2)　問6．a―(1)　b―(2)　c―(8)　d―(6)　問7．e―(2)　f―(3)　g―(5)　問8．①―a　②―1069年　③―ロ　④―国衙領などの国有の土地　⑤―藤原頼通　⑥―ニ　⑦―c　⑧―後三条天皇　⑨―寄進　⑩―慈円　⑪―(延久の)宣旨枡

〈解説〉問1．A．「罷めよ」で公地公民をめざしていることがわかる。B．「永年取る莫れ」で永年私財化を認めている。C．「嫡々相伝の次第なり」で寿妙は開発領

主 だ と わ か る 。 D．「一ノ所ノ御領々々」・「受領ノットメタヘガタシ」で寄進地系荘園の急増ぶりがわかる。 問5．墾田を政府がとりあげた(収公)した。 問8．⑤彼の別荘が宇治平等院となった。⑦ c ．国司が子弟を知行国主にすることはあり得ない。

15. 藤原文化

a ．歌合 b ．平がな c ．片かな d ．空也 e ．往生要集 f ．日本往生極楽記 g ．法成寺 h ．寝殿造 i ．大和絵 j ．蒔絵 k ．束帯 l ．直衣・狩衣 m ．女房装束 問1．(ア)古今和歌集 (イ)藤原公任 (ウ)伊勢物語 (エ)蜻蛉日記 (オ)和泉式部日記 (カ)枕草子 問2．ウ 問3．ウ 問4．イ 問5．ア―富貴 イ―伴大納言絵巻 ウ―信貴山縁起 エ―扇面 オ―平家納経

〈解説〉 問3．ウは「観想念仏」といい，阿弥陀仏を前に念仏三昧の境地にひたることで，より浄土に近づけるとした。このため道長をはじめとして貴族たちによる阿弥陀堂の建立が広がったのである。イは「称名念仏」といい，これだけで往生できるとしたのは鎌倉時代，法然の浄土宗である。アは誤文。加持祈禱で求めたのは現世利益である。 問4．紫式部は中級貴族の出身。

16. 院政と武士の台頭

A．A―⑫ B―② C―⑱ D―⑤ E―⑭ F―⑯ G―⑬ H―㉙ I―⑮ J―㉝ K―㊲ L―㉟ M―㉚ N―㊱ O―㉜
B．1―郎党 2―家子 3―滝口の武士 4・5―押領使・追捕使 6―棟梁 7―平将門 8―安倍 9―清原 10―義家 11―院 12―平忠盛 13―保元 14―平治 15―平清盛

〈解説〉 A．M―僧兵による強訴がたびたび行われた。

17. 古代政治史

設問1． 1―5 2―27 3―15 4―12 5―28 6―23 7―19 8―24 9―51 10―8 11―10 12―44 13―17 14―43 15―35 16―52 17―7 18―47 19―20 20―32 21―37 22―39 23―33 24―13 25―41 26―49 27―31 28―48 29―40 30―1 設問2．5

〈解説〉 A．9～10世紀 B．8世紀 C．11世紀後半 D．7世紀後半の天武朝 E．平安初期の9世紀前半 F．7世紀半ばの改新～天智朝

18. 古代外交史

設問1．ア―光武 イ―生口 ウ―楽浪 エ―帯方 オ―聖明 カ―観勒 キ―煬帝 ク―円仁 ケ―往生要集 コ―女真 サ―刀伊 シ―栄西 ス―大輪田 設問2．(1)くみひも (2)壱与(台与) (3)―④ (4)―② (5)―元興 (6)―⑨ (7)―国博士 (8)―⑫ (9)―⑱ (10)―㉓・㉕ (11)―㉗・㉙ (12) A―㉟ B―㊲ (13)―小右記

〈解説〉 (10)・(11)日本と新羅・渤海との交流は意外に頻繁であった。

19. 都城の変遷

1―大化の改新 2―694 3―耳成 4―藤原京 5―平城京 6―長安 7―条坊 8―羅城門 9―京職 10―市司 11―興福寺 12―滋賀 13―長岡 14―比叡 15―南

20. 古代の仏教

問1．A―(ヘ) B―(ト) C―(ナ) D―(ヲ) E―(タ) F―(チ) G―(ツ) H―(カ) I―(ヌ) J―(ホ) あ―(1) い―(15) う―(21) え―(23) お―(17) か―(20) き―(14) く―(12) け―(8) こ―(4) さ―(10) 問2．(Ⅰ)―(g) (Ⅱ)―(e) (Ⅲ)―(c) (Ⅳ)―(f)

21. 原始・古代の祭祀と神道

問1．土製品―リ 石製品―ロ 問2．イ 問3．ヘ 問4．チ 問5．ル 問6．住吉大社(神社) 問7．(1)―アニミズム(自然崇拝) (2)―水稲(稲作) (3)―銅鐸 (4)―三輪山 (5)―沖ノ島 (6)―春日 (7)―本地垂迹

〈解説〉 菜畑遺跡は佐賀県唐津市にある最も古い稲作遺跡。独鈷石は縄文時代の磨製石器で，両端に石斧のようなものをもち，中央に柄をつけてツルハシのような使い方に適する。石鍬は，弥生時代の東日本で鍬先として用いられたと考えられる。鍬形石は，古墳時代の碧玉製腕飾りのこと。子持勾玉は，大型の勾玉形の突起をもつものをいい，古墳時代の祭祀用具と考えられている。

22. 古代の寺院

〔問Ⅰ〕（A）―(13)　（B）―(5)　（C）―(6)　（D）―(5)　（E）―(11)　（F）―(12)　（G）―(4)　（H）―(7)　（I）―(8)　（J）―(10)　〔問Ⅱ〕（a）―(9)　（b）―(13)　（c）―(5)　（d）―(1)　（e）―(6)　（f）―(11)　〔問Ⅲ〕（1）―(D)　（2）―(B)　（3）―(A)　（4）―(G)

〈解説〉 (A)西大寺の創建者は称徳天皇。

23. 古代美術史

設問1．1．〔ⅴ〕　2．〔ⅰ〕　3．〔ⅲ〕　4．〔ⅳ〕　5．〔ⅱ〕　設問2．A―ち　B―け　C―さ　D―ぬ　E―お　F―し　G―う　H―と　I―た　J―あ　K―く　L―ね　M―す　N―て　O―に

〈解説〉 3．翻波式と平安初期の山岳寺院の最古の金堂に注目。 5．神が仏の姿であらわれるという信仰に注目。

24. 古代の遺跡

A．問1．①―藤原清衡　②―源義家　③―(高野山)金剛峰(峯)寺　④―白村江　⑤―新皇　⑥―玄昉　⑦―源義朝　⑧―紀伝道(文章道)　⑨―田堵　⑩―後漢　⑪―支石墓　⑫―岩宿遺跡　問2．(ア)―B　(イ)―L　(ウ)―H　(エ)―E　(オ)―P　(カ)―N　(キ)―P　(ク)―J　(ケ)―O　(コ)―D　問3．(ウ)・(オ)

〈解説〉 (エ)下総国猿島。 (オ)「遠の朝廷」とは大宰府のこと。 (カ)は厳島神社の平家納経のこと。 (ケ)志賀島。 (コ)群馬県岩宿遺跡。

B．設問1．3　設問2．1　設問3．1　設問4．1　設問5．2　設問6．3　設問7．3　設問8．4　設問9．1　設問10．4　設問11．1　設問12．石上神宮七支刀

25. 古代史に関する史料

(a) A―8　B―11　C―9　D―18　E―6　(b) F―16　G―9　H―13　I―4　J―18　(c) 平壌(ピョンヤン)　(d)―107年　(e)―陳寿　(f)―雄略天皇　(g)―小野妹子　(h)―評　(i)―恵美押勝(藤原仲麻呂)　(j)―三世一身の法　(k)―華厳経　(l)―受領

〈解説〉 〔7〕「六十日」以内ということに注目。 (i)雑徭は757年に恵美押勝の時に30日に減ぜられ，のち旧に復し，桓武天皇の時795年にまた半減された。 (k)華厳宗の東大寺に大仏(盧舎那仏)が造られた。

Ⅱ 中　世

1. 鎌倉幕府の成立

問1．イ―5　ロ―8　ハ―13　ニ―14　ホ―20　ヘ―3　ト―21　チ―7　リ―17　ヌ―28　ル―17　ヲ―23　ワ―3　カ―17　ヨ―18　問2．(1)―①　(2)―⑤　(3)―⑥　(4)―⑥　(5)―③　(6)―④

2. 承久の乱と執権政治

A．1―(キ)　2―(ソ)　3―(オ)　4―(サ)　5―(ニ)　6―(カ)　7―(ヌ)　8―(ハ)　9―(チ)　10―(イ)　11―(テ)　12―(セ)　13―(エ)　14―(ク)　15―(ヒ)

B．問1．1―⑾　2―⒆　3―(1)　4―(9)　5―(8)　6―⒁　7―⒄　問2．a―道理　b―評定衆　c―新補地頭　d―御成敗式目(貞永式目)　e―引付衆

3. 御成敗式目

A．1―サ　2―ヘ　3―ハ　4―ツ　5―ウ　6―ニ　7―コ　8―セ　9―キ　10―ノ

B．1―⑤　2―⑤　3―②　4―③　5―①　6―⑤　7―③　8―②　9―⑤　10―①

4. 鎌倉時代の仏教

A．問1．A．悪人正機説　B．浄土真宗〔一向宗〕　C．踊念仏　D．一遍上人絵伝　E．題目　F．国難〔他国侵逼〕　G．興禅護国論　H．永平寺　I．叡尊〔思円〕　J．忍性　問2．①—イ　②—ロ　③—イ　④—ハ　⑤—イ

〈解説〉　忍性(にんしょう)は，鎌倉極楽寺(ごくらくじ)の中興と言われる僧であるが，彼が建てた病人の救済施設「北山十八間戸(けん)」は，奈良にあったので混乱しないこと。

B．問1．(1)歎異抄　(2)悪人正機　(3)教行信証　問2．(a)—ネ　(b)—リ　(c)—ム　(d)—ヨ　(e)—ハ　(f)—カ

5. 鎌倉時代の文化

A．問1—1　問2—2　問3—4　問4—5　問5—1　問6—5

B．問1．1．無著　2．康弁　3．快慶〔湛慶・定覚〕　4．臨済宗　5．曹洞宗　6．重源〔俊乗坊〕　7．大仏様〔天竺様〕　8．円覚寺　9．禅宗様〔唐様〕　10．和様　問2　(1)—ト　(2)—チ　(3)—リ　(4)—○　(5)—ニ

〈解説〉　B　平安時代の仏師定朝の孫頼助の系統で，平安末〜鎌倉初期に出た南都仏師の一人が康慶。その弟子が快慶。康慶の子が運慶。運慶の第1子，湛慶。第2子，定慶(康運)。第3子，康弁。第4子，康勝。

6. 鎌倉時代の産業と経済

1—(さ)　2—(て)　3—(た)　4—(え)　5—(こ)　6—(そ)　7—(ひ)　8—(に)　9—(う)　10—(つ)　11—(へ)　12—(な)　13—(き)　14—(あ)　15—(ね)

7. 蒙古襲来と御家人社会の変質

A．1—19　2—28　3—25　4—24　5—23　6—14　7—30　8—3　9—11　10—7　11—1　12—9　13—29　14—17　15—6　16—33　17—35

B．問1．永仁の徳政令　問2．1—キ　2—エ　3—イ　問3．(a)所領の質入と売買　(b)イ　(c)ア　(d)ウ　(e)借上

8. 建武の新政と南北朝の対立

A．問1．1．大覚寺　2．記録所　3．北条高時　4．正中　5．武者所　6．建武式目　7．足利義満　問2．1333年　問3．引付衆　問4．りんじ　問5．建武年間記　問6．中先代の乱　問7．光明天皇　問8．(イ)梅松論　(ロ)神皇正統記

B．A—エ　B—ウ　C—キ　D—ス　E—シ　設問1—オ　設問2—ア　設問3—ア　設問4—オ　設問5—エ

〈解説〉　卿相雲客　卿相は公卿，大臣。雲客は昇殿を許された人。つまり，公卿や殿上人。

9. 室町幕府の成立と推移

A．問1—(c)　問2—(c)　問3—(a)　問4—(d)　問5—(b)　問6—(e)　問7—(e)

B．問1．(1)高師直　(2)細川頼之　(3)下地中分　(4)京都　(5)室町　問2．(ア)楠木正成　(イ)半済　(ウ)倉役　(エ)酒屋役　(オ)土岐康行

〈解説〉　A．⑦　15世紀前半に起こった永享の乱(1438〜39年)時における将軍は足利義教。　B．(2)　細川頼之は，足利尊氏およびその子義詮の臣。管領(1367〜79年の間)として幼時の足利義満を補佐。

10. 日明貿易と周辺との交流

A．(1)：(a)応永　(b)李成桂　(c)2・3・5　(2)：(d)3　(e)尚巴志　(f)2　(3)：(g)十三湊　(h)安東　(i)コシャマイン　(j)松前

B．1—3　2—2　3—5　4—3　5—2　6—4　7—1　8—1　9—5　10—2　11—2　12—1　13—5　14—1・3・4　15—4・5・6

〈解説〉　A．(1)海禁(海禁政策)　中国の明・清時代の基本的な外交政策。一般の中国人の海外渡航・海上貿易を禁止し，外国との貿易は許可された国と決められた港で行う政策。B．問12は難解。開元通宝　中国唐代の貨幣。和同開珎の手本となったとされる。

11. 郷村制の成立と都市の発達

A．1—(エ)　2—(ソ)　3—(コ)　4—(ナ)　5

—(ニ)　6—(ウ)　7—(ツ)　8—(チ)　9—(ネ)　10—(ト)
B．問1—イ　問2—エ　問3—ウ　問4．(a)堺　(b)博多　(c)町衆　(d)祇園祭
〈解説〉B．問1．宇治・山田は，それぞれ伊勢神宮内宮・外宮の門前町。問2．知っていることだけでは解答できないような内容の場合は，確実に間違っているものを，学習した知識をフルに使って探すようにしてみよう。一向宗の吉崎道場は越前。

12. 室町時代の文化
A．設問．1．足利義満　2．観阿弥・世阿弥　3．風姿花伝〔花伝書〕　4．五山制度〔五山・十刹の制〕　5．書院造　6．山水河原者　7．栄西　8．備前焼　9．茶室　10．長船長光
B．問1．a—オ　b—イ　c—テ　d—タ　問2．a—コ　b—オ　c—ケ

13. 中世の一揆
A．1—(ク)　2—(ノ)　3—(フ)　4—(コ)　5—(ス)　6—(エ)　7—(シ)　8—(ハ)　9—(ヘ)　10—(チ)　11—(ツ)　12—(ネ)　13—(ナ)　14—(キ)　15—(ケ)
B．問1．(a)—(9)　(b)—(14)　(c)—(6)　(d)—(9)　(e)—(1)　(f)—(10)　(g)—(4)　問2．(1)—(9)　(2)—(4)　(3)—(1)　(4)—(6)　問3．(A)—15 a　(B)—15 c　(C)—14 b

14. 中世の戦闘
問1—ア　問2—イ　問3—エ　問4—イ　問5—ア　問6—オ　問7—ウ　問8—ウ　問9—エ　問10—イ　問11—ウ　問12—ア　問13—ウ
〈解説〉問1．信貴山縁起絵巻　平安時代末期の作品。春日大社は藤原氏の氏神。関東の鹿島・香取神社などの祭神を奈良時代に迎え，平安末に興福寺の支配下に入る。

15. 戦国大名
A．(1)—ニ　(2)—ロ　(3)—イ　(4)—ニ　(5)—ホ　(6)—ホ　(7)—ニ　(8)—イ　(9)—ロ
B．問1．オ　問2．指出（検地）　問3．貫高制　問4．寄親寄子

C．A．1—d　2—g　3—e　4—h　5—c　6—j　B—e　C—j　D—h　E—i　F—a　G—a・f　H—d・h
〈解説〉C　A．ヒントになる語としては，八代，蘆北，赤間関（下関），駿遠両国，しほかま，一乗谷などの地名や晴信などの人名がある。語群fの「新加制式」は，阿波・讃岐・淡路を支配した三好氏の分国法。

16. 中世経済史
設問ア．草木灰　イ．荏胡麻　ウ．紺屋〔藍染屋・青屋〕　エ．見世棚　オ．座役　カ．為替，借上　キ．1　ク．3　ケ．5　コ．早稲，2　サ．竜骨車　シ．下肥〔人糞尿〕　ス．3　セ．3　ソ．連雀商人　タ．2　チ．5　ツ．4・5　テ．私鋳銭　ト．撰銭　ナ．2・10　ニ．馬借　ヌ．廻船

17. 中世文化史
〔設問A〕a．平家物語　b．沙石集　c．海道記　d．一遍上人絵伝　e．重源　f．枯山水　g．相国寺　h．洛中洛外図　i．喫茶養生記　j．備前焼　〔設問B〕ア—12　イ—31　ウ—18　エ—10　オ—16　カ—21　キ—7　ク—24　ケ—27　コ—4　サ—19　シ—5　ス—26　セ—2　ソ—13

18. 中世宗教史
〔設問A〕a．悪人正機説　b．円伊　c．法華経　d．元亨釈書　e．北山十八間戸　f．本地垂迹説　g．唯一神道　h．桂庵玄樹　i．御文〔御文章〕　j．長谷川等伯　〔設問B〕ア—3　イ—10　ウ—11　エ—14　オ—26　カ—27　キ—25　ク—16　ケ—12　コ—5

19. 中世対外関係史
設問．①李成桂　②尚巴志　③宗　④刀伊　⑤三浦　⑥カ—6　キ—5　ク—9　⑦ケ—4　コ—7　サ—10　シ—8　⑧3

20. 中世史総合
(b)—7　(c)—4　(e)—11　設問．ア．1　イ．4　ウ．新補率法　エ．引付衆　オ．延喜　カ．持明院統　キ．高師直　ク．酒

屋　ケ．3→2→1　コ．分国法　サ．関東管領　シ．4

III 近世

1. ヨーロッパ人の来航

A．問1—⑤　問2—⑤　問3—③　問4—②　問5—②　問6—④　問7—①　問8—③　問9—⑤

B．問1．ア—1549　イ—フランシスコ＝ザビエル　ウ—大内義隆　エ—ガスパル＝ヴィレラ　オ—足利義輝　問2．イエズス会(耶蘇会)　問3．大友義鎮(宗麟)　問4．『日本史』　問5．南蛮寺　問6．ヴァリニャーニ(バリニャーノ)

〈解説〉　A．問1．①足利義晴　12代将軍。②足利義政　8代将軍，銀閣を造営。③足利義栄　14代将軍。④足利義尚　9代将軍，母は日野富子。⑤足利義輝　13代将軍，松永久秀に殺された。足利氏の系図で再確認しておこう。問7の大村・有馬・大友らの派遣した天正遣欧使節は，ローマ法王グレゴリウス13世と謁し，1590年に帰国した。問9の長篠合戦では，1000挺（3000挺とする史料もある）の鉄砲が使われたという。

2. 織田・豊臣政権

A．問1—17　問2—9　問3(a)—30　(b)—12　問4—7　問5(a)—24　(b)—18　問6—19　問7(a)—2　(b)—25　問8—4　問9—y

B．問1—エ　問2—イ　問3—イ　問4—オ　問5—エ　問6—ロ　問7—ニ

C．イ．1—2　2—3　3—7　4—9　5—2　6—9　7—0　ロ．2

D．1—ソ　2—ウ　3—シ　4—キ　5—イ　A—刀狩　B—石盛　C—一地一作人　D—太閤検地　E—兵農分離

E．問1．バテレン追放令　問2．博多　問3．ヴァリニャーニ(バリニャーノ)　問4．貿易とキリスト教布教を不可分とする南蛮人との貿易を秀吉は奨励したので，キリスト教禁止は不徹底となったため。

F．問1．(1)名護屋　(2)小西行長　(3)釜山　(4)李舜臣　(5)日本国王　問2．〈日本〉文禄の役　〈韓国〉壬辰倭乱　問3．ソウル　問4．義兵　問5．〈日本〉慶長の役　〈韓国〉丁酉倭乱　問6．陶磁器　問7．通信使　問8．新井白石　問9．己酉約条

〈解説〉　A．〈Ⅱ群〉の文之玄昌は織豊期〜江戸初期の文筆にすぐれた臨済僧。織田信長がキリスト教布教を認めた背景には国内の信長に反対する仏教勢力を抑制しようとの意図もあった。B．問5の長浜城は羽柴秀吉の居城，あとは信長の居城。B・D　太閤検地以前は信長も含めて指出検地（申告制）だったが，太閤検地は一律の基準（検地条目）に基づき中央から派遣された役人が直接検地するもの。石高制に基づき，実際の耕作者（作人）を納税者として検地帳に記載する一地一作人の原則に基づき，作人は領主に直接把握されることになり，名主らの中間搾取（作合）は否定され，一つの土地に権利関係が複雑にからんだ荘園制は完全に消滅した。1591年に身分統制令が出され，1592年の人掃令で身分は固定化された。この人掃令は一種の戸口調査で朝鮮出兵に動員するための調査であった。　E．史料の黒船はポルトガル船のことで，伴天連は外国人宣教師のこと。

3. 桃山文化

A．ア—城郭　イ—茶の湯　ウ—南蛮　エ—山城　オ—書院造　カ—本丸　キ—障壁画　ク—狩野　ケ—長谷川等伯　コ—蒔絵　サ—千利休　シ—妙喜庵待庵　ス—出雲阿国　セ—三味線　ソ—人形浄瑠璃

B．問1．オ　問2．ア　問3．イ　問4．エ　問5．オ　問6．イ　問7．ウ

4. 近世の日朝関係

ア—町衆(豪商)　イ—大名　ウ—明　エ—宗　オ—名護屋　カ—義兵　キ—豊臣政権　ク—文禄・慶長　ケ—萩焼　コ—有田焼　サ—朝鮮通信使(通信使)　シ—貝原益軒

ス―己酉約条　セ―雨森芳洲　ソ―対馬
〈解説〉　名護屋は，肥前(現佐賀県)。義兵は，朝鮮の地主らを指導者として結成された抗日私兵集団。雨森芳洲(1668―1755)は木下順庵門下の朱子学者で，対馬藩に仕え朝鮮との外交を担当。新井白石の通信使待遇簡素化に反対した人物。

5. 江戸幕府の成立

A．設問1．①駿府　②方広寺　③一国一城令　④禁中並公家諸法度　⑤京都所司代　⑥代官　2．美濃国(岐阜県)　3．イ　4．大坂夏の陣　5．1635年(寛永12年)　6．福島正則　7．井伊直弼　8．エ　9．荻原重秀　10．大岡忠相　11．ウ
B．1―G　2―N　3―K　4―O　5―H　6―F　7―C　8―H　9―K　10―N
〈解説〉　B(イ)　Gの明正は明正天皇で後水尾天皇の娘。後水尾天皇退位のあと即位。Iの孝明は幕末の天皇。J．円空は，江戸時代の仏師。L．中山みきは江戸後期～明治期の人で天理教教祖。O．不受不施派は日蓮宗の一派で法華を信じない者から施しを受けず，また施さないとする派で江戸幕府に弾圧された。

6. 初期外交と鎖国

①―×　②―ロ　③―ロ　④―イ　⑤―イ　⑥―ハ　⑦―イ　⑧―ハ　⑨―イ　⑩―ロ

7. 農村と農民統制

A．ア―自給自足　イ―名主(庄屋，肝煎)　ウ―組頭　エ―百姓代　オ―五人組　カ―犯罪(一揆・キリシタンなど)　キ―水吞百姓(無高百姓)　ク―名子・被官・家抱など　ケ―本途物成　コ―小物成　サ―高掛物　シ―助郷役　ス―田畑永代売買の禁止令　セ―分地制限令　ソ―田畑勝手作りの禁　タ―灌漑　チ―新田開発　ツ―干鰯　テ―商品　ト―綿花　ナ―貧富の差　ニ―百姓一揆　ヌ―豪農　ネ―村方騒動　ノ―マニュファクチュア(工場制手工業)
〔A〕　1―a・c・f　2―(i) e　(ii) a　3―c・f・e　4―問屋制家内工業
〔B〕　村落共同体の構成員としての相互扶助的な側面と幕府の封建支配の末端をになう側面。(39字)
B．問1．(1)―(え)　(3)―(い)　(4)―(あ)　(5)―(か)　問2．(い)　問3．1872年　問4．(か)
〈解説〉　A．江戸時代の農村では，農業が発達し貨幣経済が農村に入りこんでくると，農民層は分解し，貧しい農民と豊かな農民に分かれ，貧しい農民はやがて土地を手放し，水吞百姓に転落する者が出現する。反面，土地を集積して豪農・大地主になっていく者も出た。B．下線部(1)五人組制度　(3)田畑永代売買の禁止令　(4)分地制限令　(5)慶安の触書　問1(あ)は1673年の分地制限令。4代将軍家綱。(い)1643年の田畑永代売買の禁止令。(う)「本佐録」(家康の家臣・本多佐渡守正信が秀忠に呈した建議書)の一部で，為政者の農民観をよく示すものとして知られる。(え)は五人組帳前書。五人組制度は寛永年間にほぼ整備されたという。(お)は1713(正徳3)年に改正された分地制限令。(か)は慶安の触書の一部である。

8. 幕藩体制と産業の発達

設問1．ア．天領(幕領)　イ．禁裏御料(禁裡御料)　ウ．禁中並公家諸法度　エ．本途物成(本年貢)　オ．金肥　カ．上方(地曳網)　キ．入浜　ク．北前船　設問2．(1)南禅寺(金地院)・崇伝　(2)陪臣　(3)勘定奉行　(4)名子(被官・家抱)　(5)結　(6)鴻池新田(紫雲寺潟新田)　(7)大蔵永常　(8)別子銅山　(9)1635年の武家諸法度　(10)板橋　設問3．A―⒄　B―⒀　C―(51)　D―(32)　E―(36)　F―(40)　G―(50)　H―⒃　I―(39)　J―(28)　K―(21)　L―(48)　M―(20)　N―(23)　O―(24)

〈解説〉　幕藩体制のもとで農業をふくめて諸産業はどのように発達していったかを理解する。(イ)禁裏御料は，家康のとき1万石，その後，秀忠のとき1万石，綱吉がさらに1万石を加増して計約3万石となった。

産業面では，江戸より大坂・上方の方が発達しており，品質も良かったので上方からの物産(下り荷・下り物)は大変珍重された。やがて江戸中期以降，江戸・関東の産業も発達してゆき江戸地廻り経済圏も形成されていった。

9. 交通の発達
設問A．①出女　②菱垣廻船　③河村瑞賢　④角倉了以　設問B．(a)和宮　(b)助郷役　(c)問屋場　(d)南海路　(e)北前船　設問C．アー5　イー7　ウー9　エー4

10. 商品・貨幣経済の発達
問1．エ　問2．ウ　問3．ア　問4．秤量貨幣　問5．オ　問6．新貨条例　問7．オ　問8．イ　問9．エ　問10．イ　問11．ウ　問12．ア　問13．オ　問14．エ

11. 文治政治の展開
問1．④　問2．②　問3．①　問4．③　問5．①　問6．⑤　問7．③　問8．②　問9．④　問10．④　問11．①　問12．③　問13．②

〈解説〉問7③「一度だけ」が誤り。問8②「南村梅軒がおこした南学」ではなく「藤原惺窩の京学」。問11①享保・正徳は慶長とほぼ同じ品位(金の含有量)と量目(重さ)であった。他のものは貨幣悪鋳のため品位も量目も劣った。

12. 元禄文化
設問a．1　b．3　c．3　d．1　e．菱川師宣　f．住吉具慶　g．林鳳岡(信篤)　h．西山宗因　i．1　j．2　k．中井竹山　l．石田梅岩　m．宮崎安貞　n．吉田光由　o．2　p．坂田藤十郎　q．1　r．1　s．稲村三伯　t．2

13. 幕藩体制の動揺と幕政改革
A．(イ)紀伊　(ロ)新田開発　(ハ)株仲間　(ニ)浅間山　B．〔あ〕—c　〔い〕—e　〔う〕—a　〔え〕—d　C．1．検地帳に田畑屋敷所持を記載され，年貢諸役負担義務をもつ農民。(30字)　2．定免法　3．大坂堂島　4．徳川家治　5．(i)赤蝦夷風説考　(ii)工藤平助　6．(i)大黒屋光太夫　(ii)ゴローウニン　7．米商人と結んだ江戸廻米優先策。(15字)　(ii)平田篤胤　8．郡内騒動

〈解説〉8代将軍吉宗は大坂堂島の米市場を公認するなど米価調節に努めたので「米将軍」と呼ばれた。

14. 享保の改革
1—ウ　2—キ　3—チ　4—ソ　5—シ　6—ケ　7—イ　8—カ　9—ト　10—ツ

〈解説〉吉宗は，幕府の財政赤字を解消するため，倹約令を出し，農本主義の立場から農民からの年貢収奪に主力を注いだ。一時，改革は成功したが，大飢饉の発生や百姓一揆の続発など問題は多かった。

15. 田沼の政治と寛政の改革
ア—側用人　イ—年貢増徴　ウ—商品経済　エ—株仲間　オ—運上・冥加　カ—座　キ—賄賂　ク—蝦夷地　ケ—ロシア　コ—手賀沼　サ—打ちこわし　シ—囲米　ス—義倉　セ—町入用　ソ—人足寄場　タ—棄捐令　チ—湯島聖堂(聖堂学問所)　ツ—昌平坂学問所(昌平黌)　テ—洒落　問1—3　問2—1　問3—4　問4—5　問5—2　問6—3　問7—4　問8—1　問9—4　問10—5　問11—3

〈解説〉田沼は，享保・寛政・天保の改革とちがい，幕府財政赤字解消のため，商業資本(商人)と結ぶことにより，これを利用して利益を吸いとり収入増を図った。このため商人と結び，金権政治との批判をうけた。譜代大名や親藩などの門閥保守層の反発をうけ，失脚。このあと登場する松平定信は田沼を失脚させた保守派の代表格である。この定信は，享保の改革と同じ路線をとっていくが，失敗する。

16. 文化・文政時代
設問1—ア　2—エ　3—ウ　4—ウ　5—エ　6—イ　7—ア　8—ウ　9—エ　10—イ

〈解説〉文化・文政時代には華やかに文化が展開したが，政治は混乱し，幕府財政

は窮乏化し，特に関東地方の治安は悪化し，関東取締出役が設置されたり，改革組合村が設置されたりした。

17. 天保の改革と諸藩の改革
A．a―ネ　b―オ　c―サ　d―チ　e―ト　f―キ　g―セ　h―ソ　i―ヌ　j―ウ　問．大塩平八郎の乱
B．問１．A―⑭　B―⑲　C―㉓　D―⑦　E―⑩　F―⑫　G―⑮　H―⑯　I―⑳　J―㉔　K―⑤　L―③　M―㉒
問２．(a)―㉑　(b)―⑦　(c)―㉜　(d)―㉔　(e)―⑪　(f)―㉙　(g)―㊱　(h)―⑯　(i)―①　(j)―㉝　(k)―⑬　(l)―④

〈解説〉天保の改革の背景には，元幕府の役人が大坂で起こした大塩の乱が，幕府に大きな衝撃を与えたことがあることを理解する。この改革は，基本的には享保・寛政の改革と同じ路線であり，水野その人や上知令への反発もあり，失敗に終わった。しかし，同時期に行われた薩摩，長州，佐賀，土佐藩など西南諸藩の藩政改革は成功した。やがて，この成功が幕末に西南雄藩が倒幕勢力になっていくことにつながっていく。

18. 幕政改革
問１―(3)　問２―(1)　問３―(2)　問４―(4)　問５―(1)　問６―(3)　問７―(5)　問８―(4)　問９―(4)　問10―(2)　問11―(7)　問12―(8)　問13―昌平坂学問所(昌平黌)

〈解説〉幕政改革を史料から問うたもの。史料問題を解く場合，史料の中には必ずヒントがかくされているので，そのヒントになる語句を見つけ出すことに慣れておこう。

19. 琉球と蝦夷地
I　問a―③　問b―⑤　問c―①
II　(1) 設問a―2・5　設問b―シャクシャイン　(2) 設問c―赤蝦夷　設問d―2・3　設問e―間宮海峡

〈解説〉琉球は，14世紀中頃に3王国に分立していたが，1429年に尚巴志が統一して琉球王国を形成。明へ朝貢し，日本・中国・南海諸国間を往復し，中継貿易である琉球貿易を行なった。その後薩摩の島津家久が派兵して征服，島津氏に服属。日明両属となった。島津は琉球を介した密貿易で巨利を得た。蝦夷地は石高わずか1万石で耕地に乏しかったので松前藩は幾つかの場所（商場）を上級家臣に知行地として与える商場知行制をとったが，江戸後期にはその場所を内地の商人に請負わせる場所請負制を実施した。またアイヌは松前藩の収奪と和人の侵略に対抗し，しばしば蜂起した。

20. 化政文化
A．〔設問A〕　a．1　b．近松門左衛門　c．大田南畝　d．フェートン号事件　e．1　f．恋川春町　g．上田秋成　h．司馬江漢　i．菅江真澄　j．1　k．3　l．鈴木牧之　m．庭訓往来　n．佐藤信淵　〔設問B〕　ア―7　イ―2　ウ―13　エ―10　オ―18　カ―16
B．(c)

〈解説〉k．3．武野紹鴎は堺の町衆で信長・秀吉以前の茶人。

21. 近世の学問・思想
問１．1―カ　2―ウ　問２―ウ　問３―イ　問４―イ・エ　問５―(1)　3―ウ　4―キ　(2)―ケ　問６―オ　問７．(1)―イ　(2)―カ　(3)―ウ　問８―ア・ウ　問９．設問１ (1)―エ　(2)―カ　設問２ (1)―カ　(2)―ク

〈解説〉江戸時代，学問の中心は儒学で，その中でも幕府は朱子学を採用した。しかし，現実に対応できず，形式的だったので元禄期以降，朱子学以外の儒学が発達し，陽明学・古学など様々な学派が生まれた。さらに吉宗のころからは実用面を中心に蘭学も発達し，さらには封建制度を批判する思想まで生まれたが，実際には倒幕理論にはなりえなかった。この問題で，江戸の学問・思想のアウトラインをつかんで，さらに深く学習しておこう。

22. 蘭学・洋学の発達
問1．青木昆陽　問2．蘭学　問3―イ　問4―エ　問5―オ　問6―エ　問7―エ　問8―イ　問9―イ　問10―ア

〈解説〉蘭学はどのように発展していったかを理解する。実用的な面に発展したことがわかる。

23. 江戸後期の新しい思想
A．a―ヨ　b―ナ　c―カ　d―タ　e―ツ
B．設問1．1―18　2―蝦夷　3―開　設問2．田沼意次，林子平

24. 民間信仰と庶民教育
A．問a―②　問b―③　問c―⑤　問d―②　問e―⑤　問f―②　問g―②　問h―③　問i―①　問j―⑤
B．1―ソ　2―ヒ　3―シ　4―ノ　5―ヌ　6―エ　7―ケ　8―フ　9―ニ　10―タ

〈解説〉儒学が発達し，幕府や藩でも武士の教育機関が続々設置された。一方，庶民の間でも「読み・書き・そろばん」を中心とした実用的な教育内容の寺子屋などの教育機関が生まれた。多くの仮名書が刊行された背景には民衆の教育の普及があったことが考えられる。

25. 飢饉と一揆
A．(1)天保　(2)イ．沢庵　ロ．明正天皇　(3)川越　(4)逃散　(5)イ．陣夫役　ロ．軍役　(6)勧農　(7)イ．虫送り　ロ．鯨油　(8)青木昆陽　(9)浅間　(10)日雇(日用)　(11)イ．社倉　ロ．七分積金　(12)村方騒動　(13)五品江戸廻送令　(14)イ．農兵　ロ．江川太郎左衛門(英竜)　ハ．土方歳三
B．問1―(d)　問2―(c)　問3―(a)　問4―(e)　問5―(d)　問6―(b)　問7―(b)　問8―(b)　問9―(e)　問10―(a)

〈解説〉江戸時代には大飢饉がよく発生した。これに対し幕府や藩は，囲い米や社倉・義倉で貯穀をして備えたり，減免・救済・穀物払い下げ・救小屋の設置など対策をとった。農民は，過重な年貢賦課や村役人の不正，高利貸資本の圧迫などに集団で反抗した。これが百姓一揆で，時期や性格により代表越訴型一揆，惣百姓一揆，世直し一揆などに区分できる。都市の下層民が豪商・金融業者・米商人を襲い家財や家屋を破壊したことを打ちこわしといい，天明の打ちこわしが有名である。

26. 列強の接近と対応策
A．①―J　②―E　③―H　④―C　⑤―F　⑥―B　⑦―A　⑧―D　⑨―G　⑩―I
B．問1．ロシア人　問2．朝鮮　問3．本多利明　問4．経済要録　問5．尚歯会

27. 江戸時代経済史
A．(イ)―a　(ロ)―d　(ハ)―b　(ニ)―b　(ホ)―c　(ヘ)―a　(ト)―d　B．〔あ〕問屋場　〔い〕慶長金銀　〔う〕銭　C．1．i―d　ii―a　2．b　3．在郷町　4．仲買・小売　5．奥州道中　6．日本橋　7．入鉄砲・出女　8．助郷役　9．北前船　10．秤量貨幣　11．本両替

28. 近世史の地名
問1．(i)―ハ・Q　(ii)―リ・N　(iii)―イ・A　(iv)―ル・C　(v)―カ・O　(vi)―ツ・F　(vii)―タ・L　(viii)―ヲ・K　(ix)―ヘ・G　問2　1―ポルトガル人　2―スペイン(イスパニア)人　3―ラクスマン　4―安藤昌益　5―松平定信　6―朱子学

29. 近世史総合
問1．シドッチ・イタリア　問2．活字印刷術・本木昌造　問3．オランダ風説書　問4．西洋紀聞・采覧異言　問5．吉宗は殖産興業をはかるため西洋の実学を学ばせようとした。(28字)　問6．ターヘル・アナトミア　問7．b・c．運上(金)・冥加(金)　問8．十組問屋・菱垣廻船　問9．楽市楽座　問10．銅座〔鉄座・真鍮座・人参座〕　問11．㋑株仲間による流通機構の独占をやめさせ物価を引下げようとした。(30字)　㋺江戸への入荷量が増えず，流通

が混乱しかえって逆効果となった。(30字)
問12. d．将軍　e．摂関　f．幕府　g．総裁　h．議定　i．参与　問13. 岩倉具視　問14. 慶喜に辞官納地を命じた。
問15. 長州藩

〈解説〉江戸時代の政治・外交・商業・流通・金融・交通などを総合的に問うている。出来なかった所は，もう一度前の関連する問題にもどって確認しよう。

IV 近・現代史

1. 開国とその影響

問1―c　問2―c　問3―a　問4―b
問5―d　問6―a　問7―b　問8―d
問9―c　問10―b

〈解説〉問7. b．勅許をえた上で→えられないまま　問9. c．慎機論→戊戌夢物語　問10. b．上げた→下げた　下落→上昇

2. 幕末の政局

①松下村塾　②和宮　③京都守護職　④生麦事件　⑤奇兵隊　⑥船中八策　⑦討幕の密勅　⑧1853　⑨孝明天皇　⑩相楽総三
ア―植民地化　イ―将軍継嗣　ウ―桜田門外の変　エ―安藤信正　オ―坂下門外の変　カ―島津久光　キ―攘夷　ク―八月十八日　ケ―公家　コ―禁門の変　サ―イギリス　シ―薩英戦争　ス―フランス　セ―中岡慎太郎　ソ―薩長連合　タ―ロッシュ　チ―岩倉具視　ツ―大政奉還　テ―王政復古　ト―辞官納地

3. 明治前期の官制・軍制改革

A. ①参与　②小御所会議　③内大臣　④五榜の掲示　⑤議政官　⑥―2　⑦刑部省　⑧―7　⑨―5　⑩右院　⑪宮内省　⑫内大臣府

B. 問1―3　問2. 廃藩置県　問3. ア―6　イ―11　ウ―2　問4. 志願制の奇兵隊を組織し，さらに農商民を加えた諸隊を編成した。(30字)　問5―2

〈解説〉⑦は廃藩置県後は弾正台を統合して司法省となる。⑪の長・宮内大臣と⑫でいう内大臣はよく混同するので注意すること。また，⑫は「職務を行う機関」とあるので内大臣府である。

4. 地租改正

A. (イ)廃藩置県　(ロ)太政官札　(ハ)金納　(ニ)民費　(ホ)茨城　(ヘ)入会地　(ト)農地改革
B. 〔あ〕―e　〔い〕―a　〔う〕―d
C. 1. 検見法　2. b　3. 登記法　4. 徴兵令　5. a　6. (i)―e　(ii)収穫高や米価に関係なく，定額地租を金納するので地主に有利。(29字)

5. 近代産業の育成

A. 内務　B. 内国勧業博覧会　C. 農商務　D. 富岡製糸場　E. 三井　F. 大阪紡績　G. 1897　H. 5　I. 日本鉄道会社　J. 鉄道敷設　K. 鉄道国有　L. 日本郵船会社　M. 航海奨励　〔1〕アメリカ　〔2〕中国

6. 明治初期の金融制度

A. イ. 十人両替　ロ. 国立銀行条例　ハ. 第一国立銀行　ニ. 正貨　ホ. 金禄公債証書　B. 1. 株仲間　2. i―官営模範工場　ii―b・c　3. e　4. a　5. i―ナショナル=バンク　ii―渋沢栄一　6. 政商　7. ロエスレル　8. c　9. 日本鉄道会社

〈解説〉A. イの十人両替は，江戸時代の大坂のトップクラスの両替商のこと。金銀の売買のほかに，預金・貸し付け・為替取組・手形振出しなども業務にできた。ニ. 正貨とは金本位制では金(金貨)のこと。

7. 自由民権運動

(1)征韓　(2)左院　(3)立憲　(4)士族　(5)豪農　(6)私擬　(7)欽定　問a―②　問b―③　問c―④　問d―④　問e―⑤　問f―②　問g―③　問h―④

8. 大日本帝国憲法

A. 1―テ　2―カ　3―エ　4―フ　5―サ　6―ホ　7―セ　8―キ　9―ア　10―ニ

B．(1)1889 (2)交詢社 (3)植木枝盛 (4)欽定 (5)上杉慎吉 (6)立憲民政党 (7)25 (8)血盟団 (9)国体明徴 (10)大政翼賛

9．諸法典の編纂
A—2　B—3　C—1　D—4　E—4
F—1　G—3　H—2　問1．穂積八束
問2．戸主

〈解説〉　Bの津田真道は，幕末から明治の法学者。幕府の命でオランダに留学し，維新後は外務省・元老院などを経て貴族院議員ともなる。Cの新律綱領は，明・清の律を基本にした明治政府最初の刑法で，1870年制定。1882年の刑法施行までは，Eの改定律例と併用した。

10．条約改正
① A．寺島宗則　B．青木周蔵　C．小村寿太郎　D．樺太・千島交換条約　E．日英同盟協約　② イーう　ローい　ハーせ　ニーし　ホーと　ヘーて　トーこ　チーち　リーく　ヌーつ

11．日清・日露戦争
(1) ①—イ　②—コ　③—ク　④—チ　⑤—ト　⑥—ソ　⑦—タ　⑧—エ　⑨—テ　⑩—オ　(2)江華島事件　(3)壬午軍乱(事変)　(4)甲申事変　(5)甲午農民戦争(東学〈党〉の乱)　(6)李鴻章　(7)(A)ドイツ・ロシア・フランス　(B)遼東半島　(8)北清事変　(9)内村鑑三　(10)ポーツマス条約　(11)1910年　(12)桂太郎・西園寺公望

12．資本主義の発展
I 問1．i—3　ii—5　iii—8　問2—4　問3—＊　問4—2　問5．①—7　②—1　③—6　④—2
II (1)松方正義 (2)長崎造船所 (3)大阪紡績会社 (4)鉄道業 (5)座繰製糸 (6)大冶鉄山 (7)生糸 (8)日本郵船会社 (9)横浜正金銀行 (10)ドイツ (11)鞍山製鉄所 (12)蒸気力 (13)井上準之助 (14)2円 (15)日産コンツェルン

〈解説〉 II (14)旧平価は100円につき49.85ドルであった。

13．近代の労働問題
1—1　2—3　3—2　4—2　5—1
6—4　7—3　8—1　9—2　10—4
11—3　12—1

14．明治のジャーナリズムと教育
(1) ①—2　②—1　③—2　④—3　⑤—1　⑥—3　⑦—3　⑧—4　⑨—4　⑩—3　⑪—1　⑫—4　⑬—2　⑭—2　⑮—1　(2) 11—A　12—A　13—A　14—C　(3) 15—C　16—A　17—B　18—A　19—D　20—A　21—C　22—B

15．近代の文化
A．問1—ウ　問2—ウ　問3—オ　問4—オ　問5—エ　B．問6—エ　問7—オ　問8—ア　問9—ウ　問10—イ　C．11．「麗子像」→ツ　12．高橋由一→オ　13．橋本雅邦→ク　14．春陽会→エ　15．「吉祥天」→サ

16．近代の文学
1．小説神髄　2．浮雲　3．北村透谷　4．樋口一葉　5．森鷗外　6．国木田独歩　7．田山花袋　8．石川啄木　9．武者小路実篤　10．白樺　11．青鞜　12．永井荷風　13．谷崎潤一郎　14．芥川龍之介　15．菊池寛　16．久米正雄　17．大菩薩峠　18．種蒔く人　19．葉山嘉樹　20．小林多喜二

17．大正期の政治
問1．1—e　2—h　3—d　4—m　5—f　6—g　問2．7—k　8—h　9—b　10—e　問3．あ．明治天皇　い．大正　う．普通選挙(普選)　え．超然　お．治安維持法　問4．三条実美　問5．1885年　問6．全国水平社　問7．大杉栄　問8．コミンテルン

18．第一次世界大戦
問1．1—キ　2—ク　3—コ　4—オ　5—ケ　6—ソ　7—ス　8—ト　9—タ　10—ス　問2—エ　問3—エ　問4—ア　問5．(1)—ウ　(2)—カ　(3)—エ　(4)—オ

19. 大正デモクラシー
A．(1)①―カ　②―タ　③―ク　④―ス　⑤―オ　⑥―ウ　⑦―ネ　⑧―シ　⑨―ヌ　⑩―イ　⑪―ナ　⑫―ケ　⑬―サ　(2) a．友愛会　b．日本労働総同盟　c．日本農民組合　d．全国水平社　e．日本共産党　f．黎明会　g．白樺派　(3)1918年　(4)大逆事件　(5)赤い鳥　B．⑭―エ　⑮―ス　⑯―ケ　⑰―コ　⑱―オ

20. 選挙法の変遷
1．普通選挙期成同盟会　2．小選挙区　3．立憲政友会　4．1925　5．20　6．社会民衆党　7．赤瀾会　8．新婦人協会　9．治安警察法　10．1945

〈解説〉1の普通選挙期成同盟会は，1892年に東洋自由党創立とともに党内団体として設立されるが，94年党の解散とともに消滅した。大井憲太郎が中心人物。その後，中村太八郎らが東京で結成。その後も解体・再興をくり返し，1920年に消滅。7の赤瀾会は，1921年結成の婦人社会主義者の組織。伊藤野枝や山川菊栄らが会員。

21. 恐慌と軍部の台頭
A．1―ウ　2―ウ　3―ア　4―エ
B．問1．a―エ　b―ア　c―コ　d―カ　問2．生糸　問3―オ　問4．憲政会の若槻内閣は協調外交で中国とは友好関係にあったので，それを「軟弱外交」だとして枢密院が反発していた。　問5―オ　問6―ア　問7―ウ　問8．ロンドン　問9―ア　問10．管理通貨制度　問11―エ　問12．国家総動員法
C．問1―3・9　問2―7　問3―3　問4―5　問5―4　問6―4　問7―2　問8―2

22. ファシズム
問a―④　問b―③　問c―②　問d―③　問e―⑤　問f―①　問g―①　問h―⑤

〈解説〉問fでいう人物は北一輝。中国から帰国した北一輝が，1919年に大川周明らとつくった右翼の団体が，猶存社である。

23. 近代の対東アジア外交
問1―オ　問2―ウ　問3．a―カ　b―オ　c―イ　問4―ウ　問5．関東州　問6．桂・タフト協定　問7．義兵運動　問8．在華紡　問9―イ　問10．a．東方　b．満州某重大　c．統帥権干犯　問11―ウ　問12．A―キ　B―ウ　C―シ　D―ス

24. 十五年戦争
(ア) 1―A　2―I　3―K　(イ) 1―C　2―E　3―L　4―U　5―P　6―V　7―T　8―I　9―Z　(ウ) 1―H　2―A　3―K　4―E　(エ) 1―J　2―N　3―L　4―F

25. 太平洋戦争
(1)―5　(2)―3　(3)―1　(4)―2　(5)―1　(6)―2　(7)―1　(8)―2　(9)―3　(10)―3　(11)―4　(12)―2　(13)―1　(14)―2　(15)―1

26. 近代日本の支配領域
問1．(1)―03　(2)―4　(3)―01・09　(4)―5　(5)―11・13　(6)―1　(7)―11　(8)―08　(9)―2　(10)―12　(11)―15　(12)―4　(13)―10　(14)―1　(15)―2　問2．(Ⅰ)―(4)　(Ⅱ)―(6)　(Ⅲ)―(7)

27. 戦後の占領政策
問1―エ・オ　問2(1)―ウ　(2)―ウ　問3―ア　問4(1)―イ　(2)―イ　(3)―ア　問5―ア　問6―イ　問7―イ・オ　問8―オ　問9―イ　問10―オ　問11―イ

28. 日本国憲法への改正過程
問1．A．幣原喜重郎　B．象徴天皇制　C．極東委員会　D．憲法研究会　E．国民主権　F．1946年11月3日　問2．アメリカ，イギリス，中国(中華民国)　問3．ア―国体護持　イ―治安維持法　ウ―特別高等警察(特高)　エ―東久邇宮稔彦　問4．エ・オ・カ　問5．森戸辰男　問6．第25条　問7．吉田茂　問8．教育基本法　問9．教育勅語

29. 戦後の教育改革
1．修身　2．公職(教職)追放　3．学童

疎開(集団疎開)　4．青空教室　5．教育基本法　6．学校教育法　7．国民学校　8．教育委員会　9．社会教育法

30. 再軍備と沖縄返還
A．(イ)―c　(ロ)―b　B．〔あ〕警察予備隊〔い〕公職　〔う〕戦犯(戦争犯罪人)〔え〕占領　〔お〕保安隊　〔か〕自衛隊　〔き〕防衛庁　C．1．特需景気　2．レッドパージ　3．i．サンフランシスコ平和条約　ii．①単独講和論　②全面講和論　4．i．日米安全保障条約　ii．日米行政協定　D．(1) G　(2) L　(3) P

31. 高度経済成長
A．(イ)所得倍増　(ロ)1973　(ハ)公害対策基本法　(ニ)1971　(ホ)金の卵　(ヘ)消費　(ト)中流　(チ)1953　B．1．c　2．b　3．i)岩戸景気　ii)いざなぎ景気　4．i―c　ii―a　5．a―新潟水俣病　b―イタイイタイ病　c―四日市ぜんそく　d―水俣病　6．良妻賢母　7．i―b・d　ii―c・e　8．c　9．手塚治虫

32. 戦後政治史Ⅰ
1―③　2―①　3―④　4―②　5―①　6―③　7―①　8―④　9―①　10―③　11―①　12―④　13―②　14―③　15―④

33. 戦後政治史Ⅱ
A．1―c　2―b　3―k　4―n　5―j　6―a　7―j　8―e　9―e　10―o　11―e　12―f　13―f　14―r　15―e　16―a
B．問1―D　問2―D　問3―B　問4―A　問5―A　問6―E　問7―日米構造　問8―B　問9―E　問10―A　問11―D　問12―F　問13―B　問14―D　問15―A　問16―C

34. 戦後の外交
ア．全面　イ．警察予備隊　ウ．日米行政協定　エ．非核三　オ．鳩山一郎　カ．日華平和条約　キ．周恩来　問1―1・3　問2―2・3　問3―4　問4―1・5　問5―3・5

35. 戦後経済史
A．ⓐ高度経済成長　ⓑ岩戸景気　ⓒニクソン　ⓓプラザ合意
①―1　②―2　③―3　④―4　⑤―2　⑥―3　⑦―4　⑧―3　⑨―2
B．(1)オイル＝ショック(石油危機)　(2)中央　(3)プラザ　(4)円高　(5)バブル　(6)日経　(7)構造　(8)不良債権　(9)橋本龍太郎　⑽5　⑾北海道　⑿山一　⒀長期信用　⒁複合　⒂みずほ　⒃UFJ　⒄安倍晋三

36. 戦後の社会運動
問1．労働関係調整法　問2―E　問3―D　問4―C　問5―D　問6―C　問7―D　問8―A　問9―C　問10―B　問11―E　問12―F　問13―E　問14―F　問15―D　問16―F

37. 現代の文化
A．1．イ．湯川秀樹　ロ．川端康成　ハ．佐藤栄作　ニ．文化勲章　ホ．文化財保護　ヘ．文化庁　ト．大岡昇平　チ．太宰治　リ．石原慎太郎　ヌ．大江健三郎　ル．三島由紀夫　2．あ―d　い―b　う―c　え―d　お―d　か―b　3．c
B．(a)黒澤明　(b)う　(c)鉄腕アトム　(d)湯川秀樹　(e)う　(f)大塚久雄　(g)古橋広之進　(h)え　(i)い　(j)長嶋茂雄　(k)美空ひばり　(l)い　(m)りんごの唄　(n)あ　(o)1964年

38. 戦後史総合
A．〔設問Ⅰ〕(イ)国体　(ロ)私有財産　(ハ)大逆　(ニ)メーデー(皇居前広場)　(ホ)警察官職務執行　〔設問Ⅱ〕1．i．下山事件　ii．古橋広之進　2．治罪法　3―c　4．小林多喜二　5―d　6―b　7．破壊活動防止法　8―d　9．逆コース　10―d　11．i)ロッキード事件　ii)田中角栄
B．問1．A―32　B―15　C―37　D―25　E―1　F―19　G―40　H―36　I―44　J―10　K―29　L―17　M―6　N―39　O―2　P―43　Q―24　問2．A―18　B―7　C―5　D―9　E―19　F―23　G―14　H―10

39. 近・現代女性史

ア．1975　イ．1946　ウ．1918　a．男女雇用機会均等　b．女子師範学校　c．矯風会　d．女子挺身隊　e．大日本婦人会
あ―12　い―3　う―33　え―20　お―18　か―7　き―16　く―24　け―5　こ―14　さ―28　し―31

40. 近・現代軍事史

A―⑬　B―⑥　C―⑲　D―㉟　E―㊳
F―㊾　G―㉔　H―㉖　I―㊹　J―㊴
K―⑪　L―㉙　M―⑧　N―㉖　O―㊺
P―㊻　Q―③　R―⑥　S―㊱　T―⑱

41. 近・現代史上の人物

(1)井上毅　(2)甘粕正彦　(3)山本宣治　(4)北一輝　(5)石橋湛山　(6)東条英機　(7)吉田茂　(8)岸信介　(9)佐藤栄作　(10)田中角栄
a―4　b―1　c―1　d―3　e―3
f―3　g―4　h―1　i―2　j―4

42. 近・現代史総合

A．(イ)横山源之助　(ロ)職工事情　(ハ)日比谷焼打ち　(ニ)富山　(ホ)国家総動員　(ヘ)女子挺身　(ト)闇市　(チ)経済白書　B．1．c　2．d　3．c　4．b　5．労働農民党　6．i―治安維持法　ii―三・一五事件　7．隣組　8．下山事件　9．a　10．i―c　ii―b　11．d

Ⅴ　テーマ史

1. 史書と史学史

1．太安万侶(安麻呂)　2．舎人親王　3．平安　4．六国史　5．慈円　6．神皇正統記　7．吾妻鏡(東鑑)　8．太平記　9．林羅山　10．大日本史　11．読史余論　12．福沢諭吉　問1．(a)帝紀　(b)旧辞　問2．大鏡

〈解説〉　歴史に対する関心の高まりの中で歴史書が生まれる。律令国家では、中国の正史をまねて、漢文・編年体の六国史が編纂され、古代国家の変容とともに私撰・仮名文の歴史物語が書かれた。中世に入って公武が対立すると、鎌倉前期に愚管抄、南北朝期に神皇正統記が、いずれも公家の立場からの史論として出現する。

2. 古文書

問1．1・4　問2．(2)　問3．3　問4．織田信長により全山焼き討ちにあったから。(20字)　問5．安堵　問6．不法な荘官の解任要求　問7．徳政　問8．貫高　問9．①村請制　②五人組

3. 日本の領域

問1．問8．問11．問15は下の図を参照。

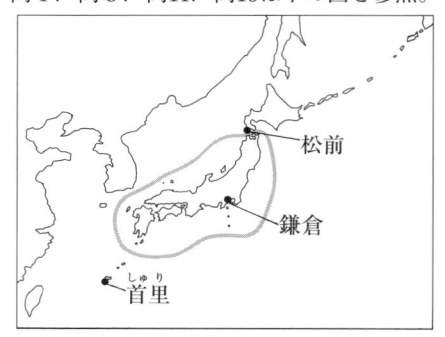

問2．佐渡　問3．世阿弥　問4．風姿花伝(花伝書)・花鏡など　問5．金山　問6．六波羅探題　問7．鎌倉　問9．永享の乱　問10．松前　問12．干鰯　問13．ラクスマン　問14．首里　問16．薩摩　問17．1890年代前半　問18．樺太・千島交換条約　問19．清国　問20．琉球は、17世紀初頭の薩摩による征服以降も明・清への朝貢を継続し、江戸時代を通して日中両国へ両属する立場にあったから。

〈解説〉　問1．平安初期の東北経営以降も残されていた、津軽など陸奥・出羽の一部の地域も、古代末期には奥州藤原氏の支配下に入った。1189年の頼朝による奥州征討は、夷ヶ島を除く列島全域における唯一の軍事権門の誕生を意味している。また、行基が作ったと伝えられる60余州を描いた最初の日本総図があり、江戸初期まで用いられた。

4. 元号

ⓐ干支　ⓑ大宝　ⓒ延喜　ⓓ勘合　ⓔ日本

国王
〔設問〕㋐雄略 ㋑高向玄理・僧旻 ㋒白鳳 ㋓元正天皇・聖武天皇 ㋔大宰府 ㋕承久の乱 ㋖上杉氏 ㋗一世一元の制

5. 法制史

(1) A—藤原不比等 B—令義解 C—延喜格式 D—泰時 E—源頼朝 F—建武式目 G—塵芥集 H—御触書 I—枢密院 (2) ①(ハ) ②蔵人頭(蔵人所) ③京都大番役催促 ④(イ)慈円 (ロ)愚管抄 ⑤(ニ) ⑥寛永の武家諸法度 ⑦例：統帥権—陸海軍の用兵・作戦に関する軍令権で，天皇大権の1つ。政府・議会の関与を許さなかった。 ⑧戦時に人的・物的資源を動員できるよう政府に広汎な立法権を与えた。これによって議会の協賛は必要なくなり，総動員法による統制令で国民の人権はさらにせばまった。

〈解説〉 平安前期は律令の変質期である。蔵人・検非違使など令外官が活躍し，弘仁・貞観・延喜と三代格式が編纂され，とくに延喜式は三代の式を集大成したもの。時代が変って令の解釈もまちまちとなり，令義解で統一見解が出された。

6. 天皇親政の時代

1—h 2—x 3—c 4—r 5—t
6—g 7—o 8—z 9—u 10—a
11—q 12—f 13—k 14—m 15—p

7. 戸籍の歴史

A. イ—改新の詔 ロ—庚午年籍 ハ—6 ニ—人掃 ホ—絵踏 ヘ—宗門改(宗旨人別) B. 〔あ〕—b 〔い〕—d 〔う〕—b C. 1—朝鮮半島 2—c 3—女性や子供には調庸等を課さなかったから。(20字) 4—荘園制度 5—豊臣秀吉の朝鮮出兵(文禄・慶長の役) 6—五榜の掲示

〈解説〉 改新の詔に「戸籍・計帳・班田収授の法を造れ」とあるように，律令国家の戸籍は班田収授と関係が深かった。その結果，全国的な戸籍として初めて完成したのが庚午年籍である。中世には全国的戸籍はなく，戦国以来軍役のための戸籍が作られるようになり，秀吉の人掃もその1つである。

8. 貨幣史

(1)三斎市 (2)為替 (3)吉田兼好 (4)永楽通宝 (5)貫高制 (6)秤量 (7)正徳小判 (8)海保青陵 (9)4

9. 鉱業史

① A．墾田永年私財法 B．10 C．灰吹法 D．生野 E．大森 F．俵物 G．石炭 H．製塩 ② a．く b．き c．い d．う e．に f．ち

〈解説〉 近代以前の日本の鉱業が画期的に発展したのは16〜17世紀である。石見の大森銀山(島根県)は14世紀に守護大内氏のもとで発見されたが，16世紀に博多の神谷寿貞が灰吹法によって飛躍的に増産。戦国大名を経て，豊臣氏・徳川氏が直轄。江戸前期には生野も含めて日本の銀産出量は世界一となり，盛んに輸出された。

10. 馬の歴史

A．(イ)藤ノ木 (ロ)改新 (ハ)俤馬の党 (ニ)平将門 (ホ)笠懸 (ヘ)流鏑馬 (ト)犬追物 (チ)永享 (リ)義教 (ヌ)馬借 (ル)徳川吉宗 B．〈あ〉a 〈い〉d 〈う〉c C．1—d 2—c

11. 沖縄の歴史

〔設問1〕 1．按司 2．おもろさうし(おもろそうし) 3．冊封 4．琉球処分 〔設問2〕 グスク 〔設問3〕 a—(リ) b—(タ) c—(ロ) d—(イ) e—(ニ) f—(ル) g—(ワ) 〔設問4〕 サンフランシスコ平和条約・日米安全保障条約 〔設問5〕 1．琉球政府 2．佐藤 3．核ぬき

〈解説〉 沖縄では，按司とよばれる族長的支配者が，10世紀頃各地に現れた。14世紀には沖縄本島に三山(北山・中山・南山)とよばれる小国家が成立した。15世紀に尚巴志が三山を統一し，首里を都とした。クーデターの後，第二尚氏の時代が最盛期で，「おもろさうし」という歌謡集が編纂さ

12. 日中・日朝関係
A．(イ) c　(ロ) d　(ハ) 小野妹子　(ニ) 裴世清　(ホ) 足利義持　(ヘ) 足利義教　(ト) 平清盛　(チ) 後白河　(リ) 新井白石　(ヌ) 徳川吉宗　B．1－l　2－b　3－h　4－e　5－k　C．1－b　2－b　3－大化の改新　4－冊封　5－c　6－遣唐使の廃止　7－寛永通宝　8－a

〈解説〉　C．1　李氏朝鮮にとって，国書に「皇」「勅」の文字を使用できるのは，宗主国である清国だけのはずである。

13. 京都の歴史
(1) d　(2) b　(3) d　(4) a　(5) b　(6) d　(7) c　(8) a　(9) b　(10) c　(11) a　(12) d

14. 大阪の歴史
(1) a．難波　b．四天王寺　c．大輪田泊　d．足利義満　e．石山本願寺　f．中之島　g．天満　h．鴻池　i．浮世草子　j．上田秋成　(2) ①－(ウ)　②－(ウ)　③－(ウ)　④－(ウ)　⑤－(イ)

15. 葬送の歴史
A．屈葬　B．玄室　C．鴨長明　D．足軽　E．一条兼良
(ア)②　(イ)④　(ウ)⑤　(エ)⑤　(オ)④

16. 宗教史
(1) 飛鳥寺（法興寺）　(2) 広隆寺　(3) 春日大社　(4) 空也　(5) 源信　(6) 伊勢　(7) 唯一　(8)（金地院）崇伝　(9) 中山みき　(10) 金光教　(a) ハ　(b) イ　(c) イ　(d) ハ　(e) ロ　(f) ハ　(g) イ　(h) ニ　(i) ホ

〈解説〉　神道は元来自然崇拝・シャーマニズム的民俗信仰であったが，神仏習合の形で入ってきた仏教の影響で，神道も次第に体系化した。平安時代の本地垂迹説を経て，元寇後，伊勢外宮の神官度会家行が神本仏迹の伊勢神道を唱えた。室町時代の吉田兼倶は，さらに進めて神道を中心に儒仏を統合する唯一神道をつくった。

17. 教育史
ア．国学　イ．空海　ウ．朱子学　エ．寺子屋　オ．教育勅語　カ．教育基本法　問1．勧学院　問2．金沢文庫　問3．桂庵玄樹　問4．平家物語　問5．備前　問6．伊藤仁斎　問7．早稲田大学　問8．原敬　問9．成城小学校・自由学園など　問10．国民学校

〈解説〉　問9．成城小学校は1917年，沢柳政太郎が創設した私立学校。個性の尊重，自然と親しむ教育などを教育目標とし，大正期の新教育運動の拠点であった。

18. 味覚の歴史
問1．イ　問2．ウ　問3．ア　問4．ウ　問5．エ　問6．ウ　問7．イ　問8．エ　問9．イ　問10．ア

19. 衣料の歴史
1．① 庸　② 越後　③ 3　④ 調　2．朝鮮　3．安価な外国産の綿花が輸入され始めたから。(20字)　4．久留米　5．阿波　6．錦織部　7．a－糸割符制度　b－ポルトガル　8．宮崎友禅

20. 木材の歴史
(1) ニ　(2) ホ　(3) ロ　(4) ホ　(5) ニ　(6) ロ　(7) ハ　(8) ハ　(9) ハ　(10) ロ　(11) ホ　(12) ロ　(13) イ　(14) イ　(15) ハ　(16) イ　(17) ロ

日本史Ｂ　日本史問題集 再訂版 解答

2016 年 3 月 20 日　再訂版 1 刷発行
2021 年 12 月 31 日　再訂版 6 刷発行

編　者　日本史教育研究会

発行者　野　澤　武　史

発行所　株式会社　山川出版社
　　　　〒101-0047　東京都千代田区内神田 1-13-13
　　　　電　話　03(3293)8131（代表）　03(3293)8135（編集）
　　　　振　替　00120-9-43993

印刷　明和印刷株式会社　　製本　有限会社穴口製本所

Ⓒ 2016　Printed in Japan　　　　　　　　　　ISBN978-4-634-01062-8
●造本には十分注意しておりますが，万一，落丁・乱丁などがございましたら，小社営業部宛にお送りください。送料小社負担にてお取り替えいたします。